Die Zumutbarkeitsgrenzen der vorsätzlichen unechten Unterlassungsdelikte

Europäische Hochschulschriften
Publications Universitaires Européennes
European University Studies

Reihe II
Rechtswissenschaft

Série II Series II
Droit
Law

Bd./Vol. 4563

PETER LANG
Frankfurt am Main · Berlin · Bern · Bruxelles · New York · Oxford · Wien

David Donner

Die Zumutbarkeitsgrenzen der vorsätzlichen unechten Unterlassungsdelikte

PETER LANG
Internationaler Verlag der Wissenschaften

Bibliografische Information der Deutschen Nationalbibliothek
Die Deutsche Nationalbibliothek verzeichnet diese Publikation in der Deutschen Nationalbibliografie; detaillierte bibliografische Daten sind im Internet über <http://www.d-nb.de> abrufbar.

Zugl.: Regensburg, Univ., Diss., 2006

D 355
ISSN 0531-7312
ISBN 978-3-631-55720-4

www.peterlang.de

Meinen Eltern

Danksagung

Die Arbeit lag im Sommersemester 2006 der Juristischen Fakultät der Universität Regensburg als Dissertation vor. Das Manuskript wurde im November 2005 fertiggestellt und berücksichtigt den Stand von Rechtsprechung und Literatur zu diesem Zeitpunkt.

Ich danke allen, die mich bei der Erstellung der Arbeit unterstützt haben.

Besonders danken möchte ich meinem Doktorvater Herrn Prof. Dr. Michael Pawlik LL.M. (Cantab.), der als „Lehrer" im besten Sinne dieses Begriffes die Arbeit gefördert und ermöglicht hat.

Großer Dank gebührt meinem Zweitgutachter Herrn Prof. Dr. Bernd Heintschel-Heinegg, der das Zweitgutachten mit beeindruckender Schnelligkeit erstellt hat.

Ein herausgehobener Dank gilt zuletzt meinen Eltern für deren mannigfaltige Unterstützung, insbesondere meinem Vater, Dipl. Ing. Dietmar Donner, der immer bereit war, sich in Diskussionen auf die für ihn fachfremde Thematik einzulassen.

Inhaltsverzeichnis

Die Zumutbarkeitsgrenzen der vorsätzlichen unechten Unterlassungsdelikte

Einleitung

Vor gut vierzig Jahren hat Weber am Ende seiner Abhandlung „Zumutbarkeit und Unzumutbarkeit als rechtliche Maßstäbe“ ernüchtert festgestellt, der Zumutbarkeitsbegriff sei einer jener Begriffe, „die ohne feste Vorstellung nach Gutdünken verwandt werden und für den sich die Theorie noch so gut wie gar nicht interessiert“[1] habe. Daher habe die Wissenschaft in dem Rahmen, in welchem sie dem Zumutbarkeits- und Nichtzumutbarkeitsgedanken Geltung einräume, noch die ganze Arbeit vor sich[2]. Insbesondere hinsichtlich der unechten Unterlassungsdelikte trifft diese Aussage noch immer weitgehend zu.

Nach einer bis in die Nachkriegszeit zum Teil recht leidenschaftlich geführten Diskussion über einen allgemeinen Entschuldigungsgrund der Unzumutbarkeit besteht heute in Bezug auf sogenannte vorsätzliche Begehungsdelikte weitgehend Einigkeit darüber, dass die Unzumutbarkeit allenfalls zur begrifflichen Einordnung der Entschuldigungsgründe dient.

Dieses restriktive oder zumindest vorsichtige Begriffsverständnis wird bei den sogenannten unechten Unterlassungsdelikten von der herrschenden Meinung aufgegeben. Hier soll die Strafbarkeit von dem Vorbehalt der Zumutbarkeit normgemäßen Verhaltens abhängen. Die unter Berufung auf den Gedanken der (Un-) Zumutbarkeit befürwortete Begrenzung strafbewehrter Verhaltensanforderungen reicht von einer Begrenzung der Garantenpflichten über die Ausweitung der Rechtfertigungs- und Entschuldigungsgründe bis zur Annahme eines allgemeinen Entlastungsgrundes aus Unzumutbarkeit, der unabhängig neben allen herkömmlichen Verbrechensstufen exstieren soll. Die Begründungen für dieses in verschiedenen Ausprägungen herrschende unterlassungsspezifische (Un-) Zumutbarkeitsverständnis sind, falls überhaupt welche angegeben werden, ebenso knapp gehalten wie die allgemeinen Verhältnismäßigkeitserwägungen, mit denen die erweiterte Begriffsextension konkretisiert werden soll[3]. Die Kürze der meisten Beiträge und die mit ihr einhergehende Allgemeinheit erwies sich im Rahmen der nachstehenden Untersuchung als eine der größten Schwierigkeiten. Die knappen Stellungnahmen unter gleicher Überschrift suggerieren nämlich recht unvermittelt die Vorstellung, es werde über ein und dieselbe strafrechtsdogmatische Fragestellung diskutiert. In Wahrheit, dies wird der nachfolgende Blick auf den Streitstand zeigen, lässt sich zumindest der begründete Verdacht erheben, dass von der herrschenden Meinung unter dem Zumutbarkeitsbegriff mehrere (verschiedene) Fragestellungen abgehandelt werden, deren

---

[1] Weber, Jur. Jb. 3. Bd., 1962/63, S. 230.
[2] Weber, Jur. Jb. 3. Bd., 1962/63, S. 239.
[3] Siehe hierzu die Darstellung des Streitstandes in Abschnitt B.

Gemeinsamkeit (allein) in der Überzeugung besteht, dass dem Unterlassungstäter unter Zumutbarkeitsgesichtspunkten weiter entgegenzukommen sei als dem Begehungstäter[4]. Sofern sich dieser Verdacht bestätigt, muss man das Meinungsbild freilich in einem neuen Lichte bewerten. Die verschiedenen Auffassungen ließen sich nicht mehr ohne weiteres als Ringen um die zutreffende Interpretation eines bestimmten Strafvorbehaltes oder Rechtsprinzips der Unzumutbarkeit auffassen. Vielmehr würden sich die Differenzen innerhalb der herrschenden Meinungsgruppe weitgehend auf die Frage reduzieren, welche Problemstellung am zweckmäßigsten unter dem Zumutbarkeitsbegriff firmiert. Ein Verständnis, wonach die (Un-) ZumutbarkeitsVorstellungen nicht in einem gemeinsamen gehaltvollen Rechtsprinzip wurzeln, sondern nur verschiedene eigenständige Entlastungsgründe beschreiben, verfehlt jedoch das Selbstverständnis der herrschenden Meinung, die, wie sich zeigen wird, überwiegend ausdrücklich oder konkludent auf den „Zumutbarkeitsgedanken" oder das Prinzip der „(Un-) Zumutbarkeit" Bezug nimmt. Eine der im Rahmen dieser Untersuchung entscheidenden Fragen lautet also: Kann ein Rechtsprinzip der (Un-) Zumutbarkeit ausgemacht werden, das gehaltvoll genug ist, um eine bestimmte, im Rahmen der unechten Unterlassungsdelikte vertretene Grenze strafbewehrter Verhaltensanforderungen zu begründen? Ihr wird sich der erste Abschnitt nach der Darstellung des Streitstandes widmen. Weil die dortigen Bemühungen nicht zum Auffinden eines solchen Rechtsprinzip führen, muss im weiteren Verlauf der Untersuchung geprüft werden, ob die seitens der herrschenden Meinungsgruppe unter Bezugnahme auf den (Un-) Zumutbarkeitsbegriff vorgeschlagenen Grenzen strafbewehrter Verhaltensanforderungen sich auch ohne Bezugnahme auf ein gehaltvolles Rechtsprinzip begründen lassen. D. h., es gilt zu klären, inwieweit die im Rahmen der unechten Unterlassungsdelikte unter Zumutbarkeitsgesichtpunkten vertretenen Grenzen der Strafbarkeit auch mittels der herkömmlichen Rechtsinstitute begründbar sind. Zuvor soll jedoch zunächst die Fundamentaldifferenz zwischen der herrschenden Meinungsgruppe und der Gegenmeinung besprochen werden. Die Differenz besteht in der Frage, ob dem Unterlassungstäter unter Zumutbarkeitsgesichtspunkten weiter entgegengekommen werden soll als dem Begehungstäter. Ob diese „Privilegierung" gerechtfertigt ist, soll der dritte Abschnitt klären. Hier wird innerhalb der Diskussion um die strafrechtliche Abgrenzung zwischen den sogenannten Begehungsformen „Tun" und „Unterlassen" nach Anhaltspunkten gesucht, welche die von der herrschenden Meinung, unter Zumutbarkeitsgesichtpunkten, befürwortete Ungleichbehandlung zwischen den Begehungsformen plausibel erscheinen lassen könnten. Weil derartige Anhaltspunkte nicht gefunden werden können, kann behauptet werden, dass bei den unechten Unterlassungsdelikten ein eigenständiger gehaltvoller Strafvorbehalt der (Un-) Zumutbarkeit nicht aus-

[4] Siehe hierzu Abschnitt B.

zumachen ist. Damit ist allerdings noch nicht über die sich hinter der Zumutbarkeitsdiskussion verborgenen Sachfragen entschieden[5]. D. h., es ist noch nicht geklärt, inwieweit die verschiedenen von der herrschenden Meinung unter Hinweis auf den (Un-) Zumutbarkeitsbegriff vertretenen Grenzen der Strafbarkeit begründet sind.

Eingedenk der vielfältigen Zusammenhänge, in denen im Rahmen der unechten Unterlassungsdelikte Unzumutbarkeitserwägungen angestellt werden, kann im Rahmen dieser Untersuchung freilich allenfalls ein kleiner Ausschnitt des Problemspektrums diskutiert werden[6]. Die Auswahl der zu behandelnden Schwerpunkte orientiert sich dabei insbesondere an der herrschenden Terminologie. Weil der Unzumutbarkeitsbegriff im Rahmen der Begehungsdelikte nahezu ausschließlich im Rahmen der Schuld Anwendung findet, wird ausführlich danach gefragt werden, inwieweit der rechtswidrig handelnde Täter im Hinblick auf die Besonderheit der ihn treffenden Situation entschuldigt werden kann[7]. Mit anderen Worten: Die Auswahl des Untersuchungsschwerpunktes erfolgt so, dass unabhängig von der hiesigen kritischen Haltung zum gehaltsvollen Rechtsprinzip der (Un-) Zumutbarkeit in Anlehnung an die herrschende Begrifflichkeit die Frage gestellt werden kann, ob die im Rahmen der unechten Unterlassungsdelikte vertretenen Zumutbarkeitsgrenzen auch ohne Rückgriff auf eine unterlassungsspezifische Privilegierung begründbar sind. Hierbei wird sich zeigen, dass in der Literatur einige Stimmen den Anwendungsbereich des § 35 StGB bereits im Rahmen der Begehungsdelikte auf ein Maß ausdehnen möchten, das die herrschende Meinung erst unter unterlassungsspezifischen Gesichtspunkten für geboten hält. Daran anschließend werden kurz die Grenzen der sogenannten Garanten- oder Einstandspflichten angesprochen. Sodann soll im letzten Abschnitt eigens das unter dem hiesigen Arbeitstitel meistdiskutierte Thema behandelt werden: die Frage, ob der Pflichtenkanon gegebenenfalls auch die Anzeige Angehöriger umfasst. Es ist leicht ersichtlich, dass der Untersuchungsgang gleich mehrere Fragestellungen streift, die mit zu den am stärksten umstrittenen im Strafrecht zählen. Dies betrifft in besonderer Weise die Unterscheidung zwischen den Begehungsformen „Tun“ und „Unterlassen“ sowie die

---

[5] Vgl. hierzu den Fragenkatalog in Kap. B, I.

[6] Dies gilt umso mehr, als allen Stellungnahmen, die für ein von den vorsätzlichen Begehungsdelikten differierendes Zumutbarkeitsverständnis plädieren, gemein ist, dass es stets um die Grenzen der strafrechtlichen Inanspruchnahme geht. Mit anderen Worten: Gleichgültig auf welcher Ebene des Verbrechensaufbaus der Unzumutbarkeitsbegriff angesiedelt wird, er dient jeweils ausschließlich der Bestimmung des jeweiligen Grenzbereichs. Bekanntermaßen ist jedoch stets die Festlegung der äußersten Grenzen mit besonderen Schwierigkeiten behaftet. Gerade hier hat sich ein grundgebendes Prinzip zu bewähren. Ohne auf Gefühl oder den Zufall setzen zu wollen, bedarf es gerade hier des Rückgangs auf die Wurzeln des jeweiligen Prinzips.

[7] Im Hinblick auf die spezielle, umfangreich diskutierte Problematik wird die Frage nach der Entschuldigung von Gewissensentscheidungen ausdrücklich nicht behandelt.

Garantenlehre. Von grundsätzlichem Charakter sind auch die Fragen nach dem Grund und den Grenzen der Entschuldigung sowie der Exkulpation wegen Selbst- oder Fremdbegünstigung.

Im Rahmen dieser Untersuchung kann also nicht vollständig geklärt werden, ob die verschiedenen bei den unechten Unterlassungsdelikten vertretenen Grenzen strafrechtlicher Verhaltensanforderungen vertretbar sind oder nicht. Vielmehr kann das Untersuchungsziel zunächst einmal nur darin bestehen, Transparenz in die Diskussion zu tragen.

A. Die Verwendung des (Un-) Zumutbarkeitsbegriffs im Strafrecht außerhalb der unechten Unterlassungsdelikte

I. Der „Unzumutbarkeitsbegriff" im Rahmen der vorsätzlichen Begehungsdelikte

Der (Un-) Zumutbarkeitsbegriff fungiert in nahezu allen Bereichen des Strafrechts als ein Angelpunkt von Überlegungen, die sich mit den Beschränkungen normativer Verbindlichkeit befassen[8].

Betrachtet man die vorsätzlichen Begehungsdelikte, so wird eine Begrenzung strafrechtlicher Verantwortlichkeit aufgrund von (Un-) Zumutbarkeitserwägungen nahezu ausschließlich im Rahmen der Schuld diskutiert[9]. In erster Linie ist hier das Bemühen zu nennen, einen allgemeinen übergesetzlichen Entschuldigungsgrund zu etablieren. Einen solchen meinten nach dem ersten Weltkrieg zunächst Freudenthal[10], Goldschmidt[11] und Eb. Schmidt[12] aus dem normativen Schuldbegriff entwickeln zu können[13]. Deren entsprechende Versuche sind jedoch, nach anfänglich vereinzelter Zustimmung in der Literatur[14], bald auf eine breite Ablehnung gestoßen. Spätestens nachdem das Reichsgericht „nach einigem Schwanken"[15] festgestellt hatte, „dass nach geltendem Recht dem Täter bei vorsätzlichen Straftaten andere als die im Gesetz umschriebenen Entschuldigungsgründe nicht zugebilligt"[16] werden können, setzte sich allgemein die Auffassung durch, dass der unbestimmte Unzumutbarkeitsbegriff ein zu großes Maß an Rechtsunsicherheit berge[17].

---

[8] Hinsichtlich der vorsätzlichen Begehungsdelikte folgt hier zunächst nur eine kurze Übersicht. Eine ausführlichere Darstellung findet sich in Kap. B.

[9] Für eine Begrenzung bereits auf Tatbestands- und Rechtfertigungsebene soweit ersichtlich nur: MüKo/Freund, § 35, Rn. 232.

[10] Freudenthal, Schuld und Vorwurf, S. 7.

[11] Goldschmidt, Festgabe Frank I, S. 432 ff.

[12] Eb. Schmidt/Listz, Lehrbuch (25. Auflage), S. 266 ff.

[13] Diesem etwa seit den zwanziger Jahren herrschenden Schuldverständnis zufolge liegt der Schuldgrund nicht, wie die bis dahin herrschende „psychologische Schuldauffassung" annahm, in der subjektiven Beziehung des Täters zur Tat, sondern in der - negativen - Bewertung der der Tat vorausgehenden Willensbildung. Siehe hierzu Abschnitt E, I, 1.

[14] Henkel, Notstand, S. 62; Marcetus, Zumutbarkeit, S. 57 f.; Tarnowski, Die systematische Bedeutung der adäquaten Kausalitätstheorie, S. 293 ff.

[15] Roxin AT/1, § 22, Rn. 142.

[16] RGSt 66, S. 399. Zuvor hatte das Reichsgericht in RGSt 30, S. 28; 36, S. 80 ff.; 57, S. 174; 58, S. 227 f.; 60, S. 103; 66, S. 225, für bestimmte Fallbereiche noch eine nach generalisierendem Maß bestimmte allgemeine Unzumutbarkeit angenommen.

[17] Schaffstein, Die Nichtzumutbarkeit als allgemeiner übergesetzlicher Entschuldigungsgrund; Schumacher, Das Wesen der Strafrechtsschuld, S. 25 ff.; Liepmann, ZStW 43 (1922), S. 713; Maurach, Kritik der Notstandslehre, S. 132 f.; Großmann, Vorsatz und Fahrlässigkeit, S. 11 ff. Wie Achenbach, Jura 1997, S. 694, hervorhebt, wurde die Kritik zum Teil in „höchst po-

Nach dem zweiten Weltkrieg hat zunächst Eb. Schmidt angeregt, das Problem der Nichtzumutbarkeit erneut zu diskutieren, ist hiermit jedoch nicht auf nennenswerte Resonanz gestoßen[18]. Erst zwanzig Jahre danach haben Wittig[19] und später Lücke[20] einen erneuten, bis dato letzten Anlauf unternommen, einen allgemeinen Entschuldigungsgrund der Unzumutbarkeit zu begründen. Deren Versuche, denselben aus dem Grundgesetz zu deduzieren, stoßen allerdings auf allgemeine Ablehnung[21]. Entsprechend bestreitet die nahezu einhellige Meinung die Existenz eines selbstständigen Schuldausschließungs- oder Entschuldigungsgrundes der Unzumutbarkeit[22]. Dies bedeutet freilich nicht, dass der Zumutbarkeitsbegriff im Rahmen der vorsätzlichen Begehungsdelikte bedeutungslos ist. Die heute vorherrschende Auffassung in Rechtsprechung und Lehre versteht im Rahmen der vorsätzlichen Begehungsdelikte den Gedanken der Unzumutbarkeit vielmehr als Grundprinzip aller Entschuldigungsgründe[23]. Diese Funktion des Unzumutbarkeitsbegriffs, als Grundgedanke zu dienen, klingt wegen ihrer scheinbar dezenten Stellung im Hintergrund weitgehend unspektakulär. Begreift man den „Unzumutbarkeitsbegriff" jedoch tatsächlich als Grundprinzip oder Grundgedanken und nicht nur als einen bloßen „Namen"

---

lemischer Form vorgetragen". So hat etwa Liepmann, ZStW 43 (1922), S. 712 f. die Lehre vom übergesetzlichen Entschuldigungsgrund als „Knochenerweichung des Strafrechts" bezeichnet. Auch Achenbachs eigene Kritik ist nicht gerade zimperlich. So meint er, Freudenthals Studie „Schuld und Vorwurf im geltenden Strafrecht", in der jener seinen Zumutbarkeitsbegriff entwickelt hat, sei eher „eine Kampfschrift als eine akademische Abhandlung". (Historische und dogmatische Grundlagen der strafrechtssystematischen Schuldlehre, S.143). Siehe zum Ganzen auch Moos, ZStW 116 (2004), S. 891 ff.

[18] Dieser meinte, das Problem der Nichtzumutbarkeit „sollte aus dem Dornröschenschlaf (...) wiedererweckt werden" (Eb.Schmidt, SJZ 1949, Sp. 568). Vgl. Roxin, AT/1, § 22, Rn. 142.

[19] Wittig, JZ, 1969, S. 546 ff.

[20] Lücke, JR 1975, S. 55 ff.

[21] S/S/Lenckner, vor §§ 32, Rn. 122/123; MüKo/Schlehofer, vor §§ 32 ff., Rn. 223; Roxin, AT, § 22, Rn. 143; Achenbach, JR 1975, S. 492 ff.; vgl. Jakobs, AT, 20/43 f.

[22] RGSt 66, S. 397; S/S/Lenckner, vor §§ 32 ff., Rn. 122/123; SK/Rudolphi, vor § 19, Rn. 179; LK/Hirsch, vor §§ 32 ff., Rn. 196; MüKo/Schlehofer, vor §§ 32 ff., Rn. 223; Lackner/Kühl, vor §§ 32 ff., Rn. 30; Bringewat, Grundbegriffe des Strafrechts, Rn. 588; Wessels/Beulke, AT, Rn. 447; Roxin, AT/1, § 22, Rn. 143 ff.; Jescheck/Weigend, § 47, II; Ebert, AT, S. 186; Henkel, FS Mezger, S. 295; Achenbach, JR 1975, S. 492; ders., Jura 1997, S. 633; einschränkend Jakobs AT, 29/99, der unter engen Voraussetzungen einen übergesetzlichen Entschuldigungsgrund der Unzumutbarkeit befürwortet (siehe hierzu Abschnitt E, I, 4, b, aa).

[23] Siehe z. B.: RGSt 66, S. 398; Bay NStZ 1990, S. 39; LK/Jescheck, vor § 13, Rn. 91; Lackner/Kühl, vor §§ 32 ff. Rn. 30; Tröndle/Fischer, vor § 32, Rn. 14; Jakobs AT, 29/99; Blei AT, § 89, II; Maurach/Gössel AT, II, § 46, Rn. 133 ff.; Bringewat, Grundbegriffe des Strafrechts, Rn. 588; Stratenwerth, AT, § 10, Rn. 94 ff.; Ebert, AT, S. 106; Baumann/Weber/Mitsch, AT, § 23, Rn. 7; Schünemann, ZStW 96, S. 316; Frister, Die Struktur des "voluntativen Schuldelements", S. 158; siehe auch Roxin, AT/2, § 31, Rn. 219; kritisch: Schö/Schö/Lenckner, vor §§ 32 ff., Rn. 110; Jäger, Examens-Repetitorium, Rn. 191.

für verschiedene Entschuldigungsgründe, so kommt ihm auch im Rahmen der vorsätzlichen Begehungsdelikte durchaus eine Schlüsselstellung zu, ist es doch der Grundgedanke, der die gesamte dogmatische Begründungslast zu tragen hat. Zumindest ein Teil der Lehre misst dem Begriff der Unzumutbarkeit wohl in der Tat diese tragende, fundamentale Bedeutung zu[24]. Innerhalb dieser Meinungsgruppe besteht allerdings Uneinigkeit darüber, wie das die Entschuldigung ausmachende Prinzip der Unzumutbarkeit inhaltlich zu bestimmen ist. Die Übereinstimmung darin, dass in der Unzumutbarkeit der Grundgedanke der Entschuldigungsgründe zu sehen sei, bedeutet insofern keineswegs eine Übereinstimmung in der Sache. Eingedenk der Tatsache, dass hinsichtlich der tatbestandlichen Voraussetzungen der Entschuldigung keine Einigkeit besteht, ist der Streit um das zutreffende Verständnis der Unzumutbarkeit in diesem Zusammenhang durchaus von praktischer Relevanz[25]. Trotz der Ablehnung eines allgemeinen Entschuldigungsgrundes der Unzumutbarkeit wird nämlich überwiegend davon ausgegangen, dass im Hinblick auf den Grundgedanken der Unzumutbarkeit „eine behutsame Fortentwicklung des geltenden Rechts bei scharf umrissenen Fallgruppen bzw. die Entstehung einzelner inhaltlich begrenzter Entschuldigungsgründe im Wege vorsichtiger Analogie“ wünschenswert sei[26]. In diesem Sinne wird unter Zumutbarkeitsgesichtspunkten sowohl eine Ausweitung des in § 35 StGB vorgesehenen Kataloges der notstandsfähigen Güter erwogen[27] als auch eine Entschuldigung des Täters in Fällen der sogen. Pflichtenkollision[28] und bei Gewissenskonflikten diskutiert[29]. Die Vorstellungen von der Bedeutung der (Un-) Zumutbarkeit sind also auch im Rahmen der vorsätzlichen Begehungsdelikte durchaus unterschiedlich. Angesichts dessen erstaunt es kaum, wenn Teile der Literatur bezweifeln, dass der Zumutbarkeitsbegriff generell dazu geeignet sei, zur Begründung der Entschuldigungsgründe beizutragen[30].

---

[24] Siehe LK/Hirsch, vor § 32, Rn. 195; Lackner/Kühl, vor § 32, Rn. 30; Jakobs, AT, 17/53 ff.; Stratenwerth, AT, § 10, Rn. 94 ff.; Frister, Die Struktur des "voluntativen Schuldelements", S. 157 f.

[25] Beispielhaft für die diesbezüglichen unterschiedlichen Ansätze stehen die Differenzen zwischen dem Unzumutbarkeitsverständnis der Lehre von der doppelten Schuldminderung und der funktionalen Schuldlehre. Zu den entsprechenden Differenzen vgl. etwa LK/Hirsch, vor § 32, Rn. 195; Bringewart, Grundbegriffe des Strafrechts, Rn. 587.

[26] Achenbach, Jura 1995, S. 635; ebenso S/S/Lenckner, vor §§ 32 ff., Rn. 122.

[27] Siehe etwa Stratenwerth, AT, § 10, Rn. 104; Wessels/Beulke, AT, Rn. 404; 452; Kühl, AT, § 12, Rn. 109.

[28] Siehe etwa Stratenwerth, AT, § 10, Rn. 122 ff.; Wessels/Beulke, AT, Rn. 452.

[29] Vgl. etwa: Stratenwerth, AT, § 10, Rn. 114; Tenckhoff, FS Rauscher, S. 71; Rudolphi, FS Welzel, S. 633 f.

[30] S/S/Lenckner, vor §§ 32 ff., Rn. 110; vor §§ 13 ff., Rn. 116; vgl. Roxin, FS Henkel, S. 173, der in AT/2, § 31, Rn. 219 jedoch einräumt, § 35 StGB könne als Ausdruck des Gedankens der Unzumutbarkeit verstanden werden. Kritisch äußert sich auch MüKo/Freund, vor §§ 13 ff., Rn. 238.

Für Lenckner ist sogar das Gegenteil der Fall. Durch den Unzumutbarkeitsbegriff werde der eigentliche Grund der Entschuldigungsgründe nicht aufgehellt, sondern verdeckt[31]. Der „vielseitig verwendbare und auch in anderen Rechtsgebieten vorkommende Begriff der ‚Unzumutbarkeit'" sei nämlich insofern missverständlich, als er einen Dispens von der Befolgung der Norm suggeriere[32]. Der Zumutbarkeitsbegriff ist jedoch auch für Lenckner im Rahmen der vorsätzlichen Begehungsdelikte nicht ohne Funktion. Wie andere Autoren versteht er den Zumutbarkeitsbegriff als ein bloß ‚regulatives Rechtsprinzip'[33]. Gemäß dieser von Henkel[34] entwickelten Konzeption ist der Zumutbarkeitsbegriff inhaltsleer und enthält folglich auch keine „sachlich-inhaltlichen" Aussagen, unter die ein Richter seine Entscheidung subsumieren kann. Der Begriff vermöge allerdings den Richter in bestimmten Fällen anzuweisen, die Grenzen zweifelhafter Pflichtbereiche im Zurückgehen auf die konkrete Lebenssituation selbstständig zu bestimmen bzw. zu regulieren[35]. Der Zumutbarkeitsbegriff enthält nach dieser Vorstellung also keine gesetzgeberische Richtlinie, sondern ist gewissermaßen nur ein Anlass zur richterlichen „Normschöpfung"[36].

Mit diesen kurzen Bemerkungen ist die Bedeutung des Zumutbarkeitsbegriffs bei den vorsätzlichen Begehungsdelikten freilich nur grob skizziert. Da zunächst nicht mehr als eine Kontrastfolie für die ausführliche Darstellung des Streitstandes bei den unechten Unterlassungsdelikten gezeichnet werden soll, kann es hiermit jedoch sein Bewenden haben. Es kann allerdings bereits an dieser Stelle darauf hingewiesen werden, dass die im Weiteren gefundenen Ergebnisse den Anlass geben, die meisten der vorgenannten Erwägungen aufzugreifen und im Hinblick auf ihre Tragfähigkeit zu diskutieren. Daher werden auch die im Rahmen der positiven Begehungsdelikte vertretenen Unzumutbarkeitstheorien weiter unten noch ausführlicher zur Sprache kommen.

---

[31] S/S/Lenckner, vor §§ 32 ff., Rn. 110.
[32] S/S/Lenckner, vor §§ 32 ff., Rn. 110.
[33] S/S/Lenckner, vor §§ 32 ff., Rn. 110; Bringewat, Grundbegriffe des Strafrechts, Rn. 588.
[34] Henkel, FS Mezger, S. 282 ff.
[35] Henkel, FS Mezger, S. 303.
[36] Henkel, FS Mezger, S. 303.

II. Der (Un-) Zumutbarkeitsbegriff im Rahmen der Fahrlässigkeitsdelikte

Anders als die vorsätzlichen Begehungsdelikte stehen die Fahrlässigkeitsdelikte nach der herrschenden Meinung unter dem allgemeinen Vorbehalt der Zumutbarkeit[37]. Streitig ist allerdings, auf welcher Verbrechensstufe die Unzumutbarkeit die Bestrafung des Täters hindert. Teilweise sieht man durch die Zumutbarkeit bereits die objektive[38] oder die vom Täter persönlich zu erbringende[39] Sorgfaltspflicht begrenzt, teilweise versteht man die Unzumutbarkeit als übergesetzlichen Schuldausschließungsgrund[40]. Eine im Hinblick auf die weitere Untersuchung interessante „Sonderstellung" nehmen die Ansichten von Lenckner und Cramer/Sternberg-Lieben ein. Sie sind gemeinsam der Überzeugung, dass die Unzumutbarkeit eine strafbeschränkende Funktion auf mehreren der vorgenannten Ebenen einnehmen könne. So können nach Cramer/Sternberg-Lieben Zumutbarkeitserwägungen sowohl die objektive als auch die subjektive Erfolgsabwendungspflicht begrenzen[41], und Lenckner hält sowohl eine Konkretisierung der persönlichen Erfolgsabwendungspflicht als auch einen übergesetzlichen Entschuldigungsgrund der Unzumutbarkeit für möglich[42]. Soweit man die Unzumutbarkeit als übergesetzlichen Entschuldigungsgrund begreift, begründet man die im Vergleich zu den vorsätzlichen Begehungsdelikten weitergehende Möglichkeit der Entschuldigung überwiegend mit einem geringeren Unrechtsgehalt der Fahrlässigkeitstat, welche auch zu einem geringeren Schuldgehalt der Tat führe. Dieser Umstand erlaube es, die Exkulpation über die in § 35 StGB genannten „Gefahren für Leben, Leib und Freiheit in be-

---

[37] S/S/Cramer/Sternberg-Lieben, § 15, Rn. 204. Den Ausgangspunkt der Zumutbarkeitsdiskussion im Rahmen der Fahrlässigkeitsdelikte bildet der sog. Leinenfängerfall (RGSt 30, S. 25 ff.). Hier war ein um seinen Arbeitsplatz fürchtender Kutscher, auf Anweisung seines Arbeitgebers, mit einem zum Durchgehen neigendendem Pferd gefahren. Als das Tier wiederum scheute, verursachte es einen Beinbruch eines Passanten. Das Reichsgericht sprach den Kutscher vom Vorwurf der fahrlässigen Körperverletzung frei, weil es dem Angeklagten nicht zuzumuten sei, den Gehorsam gegenüber seinem Arbeitgeber zu verweigern und damit die Gefahr der Kündigung auf sich zu nehmen (a. a. O., S. 28).

[38] S/S/Cramer/Sternberg-Lieben, § 15, Rn. 204.; Henkel, FS Mezger, S. 286.

[39] OLG Frankfurt, VRS 41 (1971), S. 35; S/S/Lenckner, vor §§ 32 ff., Rn. 126; Tröndle/Fischer, § 15, Rn. 16; Jescheck/Weigend, § 57, IV, Fn. 20; Krey, AT/2, § 51, Rn. 541.

[40] RGSt, 30, S. 25 ff; LK/Hirsch, vor § 32, Rn. 206; LPK-Kindhäuser, Vor §§ 32-35, Rn. 82; Roxin, AT/1, § 24, Rn. 116; Stratenwerth, AT, § 15, Rn. 49; Wessels/Beulke, AT, Rn. 692; Kühl, AT, § 17, Rn. 97; Ebert, AT, S. 170; Baumann/Weber/Mitsch, AT, § 23, Rn. 60 ff.; Freudenthal, Schuld und Vorwurf, S. 14 f.; siehe auch Bringewart, Grundbegriffe des Strafrechts, Rn. 695, der bei den Fahrlässigkeitsdelikten zwar einen allgemeinen übergesetzlichen Entschuldigungsgrund verneint, jedoch ein allgemeines regulatives Prinzip der Schuldbegrenzung befürwortet.

[41] S/S/Cramer/Sternberg-Lieben, § 15, Rn. 204.

[42] S/S/Lenckner, vor §§ 32 ff., Rn. 126.

hutsamer Analogie auf andere schwere Bedrohungen zu erstrecken“[43]. In diesem Sinne wird etwa die „als verpflichtend empfundene sittliche Überzeugung (...) des Täters“[44] oder die „Anweisung (...) seines Arbeitgebers“ als eine entschuldigungsrelevante Bedrohung aufgefasst.

Soweit man bereits eine Begrenzung der Handlungspflicht befürwortet, stützt man die Argumentation auf allgemeine Billigkeitserwägungen[45]. Der herrschenden Auffassung steht eine Mindermeinung gegenüber, welche die Zumutbarkeit im Rahmen der Fahrlässigkeitsdelikte ebenso beurteilen will wie bei den Begehungsdelikten[46]. Die Mindermeinung sieht einmal nicht das Unrecht der Fahrlässigkeitsdelikte generell geringer an als bei vorsätzlichen Begehungsdelikten[47]. Zudem wird bezweifelt, dass der Zumutbarkeitsbegriffs generell geeignet ist, die Lösung einer angemessenen Begrenzung der Fahrlässigkeitshaftung zu befördern[48]. So ist beispielsweise für Achenbach die Unzumutbarkeitsklausel lediglich eine inhaltsleere Leerformel, die ein „Judizieren nach Gutdünken“ erlaube und ganz unterschiedlich strukturierte Begebenheiten verdecke[49]. Die Rechtswissenschaft sei aufgefordert, sich von dem Zumutbarkeitsbegriff zu lösen und „konkretere Topoi herauszuarbeiten, die den Grund der Grenzbestimmung präziser bezeichnen als das Reden von Zumutbarkeit oder Unzumutbarkeit“[50].

Es wird sich im Laufe der folgenden Untersuchung zeigen, dass diese Einschätzung auch hinsichtlich der Verwendung des Zumutbarkeitsbegriffs im Rahmen der unechten Unterlassungsdelikte Geltung beanspruchen kann.

---

[43] So Roxin, AT/1, § 24, Rn. 116; S/S/Lenckner, vor §§ 32 ff., Rn. 126; LK/Hirsch, vor § 32 ff., Rn. 206 f.; Stratenwerth, AT, § 15, Rn. 49, i.V.m. § 13, Rn. 79; siehe hierzu insbesondere die ablehnenden Ausführungen von Maiwald, FS Schüler-Springforum, S. 487, der zwar die Schuldminderung anerkennt, diese jedoch lediglich innerhalb der Strafzumessung berücksichtigen will.

[44] Ebert, AT. S. 170.

[45] S/S/Cramer/Sternberg-Lieben, § 15, Rn. 204; S/S/Lenckner, vor §§ 32 ff., Rn. 126.

[46] MüKo/Schlehofer, vor §§ 32 ff., Rn. 225; Achenbach, Jura 1997, S. 631 ff.; Maurach/Gössel, AT/2, § 44, Rn. 42 ff.

[47] MüKo/Schlehofer, vor §§ 32 ff., Rn. 225.

[48] Achenbach, Jura 1997, S. 631 ff.; S. 635.

[49] Zu diesen Gegebenheiten zählt Achenbach, Jura 1997, S. 635, den Gedanken des erlaubten Risikos, den Gedanken der eigenverantwortlichen Selbstgefährdung, Fälle des rechtfertigenden und entschuldigenden Notstandes und Fälle der Pflichtenkollision.

[50] Achenbach, Jura 1997, S. 635.

III. Der (Un-) Zumutbarkeitsbegriff im Rahmen der echten Unterlassungsdelikte

Die allgemeine Hilfeleistungspflicht nach § 323 c StGB nimmt innerhalb der strafrechtlichen Zumutbarkeitsdiskussion insofern eine Sonderstellung ein, als das Gesetz hier ausdrücklich vorsieht, dass die Hilfeleistung „nach den Umständen zuzumuten" sein muss. Insbesondere aufgrund dieser Gesetzesfassung versteht die herrschende Meinung[51] die Zumutbarkeitsklausel des § 323 c StGB als Tatbestandsmerkmal. Demgegenüber ordnet eine Mindermeinung[52] den Unzumutbarkeitsvorbehalt der Schuldebene zu. Weil der Zumutbarkeitsbegriff bei den vorsätzlichen Begehungsdelikten, den Fahrlässigkeitsdelikten und den unechten Unterlassungsdelikten als Schuldproblem angesehen werde, sei eine entsprechende Einordnung der Zumutbarkeitsklausel des § 323 c StGB bereits aus den Gründen einer einheitlichen Terminologie geboten[53]. Ausschlaggebend aber sei die systematische Überlegung, dass es zu „einem argen gedanklichen Wirrwarr" führe, „wenn Fragen des subjektiv normgemäßen Verhaltens und der subjektiven Pflichtwidrigkeit, die bei der Zumutbarkeit nicht ausgeklammert" werden könnten und „ein Wertungsproblem" beträfen, auf der Tatsachenebene abgehandelt werden müssten[54]. Vertreten wird zudem, dass es sich bei der Zumutbarkeitsklausel des § 323 c StGB um „eine den Unrechts- und Schuldbereich übergreifende Wertung handelt"[55]. Während jedoch Hirsch[56] neben der schuldausschließenden Unzumutbarkeit eine „nach objektiven Maßstäben vorzunehmende Restriktion" auf Tatbestandsebene annimmt, misst Rudolphi der Unzumutbarkeitsklausel je nach den Umständen eine entschuldigende oder rechtfertigende Wirkung zu[57].

Stärker umstritten als die systematische Stellung der Zumutbarkeitsklausel ist ihre Konkretisierung. Das entsprechende Meinungsbild ist nicht nur ähnlich umfangreich wie bei den unechten Unterlassungsdelikten. Vielfach sind die Argu-

---

[51] Cramer/Sternberg-Lieben, § 323c, Rn. 29; Lackner/Kühl, § 323c, Rn. 7; LPK-Kindhäuser, § 323c, Rn. 15; NK/Seelmann, § 323c, Rn. 41; Stree, FS Lenckner, S. 399; Seelmann, JuS 1995, S. 285; Pawlik, GA 1995, S. 372; Frellesen, Die Zumutbarkeit der Hilfeleistung, S. 209; siehe auch Geilen, Jura 1983, S. 145 f., der die Zumutbarkeitsklausel als ein beim Tatbestand angesiedeltes Regulativ einordnet.

[52] LK/Spendel, § 323c, Rn. 159; Welzel, NJW 1953, S. 328; ders., JZ 1958, S. 495 ff. ; siehe auch Stratenwerth, AT, § 18, Rn. 78.

[53] LK/Spendel, § 323 c, Rn. 159.

[54] LK/Spendel, § 323 c, Rn. 159.

[55] LK/Hirsch, vor § 32, Rn. 205; SK/Rudolphi, § 323 c, Rn. 24; in diesem Sinne äußert sich auch Stratenwerthh, AT, § 18, Rn. 78, der jedoch anmahnt, dass die allgemeinen Entlastungsgründe nicht zu Gunsten eines allgemeinen Zumutbarkeitsvorbehalts eingeebnet, sondern lediglich jeweils erweitert werden.

[56] LK/Hirsch, vor § 32, Rn. 205.

[57] SK/Rudolphi, § 323 c, Rn. 24 .

mentationen aufs engste miteinander verzahnt. Daher soll zunächst nur folgender äußerst knapper Überblick gegeben werden: Die Rechtsprechung bemüht zur Abgrenzung die allgemeinen sittlichen Maßstäbe[58]. Dieses Kriterium wird seitens der Literatur überwiegend jedoch deswegen abgelehnt, weil es zu unbestimmt und rechtlich zu wenig greifbar sei[59]. Stattdessen befürwortet man teilweise eine Abwägung der widerstreitenden Interessen „anhand positiver Wertentscheidungen“[60] oder will die Unzumutbarkeit der Hilfeleistung nach den Regeln des § 34 StGB bestimmen[61].

---

[58] BGHSt 11, S. 136; OLG Hamm NJW 1968, S. 212.
[59] Siehe für alle Geilen, Jura 1983, S. 146.
[60] S/S/Cramer/Sternberg-Lieben, § 323 c, Rn. 20; Lackner/Kühl, § 323 c, Rn. 7; Geilen, Jura 1983, S. 147.
[61] So: NK/Seelmann, § 13, Rn. 63; Pawlik, GA 1995, S. 371.

B. Der (Un-) Zumutbarkeitsbegriff im Rahmen der unechten Unterlassungsdelikte

I. Vorbemerkung

Der nachstehende Abschnitt soll ein ausführliches Bild der Zumutbarkeitsdiskussion im Rahmen der unechten Unterlassungsdelikte vermitteln. Eine geordnete Darstellung des Streitstandes erwies sich – wie in der Einleitung angedeutet – als überraschend schwierig. Während die Position der Mindermeinung[62] recht einfach dahingehend zusammenzufassen ist, dass sie im Rahmen der unechten Unterlassungsdelikte ein spezifisches Zumutbarkeitsproblem verneint, stellt sich die herrschende Auffassung, die ein von den Begehungsdelikten abweichendes Zumutbarkeitsverständnis annimmt, als höchst inhomogenes Gebilde dar[63]. Die im Hinblick auf eine systematische Aufbereitung des Streitstandes größte Schwierigkeit resultiert allerdings weniger aus der Vielschichtigkeit des Meinungsbildes als aus dem Umstand, dass sich nahezu alle Diskussionsbeiträge in kurzen, allgemeingehaltenen Stellungnahmen erschöpfen, die jeden dogmatischen Begründungsanspruch vermissen lassen[64]. Die Oberflächlichkeit, mit der die Zumutbarkeitsdiskussion im Rahmen der unechten Unterlassungsdelikte überwiegend geführt wird, legt den Schluss nahe, es werde um ein und dasselbe Thema diskutiert. In Wahrheit wird jedoch mittels Unzumutbarkeitserwägungen auf unterschiedliche strafrechtsdogmatische Fragestellungen Bezug genommen, deren „einzige" gemeinsame Grundlage in der Frage besteht, ob im Hinblick auf die Belastungen des jeweiligen Normadressaten eine strafbewehrte normative Erwartungshaltung erhoben werden soll[65]. Eine erste grundlegende Differenz der verschiedenen Ansätze betrifft die Frage, ob im Rahmen der unechten Unterlassungsdelikte ein allgemeiner[66] Zumutbarkeitsvorbehalt formuliert werden soll oder ob sich die im Rahmen der unechten Unterlassungsdelikte befürwortete Erweiterung der Unzumutbarkeit auf bestimmte Fallkonstellationen beschränkt. In diesem zweiten Sinne äußert sich etwa Roxin[67], der die Ansicht vertritt, der Zumutbarkeitsbegriff sei im Rahmen der unechten Unterlassungsdelikte nur für die Frage relevant, ob der Garant

---

[62] LK/Jescheck, vor § 13, Rn. 91; MüKo/Schlehofer, vor §§ 32 ff., Rn. 225; NK/Paeffgen, vor § 32, Rn. 257, 259; Jakobs AT, 29/99; Jescheck/Weigend, AT, § 59, VIII, 3; Blei, AT, § 89, II; Maurach/Gössel/Zipf AT, II, § 46, Rn. 133 ff.; Schünemann, ZStW 96, S. 316.

[63] Es ist insofern fast angemessener von einer „Meinungsgruppe" zu sprechen.

[64] Substanzielle Begründungen werden noch am ehesten von Autoren vorgelegt, die dem Zumutbarkeitsbegriff im Rahmen der unechten Unterlassungen keine gegenüber den vorsätzlichen Begehungsdelikten abweichende Bedeutung zuerkennen.

[65] Vgl. Maurach/Gössel/Zipf, AT, § 89, II.

[66] So etwa Welzel, JZ 1958, S. 495.

[67] AT/2, § 31, Rn. 232 ff.

seine nächsten Angehörigen der Strafverfolgung aussetzen muss. Nach diesem Verständnis ist die Unzumutbarkeit kein allgemeiner Vorbehalt bzw. kein „allgemeines" Rechtsinstitut, sondern ausschließlich ein Hilfsbegriff bzw. ein Vehikel zur Lösung bestimmter einzelner Problemkonstellationen. Dieses Zumutbarkeitsverständnis findet sich allerdings nur vereinzelt. Zwar beschäftigen sich die meisten Entscheidungen der Rechtsprechung zur Unzumutbarkeit in der Tat mit wenigen, wiederkehrenden Fallkonstellationen, und die knapp gehaltenen Literaturbeiträge bieten kaum beispielhafte Anwendungsfälle an, welche über jene Konstellationen hinausgehen. Dennoch darf die Unzumutbarkeitsdiskussion nicht ausschließlich als Auseinandersetzung um die Lösung bestimmter Fallkonstellationen verstanden werden. Obwohl insgesamt nur auf wenige Fallkonstellationen Bezug genommen wird, diskutiert die Literatur im Rahmen der unechten Unterlassungsdelikte nämlich ganz überwiegend abstrakt über einen allgemeinen[68] Zumutbarkeitsvorbehalt[69]. Auch die Rechtsprechung nimmt, ungeachtet der Tatsache, dass sie ihre Entscheidung mehrheitlich in wenigen wiederkehrenden Fallkonstellationen auf Zumutbarkeitserwägungen stützt, überwiegend auf einen allgemeinen Zumutbarkeitsvorbehalt Bezug[70]. Umstritten ist freilich, auf welcher strafrechtssystematischen Ebene „das Rechtsprinzip der Unzumutbarkeit" im Rahmen der unechten Unterlassungsdelikte Wirkung entfalten soll. In dieser Frage werden alle denkbaren Einordnungen vertreten. Während man die Unzumutbarkeit teilweise dem objektiven Tatbestand[71] des unechten Unterlassungsdeliktes zuordnet oder als Rechtfertigungsgrund[72] versteht, lässt sie nach anderem Verständnis erst die Schuld entfallen[73].

---

[68] Die Bestimmtheiten dieses Vorbehalts sind freilich streitig.

[69] Siehe hierzu beispielhaft etwa Plate, Psyche, Unrecht und Schuld, S. 524. Nur als Indiz dafür, dass ganz überwiegend von einem allgemeinen Zumutbarkeitsvorbehalt ausgegangen wird, mag der Umstand dienen, dass „neu" aufgeworfene Fallkonstellationen, wie die Strafbarkeit von Internetprovidern für strafrechtlich relevante Inhalte, unter Bezugnahme auf einen allgemeinen Unzumutbarkeitsvorbehalt bei den unechten Unterlassungsdelikten gelöst werden sollen.

[70] Siehe etwa: BGHSt 43, S. 381 ff.; BGH NStZ 1984, S. 164; OLG Hamburg, StV 1996, S. 437 ff.

[71] S/S/Stree, vor §§ 13 ff., Rn. 155; Töndle/Fischer, § 13, Rn. 16; AK/Seelmann, § 13, Rn. 62; Stree, FS Lenckner, S. 393; Haft, JA, 1982, 475; Henkel, FS Mezger, S. 280; Bringewat, Grundbegriffe des Strafrechts, Rn. 505; Krey, AT/2, Rn. 372; Grünhut, ZStW, 51 (1931), S. 467; hinsichtlich der tatsächlichen Grundlagen der Zumutbarkeit: Naucke, Strafrecht, § 7, Rn. 296.

[72] Köhler, AT, S. 297 f.; Schmidhäuser, AT, 16/84; vgl. auch Küper, Pflichtenkollision, S. 97; Gropp, AT, § 11, Rn. 90 f.

[73] SK/Rudolphi, vor § 13, Rn. 31; Lackner/Kühl, § 13, Rn. 5; Baumann/Weber/Mitsch, § 15, Rn. 7 ff.; Welzel Lb, S. 220 f.; ders. JZ 1958, S. 494; Wessels/Beulke AT, Rn. 739; Kühl, AT, § 18, Rn. 140; Stratenwerth, AT, § 13, Rn. 77; Maurach/Gössel, AT, 46/132; Kienapfel, ÖJZ 1976, S. 201; wohl auch Ebert, AT, S. 183; die systematische Einordnung lassen offen: Otto, Grundkurs Strafrecht, AT, § 9, Rn. 103; Vassilaki, CR 1999, S. 91.

Indessen befassen sich nicht alle Literaturbeiträge zur Unzumutbarkeit im Rahmen der unechten Unterlassungsdelikte zunächst mit dem systematischen Standort ihrer Erörterungen, um erst auf der Grundlage des jeweiligen Ergebnisses zur Begriffskonkretisierung überzugehen[74]. Einige Autoren widmen sich vielmehr zunächst der Konkretisierung und fragen erst anschließend nach der zutreffenden systematischen Stellung der Entlastung[75]. Diese Meinungsgruppe verbindet mit dem Unzumutbarkeitsbegriff insoweit eine eigenständige „generelle Grenze der Haftung"[76], deren systematische Einordnung ausschließlich für die Frage der Teilnahme und des Irrtums von Bedeutung sein soll[77]. Dass man zum Teil nicht einen bestimmten verbrechenssystematischen Standort zum Ausgangspunkt der Konkretisierung des (Un-) Zumutbarkeitsbegriffs macht, führt dazu, dass sich mit ein und derselben systematischen Einordnung zum Teil verschiedene (Un-) Zumutbarkeitsvorstellungen verbinden. Beispielsweise wird innerhalb der Ansicht, welche die Unzumutbarkeit bei den unechten Unterlassungsdelikten als tatbestandsausschließend auffasst, das Zumutbarkeitskriterium teils als „tatbestandsbegrenzendes Regulativ"[78], teils als „Begrenzung der Garantenpflichten"[79] und teils als eine mit § 323 c StGB verwandte „Begrenzung der Opfergrenze"[80] verstanden. Auch auf der Ebene der Schuld verbergen sich hinter derselben systematischen Ebene verschiedene Anliegen, wie die „Begrenzung des Gebotes zur Selbstschädigung"[81] und die „Ausweitung der Entschuldigung aus Notstand"[82].

Übersetzt man die verschiedenen Anliegen, welche von der herrschenden Meinungsgruppe im Rahmen der unechten Unterlassungsdelikte mit dem (Un-) Zumutbarkeitsbegriff verfolgt werden, in einen Fragenkatalog, so lässt sich dieser wie folgt formulieren:

---

[74] Alle Auffassungen, welche die Unzumutbarkeit als einen allgemeinen Entlastungsgrund verstehen, haben letztlich folgende zwei Fragen zu beantworten:
1. Nach welchen Kriterien ist zu entscheiden, ob eine Verhaltensanforderung noch zumutbar ist oder nicht (Konkretisierung des Zumutbarkeitsbegriffs)?
2. Auf welcher Ebene des Verbrechensaufbaus soll die Entlastung wegen Unzumutbarkeit erfolgen?

[75] Dies bedeutet, dass man die Stellung des Zumutbarkeitsproblems im Verbrechensaufbau nicht als eine der Begriffskonkretion systematisch vorgelagerte Fragestellung versteht, sondern als ein dieser nachgelagertes und von dieser gänzlich unabhängiges Problem auffasst. In diesem Sinne äußert sich innerhalb der Literatur Vassilaki, CR 1999, S. 91 f., die sogar auf eine systematische Einordnung bewusst verzichtet und sich ausschließlich der Begriffskonkretisierung widmet.

[76] AK/Seelmann, § 13, Rn. 62.

[77] So etwa S/S/Stree, vor §§ 13 ff. Rn. 155 ff.; Naucke Strafrecht, § 7, Rn. 282 ff.

[78] Bringewat, Grundbegriffe des Strafrechts, Rn. 505.

[79] Krey, AT/1, § 37, Rn. 372.

[80] So etwa Plate, Psyche, Unrecht und Schuld, S. 523; Dallinger, JR 1968, S. 8.

[81] Siehe LK/Hirsch, vor § 32, Rn. 205.

[82] Kühl, AT, § 18, Rn. 33.

1. Ist mittels des (Un-) Zumutbarkeitsbegriffs eine Erweiterung der Entschuldigung über die Kataloggründe des § 35 Abs. 1 S. 1 StGB begründbar[83] ?
2. Ist mittels des (Un-) Zumutbarkeitsbegriffs eine Erweiterung der Rechtfertigungsgründe begründbar?[84]
3. Ist mittels des (Un-) Zumutbarkeitsbegriffs ein allgemeiner Vorbehalt staatlicher Strafe begründbar?[85]
4. Ist mittels des (Un-) Zumutbarkeitsbegriffs eine Beschränkung der Garantenpflichten begründbar?[86]
5. Ist mittels des (Un-) Zumutbarkeitsbegriffs eine Begrenzung der Verpflichtung zur Selbstbelastung[87] oder der Belastung Angehöriger begründbar?[88]
6. Ist mittels des (Un-) Zumutbarkeitsbegriffs eine Begrenzung des Gebots zur Selbstschädigung begründbar?[89]
7. Stellt die Unzumutbarkeit einen mit der Unmöglichkeit verwandten Vorbehalt dar, durch den die Handlungspflicht begrenzt werden soll?[90]
8. Soll mittels des (Un-) Zumutbarkeitsbegriffs die Pflicht zur Erfolgsverhinderung bei erlaubter Rechtsausübung begrenzt werden?[91]

Obwohl sich mit dem vorstehenden Fragenkatalog die entscheidenden Sachfragen verbinden, soll zumindest die Gliederung der Literaturstimmen in erster Linie nach der verbrechenssystematischen Einordnung ihrer Zumutbarkeitserwägungen vorgenommen werden. Hierfür spricht zunächst, dass immerhin die meisten Lehrbücher so vorgehen. Von entscheidender Bedeutung ist jedoch, dass die verschiedenen Stellungnahmen mehrheitlich nicht ausdrücklich auf eine konkrete Problemstellung Bezug nehmen, sondern allgemeingehaltene Zumutbarkeitserwägungen anstellen, die nicht selten mehr als eine der vorbezeichneten Fragen beantworten sollen.

---

[83] SK/Rudolphi, vor § 13, Rn. 31; Lackner/Kühl, § 13, Rn. 5; Kühl, AT, § 18, Rn. 140; vgl.: Baumann/Weber/Mitsch, § 15, Rn. 7 ff.; Welzel Lb, S. 220 f.; ders. JZ 1958, S. 494; Dallinger, JR 1968, S. 7 f.
[84] Gropp, AT, § 11, Rn. 53; vgl. Köhler, AT, S. 297 f.
[85] Sieber, JZ 1996, S. 504; vgl. Vassilaki, CR 1999, S. 92.
[86] NK/Seelmann, § 13, Rn. 63; Krey, AT/1, § 37, Rn. 372; Stree, FS Lenckner, S. 398 ff.
[87] OLG Hamburg, StV 1996, S. 437 ff.
[88] Roxin, AT/2, § 31, Rn. 232 f.
[89] LK/Hirsch, vor § 32, Rn. 205.
[90] Bringewat, Grundbegriffe des Strafrechts, Rn. 505; Haft, AT, S. 182.
[91] BGHSt 7, S. 268 ff.

II. Rechtsprechung zur (Un-) Zumutbarkeit im Rahmen der unechten Unterlassungsdelikte

Versucht man die Entscheidungen der Rechtsprechung unter der Perspektive der systematischen Stellung ihrer Zumutbarkeitsprüfung zu katalogisieren, so zeigt sich, dass eine entsprechende ausdrückliche Einordnung zumeist fehlt. Man ist darauf verwiesen, die systematische Stellung der Erwägungen mittels einer Deutung der Urteilsgründe festzustellen[92]. Dieses Unterfangen ist jedoch bei einigen Entscheidungen schwierig oder sogar unmöglich, weil hier, falls überhaupt vorhanden, Anhaltspunkte nur sehr vage ausfallen. Der Grund hierfür ist wohl darin zu finden, dass man, in Übereinstimmung mit Teilen der Literatur, die systematische Einordnung der Unzumutbarkeit als ein der Konkretisierung nachgelagertes Problem auffasst[93]. Auch die Ausführungen zur Konkretisierung nehmen jedoch zumeist nur wenig Raum in Anspruch. Vielmehr beschränkt man sich, abgesehen von den Entscheidungen zur (Un-) Zumutbarkeit der Fremd- und Selbstbelastung, die, aufeinander Bezug nehmend, einige konkrete Kriterien herausgearbeitet haben, darauf, jeweils isoliert den jeweiligen Sachverhalt angemessen zu entscheiden. Insgesamt betrachtet sind die jeweiligen Urteilsgründe mithin weniger durch ausführliche, theoretische Erörterungen des Zumutbarkeitsproblems geprägt als durch die Frage, ob die konkrete Konfliktsituation des Täters eine Befreiung von Strafe rechtfertigt[94]. Insofern kann, abgesehen von den Entscheidungen zur Fremd- und Selbstbelastung, trotz einiger Entscheidungen zur (Un-) Zumutbarkeit im Rahmen der unechten Unterlassungsdelikte, von einer sich „entwickelnden" oder gar „gefestigten" Rechtsprechung kaum die Rede sein[95]. In ihrer Gesamtheit vermitteln die Entscheidungen dennoch ein anschauliches Bild von dem Zumutbarkeitsverständnis, das die Rechtsprechung im Rahmen der unechten Unterlassungsdelikte vertritt.

---

[92] Vgl. Plate, Psyche, Unrecht und Schuld, S. 91.

[93] Auf die systematische Einordnung kommt es dann, wie erwähnt, nur an, wenn diese zu praktisch unterschiedlichen Ergebnissen führt, was nur für die Frage der Teilnahme und des Irrtums der Fall ist, so dass es einer entsprechenden Erörterung in den fraglichen Entscheidungen nicht bedarf.

[94] Trotz mehrfacher Gelegenheit hat der BGH bisher die ihm vorgelegten Entscheidungen nicht zum Anlass genommen, sich im Rahmen eines „orbiter dictums" mit der umstrittenen Frage nach der „Unzumutbarkeit im Rahmen der unechten Unterlassungsdelikte" ausführlich zu beschäftigen.

[95] Oftmals scheint weniger ein eigenständiges Rechtsinstitut der (Un-) Zumutbarkeit bemüht zu werden als ein Platzhalter, der in scheinbar plausibler Weise eine ausstehende strafrechtsdogmatische Begründung ersetzen soll. Die einzelnen Entscheidungen werden daher überwiegend weder zur systematischen Einordnung noch zur Konkretisierung der Unzumutbarkeit viel beitragen.

Abgesehen von den Entscheidungen zur Fremd- und Selbstbelastung[96] ist in folgenden Konstellationen auf die Kategorie der Unzumutbarkeit zurückgegriffen worden:

1. Selbstgefährdung des Täters bei geringer Rettungschance des Opfers[97] / Rettungshandlungen, die den Eingreifenden und das Eingriffsopfer gefährden[98]
2. Pflicht zur Erfolgsverhinderung wegen erlaubter Rechtsausübung[99]
3. Feststellung einer allgemeinen Belastungsgrenze[100]
4. Begrenzung der Vorwerfbarkeit in Situationen außergewöhnlicher Belastung[101]

1. Unzumutbarkeit wegen Fremd- oder Selbstbelastung

a. OLG Hamburg, StV 1996, S. 437 ff.

Berücksichtigung der (Un-) Zumutbarkeit auf Tatbestandsebene

In StV 1996, S. 437 ff., hatte das OLG Hamburg auf die sofortige Beschwerde der Staatsanwaltschaft gemäß § 118 Abs. 3 STBerG über den Verjährungszeitpunkt einer dem Angeschuldigten zur Last gelegten Steuerhinterziehung zu entscheiden. Die für das Verfahren entscheidende Frage bestand darin, das Tatende der in der Anklageschrift bezeichneten Tat festzustellen. Das Gericht stellt hierzu zunächst fest, dass die Pflicht zur Abgabe der Steuererklärung grundsätzlich bis zum Ende des angeklagten Zeitraumes weiter fortbestand, weil keiner der gesetzlichen Beendigungstatbestände erfüllt war. Die Besonderheit des zu entscheidenden Falles lag jedoch darin, dass gegen den Angeschuldigten im Mai 1989 ein steuerstrafrechtliches Ermittlungsverfahren eröffnet war. Mit diesem Zeitpunkt, führt der Senat aus, sei die Pflicht zur Abgabe der Steuererklärung beendet, denn mit der nachgeholten Angabe von Umsätzen, Einkünften, pp., würde sich der Steuerpflichtige notwendigerweise selbst belasten. Im Strafverfahren könne jedoch „eine selbstbelastende Erklärung des Tatverdächtigen nicht

[96] BGHSt 6, S. 57; BGHSt 19, S. 167 ff.; BGH NStZ 1984, S. 164; BGH-Nack, BGH, Urt. vom 30.03.1995 - 4 StR 768/94; BGH-Nack, BGH, Urt. vom 19.12.1997 - 5 StR 569/96; OLG Bremen NJW 1957, S. 72.
[97] BGH NStZ 1994, S. 29.
[98] BGH GA 1963, S. 16.
[99] BGHSt 7, S. 268 ff.
[100] RGSt 69, S. 321 ff.
[101] BGH JR 1968, S. 6 f. bei Dallinger.

erzwungen werden (§ 136 Abs. 1 StPO)", weil das „nemo-tenetur Prinzip als übergeordneter Rechtsgrundsatz das gesamte Strafverfahren" präge[102]. Zwar stelle sich „die Frage der verbotenen Zwangswirkung zunächst prozessrechtlich", doch könne „sie sich auch auf die Ebene des sachlichen Rechts auswirken"[103]. Der Senat führt mit für die Rechtsprechung in dieser Frage seltener Klarheit aus: „Bei Unterlassungsdelikten ist die Zumutbarkeit des geforderten Handelns ungeschriebenes Tatbestandsmerkmal."[104] Unzumutbarkeit liege vor, wenn „billigenswerte Interessen des Unterlassungstäters gefährdet würden, was eine an ethischen Maßstäben ausgerichtete Abwägung zwischen dem eigenen Interesse und dem durch § 370 Abs. 1 AO geschützten Rechtsgut" erfordere[105]. Diese Abwägung ergebe, dass dem durch Art. 1 Abs. 1, 2 Abs. 1 GG geschützten Interesse des Steuerpflichtigen, sich nicht strafrechtlich zu belasten, grundsätzlich der Vorrang gegenüber den fiskalischen Interessen der Allgemeinheit gebühre[106].

Bezüglich der systematischen Einordnung des Zumutbarkeitskriteriums votiert das OLG Hamburg im vorliegenden Fall ausdrücklich zu Gunsten der Tatbestandslösung. Die Bestimmung der Zumutbarkeitsgrenzen bleibt dagegen sehr vage. Zunächst äußert sich das Gericht nicht näher dazu, nach welchen Kriterien die Billigkeit eines Interesses beurteilt werden kann. Im Dunklen bleibt zudem die inhaltliche Bestimmtheit des „ethischen Abwägungsmaßstabes" anhand dessen die Interessenabwägung erfolgen soll[107].

b. OLG Karlsruhe MDR 1975, S. 771

Berücksichtigung der (Un-) Zumutbarkeit im Rahmen der Entsprechungsklausel

In MDR 1975, S. 771, hatte das OLG Karlsruhe darüber zu entscheiden, ob die Angeklagte zur Beihilfe des Betruges ihres Ehemannes zu verurteilen war. Die Angeklagte hatte es unterlassen, die Darlehnsgeber ihres Ehemannes darüber zu unterrichten, dass die von ihrem Mann beigebrachten Sicherheiten (Versicherungspolicen), wegen denen der Kredit bewilligt worden war, in Wahrheit wirtschaftlich wertlos waren.

Das Gericht lässt die Frage offen, ob die Angeklagte gegenüber der Darlehnsgeberin überhaupt eine Garanten- oder Offenbarungspflicht traf, weil es jeden-

---

[102] OLG Hamburg, StV 1996, S. 438.
[103] OLG Hamburg, StV 1996, S. 438.
[104] OLG Hamburg, StV 1996, S. 438.
[105] OLG Hamburg, StV 1996, S. 438.
[106] OLG Hamburg, StV 1996, S. 438.
[107] Siehe zur Begründung eines „ethisch" bestimmten Kriteriums der Unzumutbarkeit die Darstellung der Lehre Freudenthals in Kap. E, I, 1, a.

falls an der Gleichwertigkeit mit einem betrügerischen positiven Tun fehle[108]. Der Senat führt insoweit aus: „Die Besonderheit des vorliegenden Falles besteht darin, dass die Angeklagte mit der (...) Offenbarungspflicht, d. h. der Aufklärung des Rentnerehepaares über die Wertlosigkeit der Sicherheiten für die Darlehensgewährung notwendigerweise das betrügerische Verhalten ihres Ehemannes in dem vorausgegangenen früheren Betrugsfall hätte offen legen und damit die Auslösung einer Strafverfolgung gegen diesen hätte gewärtigen müssen[109]. Dieser Umstand lege die Überprüfung nahe, ob die möglicherweise bestehende Rechtspflicht zur Aufklärung wegen der mit ihr „verbundenen strafrechtlichen Belastung eines Angehörigen unter Zumutbarkeitsgesichtspunkten einer Beihilfe zum Betrug durch positives Tun gleichgestellt werden kann“[110]. Das Gericht nimmt insoweit an, dass die (damals neu eingeführte) „Entsprechensklausel des § 13 StGB (...) neben der Gleichwertigkeit des Handelns auch den Gedanken der Unzumutbarkeit erfassen, also die Tatsache berücksichtigen“ solle, „dass von dem Betroffenen vor seinem Tätigwerden unter Umständen Hemmungen überwunden werden müssten, deren Überwindung ihm zuzumuten sein“ müsse[111]. Der Senat fährt fort: „Bei den unechten Unterlassungsdelikten, bei denen es darauf ankommt, welche Handlung im Einzelfall vom Täter bzw. Teilnehmer zu fordern ist, ist hiernach die Zumutbarkeit ausnahmsweise bereits Bestandteil des Tatbestandes und nicht erst bloßes Schuldelement.“[112] Dass eine solche Zumutbarkeit im Falle der Anzeige oder einer ähnlichen strafrechtliche Belastung nächster Angehöriger vorliege, sei im Allgemeinen zu verneinen[113]. Besondere Umstände, die im vorliegenden Fall eine abweichende Wertung erlaubt hätten, erkennt das OLG Karlsruhe nicht[114].

Die Entscheidung beschäftigt sich mit der vieldiskutierten Frage, ob und inwieweit Garanten den Erfolg auch durch die Anzeige nächster Angehöriger verhindern müssen. Das Gericht entscheidet diesbezüglich in Übereinstimmung mit der herrschenden Ansicht. In zweierlei Hinsicht nimmt die Entscheidung jedoch eine Sonderstellung ein. Zum einen verneint sie als einzige Entscheidung die Zumutbarkeit mit der Begründung, dass die Voraussetzungen des „Entsprechens“ im Sinne des § 13 StGB nicht vorlägen. Zum zweiten handelt es sich um die einzige Entscheidung, welche die „Anzeigenproblematik“ unter Zumutbarkeitsgesichtpunkten nicht als Schuldproblem behandelt.

---

[108] OLG Karlsruhe, MDR 1975, S. 771.
[109] OLG Karlsruhe, MDR 1975, S. 771.
[110] OLG Karlsruhe, MDR 1975, S. 771.
[111] OLG Karlsruhe, MDR 1975, S. 771.
[112] OLG Karlsruhe, MDR 1975, S. 772.
[113] OLG Karlsruhe, MDR 1975, S. 772.
[114] Das Gericht hält es im vorliegenden Fall insoweit für beachtenswert, dass der Darlehensgeberin keine „besonders erhebliche Gefährdung des Vermögens bevorstand“ (OLG Karlsruhe, MDR 1975, S. 772).

c. BGHSt 19, S. 167 ff.
Unterlassungsspezifische Unzumutbarkeitserwägungen auf der Schuldebene

In BGHSt 19, S. 167 ff., hat der Bundesgerichtshof im Jahre 1963 ein Urteil, durch das der Angeklagte wegen Beihilfe zum Totschlag verurteilt worden war, auf seine Revision hin aufgehoben[115]. Die Entscheidung befasst sich mit der unter Zumutbarkeitsgesichtspunkten viel diskutierten Frage, ob der Garant zur Abwendung des tatbestandlichen Erfolges auch seine Angehörigen bei der Polizei oder sonstigen Ermittlungsbehörden anzeigen muss.

Der Vater des Angeklagten war von seiner Ehefrau und einigen der anderen Söhne durch Vergiften getötet worden, weil er ständig und unberechenbar gegen die Mitglieder seiner Familie tätlich geworden war. Von dem Vorhaben hatte der Angeklagte, der jüngste Sohn des Opfers, gewusst, war aber an der Verabredung nicht beteiligt gewesen und hatte die Tat auch sonst nicht gefördert. Vielmehr hatte er, etwa mit dem Vorschlag den Vater zu verprügeln und auf eine heilsame Wirkung zu warten, versucht, einen der Brüder von der Tatausführung abzubringen. Dann hatte er dem Geschehen jedoch seinen Lauf gelassen und nichts zur Rettung seines Vaters unternommen.

Der Bundesgerichtshof hat zunächst grundsätzlich eine Einstandspflicht des angeklagten Sohnes aus familiärer Verbundenheit auch für den Fall bejaht, dass jemand seine nächsten Angehörigen einer Strafanzeige oder einem Strafverfahren aussetzen muss. Die Rechtspflicht könne hierdurch nicht beseitigt werden. Es sei zwar anerkannt, dass im Allgemeinen die Anzeige näherer Angehöriger nicht zumutbar sein soll. Dies könne jedoch nicht uneingeschränkt gelten. Vielmehr seien die Anforderungen an den Garanten von der Schwere der konkreten Gefahr abhängig[116].

d. BGH NStZ 1984, S. 164
Unterlassungsspezifische Unzumutbarkeitserwägungen auf der Schuldebene

Im Jahre 1983 hat der BGH (NStZ 1984, S. 164) die Revision einer Angeklagten, die wegen Beihilfe zum sexuellen Missbrauch von Schutzbefohlenen verurteilt worden war, verworfen. Ihr Ehemann hatte mit den 15 und 17 Jahre alten Töchtern der Angeklagten fortgesetzt geschlechtlich verkehrt. Hiervon hatte die Angeklagte gewusst, aber keine Anzeige erstattet.

Der Bundesgerichtshof thematisiert zunächst die für Angehörige geltende Sonderregelung des § 139 Abs. 3 StGB, lehnt jedoch bei Bestehen einer Garantenstellung eine unmittelbare Anwendung ab, weil diese Vorschrift nur Kon-

---

[115] Die Entscheidung findet sich in NJW 1964, S. 731 f.
[116] BGH NJW 1964, S. 732.

stellationen erfasse, in denen den Täter keine rechtliche Einstandspflicht zur Verhinderung des tatbestandlichen Erfolges treffe[117]. Sodann führt der BGH aus, dass die Strafbarkeit der Begehung unechter Unterlassungsdelikte „unter dem Vorbehalt der Zumutbarkeit der unterlassenen Handlung" stehe. Dabei handele es sich um eine „vornehmlich dem Tatrichter vorbehaltene Wertung des Einzelfalles". Bei dieser seien „die widerstreitenden Interessen des Grades der gegen ihn stehenden Gefahren gegeneinander abzuwägen, und zu entscheiden, ob die Pflichterfüllung unzumutbar ist, weil das Gewicht der Interessen, die der Täter preisgeben soll, nicht dem Gewicht des drohenden Erfolges entspricht". Dabei gebe es den Grundsatz, dass im Allgemeinen „eine Anzeige nächster Angehöriger nicht zumutbar sei (...) Je schwerer die drohende Rechtsgutverletzung" wiege, „um so eher ist die Zumutbarkeit der Anzeige zu bejahen"[118].

Im vorliegenden Fall entschied der BGH aufgrund der Schwere der in Rede stehenden Delikte, dass die Interessen der betroffenen Kinder an körperlicher Unversehrtheit höher zu bewerten seien als die Interessen der Angeklagten, so dass eine Entlastung der Angeklagten wegen Unzumutbarkeit abzulehnen sei.

e. BGH-Nack, BGH, Urt. vom 30.03.1995 - 4 StR 768/94

Unterlassungsspezifische Unzumutbarkeitserwägungen auf der Schuldebene

Der BGH hatte sich in einem weiteren Fall wiederum mit innerhäuslicher Gewalt zu befassen. Nach den Feststellungen des Instanzgerichtes hatte sich die mitangeklagte Ehefrau mit der Versorgung ihrer beiden Kinder, eines Säuglings und der knapp drei Jahre alten Tochter Sarah-Maria überfordert gefühlt. Durch ihren Ehemann, einen Libanesen, der tagsüber seiner Arbeit nachging und die Abende und Wochenenden außerhalb der Familie im Kreise seiner Landsleute verbrachte, hatte sie keinerlei Unterstützung erhalten. Enttäuschung und Aggressionen reagierte sie an ihrer Tochter ab. In der Zeit von Mitte Oktober 1992 bis Mai 1993 hatte sie das Kind mit zunehmender Heftigkeit und Häufigkeit misshandelt, zuletzt täglich, durch Schläge und Tritte. Die Schläge, die sich gegen den Leib und die Extremitäten des Kindes richteten, hatte sie mit der flachen Hand ausgeführt, aber auch mit Gegenständen wie Pantoffeln oder einem Stock. Infolgedessen erlitt Sarah-Maria einen Bruch des Schlüsselbeins und der Elle sowie zahlreiche Blutergüsse[119].

Der Angeklagte war bei den Misshandlungen nicht zugegen gewesen. Von einzelnen Vorfällen hatte er Kenntnis durch seinen Bruder erlangt, der sich mehrere Monate in der Familienwohnung aufhielt. Er hatte darauf mit dem Hinweis, "Petra sei die Mutter von Sarah" reagiert. Als sein Bruder ihn auf die

---

[117] BGH NStZ 1984, S. 164.

[118] BGH NStZ 1984, S. 164.

[119] BGH-Nack, BGH, Urt. vom 30.03.1995 - 4 StR 768/94, S. 2.

blauen Flecken am Körper des Kindes aufmerksam gemacht hatte, hatte er seine Ehefrau aufgefordert, "sie solle weggehen". Dieser Aufforderung, die Familie zu verlassen, war diese jedoch nicht nachgekommen. Auch Mahnungen des Angeklagten, sie solle das Kind nicht mehr misshandeln, hatten keinen Erfolg gezeitigt. Als die Angeklagte das Kind einmal in Gegenwart ihres Ehemannes verprügelte, hatte er eingegriffen und sie von weiteren Tätlichkeiten abgehalten. Im Mai 1993 hatte die Angeklagte ihre Tochter in Abwesenheit ihres Ehemannes dann derart heftig mit der flachen Hand ins Gesicht geschlagen, dass das Kind mit dem Kopf gegen eine Anrichte gefallen war und ein schweres Schädelhirntrauma erlitten hatte, an dessen Folgen es wenige Tage später verstorben war[120].

Der BGH stellt zunächst fest, dass der mitangeklagte Ehemann, indem er nicht in der geforderten Weise eingeschritten sei, die ihm gegenüber seinem Kind bestehende Garantenpflicht aus elterlicher Fürsorge verletzt habe[121]. Der Senat bemerkt sodann, dass er in den Gründen des landgerichtlichen Urteils eine Erörterung vermisse, ob sich der Angeklagte der ihn hier konkret treffenden Handlungspflicht und der Zumutbarkeit normgerechten Handelns bewusst gewesen sei. Der BGH weist in grundsätzlicher Weise darauf hin, dass die Pflicht zur Unterlassung strafbarer Handlungen in der Regel selbstverständlich und für jedermann leicht erkennbar sei, wogegen sich die Pflicht zum Handeln nicht von selbst verstehe[122]. Im vorliegenden Fall könne die Möglichkeit eines – vermeidbaren – Ver- oder besser Gebotsirrtums insbesondere deshalb nicht von vornherein ausgeschlossen werden, weil die gebotene Einschaltung öffentlicher Stellen wegen der damit für alle Familienmitglieder verbundenen schweren Belastungen bis an die Grenze des Zumutbaren ginge. Auch eine von islamischem Gedankengut geprägte Vorstellung des Angeklagten über die Stellung der Mutter im Verhältnis zu ihren Töchtern möge insoweit von Bedeutung gewesen sein[123].

---

[120] BGH-Nack, BGH, Urt. vom 30.03.1995 - 4 StR 768/94, S. 2.

[121] BGH-Nack, BGH, Urt. vom 30.03.1995 - 4 StR 768/94, S. 5.

[122] BGH-Nack, BGH, Urt. vom 30.03.1995 - 4 StR 768/94, S. 5. In ähnlichem Sinne hat bereits
Thomas von Aquin, Summa Theologica, II-I, q, 79. a 4, festgestellt: „Leichter ist, sich vom Bösen abzuwenden, als das Gute zu tun."

[123] BGH-Nack, BGH, Urt. vom 30.03.1995 - 4 StR 768/94, S. 5.

f. BGH-Nack, BGH, Urt. vom 19.12.1997 - 5 StR 569/96[124]
Unterlassungsspezifische Unzumutbarkeitserwägungen auf der Schuldebene

Im Jahr 1996 hatte sich der BGH mit dem sogenannten „Fall Zwick“ zu beschäftigen. Mitangeklagter war Johannes Zwick, der Sohn des als „Bäderkönig“ bekannten Eduard Zwick. Der sog. „Bäderkönig“ hatte zusammen mit seiner Frau ca. 70 Mio. Steuerschulden gegenüber dem bayrischen Fiskus und war, um sich einem entsprechenden Verfahren nicht stellen zu müssen, in das für die deutsche Justiz unerreichbare Ausland „verzogen“. Die mit dem Steuerfall der Eheleute Zwick befassten Vertreter der bayerischen Finanzverwaltung waren übereinstimmend der Auffassung gewesen, dass es nur geringe Hoffnung gab, die ausstehenden Forderungen von insgesamt 70 Mio. DM im Beitreibungsverfahren zu realisieren. Vor diesem Hintergrund hatte der Angeklagte Dr. Johannes Zwick bereits Mitte 1984 zum Finanzministerium Kontakt aufgenommen, um für seine Eltern eine Neufestsetzung der Steuern "nach Grund und Höhe" zu erreichen. Während der laufenden Verhandlungen ruhten die bisher eingeleiteten Zwangsvollstreckungsmaßnahmen[125]. Nach mehreren gescheiterten Verhandlungsversuchen hatte der für das Finanzministerium federführend verhandelnde Ministerialrat Dr. M. die Vorlage eines Vermögensstatus gefordert, der das im In- und Ausland vorhandene Vermögen der Eheleute Zwick enthalten sollte. Dieses Vermögensverzeichnis sollte zum einen dazu dienen, die entsprechenden Zwangsvollstreckungsmöglichkeiten zu klären, gleichzeitig sollte ermittelt werden, in welcher Größenordnung sich eine Steuernachzahlung im Rahmen der weiterhin angestrebten „vergleichsweisen“ Lösung bewegen konnte. Nach den Feststellungen des Instanzgerichts war die entsprechend vom Angeklagten Johannes Zwick mitgeteilte Darstellung über das Vermögen seiner Eltern bewusst unrichtig und unvollständig[126]. Auf der Grundlage der nämlichen Angaben des mitangeklagten Johannes Zwick waren die Vertreter der bayerischen Finanzverwaltung (OFD und Finanzministerium) zu dem Ergebnis gekommen, man habe keinerlei Zwangsvollstreckungsmöglichkeiten; deshalb solle nach nochmaliger Überprüfung des Status eine "Vereinbarung" ausgearbeitet werden. Nach einem vergeblichen Versuch, die ausdrückliche Zustimmung des Finanzministers Streibl zu einem Niederschlagungsentwurf zu erhalten, entwarf Ministerialrat Dr. M. im vermuteten Einverständnis des Finanzministers eine Vereinbarung, die nach mehreren weiteren Abstimmungen mit den Steuerpflichtigen, den Eheleuten Zwick, dahin konkretisiert wurde, dass die Niederschlagung aller Steuern und Nebenleistungen mit Ausnahme eines zu zahlenden Betrages von 10 Mio. DM und der Forderung in Höhe von 200.000 DM gegen Gerold Tandler erfolgen sollte. Im Dezember 1988 war der Abschluss der Ver-

[124] BGHSt 43, 381; NJW 1998, 1568; NStZ 1998, 572; StV 1998, 186
[125] BGH-Nack, 5 StR 569/96, S. 5.
[126] BGH-Nack, 5 StR 569/96, S. 5.

einbarung indessen noch gescheitert, weil Dr. Eduard Zwick nun nicht mehr bereit war, Zahlungen zu leisten. Jener hatte sich jedoch später entschlossen, auf der Basis der Verhandlungen seines mitangeklagten Sohnes die Verhandlungen selbst in die Hand zu nehmen. Letztlich hatte man sich geeinigt, den bisher vorgesehenen Betrag von 10 Mio. DM auf 8,3 Mio. DM abzuzinsen. Nach Eingang des vorgesehenen Betrages wurden von Rechtsanwalt W. am 5. Dezember 1990 und am 15. Januar 1991 zudem sämtliche Rechtsbehelfe und Klagen gegen die Steuerbescheide zurückgenommen; die Finanzverwaltung hatte alle noch offenen Vollstreckungsmaßnahmen aufgehoben und die Niederschlagung sämtlicher Ansprüche aus dem Steuerschuldverhältnis verfügt. In die von Rechtsanwalt W. geführten Verhandlungen waren die Angeklagten Dr. Johannes Zwick, H. und Dr. Q. zu keinem Zeitpunkt eingebunden gewesen.

Der Senat bejahte hinsichtlich der Untätigkeit des Mitangeklagten Johannes Zwick im Rahmen der „zweiten" Verhandlungsphase, welche zur Niederschlagung der Steuerschuld führte, zunächst eine rechtliche Einstandspflicht aus Ingerenz. Sodann befasste er sich mit der Zumutbarkeit der Erfolgsabwendung. Die Entscheidung, ob ein bestimmtes, den strafrechtlich missbilligten Erfolg abwendendes Verhalten zumutbar sei, müsse grundsätzlich von dem dazu berufenen Tatrichter im Rahmen einer wertenden Gesamtwürdigung des Einzelfalles getroffen werden, in die einerseits die widerstreitenden Interessen der Beteiligten, andererseits die Gefahr für das bedrohte Rechtsgut einzubeziehen seien. Während eine mögliche drohende Strafverfolgung gegen den Unterlassenden selbst von der Rechtsprechung für zumutbar erachtet worden sei, werde im Allgemeinen eine mit der Gefahr strafrechtlicher Verfolgung verbundene Anzeige nächster Angehöriger bei staatlichen Stellen für unzumutbar gehalten, jedoch komme es auch insoweit auf die Umstände des Einzelfalles an. Dabei sei im vorliegenden Fall einerseits zu bedenken, dass durch die Berichtigung des Vermögensstatus die Situation in der Zwangsvollstreckung für die Finanzverwaltung nicht erheblich verbessert worden wäre, weil ihr weitere Zugriffsmöglichkeiten nicht eröffnet worden wären; möglicherweise wäre bei einer daraus folgenden höheren Abstandssumme von Dr. Eduard Zwick auch gar keine Zahlung geleistet worden. Andererseits hätte eine Richtigstellung dazu gedient, die Sach- und Rechtslage seitens der Finanzverwaltung besser als bisher beurteilen zu können. Dem Angeklagten sei eine solche Richtigstellung umso eher zuzumuten gewesen, als ihm die Regelung des § 371 Abs. 1 AO zugute gekommen wäre. Die Tatsache, dass er sich dabei als wirtschaftlicher Eigentümer der Johannesbad AG hätte zu erkennen geben müssen und damit möglicherweise für Steuerschulden seiner Eltern als Haftender in Anspruch genommen worden wäre, stehe dem nicht entgegen. Denn insoweit sei möglicherweise nur die tatsächlich bestehende steuerliche Rechtslage aufgedeckt worden; billigenswerte entgegenstehende Interessen des Angeklagten seien insoweit nicht zu erkennen. Der Umstand, dass der Angeklagte auch die Beteiligung seines Vaters an einer vorangegangenen versuchten Steuerhinterziehung hätte offenbaren müssen, wiege in diesem Zusammenhang nicht sehr schwer; denn Dr. Eduard Zwick habe sich dauerhaft im Ausland aufgehalten und brauchte dort mit Strafverfolgungsmaßnahmen deutscher Behörden wegen Steuerhinterziehung nicht zu rechnen[127].

g. OLG Bremen NJW 1957, S. 72

Unterlassungsspezifische Unzumutbarkeitserwägungen auf der Schuldebene

In OLG Bremen NJW 1957, S. 72 hatte die Ehefrau des Angeklagte einen Arie-Terrier geschenkt bekommen, der mit Zustimmung des Angeklagten in den gemeinsamen Haushalt aufgenommen worden war. Nachdem der Hund mehrere Personen angefallen hatte, bat der Angeklagte seine Ehefrau, den Hund abzuschaffen oder außerhalb des Hauses in Pflege zu geben. Diese kam den Bitten jedoch nicht nach, so dass das Tier im Hause des Angeklagten verblieb. Kurz darauf biss der Terrier erneut zwei Personen. Das OLG Bremen betrachtete den Angeklagten „als Haushaltsvorstand" zwar als zur Abwehr aller sich aus der Haltung des Hundes ergebenden Gefahren verpflichtet, hob die Verurteilung des Tatgerichtes wegen fahrlässiger Körperverletzung nach einer Prüfung der Gefahrenabwehrmöglichkeiten, die dem Angeklagten zur Verfügung gestanden haben, aber dennoch auf. Der Senat stellte insoweit fest: Zur Fortgabe des nicht ihm gehörenden Hundes gegen den ausdrücklichen Willen seiner Frau sei der Angeklagte schon aus rechtlichen Gründen nicht in der Lage gewesen. Ihm sei daher nur die Möglichkeit verblieben, das Tier unter Mithilfe staatlicher Institutionen loszuwerden. Die Anrufung gerichtlicher oder polizeilicher Hilfe gegenüber seiner Ehefrau sei ihm aber nicht zuzumuten[128].

Die Entscheidung ist zweierlei Hinsicht hervorhebenswert. Das Urteil verneint die Zumutbarkeit, ohne eine Interessenabwägung vorzunehmen. Diese hätte, nimmt man die übrige Rechtsprechung zum Beispiel, wegen der im Tatzeitpunkt zu erwartenden Bissverletzungen wohl zur Verwehrung der Straffreiheit geführt.

Der zweite beachtenswerte Aspekt der Entscheidung besteht in dem Umstand, dass das Gericht dem Ehemann das Unzumutbarkeitsprivileg nicht nur im Hinblick auf strafrechtliche Verfolgung seiner Ehefrau zugebilligt hat, sondern zugleich die Zumutbarkeit der Inanspruchnahme polizeilicher Hilfe verneint. Damit wird seitens des Senates gleichsam der Rückgriff auf alle staatlichen Institutionen als nicht zumutbar eingestuft.

---

127 BGH-Nack, BGH 5 StR 569/96, S. 17.

128 OLG Bremen NJW 1957, S. 72.

h. LG Köln NJW 1973, S. 861 f.

Unterlassungsspezifische Unzumutbarkeitserwägungen auf der Schuldebene

Das OLG Köln hatte im Jahre 1973 als Revisionsgericht über eine Angeklagte zu entscheiden, die vom Landgericht wegen Beihilfe zum Diebstahl ihres Ehemannes verurteilt worden war. Die als Anwaltsgehilfin tätige Angeklagte hatte ihrem in finanziellen Schwierigkeiten befindlichen Ehemann mitgeteilt, dass im Büro ihres Arbeitgebers, zu dem sie einen Schlüssel besitze, eine Kassette mit Geld stehe. Dieser hatte daraufhin vorgeschlagen, das in der Kassette befindliche Geld an sich zu nehmen, war damit jedoch bei der Angeklagten auf Ablehnung gestoßen. Die Angeklagte hatte im weiteren Verlauf des Geschehens gemerkt, dass ihr Ehemann den Büroschlüssel aus ihrer Handtasche entwendete hatte, jedoch trotz des Bewusstseins, einen Diebstahl heraufbeschworen zu haben, nichts unternommen.

Das OLG Köln bejahte zunächst eine Garantenstellung der Angeklagten gegenüber ihrem Arbeitgeber aus gefährlichem Vorverhalten[129], verneinte allerdings unter Hinweis auf die Unzumutbarkeit der zu Erfolgsabwendung geeigneten Maßnahmen eine Bestrafung. Eine anonyme Anzeige wie die Benachrichtigung ihres Arbeitgebers hätten voraussichtlich zur Festnahme ihres Mannes geführt. Die Bewirkung von polizeilichen Maßnahmen gegen den Ehepartner sei jedoch „wegen des Widerstreits der Interessen und Pflichten, die sich aus dem ehelichen Verhältnis ergeben, in der Regel nicht zuzumuten“[130].

---

[129] OLG Köln NJW 1973, S. 862.

[130] OLG Köln NJW 1973, S. 862.

2. Unzumutbarkeit der Selbstgefährdung bei geringer Rettungschance BGH NStZ 1994, S. 29

Berücksichtigung der (Un-) Zumutbarkeit auf der Tatbestandsebene

In BGH NStZ 1994, S. 29, hat der BGH über einen Fall zu entscheiden, in dem die an Schizophrenie erkrankte Ehefrau des Angeklagten von einem Rheinschiff ins Wasser gesprungen war. Der ebenfalls an Bord befindliche mit einer BKA von 2,7 Promille stark alkoholisierte Angeklagte hatte zwar gedacht, er könne in den Fluss springen, um seine Frau zu retten, dies jedoch unterlassen, weil er den Rettungsversuch für fast aussichtslos und äußerst lebensgefährlich gehalten hatte.

Der BGH hat festgestellt: „Die Erfolgsabwendungspflicht, die dem Angeklagten als Ehemann seiner nicht frei verantwortlich handelnden Frau oblag, war ferner begrenzt durch die Zumutbarkeit entsprechenden Tuns. Zumutbar konnten auch gefährliche Handlungen sein. Der Angeklagte brauchte aber hier keine konkrete Lebensgefahr auf sich zu nehmen oder gar das eigene Leben zu opfern."[131] Ob trotz einer Selbstgefährdung ein bestimmtes Tun zumutbar sei, bedürfe „einer Abwägung, bei der auch die Erfolgsaussichten der in Betracht kommenden Handlung nicht gänzlich außer Betracht bleiben" könnten[132]. Zur Erhaltung eines Menschenlebens seien zwar äußerste Anstrengungen zu fordern. Aber so sicher die voraussehbare Erfolglosigkeit eines Rettungsbemühens die Handlungspflicht entfallen lasse, so sicher könne unter dem Gesichtspunkt der Zumutbarkeit bedeutsam werden, dass dieses Bemühen nur eine verschwindend geringe Rettungschance bietet[133].

Dass der BGH unter Rückgriff auf Zumutbarkeitserwägungen bereits die „Erfolgsabwendungspflicht" begrenzt, spricht dafür, dass er die Unzumutbarkeit der Handlungspflicht bereits auf der Tatbestandsebene berücksichtigt[134]. Auch die Konkretisierung des Zumutbarkeitsbegriffs lässt sich als ein eindeutiger Hinweis darauf verstehen, dass der BGH das Problem auf der Tatbestandsebene diskutiert. Es ist nämlich hervorzuheben, dass der Senat die Zumutbarkeit grundsätzlich auch für gefährliche Handlungen nicht ausschließt. Selbst die Aufopferung oder Gefährdung des eigenen Lebens wird im vorliegenden Fall offenbar nur deshalb als unzumutbar eingestuft, weil die Erfolgsabwendungschancen gegen Null tendieren. Würden diese Erwägungen auf der Schuldebene stattfinden, hieße dies, dass dem Unterlassungstäter sogar die Berufung auf den Notstand nach § 35 StGB nur eingeschränkt gewährt würde. Nach § 35 StGB ist eine Verurteilung wegen einer Straftat nämlich grundsätzlich dann ausgeschlossen,

---

[131] BGH NStZ 1994, S. 29.
[132] BGH NStZ 1994, S. 29.
[133] BGH NStZ 1994, S. 29.
[134] Zu dieser Einschätzung gelangen: S/S/Stree, vor §§ 13 ff., Rn. 153; Jescheck/Weigend, AT, § 59, VIII, 3; Kühl, AT, § 18, Rn. 294, Fn. 294; Krey, AT/1, § 36, Rn. 370, Fn. 154.

wenn der Täter gehandelt hat, um Gefahren für seine Freiheit, seine körperliche Integrität oder sein Leben abzuwenden. Der sogenannte Unterlassungstäter wäre insofern letztendlich nicht privilegiert, sondern noch weiter reichenden Forderungen ausgesetzt als der Begehungstäter.

3. Unzumutbarkeit bei Rettungshandlungen, die den Eingreifenden und das Eingriffsopfer gefährden - BGH GA 1963, S. 16

Berücksichtigung der (Un-) Zumutbarkeit auf der Schuldebene

In BGH, GA 1963, S. 16, hatte sich das Opfer im Vertrauen auf die Versicherung des Angeklagten, unmittelbar nach Hause gefahren zu werden, in das Fahrzeug des A. begeben. Als A. überraschend von der Straße abgebogen war, unterließ es der Angeklagte, „durch eine ernstliche Aufforderung an A. zum Anhalten und durch Anziehen der Handbremse der Zeugin H (dem Opfer) die Möglichkeit zu verschaffen, das Fahrzeug zu verlassen und sich den Nachstellungen des A. zu entziehen“[135].

Der BGH nahm zwar im Hinblick auf das gegenüber dem Opfer erweckte Vertrauen eine Garantenstellung an, verneinte aber die Pflicht, die Handbremse anzuziehen, weil dies leicht zu einem Unfall führen könne. In den Leitsätzen der Entscheidung heißt es: „Eine Freiheitsberaubung durch Unterlassen ist nicht allein schon dann strafbar, wenn eine Rechtspflicht zum Handeln besteht. Dem Täter muss auch die unterlassene Handlung zumutbar gewesen sein.“[136] Für die Beantwortung der Frage der Zumutbarkeit komme es „entscheidend darauf an, ob und in welchem Ausmaß durch den Eingriff (...) Gefahren für die Wageninsassen herbeigeführt werden konnten“[137].

Indem der BGH die Zumutbarkeit nicht als ein Kriterium auffasst, das die Rechtspflicht verhindert, sondern zu dieser kumulativ hinzutreten soll, behandelt er die Unzumutbarkeit wohl unter dem Gesichtspunkt der Schuld. Hinsichtlich der Konkretisierung der Zumutbarkeit ist auch dieses Urteil wenig ergiebig. Ihm lässt sich nur entnehmen, dass die aus einer Garantenstellung resultierende Pflicht zur Erfolgsabwehr gegen die im Rahmen der Erfolgsvermeidung gefährdeten Güter abzuwägen ist.

---

[135] BGH GA 1963, S. 16
[136] BGH GA 1963, S. 16
[137] BGH GA 1963, S. 16

4. Unzumutbarkeit der Erfolgsverhinderung wegen erlaubter Rechtsausübung - BGHSt 7, S. 268 ff.

Unterlassungsspezifische Unzumutbarkeitserwägungen auf der Rechtfertigungsebene

In BGHSt 7, S. 268 ff., war über einen Mann zu entscheiden, der aufgrund der Zerrüttung seiner Ehe die Familie verließ, obwohl die konkrete Gefahr bestand, dass die Ehefrau deshalb sich und das gemeinsame Kind umbringen würde.

Der BGH verneint die Pflicht zum Verbleiben in der ehelichen Wohnung und stellt insoweit fest: „Die Vornahme der häuslichen Trennung war nicht rechtswidrig.“[138] Eine Rechtspflicht zum Ausharren bei seiner Frau, bis diese „sich ohne Selbstmordgefahr in die Trennung fügte“, bestehe „regelmäßig nicht“[139]. Der Senat lässt offen, ob „Religion und Sittengesetz“ das Verbleiben in der Familie geboten hätten, „mit den Mitteln des Strafrechts“ sei eine „solche etwaige sittliche Forderung jedoch regelmäßig nicht durchsetzbar“[140]. Dies „wäre ein unzumutbarer Eingriff in die Freiheit und Würde der Persönlichkeit und ein unvertretbares Hemmnis der erlaubten Rechtsausübung“[141].

Der BGH behandelt die Unzumutbarkeit in diesem Fall unter dem Prüfungspunkt der Rechtswidrigkeit. Beachtenswert ist, dass im Unterschied zu den vorangegangenen Entscheidungen im vorliegenden Fall keine Interessenabwägung stattfindet. Vielmehr verneint der BHG die Zumutbarkeit auch für den Fall, dass bei der durch die Unterlassung betroffenen Person schwerwiegende Interessen (bis zum Leben) betroffen sind.

5. Unzumutbarkeit wegen außergewöhnlicher persönlicher Belastungen

a. BGHSt 6, S. 57 ff.

Unterlassungsspezifische Unzumutbarkeitserwägungen auf der Schuldebene

Der Große Senat in Strafsachen des BGH (BGHSt 6, S. 57 ff.) hatte im Jahre 1954 über die Vorlagefrage zu entscheiden, ob „der Geschlechtsverkehr zwischen Verlobten stets unzüchtig im Sinne der §§ 180, 181 StGB (a.F.)“ ist. Der Senat bejahte grundsätzlich die Strafbarkeit, verneinte hinsichtlich des konkreten Falls jedoch die Zumutbarkeit normgemäßen Verhaltens. Die Angeklagte hatte ihrer 18-jährigen (nach damaligem Recht noch nicht volljährigen) Tochter und deren Verlobten nach längerem Zögern gestattet, gemeinsam im

---

[138] BGHSt 7, S. 270.

[139] BGHSt 7, S. 271.

[140] BGHSt 7, S. 271.

[141] BGHSt 7, S. 272.

Zimmer der Tochter zu übernachten. Der Große Senat hat auf der Grundlage damaligen Rechts zunächst festgestellt, dass der Tatbestand der Kuppelei „auch, und zwar in besonderem Maße“ für Verlobte gelte[142]. Mit diesem Ergebnis sei die Vorlagefrage des 2. Senats aber noch keiner befriedigenden Lösung zugeführt[143]. Der Große Senat kritisiert „die übertrieben formale Rechtsprechung“. Aus den Entscheidungen zu § 181 StGB a.F, die sich ausschließlich mit dem äußeren Sachverhalt beschäftigt hätten, ginge nicht hervor, „ob im Einzelfall eine gerechte Entscheidung gefunden wurde“[144]. Auf der Grundlage dieser allgemeinen Kritik wendet sich der Große Senat dem konkreten Fall zu. Hierzu meint er: Das Rechtsgefühl wende sich gegen die Bestrafung derjenigen Eltern, Vormünder, Geistlichen, Lehrer und Erzieher, die den Geschlechtverkehr verlobter Kinder oder Pflegebefohlener entgegen der Rechtspflicht zum Einschreiten dulden. „Die Verworrenheit der Lebensverhältnisse und die Ungleichmäßigkeit der sittlichen Vorstellungen“ könnten diese Personen „nicht selten in Lagen von äußerster Zwiespältigkeit bringen, in denen mannigfache und widerstreitende Antriebe und Rücksichten auf sie eindringen und in denen eine Lösung im Sinne der strengen sittlichen Forderung besonders schwierig wird“[145]. Dem müsse dadurch Rechnung getragen werden, dass „ein bloßes Unterlassen (...) nur dann ein Fördern der Unzucht sei, wenn für den Täter (...) auch die tatsächliche Möglichkeit gegeben ist, dem (...) Tun Einhalt zu gebieten, und wenn die hierfür geeigneten Maßnahmen nach Lage der Dinge auch rechtlich zuzumuten sind“[146]. Das Gericht hatte dabei insbesondere die Situation vor Augen, in denen ältere Kinder bei den Eltern wohnen, sich „aber schon aus dem Autoritätsverhältnis gelöst haben und sehr bestimmt und bestimmend auftreten“. In allgemein gehaltenen Ausführungen fährt der Senat fort: Das gerechte Ergebnis im Einzelfall werde „vor allem durch die Prüfung der Zumutbarkeit“ gewährleistet[147]. „Dafür, wann dieser Schuldausschließungsgrund“ durchgreife, ließen sich „keine festumrissenen Leitsätze, sondern nur allgemeine Richtlinien aufstellen“[148]. Zwar sei ein strenger Maßstab anzulegen, im Übrigen handele es sich „um eine vornehmlich dem Tatrichter vorbehaltene Wertung des Einzelfalles“[149].

---

[142] BGHSt 6, S. 54.
[143] Die hiesige Darstellung befasst sich nicht mit den spezifischen Ausführungen des BGH zu § 181 StGB a.F.
[144] BGHSt 6, S. 56.
[145] BGHSt 6, S. 57.
[146] BGHSt 6, S. 57.
[147] BGHSt 6, S. 57.
[148] BGHSt 6, S. 57.
[149] BGHSt 6, S. 57. Der BGH lässt im Übrigen ausdrücklich offen, ob eine übergesetzliche Entschuldigung auch bei den Begehungsdelikten in Betracht kommt (BGHSt 6, S. 58).

Die Entscheidung ist, abgesehen von dem Umstand, dass sie von der Autorität des Großen Senats für Strafsachen unterlegt ist, vor allem wegen der in ihr enthaltenen Ausführungen zur Begründung und Konkretisierung der Unzumutbarkeit interessant. Es fällt auf, dass die gesamte Entscheidung von einer tiefen Skepsis gegenüber formalen Kriterien geprägt ist. Diese scheinen nach Ansicht des Großen Senats mit dem aus seiner Sicht entscheidenden Ziel, der Erreichung von Einzelfallgerechtigkeit, nicht vereinbar. Dass der BGH die Unzumutbarkeit lediglich als ein Problem des Einzelfalles betrachtet und jede Bestimmung der allgemeinen Kriterien ausdrücklich ablehnt, ist, wie zuletzt Roxin bemerkt hat, wohl in der Tat, „mit dem Gesetzlichkeitsprinzip (Art. 103 II GG) kaum zu vereinbaren“[150].

b. BGH JR 1968, S. 6 f. bei Dallinger

Unterlassungsspezifische Unzumutbarkeitserwägungen auf der Schuldebene

Der BGH[151] hat im Jahre 1967 ein Urteil, das die Angeklagte wegen versuchten, gemeinschaftlich mit ihrem inzwischen verstorbenen Mann begangenen Totschlages verurteilt hatte, aufgehoben und die Angeklagte freigesprochen. Die seit Jahren an einer Psychose aus dem schizophrenen Formenkreis erkrankte, mit den Eltern zusammenlebende erwachsene Tochter der Angeklagten hatte während eines akuten Schubes in Suizidabsicht eine Überdosis an Schlafmitteln eingenommen, als die Eltern abwesend waren. Die Tat war der Schlussstein einer Reihe von Vorfällen dieser Art gewesen. Die Geschädigte, welche von den vorherigen Selbstmordversuchen bereits bleibende Verletzungen davongetragen hatte, hatte sich etwa ein Jahr vor der Tat gegenüber ihren Eltern verpflichtet, deren Abwesenheit nicht zu einem Suizid auszunutzen. Dafür hatten jene der Tochter zugesagt, auch für den Fall, dass diese entgegen der Abmachung einen weiteren Selbstmordversuch unternehmen sollte, sie nicht in ein Krankenhaus zu verbringen. Als die Eltern ihre Tochter nunmehr wiederum bewusstlos aufgefunden hatten, war es objektiv für eine Rettung bereits zu spät gewesen. Obwohl die Eltern dies nicht erkannt hatten, hatten sie keine Rettungsmaßnahmen eingeleitet und auch die von der am nächsten Tag gerufenen Hausärztin für erforderlich gehaltene Einlieferung in ein Krankenhaus abgelehnt. Die Tochter war dann zu Hause verstorben. Der BGH verneint in seiner Entscheidung mit Hinweis auf die Depression der Tochter zunächst die Freiverantwortlichkeit der Selbsttötung und bejaht eine Garantenpflicht der Eltern aus familiärer Verbundenheit. Dennoch entziehe sich das Verhalten der Eltern einer Bestrafung „wegen versuchten Totschlages durch Unterlassen“, weil ihnen wegen der

---

[150] Roxin, AT/2, § 31, Rn. 227.
[151] BGH JR 1968, S. 6 f. bei Dallinger.

besonderen Umstände des Falles ein Eingreifen nicht zuzumuten sei. Der Senat ist der Ansicht, dass die Eltern nach allem, was sie ihre Tochter hätten durchmachen sehen und damit auch selbst durchgemacht hätten, nicht der rechtliche Vorwurf treffen könne, nicht mehr die seelische Kraft aufgebracht zu haben, die Tochter in ein Krankenhaus einzuliefern. Da der Senat die rechtliche Verpflichtung der Eltern zu Rettung ihrer Tochter grundsätzlich bejaht, sind die Gründe für die Straflosigkeit wohl auf der Ebene der Schuld angesiedelt. Soweit von Dallinger berichtet, befasst sich (auch) diese Entscheidung nicht mit der Frage nach allgemeinen Kriterien, sondern stellt lediglich auf den Einzelfall ab. Damit bleibt offen, welche mit einem rechtskonformen Verhalten verbundenen Schwierigkeiten der Normadressat meistern muss.

6. Unzumutbarkeit als allgemeine Belastungsgrenze
RGSt 69, S. 321 ff.
Unterlassungsspezifische Unzumutbarkeitserwägungen auf der Schuldebene

Das Reichsgericht[152] hat im Jahre 1935 ein Urteil, in dem die Angeklagte wegen fahrlässiger Tötung verurteilt worden war, gegen ihre Revision bestätigt. Die 18 Jahre alte Angeklagte hatte mit ihrem mitangeklagten Vater und einer von ihm „als Familienmitglied" aufgenommenen Tante und deren 13-jähriger Tochter in einem gemeinsamen Haushalt gelebt. Als die Tante infolge einer schweren Erkrankung völlig gelähmt bettlägerig geworden war, hatte der Vater der Angeklagten, der einem Hausierhandel nachging, diese aufgefordert, während der Zeit seiner Abwesenheit für die Tante zu sorgen. Weil jedoch weder die Angeklagte noch sonst jemand der Kranken ausreichende Pflege hatte zuteil werden lassen, war diese gänzlich verwahrlost und infolgedessen schließlich vorzeitig verstorben. Das Reichsgericht hat, nachdem es eine grundsätzliche Pflicht der Angeklagten zur Führung des Haushaltes ihres Vaters bejaht hatte[153], ausgeführt, dass eine Pflicht zur Pflege der Kranken „nicht über das hinaus(ging), was ihr als 18-jährigem Mädchen nach ihren geistigen und körperlichen Kräften zugemutet werden konnte"[154]. Das Reichsgericht beruft sich insoweit ausdrücklich auf vom vorinstanzlichen Landgericht getroffene Feststellungen, wonach die Angeklagte durchaus in der Lage gewesen war, die hilflose Tante zu säubern, umzubetten usw.

---

[152] RGSt 69, S. 321 ff.
[153] Das Reichsgericht (RGSt 69, S. 322) nahm an, dass die Tochter aus „§ 1617 BGB ihrem Vater (...) zu allen Dienstleistungen verpflichtet" war, „die die Führung seines Hauswesens mit sich brachte."
[154] RGSt 69, S. 322.

Aus der Entscheidung geht nicht eindeutig hervor, auf welcher systematischen Ebene das Reichsgericht die Zumutbarkeit der Pflege prüft[155]. Auch lassen sich der Entscheidung keine allgemeinen Kriterien entnehmen, mittels derer sich Zumutbarkeitsgrenzen konkretisieren ließen.

7. Entscheidungen, in denen die Rechtsprechung unter Kritik der Literatur die Frage der (Un-) Zumutbarkeit nicht ausdrücklich problematisiert hat

a. BGH MDR, 1971, S. 361 f.

Zuletzt soll noch kurz über eine Entscheidung des BGH referiert werden, die in der Literatur[156] deswegen kritisiert wird, weil der Senat die Frage der Unzumutbarkeit nicht problematisiert hat.

Der leicht angetrunkene Angeklagte war mit seinen beiden kleinen Kindern in einer sechs Meter über dem Boden liegenden Wohnung von einem Feuer eingeschlossen worden.

Zurufe von bereitstehenden Helfern, er solle die Kinder aus dem Fenster werfen, sie würden sie auffangen, hatte der Angeklagte unwiderlegbar nicht gehört. Nach den Feststellungen des Gerichts hätten die Kinder einen Sturz aus dem Fenster mit an Sicherheit grenzender Wahrscheinlichkeit überlebt. Gleichfalls hatte sich der Angeklagte aus Furcht vor dem Verletzungsrisiko nicht dazu entschließen können, seine Kinder aus dem Fenster zu werfen. Als sich die Situation zugespitzt hatte, weil Rauch in die Wohnung eingedrungen war, hatte der nunmehr unter Todesfurcht stehende Angeklagte erkannt, dass ein weiteres Verbleiben in der Wohnung den sicheren Tod bedeuten würde. Der Angeklagte, der nunmehr geglaubt hatte, keine Zeit mehr für die Rettung seiner Kinder zu haben, war infolge seiner Furcht selbst aus dem Fenster gesprungen und hatte jene in der Wohnung zurückgelassen. Daraufhin waren die Kinder infolge der Flammen zu Tode gekommen.

Der BGH hat, wie angemerkt, die Frage der Zumutbarkeit der Rettungshandlung in den Entscheidungsgründen nicht besprochen und das Urteil des Landgerichts wegen nicht fehlerfrei festgestelltem Vorsatz aufgehoben.

---

[155] Anhand des Kontextes, in dem das Reichsgericht den Begriff der „Unzumutbarkeit" in die Entscheidung einführt, steht zu vermuten, dass es eine Begrenzung der Garantenpflicht thematisiert (für dieses Verständnis: Jescheck/Weigend, AT, § 59, VIII, 3).

[156] Maurach/Gössel/Zipf, AT/2, § 46, Rn. 101; Ulsenheimer, JuS 1972, S. 256; Plate, Psyche, Unrecht, Schuld, S. 520.

b. BGHSt 32, S. 367 ff.
sogenannter „Fall Wittig“

Der sogenannte „Fall Wittig“, welcher seine Bekanntheit im Rahmen der Diskussion um die strafrechtliche Ahndung der Sterbehilfe erlangt hat, ist vom BGH entschieden worden, ohne auf den Begriff der (Un-) Zumutbarkeit zurückzugreifen.

Die Literatur ist jedoch teilweise der Auffassung, dass der BGH seine Entscheidung stillschweigend auf den Gedanken der (Un-) Zumutbarkeit stützt[157]. Daher soll die Entscheidung kurz angesprochen werden.

Angeklagt waren der Sohn und der Hausarzt des Opfers, einer alten Dame. Diese war zum Tatzeitpunkt von Lebensmüdigkeit ergriffen, weil sie alters- und krankheitsbedingt bettlägerig war sowie den Verlust des Ehemanns zu beklagen hatte. Als der mitangeklagte Arzt mit einem Zweitschlüssel zu einem Hausbesuch der schwer kranken alten Dame gekommen war, den ihm seine Patientin für seine Hausbesuche gegeben hatte, weil ihr der Weg zur Tür zu beschwerlich war, sah er, dass die Dame eine Überdosis Schlaftabletten genommen hatte, um offensichtlich ihrem einige Jahre zuvor verstorbenen Ehemann „Peterle“ nachzufolgen. Neben der Dame lag nämlich ein Patiententestament, in dem die schwer krebskranke Frau geschrieben hatte: „Bitte keine Apparatemedizin! Ich will zu meinem Peterle!“ Der Angeklagte erkannte, dass eine Rettung allenfalls unter Inkaufnahme von schwersten Gehirnschädigungen möglich gewesen wäre. Deswegen unterließ er, in Abstimmung mit dem Sohn der Patientin, eine Rettung der schwer kranken Frau.

Der BGH hat die Angeklagten vom Tatvorwurf des Totschlages durch Unterlassen freigesprochen. Er hat hierzu unter anderem ausgeführt: „Wenn der Angeklagte in dieser Grenzsituation den Konflikt zwischen der Verpflichtung zum Lebensschutz unter der Achtung des Selbstbestimmungsrechts der nach seiner Vorstellung bereits schwer und irreversibel geschädigten Patientin dadurch zu lösen suchte, dass er nicht den bequemeren Weg der Einweisung in eine Intensivstation wählte, sondern in Respekt vor der Persönlichkeit der Sterbenden bis zum endgültigen Eintritt des Todes bei ihr ausharrte, so kann seine ärztliche Gewissensentscheidung nicht von Rechts wegen als unvertretbar angesehen werden.“[158]

---

[157] Vgl. Jäger, AT. S. 215 f., der den Fall unter Zumutbarkeitsgesichtpunkten thematisiert.
[158] BGH NJW 1984, S. 2642.

III. Ansichten zur (Un-) Zumutbarkeit in der Literatur

Den einzelnen Stellungnahmen in der Literatur zur (Un-) Zumutbarkeit im Rahmen der unechten Unterlassungsdelikte ist die Kürze der Darstellung gemein. Die folgende Darstellung der einzelnen Auffassungen der rechtswissenschaftlichen Literatur stellt insofern weniger eine „Zusammenfassung" der jeweiligen Ansichten dar, als eine vollständige Wiedergabe des jeweils vorgefundenen Diskussionsbeitrages. Die nachstehende Darstellung möchte insoweit nicht nur den Anspruch erfüllen, ein inhaltlich vollständiges Bild über den Streitstand zu geben, es soll zugleich ein Bild des weitgehend allgemein gehaltenen, sich in kurzen Stellungnahmen erschöpfenden Diskussionsstils vermittelt werden[159], welcher nach hiesiger Ansicht die Transparenz des Streitstandes mindert und damit seine Auflösung erschwert.

1. Unterlassungsspezifische Unzumutbarkeitserwägungen auf der Ebene des Tatbestandes

a. Bringewat
Unzumutbarkeit als „tatbestandsbegrenzendes Regulativ"

Nach Bringewat hat die Unzumutbarkeit als „objektives Tatbestandsmerkmal die Aufgabe eines tatbestandsbegrenzenden Regulativs", welches „der physisch realen Handlungsmöglichkeit als zwingende Voraussetzung der Unterlassungsstrafbarkeit nahe" stehe. Wie jene entstamme „die Zumutbarkeit des erfolgsabwendenden Tuns der spezifischen Deliktsstruktur des Unterlassungsdelikts"[160]. Bringewat stellt insoweit ausdrücklich fest: Was rechtlich gefordert sei, müsse auch zumutbar sein[161]. Diesem Gedanken trage das Gesetz im Übrigen in einer Reihe echter Unterlassungsdelikte (etwa in § 323c StGB) Rechnung. Dass für die unechten Unterlassungsdelikte anderes gelten solle, ergibt sich für Bringewat, entgegen der herrschenden Meinung, nicht aus § 13 Abs. 1 StGB. Diese Vorschrift schaffe vielmehr erst die Voraussetzungen dafür, dass

---

[159] Auch aufgrund dessen wurde ausdrücklich auf den Versuch verzichtet, die zum Teil wiederkehrenden „Argumentationsmuster" zusammenzufassen.

[160] Bringewat, Grundbegriffe des Strafrechts, Rn. 505.

[161] Bringewat, Grundbegriffe des Strafrechts, Rn. 505. Die von Bringewat zwischen Zumutbarkeit und realer Handlungsmöglichkeit ausgemachte Verwandtschaft besteht wohl darin, dass beide in der Tat als begriffliche Voraussetzungen von Normen verstanden werden können. So gilt: Jedes „Sollen" impliziert ein „Können". Auch kann die Unzumutbarkeit einer Norm als deren Aufhebung verstanden werden. Im Dunkeln bleibt allerdings, warum von ihm beide gerade als spezifische Elemente der „Deliktsstruktur des Unterlassungsdelikts" ausgemacht werden.

bestimmtes Unterlassen wie ein Begehen zu behandeln sei[162]. Auch dass die Unzumutbarkeit normgemäßen Verhaltens beim Begehungsdelikt erst die Schuldebene betreffe, besage für die Zumutbarkeit der gebotenen Handlung im Sach- und Normbereich der unechten Unterlassungsdelikte daher nicht viel[163]. Die Begriffskonkretisierung ergibt sich für Bringewat anhand einer Abwägung der widerstreitenden Interessen. In diesem Rahmen gilt die gebotene Handlung für ihn als unzumutbar, wenn sie billige Interessen des in Anspruch genommen Normadressaten in erheblichem Umfang beeinträchtigen würde und diese Interessen in einem angemessenen Verhältnis zum drohenden Erfolg stehen, wobei einem Garanten oder Sonderpflichtigen mehr zuzumuten sei als einem allgemein zu Hilfeleistung verpflichteten Jedermann[164].

b. Haft

Unzumutbarkeit als regulatives Rechtsprinzip

Auch Haft möchte die Zumutbarkeit als ein „regulatives Prinzip" verstehen, welches bereits den Tatbestand begrenzen soll[165]. Bei erheblicher Eigengefahr sei es angemessen, die Rechtspflichten zum Handeln bereits auf der Tatbestandsebene einzuschränken. Haft wendet sich in diesem Zusammenhang ausdrücklich gegen die Ansicht, die Erheblichkeit der Gefahr sei nur anzunehmen, wenn sich der Pflichtige einer Gefahr für Leib, Leben oder Freiheit im Sinne des § 35 StGB aussetzen müsste[166]. Über „den Kreis der in § 35 StGB genannten Güter hinaus" seien „auch andere Güter des Pflichtigen zu berücksichtigen, sofern diese vergleichsweise gewichtig" seien[167]. In die Abwägung seien alle Umstände des konkreten Falles einzubeziehen, namentlich der Grad der jeweiligen Gefahren sowie die Erfolgsausichten der Rettungshandlung[168]. Berücksichtigt werden sollen auch erhöhte Gefahrtragungspflichten, die etwa bei Ärzten, Polizeibeamten oder Feuerwehrleuten anzutreffen seien[169].

Bei der Beantwortung der Frage, ob das geforderte Tun ohne Verletzung anderer wichtiger Pflichten möglich ist, komme es darauf an, „ob die Handlungspflicht des Unterlassenden mit einer anderen rechtlichen oder sittlichen Handlungspflicht oder Unterlassungspflicht kollidiert"[170].

---

162 Bringewat, Grundbegriffe des Strafrechts, Rn. 505.
163 Bringewat, Grundbegriffe des Strafrechts, Rn. 505.
164 Bringewat, Grundbegriffe des Strafrechts, Rn. 505.
165 Haft, AT, S. 182.
166 Haft, AT, S. 182.
167 Haft, AT, S. 182 f.
168 Haft, AT, S. 183.
169 Haft, AT, S. 183.
170 Haft, AT, S. 183.

c. Krey

Unzumutbarkeit als Begrenzung der Garantenpflichten

Die Tatbestandslösung wird auch von Krey vertreten. Ihm zufolge vermeidet sie „kriminalpolitisch befremdliche Ergebnisse und hat den Vorzug der Systemkonformität“[171]. Krey verweist zunächst auf die Verwendung der Zumutbarkeitsklausel in § 323c StGB. Da die Unzumutbarkeit beim unechten Unterlassungsdelikt den Tatbestand ausschließe, sei nicht einzusehen, warum sie die Rettungspflichten aus § 13 StGB nicht ebenfalls auf Tatbestandsebene tangieren solle[172]. Krey weist zudem auf die Folgen hin, die mit dem Vorwurf eines rechtswidrigen Verhaltens verbunden sind. Es sei zu beachten, dass auf der Grundlage der Schuldlösung der jeweilige Täter einen rechtswidrigen Angriff im Sinne des § 32 StGB begehe. Dies habe u.a. zur Konsequenz, dass der Täter unter polizeirechtlicher Perspektive als Verhaltensstörer einzuordnen sei. Der Vorwurf eines rechtswidrigen Verbrechens sei gegenüber einem Täter, der sich einer der Sicht eines objektiven Betrachters unzumutbaren Verhaltensforderung verweigert, jedoch sachwidrig und unbillig[173]. Ein weiteres Argument für die Tatbestandslösung sieht Krey in der Gleichstellung von Tun und Unterlassen in § 13 StGB. Diese Gleichstellung wäre bei unzumutbaren Unterlassungspflichten ein schwerwiegender Systembruch[174]. So habe etwa der angeklagte Ehemann in BGH NStZ 1994, S. 29, welcher die Rettung seiner Ehefrau aus berechtigter Angst um sein eigenes Leben unterließ, gerade nicht in gleicher Weise das Unrecht eines versuchten Totschlages begangen wie durch ein aktives Tun[175]. Das Verbot „Du sollst nicht töten!“ habe nämlich „gewiss nicht die Funktion, Garanten zur Aufopferung ihres Lebens bzw. zum Eingehen konkret lebensgefährlicher Risiken zu verpflichten“[176]. In solchen Fällen liege vielmehr überhaupt kein Normverstoß vor[177]. Hinsichtlich der Konkretisierung des Zumutbarkeitsbegriffs möchte Krey nur „ergänzende Hinweise“ angeben[178]. Er weist u. a. darauf hin, dass Garanten größere Risiken und Nachteile in Kauf nehmen müssen als der nur aus § 323 c StGB rettungspflichtige Jedermann[179]. Die Gefahr der Strafverfolgung ließe die „Zumutbarkeit (grundsätzlich) nicht

---

[171] Krey, AT/1, § 37, Rn. 372.
[172] Krey, AT/1, § 37, Rn. 372.
[173] Krey, AT/1, § 37, Rn. 372, weist an dieser Stelle ausdrücklich darauf hin, dass Tatbestands- und Rechtswidrigkeitslösung insoweit übereinstimmen.
[174] Krey, AT/1, § 37, Rn. 372.
[175] Krey, AT/1, § 37, Rn. 372.
[176] Krey, AT/1, § 37, Rn. 372.
[177] Krey, AT/1, § 37, Rn. 372.
[178] So Krey, AT/1, § 37, Rn. 373, dessen „Hinweise“ ihrem inhaltlichen Gehalt und Umfang nach den Ausführungen der meisten anderen Literaturstimmen jedoch nicht nachstehen.
[179] Krey, AT/1, § 37, Rn. 373.

entfallen"[180]. Zur unter Zumutbarkeitsgesichtpunkten besonders umstrittenen Frage, inwieweit eine Anzeige Angehöriger verlangt werden kann, nimmt Krey wie folgt Stellung: „Wäre schon dem Nichtgaranten gemäß §§ 138 StGB, 139 Abs. 3 StGB zuzumuten, zur Gefahrenabwehr die Polizei einzuschalten, so gilt diese Anzeigepflicht erst recht für den Garanten."[181] Umgekehrt könne man formulieren: „Wo der Gesetzgeber es gemäß §§ 138, 139, Abs. 3 StGB für unzumutbar erklärt hat, Angehörige anzuzeigen (...), gilt dies auch für Garanten."[182]

d. Seelmann
Begrenzung der Garantenpflicht analog § 34 StGB

Auch Seelmann macht bereits das Entstehen der Erfolgsabwendungspflicht von der Zumutbarkeit des Handelns abhängig. Dies begründet er damit, dass die Garantenpflicht nicht weiter reichen dürfe als die entsprechende Duldungspflicht[183]. Ausgangspunkt von Seelmanns Argumentation ist die Verwendung der Zumutbarkeitsklausel in § 323 c StGB. Durch diese komme zum Ausdruck, dass die Jedermanns-Handlungspflicht aus § 323 c ihre Grenze „am Ausmaß der Jedermanns-Duldungspflicht des § 34 (StGB)" finde. Entsprechend sei die allgemeine Hilfeleistungspflicht nur zumutbar, „wenn das geschützte Interesse das durch die Hilfeleistung beeinträchtigte Interesse wesentlich überwieg(e)"[184]. Der Grundgedanke einer beschränkten „Handlungspflicht" findet für Seelmann auch bei den unechten Unterlassungsdelikten Anwendung. Seelmann beschäftigt sich hier zunächst mit den sog. Sicherungsgarantenpflichten[185]. Diese dürfen seiner Ansicht nach unter sonst gleichen Umständen nicht weiter reichen als Sicherungsduldungspflichten. Seelmann verweist in diesem Zusammenhang auf § 228 BGB, wonach der Eigentümer einer Sache einen Eingriff in seine Interessen nicht zu dulden braucht, „wenn seine Interessen gegenüber den durch den Defensivnotstandseingriff zu schützenden Interessen unverhältnismäßig überwiegen"[186]. Dieser „Rechtsgedanke des § 228 BGB" liefere die „äußerste Begrenzung der Handlungspflicht des Sicherungsgaranten"[187]. Jener sei entsprechend „bis zum unverhältnismäßigen Überwiegen eigener Interessen zum Han-

[180] Krey, AT/1, § 37, Rn. 373.
[181] Krey, AT/1, § 37, Rn. 373.
[182] Krey, AT/1, § 37, Rn. 373.
[183] NK/Seelmann, § 13, Rn. 63.
[184] NK/Seelmann, § 13, Rn. 63.
[185] Als Sicherungs- oder Überwachergarant wird betrachtet, wer alle Rechtsgüter vor einer bestimmten Gefahrenquelle zu schützen hat..
[186] NK/Seelmann, § 13, Rn. 64.
[187] NK/Seelmann, § 13, Rn. 64.

deln verpflichtet“, so dass die Unzumutbarkeit des Handelns nur in Ausnahmefällen geltend gemacht werden könne[188].

Seelmann hält im Weiteren die hinsichtlich der Sicherungsgarantenpflichten ausgeführten Grenzen des Zumutbaren auch auf die Obhutgarantenpflichten[189] für übertragbar. Diese Vorgehensweise sei zulässig, weil die Obhutpflichten ihren Grund, ebenso wie die Sicherungspflichten, im Prinzip der Tatverantwortung hätten[190].

e. Stree

Unzumutbarkeit als Folge eines vergleichsweise geringeren Unrechtsgehaltes der Unterlassungsdelikte

Stree beschäftigt sich zunächst allgemein mit der Frage, warum der Unzumutbarkeit bei den Unterlassungsdelikten überhaupt eine im Vergleich zum Begehungsdelikt unterschiedliche Bedeutung zukommen soll[191]. Die entsprechende Antwort findet er in einem „grundsätzlichen Unterschied zwischen einer Unterlassungstat und einer Begehungstat“, der es legitimiere, bei Unterlassungstaten „generell eine Strafeinschränkung“ anzuerkennen[192]. Die entscheidende Differenz besteht für Stree darin, dass es in der Regel schwerer sei, sich unter Einsatz von Energie und Missachtung eigener Interessen zu einer Rettungshandlung fremder Rechtsgüter durchzuringen als ein Verbot zu befolgen[193]. Deshalb ist es für ihn im Hinblick auf die Strafwürdigkeit „keineswegs gleich“, ob jemand sich zu einem Tätigwerden entschließe, was nicht selten mit einem Aufraffen verbunden sei, oder ob jemand lediglich von einem strafbaren Tun abzulassen habe[194]. Mit der grundsätzlichen Anerkennung einer „strafeinschränkende(n) Wirkung“[195], die Stree durch die fakultative Strafmilderung des § 13 Abs. 2 StGB bestätigt sieht[196], steht noch nicht fest, auf welcher Ebene des Verbrechensaufbaus er dieselbe ansetzen möchte[197].

---

188 NK/Seelmann, § 13, Rn. 64.

189 Obhuts- oder Beschützergarant soll sein, wem Obhutspflichten für ein bestimmtes Rechtsgut obliegen, für dessen Bestand und Sicherheit vor sämtlichen Gefahren er zu sorgen habe.

190 NK/Seelmann, § 13, Rn. 64, mit ablehnendem Hinweis auf die Position von Hruschka, AT, S. 159, der die Obhutgarantenpflichten utilitaristisch begründet.

191 Stree, FS Lenckner, S. 398.

192 Stree, FS Lenckner, S. 398.

193 Stree, FS Lenckner, S. 398.

194 Stree, FS Lenckner, S. 398.

195 Stree, FS Lenckner, S. 398.

196 Stree, FS Lenckner, S. 397.

197 Seine diesbezüglichen Ausführungen beginnen damit, die Frage auf eine Entscheidung zwischen der Tatbestandslösung und der Schuldlösung zu reduzieren. Stree, FS Lenckner,

Stree stellt zunächst fest, dass im Rahmen der vorsätzlichen Begehungsdelikte die (Un-) Zumutbarkeit im Rahmen der Schuld geprüft werde, so dass es nahe liege, die (Un-) Zumutbarkeit auch bei den unechten Unterlassungsdelikten auf der Schuldebene anzusiedeln. Dem stehe jedoch entgegen, dass die unechten Unterlassungsdelikte, die größeren Gemeinsamkeiten mit der allgemeinen Hilfeleistungspflicht nach § 323c StGB aufwiesen[198]. Für ihn bedarf es nunmehr, ausgehend von der Überzeugung, dass die Zumutbarkeitsklausel in § 323 c StGB als Tatbestandsmerkmal einzuordnen ist, umgekehrt der Angabe von Gründen, die in der Lage seien, die (Un-) Zumutbarkeit auf der Schuldebene anzusiedeln[199]. Solche sind für ihn jedoch nicht ersichtlich. Im Gegenteil sei es weder einsehbar, weshalb die Teilnahme an einer unechten Unterlassungstat in Unzumutbarkeitsfällen strafbewährt sein solle, noch, dass der Unterlassende, welcher sich in der Annahme zumutbarkeitsausschließender Umstände nicht zum Tätigwerden entschließe, bei Vermeidbarkeit des Irrtums wegen einer Vorsatztat zu Verantwortung gezogen werde[200].

Stree überlegt im Weiteren, ob auch die Konkretisierung des Zumutbarkeitsbegriffs in gleicher Weise erfolgen soll wie bei § 323 c StGB. Dies wird von ihm jedoch mit dem Hinweis auf die erhöhte Verantwortlichkeit des Garanten verneint[201]. Genaue Kriterien, mittels derer sich der Umfang des Zumutbaren bestimmen ließe, sind nach Stree „rein abstrakt" nicht zu erkennen[202]. Die Festlegung der jeweiligen Opfergrenze müsse daher anhand einer Gesamtbetrachtung der „jeweiligen Umstände des Einzelfalles" erfolgen[203]. Hierbei sollen allerdings eine Reihe von Richtlinien Beachtung finden, die im Folgenden auszugsweise genannt sind. Nicht zumutbar ist für Stree eine Handlung, wenn sie „eigene billigenswerte Interessen in erheblichem Umfang beeinträchtigt und diese in einem angemessenen Verhältnis zum drohenden Erfolg stehen"[204]. Bei verschiedenen „Garantengruppen, selbst bei Personen innerhalb einer bestimmtem Garantengruppe" könnten „unterschiedliche Anforderungen an die Zumutbarkeit zu stellen sein"[205]. Wer „unter Eingehen des Risikos der Selbstgefährdung den Schutze eines Rechtsguts" übernehme, könne „sich insoweit nicht auf Unzumutbarkeit berufen"[206]. Erhöhte Zumutbarkeitsanforderungen seien an Per-

---

S. 398 f., hält insofern die Möglichkeit einer Rechtfertigung erst für erörternswert, wenn feststeht, dass die Tatbestandslösung scheitert.

[198] Beide seinen eine „Rechtspflicht zum Helfen" (Stree, FS Lenckner, S. 399).

[199] Stree, FS Lenckner, S. 399.

[200] Stree, FS Lenckner, S. 401; vgl. ders. in: S/S, vor §§ 13 ff., Rn. 155.

[201] Stree, FS Lenckner, S. 402 ff.; vgl. ders. in: S/S, vor §§ 13 ff., Rn. 156.

[202] Stree, FS Lenckner, S. 405; siehe auch ders. in: S/S, vor §§ 13 ff., Rn. 156.

[203] Stree, FS Lenckner, S. 405.

[204] S/S/Stree, vor §§ 13 ff., Rn. 155.

[205] S/S/Stree, vor §§ 13 ff., Rn. 155.

[206] Stree, FS Lenckner, S. 402; ders. in: S/S, vor §§ 13 ff., Rn. 156.

sonen hinsichtlich der Eindämmung selbstverursachter Gefahren zu stellen[207]. Die Gefahr eigener Strafverfolgung soll zumutbar sein, wenn sie in „ihrem Gewicht erheblich hinter den drohenden Schaden zurücktritt oder die zu befürchtende Strafverfolgung das Verhalten betrifft, aus dem (...) die Rechtspflicht resultiert"[208]. Unzumutbar sei dagegen, „weitgehend die Polizei oder andere staatliche Stellen gegen Angehörige (oder sonst Nahestehende) in Anspruch zu nehmen oder der Gefahr der Strafverfolgung auszusetzen"[209].

f. Tröndle/Fischer

Für die sogenannte Tatbestandslösung treten auch Tröndle/Fischer ein. Sie begründen ihre Ansicht ausschließlich damit, dass es bei den unechten Unterlassungsdelikten an Kausalität und Tatbestandshandlung fehle. Daher komme es bereits im Tatbestand, und nicht erst auf der Schuldebene, darauf an, welche Handlung vom Täter im Einzelfall zu fordern sei[210]. Zum Zwecke der Begriffskonkretisierung befürworten auch Tröndle/Fischer eine Interessenabwägung im Einzelfall[211]. Die von ihnen ebenfalls angegebenen diesbezüglichen Anhaltspunkte entsprechen den vorstehend von Stree angeführten Richtlinien. Auf diese kann insoweit verwiesen werden.

g. Naucke
Unzumutbarkeit als „Sammelbecken" berechtigter Zweifel an der strafrechtlichen Durchsetzung von Handlungspflichten

Naucke beschreibt zunächst die Funktion, welche die Unzumutbarkeit bei den unechten Unterlassungsdelikten gemäß seiner Ansicht ausfüllen soll. Die Aufgabe der Unzumutbarkeit besteht ihm zufolge darin, „alle Zweifel juristisch fassen (zu können)[212], die im konkreten Fall der Durchsetzung von Handlungspflichten gegenüber anderen Personen mit Hilfe des Strafrechts entgegenstehen"[213]. Naucke, der sich ausführlich mit der systematischen Einordnung von Zumutbarkeitserwägungen beschäftigt, kommt zu einem differenzierten Er-

---

[207] Stree, FS Lenckner, S. 405; ders. in: S/S, vor §§ 13 ff., Rn. 156.
[208] S/S/Stree, vor §§ 13 ff., Rn. 156.
[209] S/S/Stree, vor §§ 13 ff., Rn. 156.
[210] Tröndle/Fischer, § 13, Rn. 16; inwiefern die angeblich fehlende Kausalität und Tatbestandlichkeitshandlung mit der Unzumutbarkeit strafrechtlicher Inanspruchnahme zusammenhängt, bleibt im Dunklen.
[211] Siehe hierzu: Tröndle/Fischer, § 13, Rn. 16.
[212] Einf. d.d. Verf.
[213] Naucke, Strafrecht, § 7, Rn. 270.

gebnis[214]. Für ihn sind die tatsächlichen Grundlagen von Zumutbarkeit und Gleichwertigkeit im Tatbestand zu verorten, während die rechtlichen Folgerungen für den Umfang der Garantenstellung als Problem der Rechtswidrigkeit anzusehen seien[215].

Den Ausgangspunkt seiner Differenzierung findet Naucke in der Überlegung, dass „die Merkmale ‚Gleichwertigkeit von Unterlassen und Tun‘ und ‚Zumutbarkeit der erwarteten Handlung‘ entscheidenden Einfluss auf den Umfang der Garantenstellung“ haben, so dass „folgerichtig mit diesen Merkmalen so verfahren werden“ müsse „wie mit der Garantenstellung selbst“[216]. Hier werde dem Unterlassungstäter nicht jeder Irrtum gleichermaßen zugute gehalten. Vielmehr vertrete die herrschende Meinung zutreffenderweise, dass die Irrtümer über die tatsächlichen Grundlagen der Garantenstellung als Tatbestandirrtum anzusehen seien, während Irrtümer über die sich aus der Garantenstellung ergebende Pflicht als Verbotsirrtümer aufzufassen seien[217]. Entsprechend sei mit der Unzumutbarkeit zu verfahren.

---

[214] Naucke, Strafrecht, § 7, Rn. 282 ff.
[215] Naucke, Strafrecht, § 7, Rn. 296.
[216] Naucke, Strafrecht, § 7, Rn. 296.
[217] Naucke, Strafrecht, § 7, Rn. 293.

2. Unterlassungsspezifische (Un-) Zumutbarkeitserwägungen im Rahmen der Entsprechungsklausel

a. Hruschka

Eine mit der Auffassung Seelmanns verwandte Konzeption, welche die Unzumutbarkeit jedoch im Rahmen der Entsprechensklausel des § 13 StGB ansiedeln möchte, stammt von Hruschka. Wie Seelman möchte Hruschka vermeiden, dass der handlungspflichtige Täter „unter sonst gleichen Umständen" stärker belastet wird als der Duldungspflichtige[218].

Daraus folge, dass die sich aus §§ 13, 303 StGB ergebene Duldungspflicht dem Sicherungsgaranten nur insoweit zuzumuten sei, wie es die Duldungspflicht nach § 228 BGB gebiete. Hruschka fasst seine diesbezügliche Ansicht selbst wie folgt zusammen: „Das Unterlassen der Erfolgsabwendung entspricht einem aktiven Tun nicht mehr dann, wenn das Interesse, das durch die Vornahme der erfolgsabwendenden Handlung beeinträchtigt würde, das durch die Handlung zu schützende Interesse wesentlich überwiegt, weil auch die Pflicht zur Unterlassung der Verhinderung eines Notstandseingriffs dann nicht mehr besteht, wenn das Interesse, das durch den Notstandseingriff beeinträchtigt würde, das durch den Eingriff zu schützende Interesse wesentlich überwiegt."[219]

Im Unterschied zu Seelmann[220] sieht Hruschka sehr wohl Anlass, dem Obhutgaranten großzügigere Zumutbarkeitsgrenzen zuzubilligen als dem Sicherheitsgaranten. Die spezielle Obhutpflicht des in jeder Hinsicht unbeteiligten Dritten soll sich gemäß seiner Ansicht nämlich nur utilitaristisch begründen lassen[221]. Die Pflicht des Obhutgaranten könne daher nicht weiter gehen, als „dass sein Einsatz mehr oder auch nur genauso viel kostet, als das wert ist, was durch den Einsatz gerettet werden kann"[222]. Daher, fügt Hruschka an, könne man „vom Obhutgaranten" beispielsweise „rechtlich nicht verlangen (...), dass er sein eigenes Leben opfert, um das Leben seines Schützlings zu retten (...)"[223].

---

[218] „Nur dann, wenn, und nur soweit, als jemand verpflichtet ist, einen schadenabwendenden Eingriff zu dulden, kann er auch verpflichtet sein, den drohenden Schaden selbst aktiv handelnd abzuwehren" (Hruschka, Strafrecht nach logisch-analytischer Methode, S. 121).
[219] Hruschka, Strafrecht nach logisch-analytischer Methode, S. 122.
[220] Siehe hierzu Abschnit B, II, 1, d.
[221] Hruschka, Strafrecht nach logisch-analytischer Methode, S. 159.
[222] Hruschka, Strafrecht nach logisch-analytischer Methode, S. 159.
[223] Hruschka, Strafrecht nach logisch-analytischer Methode, S. 159.

3. Unterlassungsspezifische (Un-) Zumutbarkeitserwägungen auf der Rechtswidrigkeitsebene

a. Schmidhäuser

Unzumutbarkeit als Rechtfertigungsgrund bei der Bewahrung tätereigener existenzieller Interessen

Schmidhäuser äußert sich zunächst kritisch zur Verwendung des Zumutbarkeitsbegriffs bei den vorsätzlichen Begehungsdelikten. Hier werde der Zumutbarkeitsbegriff fälschlicherweise zum Teil in der Weise verstanden, dass von dem Täter einer rechtswidrigen Tat unter bestimmten Voraussetzungen der Rechtsgehorsam nicht verlangt werde. Indem so „einerseits die Rechtswidrigkeit einer Handlung, andererseits die rechtliche Unzumutbarkeit ihrer Unterlassung vorausgesetzt" würden, werde die Rechtsordnung „als in sich widersprüchlich begriffen"[224]. Im Rahmen der Unterlassungsdelikte sei der Terminus der Unzumutbarkeit dagegen sachgerecht, denn hier gehe es jeweils um Fälle der Kollision fremder Güter mit eigenen Gütern des Unterlassenden[225]. Schmidhäuser wirft den Ansichten, welche die Unzumutbarkeit als Entschuldigungsgrund oder tatbestandsausschließend betrachten, vor, den „Unrechtstatbestand nicht hinreichend in seiner materialen Natur als Rechtsgutverletzung" erfasst zu haben[226]. Für Schmidhäuser ist das „rechtsgutverletzende Unterlassen einer (...) Handlung wegen Unzumutbarkeit dann gerechtfertigt, wenn dem Täter die Aufopferung eigener Güter und Interessen oder das Risiko einer entsprechenden Beeinträchtigung im Hinblick auf die Rettung der fremden gefährdeten Güter nicht zugemutet werden kann"[227]. Dies sei der Fall, wenn „die eigenen Güter infolge ihrer existenziellen Bedeutung für die Person nicht hinangestellt werden zu brauchen oder wenn das Risiko ihres Verlustes bzw. ihrer unerträglichen Beeinträchtigung mit der vorzunehmenden Handlung verbunden ist"[228]. Die „Unzumutbarkeit" sehe „die Rechtfertigung des Unterlassens von dem Recht jedes Menschen her, Leib, Leben und sonstige Güter seiner Selbst zu erhalten"[229]. Entsprechend sei eine lebensgefährliche Rettung selbst dann unzumutbar, „wenn die Chance der Rettung objektiv größer ist, als die Gefahr für das eigene Leben des Rettenden".[230] Die Rechtfertigung entfalle nur dann, wenn dem Handlungspflichtigen von der Rechtsgemeinschaft die besondere

---

[224] Schmidhäuser, AT, 12/70.
[225] Schmidhäuser, AT, 12/70.
[226] Schmidhäuser, AT, 12/73.
[227] Schmidhäuser, AT, 12/71.
[228] Schmidhäuser, AT, 12/71.
[229] Schmidhäuser, AT, 12/72.
[230] Schmidhäuser, AT, 12/72.

Pflicht auferlegt sei, bestimmte Gefahren für eigene Güter auf sich zu nehmen, wie dies etwa bei Feuerwehrleuten, Polizisten und Soldaten der Fall sei[231].

Schmidhäuser meint abschließend, dass die Literatur innerhalb der Zumutbarkeitsdiskussion „eine Fülle tatbestandlich-rechtsgutverletzender Unterlassungen ohne konkrete Notlage“ fast völlig übergehe, weil die „Alltäglichkeit der Vorgänge die sachliche Analyse und Begründung aus dem Gesichtspunkt der Unzumutbarkeit hier als selbstverständlich erscheinen lasse“[232]. Hierbei handele es sich vornehmlich um Obhutgarantiefälle, die auf enger familiärer Bindung beruhen“[233]. Schmidhäuser, der eine wechselseitige ursprüngliche Obhutgarantie zwischen Eltern und Kindern sowie Eheleuten annimmt, hat insbesondere solche Konstellationen im Sinn, in denen ein garantenpflichtiges Familienmitglied die räumliche Nähe zu den durch das „Garantieverhältnis Verbundenen“ aufgibt. In diesen Fällen sei häufig das „berechtigte Getrenntleben“ als ein auf Unzumutbarkeit basierender Rechtfertigungsgrund anzusehen[234].

b. Gropp

Unzumutbarkeit als Rechtfertigungsgrund „analog“ § 34 StGB

Gemäß Gropp kann die Unzumutbarkeit normgemäßen Verhaltens bei den unechten Unterlassungsdelikten sowohl eine rechtfertigende als auch eine entschuldigende Wirkung entfalten[235]. Er stellt zunächst fest, dass die Unzumutbarkeit als Grenze normativer Inanspruchnahme „bei der Verpflichtung zum Handeln anders zu beurteilen“ sei als bei der Verpflichtung zum Unterlassen“[236]. Dies ergebe sich daraus, dass der Unterlassungstäter durch die Handlungspflicht wesentlich stärker belastet werde als der Begehungstäter durch die Unterlassungspflicht“[237]. Gropp, der die Unzumutbarkeit insofern als „eine sozialethische Grenze in Form der Opfergrenze“[238] versteht, meint, die Unzumutbarkeit des Tätigwerdens sei zunächst innerhalb der Rechtswidrigkeit als Rechtfertigungsgrund anzusehen, soweit der Garant zur Abwendung des Erfolgs Interessen preisgeben müsste, die das Interesse an der Vermeidung des Erfolgs überwögen[239]. Gropp wendet sich hier ausdrücklich gegen die Tatbestandslösung, weil die „Unterlassungspflicht bei den Begehungsdelikten eine Frage des

---

[231] Schmidhäuser, AT, 12/71.
[232] Schmidhäuser, AT, 12/74.
[233] Schmidhäuser, AT, 12/74.
[234] Schmidhäuser, AT, 12/74 f.
[235] Siehe Gropp, AT, § 11, Rn. 88 ff.
[236] Gropp, AT, § 11, Rn. 52.
[237] Gropp, AT, § 11, Rn. 52.
[238] Gropp, AT, § 11, Rn. 53.
[239] Gropp, AT, § 11, Rn. 90.

Verbotenseins und damit der Rechtswidrigkeit insgesamt sei, nicht aber des Tatbestandes als Verwirklichung eines Unwertes" darstelle. Sie betreffe „auch die Handlungspflicht das Gebotensein insgesamt und nicht nur den Tatbestand als Unrechtsbeschreibung"[240]. Die Verneinung der Handlungspflicht sei „damit ebenso eine Frage der Rechtswidrigkeit/Rechtfertigung wie die Verneinung der Unterlassungspflicht z. B. im Fall der Notwehr oder des rechtfertigenden Notstandes"[241].

Darüber hinaus soll die Unzumutbarkeit auch entschuldigend wirken. Gropp stellt zunächst fest, dass beim Unterlassungsdelikt dieselben Grundsätze gelten wie beim Begehungsdelikt[242]. Grundsätzlich sei daher auch eine Entschuldigung möglich. Es müsse sich „hier jedoch um Fälle handeln, in denen die Rechtswidrigkeit des Unterlassens bereits feststehe. Aufgrund der bereits im Rahmen der Rechtmäßigkeit nach Verhältnismäßigkeitsgesichtspunkten gebildeten Opfergrenze sei ein Rückgriff auf § 35 StGB nur beschränkt möglich. Eine Ausnahme bildeten die nach § 35 StGB zur besonderen Gefahrtragung Verpflichteten. So sei der Feuerwehrmann, welcher nicht bereit sei, beim Löschen des Hauses Menschen zu retten, weil er sich nicht selbst in Gefahr bringen wolle, nicht aufgrund eines eigenen überwiegenden Interesses gerechtfertigt, sondern nur entschuldigt[243]. Fälle, in denen dem Unterlassenden sein rechtswidriges Unterlassen aus Gründen der Unzumutbarkeit nachgesehen werde, ohne dass eine besondere Gefahrtragungspflicht vorliege, seien daher eher selten[244].

c. Köhler

Unzumutbarkeit in Analogie z. B. als Fall des rechtfertigenden und entschuldigenden Notstandes

Auch für Köhler lassen sich dem „Unzumutbarkeitsbegriff" im Rahmen der unechten Unterlassungsdelikte zwei Bedeutungen zumessen. Der Begriff stehe einmal für die Rechtfertigung nach den Grundsätzen des Notstandes und fungiere zum zweiten als Korrektiv auf Schuldebene[245]. Köhler sieht eine Rechtfertigung durch Unzumutbarkeit darin begründet, dass die Rechtspflicht zu einem

---

[240] Gropp, AT, § 11, Rn. 54
[241] Gropp, AT, § 11, Rn. 55.
[242] Gropp, AT, § 11, Rn. 91.
[243] Gropp, AT, § 11, Rn. 92.
[244] Als Beispiel für einen solchen Fall benennt Gropp, AT, § 11, Rn. 93, die Entscheidung des OLG Bremen (NJW 1957, S. 72), in der ein Mann mit Rücksicht auf die Ehe nicht gewagt hatte, die besondere Angriffslaune des Hundes seiner Frau der Polizei zu melden (sog. Terrier-Fall).
[245] Köhler, AT, S. 297.

Handeln generell auf bestimmte Tätigkeiten begrenzt sei[246]. So finde die allgemeine Solidaritätspflicht für die Rechtsgüter anderer, etwa die Hilfspflicht in Not, ihre Grenze parallel zur entsprechenden Eingriffsduldungspflicht im rechtfertigenden Notstand[247]. Das Unterlassen einer garantenpflichtigen Tätigkeit müsse in ähnlicher Weise gerechtfertigt sein. Mit dem jeweiligen Garantenpflichtverhältnis könne zwar ein gegenüber der allgemeinen Hilfeleistungspflicht erhöhtes Maß einhergehen, eigene Rechtsgüter für den anderen einzusetzen. So seien etwa bestimmte privatrechtlich oder staatsrechtlich begründete Garantenpflichten mit erhöhten Gefahrtragungspflichten bis hin zum Einsatz von Leib und Leben verbunden[248]. Eine solche erhöhte Gefahrtragungspflicht folge jedoch nicht aus jeder Garantenstellung. So fordere etwa die Einstandspflicht aus familiärer Bindung „zwar ein erhöhtes Maß an Tätigkeit und Eigentumseinsatz für die nahestehende Person, nicht aber die Aufopferung von Leib und Leben“[249]. Hinsichtlich der rechtfertigenden Wirkung der Unzumutbarkeit tritt Köhler abschließend dafür ein, positivrechtlich „§ 34 StGB mit der dort entwickelten Auslegung analog auf das Unterlassungsdelikt“ anzuwenden[250].

Köhler will, wie erwähnt, dem Unzumutbarkeitsbegriff über die Rechtsfertigung hinaus, „in einem weiteren“ Sinne, auch eine entschuldigende Bedeutung beimessen. Dahinter verbirgt sich das Anliegen, dem Täter neben der Möglichkeit einer Rechtfertigung (welche an vergleichsweise enge Voraussetzungen geknüpft ist) auch die allgemeine, in ihren Bedingungen anspruchslosere Möglichkeit der Entschuldigung offen zu halten. Hierin sieht Köhler jedoch keine „Besonderheit“ des Unterlassungsdeliktes, sondern die Anwendung allgemeiner Grundsätze[251].

---

[246] Köhlers Begründung einer Rechtfertigung aus Unzumutbarkeit entspricht so weitgehend der von Seelmann (NK, § 13, Rn. 63), der jedoch einen Tatbestandsausschluss befürwortet. Zur Argumentation Seelmanns siehe: B, II, 1,d.

[247] Köhler, AT, S. 297 f.

[248] Köhler, AT, S. 298.

[249] Köhler, AT, S. 298.

[250] Köhler, AT, S. 298.

[251] Köhler, AT, S. 297, verweist daher vollständig auf seine Ausführungen zur Entschuldigung durch „Unzumutbarkeit“ beim Handlungsdelikt (siehe hierzu, S. 329 ff.).

4. Unterlassungsspezifische (Un-) Zumutbarkeitserwägungen auf der Schuldebene

a. Kühl

Unzumutbarkeit als Ausweitung der Entschuldigung aus Notstand nach § 35 StGB

Nach der Ansicht von Kühl stehen die Unzumutbarkeitsgründe bei den unechten Unterlassungsdelikten "in deutlicher Nähe zu den gesetzlich geregelten (...) und sonst anerkannten Entschuldigungsgründen[252]. Auch Kühl möchte jedoch nicht nur die beim Begehungsdelikt anerkannten Entschuldigungsgründe auf das unechte Unterlassungsdelikt übertragen[253]. Vielmehr seien über diese hinausgehend „auch die Gefährdung anderer, eigener billigenswerter Interessen beim Unterlassungsdelikt entschuldigend" zu berücksichtigen[254]. Rette etwa der Garant seinen Bruder nicht aus dem brennenden Haus, sondern seine Freundin, für die ihn keine Beschützergarantenstellung treffe, so sei er zwar nicht nach § 35 StGB entschuldigt. In jenem Fall könne gleichfalls auf die Erhebung des Schuldvorwurfs verzichtet werden, weil immerhin ein Menschenleben gerettet worden sei und bei der Rettung seines Bruders eigene billigenswerte Interessen (spätere Heirat der Freundin) hätten preisgegeben werden müssen[255]. Ein allgemeines Kriterium, nach dem sich die Unzumutbarkeit der konkreten in Frage stehenden Handlungen bestimmen lässt, gibt Kühl nicht an. Er verweist insoweit nur auf eine Abwägung der billigenswerten Interessen des Täters gegenüber den Interessen, welche im Falle der Nichtvornahme der Rettungshandlung betroffen wären. Abgesehen vom eigenen Leben oder dem der nahen Angehörigen könne die rechtliche Pflicht auch den Einsatz existenziell bedrohlicher Handlungen umfassen, solange auf der anderen Seite nicht bloß geringwertige Schäden zu befürchten seien[256]. Auch Kühl äußert sich explizit zur Zumutbarkeit von Handlungen, welche die Gefahr bergen, sich oder Angehörige der Strafverfolgung auszusetzen. Kühl meint hier, dass zumindest die berechtigte „Strafverfolgung regelmäßig nicht zur Unzumutbarkeit der Garantenpflichterfüllung" führe[257]. Entsprechend sei etwa der betrunkene Autofahrer, der dem lebensgefährlich verletzten Unfallopfer nicht helfe, um seinen Führerschein zu behalten, nicht entschuldigt[258].

---

[252] Kühl, AT, § 18, Rn. 33.
[253] Kühl, AT, § 18, Rn. 140.
[254] Kühl, AT, § 18, Rn. 140.
[255] Kühl, AT, § 18, Rn. 140.
[256] Kühl, AT, § 18, Rn. 141.
[257] Kühl, AT, § 18, Rn. 141.
[258] Kühl, AT, § 18, Rn. 141.

b. Kindhäuser

In derselben Weise wie Kühl argumentiert auch Kindhäuser. Er weist jedoch zusätzlich darauf hin, dass die Unzumutbarkeit als Entschuldigungsgrund einzustufen sei, weil sie die Motivationsfähigkeit betreffe[259].

c. Baumann/Weber/Mitsch
Unzumutbarkeit als Anwendungsfall des Schuldprinzips

Baumann/Weber/Mitsch verweisen darauf, dass die Unzumutbarkeit bei den Begehungsdelikten ein Prinzip der Schuld sei[260]. Zwar sei hier ein allgemeiner Schuldausschließungsgrund der Unzumutbarkeit abzulehnen, weil mit ihm die Gefahr der Auflösung der Rechtsordnung verbunden sei[261]. Gleichfalls sieht man in der pauschalen Ablehnung desselben eine „Verletzung des Schuldprinzips"[262]. Infolgedessen sei die Unzumutbarkeit des Andersverhaltens als Schuldausschließungsgrund nur bei Fahrlässigkeits- und Unterlassungstaten anzuerkennen[263].

d. Dallinger
Unzumutbarkeit als Verzicht der Rechtsordnung auf „Durchsetzung ihrer letzten Forderungen"

In einer Kommentierung der Entscheidung BGH 5 StR 190/67, Urteil vom 20.6.67 (unveröffentlicht)[264] stimmt Dallinger dem BGH dahingehend zu, dass den angeklagten Eltern eine Rettung ihrer Tochter trotz Garantenpflicht aufgrund der besonderen Umstände des Falles nicht zuzumuten gewesen sei. Dallingers Ausführungen stehen zweifelsohne unter dem Eindruck der konkre-

---

259 LPK-Kindhäuser, vor §§ 32-35, Rn. 81.

260 Baumann/Weber/Mitsch, AT, § 15, Rn. 19.

261 Es soll allerdings auch an dieser Stelle erwähnt werden, dass Baumann/Weber/Mitsch, AT, § 23, Rn. 64, die Entschuldigung wegen Unzumutbarkeit auch über die Katalogtaten des § 35 StGB hinaus anerkennen wollen, soweit für den Täter Zwangssituationen ähnlicher Stärke bestehen.

262 Baumann/Weber/Mitsch, AT, § 23, Rn. 63.

263 Baumann/Weber/Mitsch, AT, § 23, Rn. 63.

264 Dargestellt von Dallinger in: JR 1968, S. 6 ff. Nach dem in Kap. B, III, 4, d, näher ausgeführten Sachverhalt hatten die Eltern einer psychisch schwer erkrankten Tochter nach deren siebten Selbsttötungsversuch keine Rettungsversuche mehr unternommen, sondern ihr Kind bewusst sterben lassen.

ten Umstände des Falles, die er als „menschlich erschütternd"[265] beschreibt. Sie weisen jedoch über den konkreten Fall hinaus.

Dallinger sieht die Aufgabe des Zumutbarkeitsbegriff darin, im gegebenen Einzelfall eine gerechte Entscheidung zu ermöglichen[266]. Dazu müsse die Rechtsgemeinschaft zuweilen „darauf verzichten, ihre letzten Forderungen mit den Mitteln des Strafrechts durchzusetzen"[267]. Die Frage, wann eine Forderung als unzumutbar einzustufen ist, hält Dallinger für schwer zu beantworten. Im praktischen Rechtsleben bedürfe es hier „großer Behutsamkeit und einer erfahrenen Hand, zumal es sich meist um schwierige Grenzfälle" handele[268].

e. Heimann-Troisen/Wolff

Heimann-Troisen/Wolff verweisen darauf, dass der systematische Standort der Zumutbarkeit beim Begehungsdelikt „allgemein beim Verschulden gesucht" wird[269]. Da kein überzeugendes Argument dafür ersichtlich sei, von dieser Einordnung bei den vorsätzlichen Begehungsdelikten abzuweichen, soll ihrer Ansicht gemäß die Unzumutbarkeit auch im Rahmen der unechten Unterlassungsdelikte als Schuldausschließungsgrund anzusehen sein[270].

„Wann ein Verhalten unzumutbar" sei, sei „nach den von der Rechtsprechung entwickelten Grundsätzen im wesentlichen eine Entscheidung des Einzelfalls"[271]. Heimann-Troisen/Wolff weisen in diesem Zusammenhang darauf hin, dass hiernach beim unechten Unterlassungsdelikt eigene Interessen geringer zu bewerten seien als beim echten Unterlassungsdelikt[272]. Sie fügen zudem an, dass ihrer Ansicht nach unter eigenen wichtigen Pflichten „nicht nur Pflichten im Rechtssinne, sondern auch allgemein sittliche Pflichten und Interessen zu verstehen" seien[273].

---

[265] Dallinger, JR 1968, S. 7.
[266] Dallinger, JR 1968, S. 7.
[267] Dallinger, JR 1968, S. 8. In extremen Grenzfällen müsse die „irdische Strafjustiz in der Tat schweigen (a. a. O.). Ansonsten liefe man Gefahr, dass die Strafe auf ein „völlig ungeeignetes Objekt" treffe (Dallinger, JR 1968, S. 7, mit Verweis auf Kohlrausch zitiert bei Henkel, FS Mezger, S. 256).
[268] Dallinger, JR 1968, S. 6.
[269] LK/Heimann-Troisen/Wolff, Einl., Rn. 152. Eine Begründung, warum die Unzumutbarkeit im Rahmen der Begehungsdelikte zur Entschuldigung führen soll, wird von ihnen freilich ebenso wenig angeboten wie eine Erklärung, die deutlich macht, warum im Rahmen der Unterlassungsdelikte eine Ausweitung der Entschuldigung angezeigt sein soll.
[270] LK/Heimann-Troisen/Wolff, Einl., Rn. 153.
[271] LK/Heimann-Troisen/Wolff, Einl., Rn. 153.
[272] LK/Heimann-Troisen/Wolff, Einl., Rn. 153.
[273] LK/Heimann-Troisen/Wolff, Einl., Rn. 153.

f. Hirsch

Unzumutbarkeit als Begrenzung des Gebotes zur Selbstschädigung

Für einen allgemeinen Entschuldigungsgrund der Unzumutbarkeit spricht sich auch Hirsch aus. Ihm zufolge darf „aus der nur begrenzten Bedeutung, die der Unzumutbarkeit bei den vorsätzlichen Begehungsdelikten zukommt", nicht schematisch auf die Lage bei den unechten Unterlassungsdelikten gefolgert werden. Die Situation sei, wie Hirsch unter Berufung auf Welzel[274] bemerkt, insofern unterschiedlich, als grundsätzlich zwar erwartet werden müsse, dass fremde Rechtsgüter nicht beschädigt würden, nicht dagegen, dass sich der Unterlassende durch die Vornahme einer gebotenen Handlung selbst schädige[275]. Eine solche Selbstschädigung sei dem Täter, auch wenn nur ein ihm „nahestehendes geringerwertiges Interesse" geopfert werden müsse, nicht zuzumuten[276].

Für die Einordnung der Unzumutbarkeit als Entschuldigungsgrund soll sprechen, „dass der mit dem Gesichtspunkt der Unzumutbarkeit berücksichtigte Motivationsdruck die Rechtspflicht des Täters ebenso wenig berühre wie beim Begehungsdelikt und daher wie dort erst „zur Verneinung rechtlich erheblicher Vorwerfbarkeit" führe[277].

g. Plate

Unzumutbarkeit als – beachtenswerte – persönliche Überforderung des Untätigen

Ein Unzumutbarkeitsverständnis, das im weitesten Sinne der sogenannten „psychologischen Theorie"[278] zugerechnet werden kann, wird von Plate vertreten. Nach seiner Ansicht geht es bei der Unzumutbarkeit um die „persönliche Überforderung des Untätigen in Konfliktlagen[279], wobei die Zwangslage „als Einschränkung der Freiheit der Motivationsbildung"[280] verstanden werden müsse. Plate sorgt sich in besonderen Maße um die Frage, ob es sich bei der situationsbedingt erschwerten Motivation zu einem normgemäßen Verhalten um einen normativen oder empirischen Befund handelt. Für Plate ist die psychische Zwangslage als solche zunächst eine empirisch zu beurteilende Tatsache. Diese müsse jedoch in Relation zu den objektiven Umständen gesehen werden, so dass

[274] Siehe hierzu Abschnitt, B, II, 4, k.
[275] LK/Hirsch, vor § 32, Rn. 205.
[276] LK/Hirsch, vor § 32, Rn. 205.
[277] LK/Hirsch, vor § 32, Rn. 205.
[278] Siehe hierzu die Darstellung in Kap. E, 3, a.
[279] Plate, Psyche, Unrecht und Schuld, S. 524.
[280] Plate, Psyche, Unrecht und Schuld, S. 522.

empirische Tatfragen und solche der Bewertung zusammenträfen. Entsprechend solle die Unzumutbarkeit „nur dann entschuldigen, wenn dies bei wertender Betrachtungsweise, also unter Berücksichtigung des Sittengesetzes oder der drohenden Rechtsgutsverletzung, angemessen" sei[281]. Nach Plate dürfen in die Abwägung auch Zustände außerhalb der geregelten Fälle herangezogen werden. Die normierten Schuldausschließungsgründe gingen jedoch als Sondertatbestände vor[282].

h. Roxin

Unzumutbarkeit als Normdispens zur Vermeidung der strafrechtlichen Verfolgung Angehöriger

Roxin hält im vorliegenden Zusammenhang zunächst eine Unterscheidung zwischen Tatbestands- und Rechtswidrigkeitsausschluss für überflüssig, weil beide „Deliktskategorien im Falle des Unterlassens ohnehin zu einem Unrechtsgesamttatbestand zusammenfließen" würden[283]. Die Fälle, in denen es am Unrecht fehlt, weil eine Garantenpflicht von vorneherein nicht besteht, oder in denen das Unterlassen durch eine Pflichtenkollision oder durch Notstand gerechtfertigt wird, bedürfen nach Roxins Ansicht jedoch nicht der „Heranziehung der Unzumutbarkeit"[284]. Entsprechend könne man aus ihnen "keine Argumente für deren systematische Einordnung beim Unrecht ableiten"[285].

Demgegenüber werde „man die Straffreiheit einer unterlassenen Anzeige von Angehörigen und ggf. einer fahrlässigen Unterlassung, auf die sich das Problem im wesentlichen" reduziere, „als Grund ausgeschlossener Verantwortlichkeit (also als Schuldausschließungsgrund im herkömmlichen Sinne) ansehen müssen"[286]. Roxin sieht den Grund hierfür in dem Umstand, dass die diesbezügliche Entlastung des Unterlassungstäters den Deliktstyp nicht verändere, weil auch Angehörige weiterhin zur Verhinderung von Verbrechen im Sinne des § 138 StGB verpflichtet seien[287]. Der Gesetzgeber verzichte nur mit Rücksicht auf die notstandsähnliche Lage, die sich aus einem Zwang zur Anzeige ergebe, auf eine Bestrafung, welche unter präventiven Gesichtspunkten nicht erforderlich sei, weil die Unterlassung ihre Wurzeln nicht in einem kriminellen Antrieb, sondern in der Familiensolidarität habe, und weil auch die Allgemeinheit bereit sei, dem

---

[281] Plate, Psyche, Unrecht und Schuld, S. 524.
[282] Plate, Psyche, Unrecht und Schuld, S. 524.
[283] Roxin, AT/2, § 31, Rn. 232.
[284] Roxin, AT/2, § 31, Rn. 232.
[285] Roxin, AT/2, § 31, Rn. 232.
[286] Roxin, AT/2, § 31, Rn. 233.
[287] Roxin, AT/2, § 31, Rn. 233.

Täter diesen Umstand zugute zu halten[288]. Ein zweiter Grund, der für Einordnung der Unzumutbarkeit in die Verantwortlichkeitskategorie anzuführen sei, liege darin, dass „die Handlungspflicht des Unterlassenden prinzipiell unstrittig bestehen bleib(e)“[289]. Dies gelte für die echten wie die unechten Unterlassungsdelikte gleichermaßen. So verlange der BGH mit Recht von der Ehefrau eines Autofahrers, der einen Unfall verursacht hat, dass sie dem Opfer hilft, allein die Anzeige ihres Mannes werde ihr nicht zugemutet[290]. An diesem Ergebnis vermöge auch die Begründung des E 1962[291], welche das Unzumutbarkeitsproblem in den Tatbestand verweist, nichts zu ändern[292]. Abgesehen davon, dass der Entwurf noch einen anderen Wortlaut gehabt habe als das heutige Gesetz, würde übersehen, „dass eine tatbestandliche Entsprechung von Unterlassen und Tun sehr wohl vorliegen und eine Bestrafung gleichwohl aus notstandsähnlichen Gründen ausscheiden“ könne[293]. Mit der Entsprechensklausel hält Roxin derartige Fälle für nicht zu bewältigen, „weil diese auf den Tatbestand beschränkt“ seien und „die Verfasser einer Entwurfsbegründung für die Entscheidung systematischer Fragen unzuständig“ seien[294].

Die Begriffskonkretisierung beschränkt sich bei Roxin gemäß seinen vorstehenden Ausführungen auf die Klärung der Frage, ob bzw. wann es zugemutet werden soll, Angehörige anzuzeigen. Seine in diesem Bereich vorgeschlagene Lösung differenziert danach, ob gegenüber dem Opfer eine Garantenstellung besteht oder nicht. Es sei „grundsätzlich niemandem zuzumuten, seine Angehörigen der Strafverfolgung zu überliefern“. Deswegen müssten die Eltern ihren minderjährigen Sohn, der fortlaufend zu Diebstählen neigt, auch dann nicht bei der Polizei anzeigen, wenn nur so weitere Taten verhindert werden könnten[295]. Anders sei die Lage jedoch zu beurteilen, „wenn der Unterlassende gegenüber dem Opfer eine Garantenstellung einnimmt, die von diesem in der konkreten Situation drohenden Gefahr unabhängig ist“[296]. In diesen Fällen soll die Anzeige des Angehörigen nicht generell unzumutbar sein, sondern nur, wenn bei einer Abwägung der Interessen diejenigen des Opfers nicht vorzuziehen seien[297].

---

[288] Roxin, AT/2, § 31, Rn. 233.
[289] Roxin, AT/2, § 31, Rn. 234.
[290] Roxin, AT/2,§ 31, Rn. 234.
[291] BT-Drucks. IV/650, S. 126.
[292] Roxin, AT/2,§ 31, Rn. 235.
[293] Roxin, AT/2,§ 31, Rn. 235.
[294] Roxin, AT/2,§ 31, Rn. 235.
[295] Roxin, AT/2,§ 31, Rn. 222; mit Verweis auf OLG Bremen NJW 1957, S. 72 (siehe hierzu Kap. B, III, 4, c).
[296] Roxin, AT/2,§ 31, Rn. 224.
[297] Roxin, AT/2,§ 31, Rn. 225.

i. Rudolphi

Unzumutbarkeit als Ausweitung der Entschuldigung aus Notstand

Auch Rudolphi hält im Rahmen der unechten Unterlassungsdelikte eine Erweiterung der Rechtfertigungs- und Entschuldigungsmöglichkeiten für notwendig. Er argumentiert vom Boden der Lehre der doppelten Schuldminderung, die er im Einklang mit der herrschenden Ansicht zur Begründung der gesetzlichen Entschuldigungsgründe anführt. Nach dieser von Rudolphi als Ausprägung des Gedankens der Unzumutbarkeit verstandenen Lehre versteht sich die Entschuldigung durch die „Kumulationswirkung zweier Schuldmilderungsgründe“[298]. Den ersten Milderungsgrund sieht man in einer Einschränkung der Motivationsfreiheit des Täters, welche mit der „psychisch-emotionalen Ausnahmesituation“ des Täters einhergehe[299]. Da jedoch die Beeinträchtigung der Motivationsfreiheit allein eine Exkulpation des Täters nicht trage, bedürfe es des Hinzutretens eines weiteren Milderungsgrundes. Dieser zweite Milderungsgrund soll sich aus einem geringeren Unrechtsgehalt der Notstandstat ergeben, der damit zu erklären sei, dass die Notstandstat einen geringeren Unrechtsgehalt berge, weil der Notstandtäter zugleich ein Rechtsgut erhalte und damit das Erfolgsunrecht der Tat zum Teil kompensiere[300].

Die Ausweitung der Entschuldigung im Rahmen der unechten Unterlassungsdelikte hält Rudolphi deswegen für gerechtfertigt, weil die Unterlassungsdelikte einen im Vergleich zu den Begehungsdelikten regelmäßig geringeren Unrechts- und Schuldgehalt auswiesen[301]. Dieser „per se“ geringere Unrechtsgehalt führt nach der Ansicht Rudolphis dazu, dass sich das Schuldniveau bei den Unterlassungstaten eher auf ein die Entschuldigung rechtfertigendes Maß reduzieren lasse als bei den Begehungstaten. Für Rudolphi setzt die Entschuldigung durch Unzumutbarkeit zweierlei voraus, nämlich einmal das Vorhandensein einer „das Unrecht zwar mindernd aber nicht beseitigenden Pflichtenkollision“ und „zweitens, zusätzlich eine Einengung der Motivationsfreiheit des Täters“[302]. Aufgrund dieser Voraussetzungen werden von der Unzumutbarkeit bei Rudolphi nur wenige Fallkonstellationen erfasst. Insbesondere sind gemäß Rudolphi solche Taten nicht entschuldigt, die zur Verhinderung der eigenen Strafverfolgung oder der von nahen Angehörigen

---

[298] Für alle: Bringewat, Grundbegriffe des Strafrechts, Rn. 586; siehe zur Lehre von der doppelten Schuldminderung die ausführlichere Darstellung in Abschnitt E, I, 3.

[299] Bringewat, Grundbegriffe des Strafrechts, Rn. 586.

[300] SK/Rudolphi, § 35, Rn. 2 ff.

[301] SK/Rudolphi, vor § 13, Rn. 31.

[302] SK/Rudolphi, vor § 13, Rn. 31; die Voraussetzungen sind für Rudolphi also letztlich dieselben wie bei den Begehungsdelikten, nämlich eine Unrechts- und eine Schuldminderung.

begangen werden[303]. Weil der Täter die Strafverfolgung zu dulden habe, stehe „dem Unwert der Tat kein von ihm rechtlich bewirkter Wert gegenüber"[304]. Damit verbleibe lediglich nur eine Berücksichtigung der psychischen Zwangslage als Strafmilderungsgrund[305].

Es ist hervorzuheben, dass Rudolphi zwar unter dem Zumutbarkeitsbegriff nur die Ausdehnung der Entschuldigungsgründe diskutiert, seine Ausführungen zur Rechtfertigung im Rahmen der unechten Unterlassungsdelikte jedoch weitgehend mit den Zumutbarkeitserwägungen von Gropp und Köhler übereinstimmen. Auch Rudolphi vertritt insoweit die Ansicht, dass der Handlungspflichtige immer dann gerechtfertigt sei, wenn das durch das Unterlassen der Rettungshandlung nicht gewahrte Interesse die eigenen Interessen des Unterlassenden nicht wesentlich überwiege[306]. Entsprechend werden bei Rudolphi von der unter dem Unzumutbarkeitsbegriff firmierenden „Erweiterung der Entschuldigungsgründe" daher nur solche Fälle erfasst, in denen „der Unterlassende dem objektiv geringwertigeren Interesse den Vorzug gegeben hat"[307].

j. Stratenwerth
Unzumutbarkeit als Folge der geringeren Strafwürdigkeit der Unterlassung

Ein weiterer Autor, der die Unzumutbarkeit bei den unechten Unterlassungsdelikten unter der Kategorie der Schuldausschließungsgründe behandelt, ist Stratenwerth. Zwar ist der Ausgangspunkt auch seiner Erörterungen einmal mehr die Zumutbarkeitsklausel des § 323 c StGB. Stratenwerth interpretiert diese allerdings anders als die vorgenannten Autoren. So lehnt er es ausdrücklich ab, aus der Zumutbarkeitsklausel „ein allgemeines Prinzip zur Begrenzung der Handlungspflichten" abzuleiten, das die im Rahmen des Begehungsdelikts entwickelten Wertungsstufen einebne[308]. Vielmehr mache der Gesetzestext von § 323 c StGB allein deutlich, „dass der Hilfeleistung entgegenstehende Interessen oder Pflichten hier in größerem Umfang als sonst zu berücksichtigen" seien[309]. So interpretiert könne § 323 c StGB einschließlich der Zumutbarkeitsklausel als allgemeiner, auch beim unechten Unterlassungsdelikt geltender

---

[303] SK/Rudolphi, vor § 13, Rn. 33. Rudophi wendet sich insoweit als einer von wenigen Autoren ausdrücklich generell gegen die Entschuldigung von Unterlassungen, die der Vermeidung strafrechtlicher Konsequenzen für Angehörige dienen.
[304] SK/Rudolphi, vor § 13, Rn. 33.
[305] SK/Rudolphi, vor § 13, Rn. 33.
[306] SK/Rudolphi, vor § 13, Rn. 29 b.
[307] SK/Rudolphi, vor § 13, Rn. 31.
[308] Stratenwerth, AT, § 13, Rn. 78.
[309] Für Stratenwerth, AT, § 13, Rn. 78, sind die Gründe dafür „in der Sache dieselben wie sonst", d. h. die Entschuldigung beim Begehungsdelikt ist zu sehen in der engen persönlichen „Bindung an das kollidierende Interesse".

Grundsatz verstanden werden[310]. Auch Stratenwerth geht insoweit von der Grundüberzeugung aus, dass die Verletzung von Handlungspflichten in der Regel weniger schwer wiege als die Verletzung von Handlungsverboten. Ihm erscheint es „bei einer Konfliktlage“ demnach eher verzeihlich, „wenn der Täter um eines ihm nahestehenden (geringeren) Interesses willen, das er opfern müsste, die gebotene Handlung unterlässt“[311], so dass das Unterlassungsdelikt, trotz der prinzipiellen Gleichstellung im Tatbestand, „zumeist weniger strafwürdig“ sei als ein entsprechendes Handlungsdelikt“[312]. Bestätigt sieht sich Stratenwerth insoweit durch § 13 Abs. 2 StGB[313].

Eine Beantwortung der Frage, in welchem Umfang dem Täter des unechten Unterlassungsdelikts die Unzumutbarkeit zugute kommen soll, hält Stratenwerth für „außerordentlich unsicher“[314]. Er stellt insoweit nur fest, dass es auf eine „Abwägung der einander widerstreitenden Interessen ankomme“.

k. Welzel

Unzumutbarkeit als Schutz vor rechtlicher Verpflichtung zum „Altruismus“

Ein allgemeiner Entschuldigungsgrund der Nichtzumutbarkeit bei den unechten Unterlassungsdelikten wird zuletzt auch von Welzel vertreten[315]. Gemäß seiner Ansicht stellt sich bei den unechten Unterlassungsdelikten dieselbe Zumutbarkeitsproblematik wie bei den echten Unterlassungsdelikten. Welzel meint insofern: Während für die Begehungsdelikte gelte, dass außer in den Fällen der Lebens- und Leibesnot dem Rechtsgenossen allgemein zugemutet werden könne, persönliche Nachteile in Kauf zu nehmen, wenn nur so ein Eingriff in fremde Rechtsgüter verhindert werden kann, sei „dem Rechtsgenossen grundsätzlich nicht so viel Selbstüberwindung zuzumuten, dass er eine gebotene (altruistische) Handlung“ vornehme, „die ihm erheblichen Schaden zufügen würde[316]. Auch Welzel beschäftigt sich speziell mit solchen Handlungen, welche die Gefahr eigener strafrechtlicher Verfolgung bergen. Aufgrund eines „natürliche(n) Recht(es)“ auf Selbstschutz sollen gemäß seiner Auffassung entsprechende Verhaltensanforderungen zur Unzumutbarkeit führen[317].

---

[310] Stratenwerth, AT, § 13, Rn. 79.
[311] Stratenwerth, AT, § 13, Rn. 79.
[312] Stratenwerth, AT, § 13, Rn. 79.
[313] Stratenwerth, AT, § 13, Rn. 79.
[314] Stratenwerth, AT, § 13, Rn. 79.
[315] Siehe hierzu Welzel, JZ 1958, S. 495 ff.
[316] Welzel, JZ 1958, S. 495.
[317] Welzel, JZ 1958, S. 496.

5. Unterlassungsspezifische (Un-) Zumutbarkeitserwägungen unabhängig von einer bestimmten Tatbestandsebene

a. Sieber

Sieber[318] befasst sich mit den Handlungspflichten von Online-Diensten zur Verhinderung strafbarer Veröffentlichungen im Internet. Unter dem Stichpunkt „Zumutbarkeit" stellt Sieber fest: „Die Strafbarkeit wegen eines Unterlassungsdelikts scheidet aus, wenn die von dem Unterlassenden erwartete Handlung unzumutbar ist."[319] Dabei könne im vorliegenden Zusammenhang die „dogmatische Einordnung offen bleiben, ob im Fall der Unzumutbarkeit des Handelns die Tatbestandsmäßigkeit, die Rechtswidrigkeit oder die Schuld" entfalle[320]. Für Sieber ist eine Handlung dann unzumutbar, wenn das Gewicht der Interessen, die preiszugeben wären, dem Gewicht des drohenden Erfolges entspreche[321]. Dabei sei die Abwägung im Einzelfall entscheidend, bei der neben diesen Kriterien auch die jeweiligen Gefährdungs- und Rettungschancen zu berücksichtigen seien.

b. Vassilaki

Unzumutbarkeit im Sinne der Notstandsregeln

Ebenso wie Sieber meint auch Vassilaki, auf eine Beschäftigung mit der systematischen Stellung ihrer Zumutbarkeitserwägungen verzichten zu können[322]. Nach ihrem Konkretisierungsvorschlag ist auf eine Interessensabwägung nach den Grundsätzen abzustellen, welche die Rechtsordnung für die Interessensabwägung der Notstandsregeln entwickelt habe[323].

c. Otto

Unzumutbarkeit als Antwort auf verschiedene Fragestellungen

Für Otto ist die Unzumutbarkeit normgemäßen Verhaltens keine eigenständige Haftungsgrenze. Ihm zufolge werden mit dem Zumutbarkeitsbegriff vielmehr vollkommen unterschiedliche Fragestellungen beantwortet, denen nur gemeinsam ist, dass sie sich mit der Beschränkung normativer Verbindlichkeit be-

---

[318] JZ 1996, S. 504.
[319] Sieber, JZ 1996, S. 504.
[320] Sieber, JZ 1996, S. 504, Fn. 144.
[321] Sieber, JZ 1996, S. 504.
[322] Vassilaki, CR 1999, S. 92.
[323] Vassilaki, CR 1999, S. 92.

fassen. Otto bemerkt insofern: „Die unterschiedlichen Auffassungen (zur Unzumutbarkeit)[324] gehen letztlich auf unterschiedliche Fragestellungen zurück.“[325] Werde die Frage dahin gestellt, welche Verhaltensweisen einem Garanten in einer bestimmten Situation von der Rechtsgesellschaft zugemutet werden sollen, so handele es sich um die allgemeine Bestimmung der Grenzen der Handlungspflicht und damit um die Konkretisierung der Rechtspflicht, d. h. um ein Problem des Unrechtstatbestandes. Werde dagegen danach gefragt, ob einem bestimmten Garanten aufgrund seiner persönlichen Handlungssituation die Erfüllung feststehender Handlungspflichten zumutbar sei, so handele es sich um eine Schuldfrage[326].

6. Ablehnung einer unterlassungsspezifischen (Un-) Zumutbarkeit

a. Jakobs

Zu den Autoren, welche der Unzumutbarkeit bei den unechten Unterlassungsdelikten keine besondere Bedeutung zumessen, gehört Jakobs. Er wendet sich zunächst gegen die Vorstellung, bei der Zumutbarkeitsklausel des § 323 c StGB handele es sich „um ein unterlassungsspezifisches Rechtfertigungsproblem“. Für ihn bedeutet die Klausel nicht mehr als einen Hinweis auf die Möglichkeit einer Pflichtenkollision oder einer Kollision der Handlungspflicht mit dem Interesse an der Selbsterhaltung[327], wobei die Pflicht aus § 323 c StGB nur wegen ihres geringeren Gewichts (Mindestsolidarität) eher zurücktrete als „ceteris paribus die Pflicht eines Begehungs-Erfolgsdelikts“[328]. Nach Jakobs resultieren die unechten Unterlassungsdelikte, anders als die echten Unterlassungsdelikte, jedoch gerade nicht aus dem Prinzip der Mindestsolidarität[329]. Demzufolge sei unzutreffend, dass die unechten Unterlassungsdelikte generell ein geringeres Ge-

---

[324] Einf. d. d. Verf.

[325] Otto, Grundkurs Strafrecht, AT, § 9, Rn. 103.

[326] Otto, Grundkurs Strafrecht, AT, § 9, Rn. 103.

[327] Jakobs, AT, 29/98, führt hierzu weiter aus: „Dass auch beim begehungsgleichen Unterlassen der Aufwand in die Pflichtenabwägung eingehen kann, ist kein Sonderproblem der Zumutbarkeit, sondern folgt aus den allgemeinen Regeln der Kollisionsfälle.“

[328] Jakobs, AT, 29/98.

[329] Jakobs, AT, 29/14 f., der in AT, 28/14, ausführt: „Da es Gebote gibt, die keine Solidarität voraussetzen, und Verbote, die nur bei Solidarität Bestand haben, kann der Wechsel der Haftungsbegründung nicht zwischen allen Unterlassungen einerseits und allen Begehungen anderseits stattfinden, sondern nur innerhalb der Begehungen wie innerhalb der Unterlassungen.“

wicht hätten[330]. Jakobs verweist an dieser Stelle auf die von ihm angenommene Aufteilung und Begründung der Garantenpflichten nach deren „Haftungsgrund"[331]. Danach resultiert der Haftungsgrund der ersten Gruppe von Garantenpflichten aus der Zuständigkeit des Täters dafür, dass aus dem von der Rechtsordnung zugewiesenen Organisationskreis „keine schädigenden Bedingungen nach außen dringen"[332]. Weil Jakobs annimmt, dass für diese Gruppe von Garantenpflichten der Haftungsgrund mit dem des Begehungs-Herrschaftsdelikts „identisch" ist, gibt es für ihn folglich „bei den Unterlassungsdelikten mit Pflichten kraft Organisationszuständigkeit kein Zumutbarkeitsproblem, das nicht bei den Begehungs-Erfolgsdelikten ebenso vorliegen könnte"[333]. Neben die Pflichten kraft Organisationszuständigkeit treten bei Jakobs Pflichten, die der Garantie gesellschaftlich elementarer Institutionen dienen[334]. Da diese Handlungspflichten nach Jakobs „ihr Gegenstück bei der Handlung in den Pflichtdelikten" finden[335], bestehe auch hier kein unterlassungsspezifisches Sonderproblem[336].

b. Schlehofer

Ebenso wie Jakobs wendet sich auch Schlehofer gegen das in vielfältigen Gestalten auftretende Argument, eine gegenüber den Begehungsdelikten erweiterte Unzumutbarkeit sei begründet, weil in § 323 c StGB der Zumutbarkeitsvorbehalt ausdrücklich angeordnet sei. Die Zumutbarkeitsklausel des § 323 c StGB besage gerade nichts darüber, ob die Zumutbarkeit auch für Unterlassungsdelikte gelte, die keinen ausdrücklichen Zumutbarkeitsvorbehalt enthielten. Vielmehr spreche umgekehrt die Nichtnennung dafür, sie bei diesen Delikten – einschließlich der unechten Unterlassungsdelikte – nicht als Schuldausschließungsgrund anzuerkennen[337]. Schlehofer weist zudem das seitens der herrschenden Meinung[338] vorgetragene Argument zurück, aus der fakultativen Strafmilderung des § 13 Abs. 2 StGB sei auf einen geringeren Unrechts- oder Schuldgehalt der unechten Unterlassungsdelikte zu schließen. Zum einen zeige

---

[330] Die gegenteilige Ansicht wird von Jakobs, AT, 29/99, nicht durch die fakultative Strafmilderung in § 13 Abs. 2 StGB bestätigt.
[331] Siehe hierzu: Jakobs, AT, 28/13 ff.
[332] Jakobs, AT, 28/14.
[333] Jakobs, AT, 29/99.
[334] Jakobs, AT, 28/15; 29/57 ff.
[335] Jakobs, AT, Jakobs, AT, 29/99.
[336] Jakobs, AT, 29/99. „Die Unterlassungsdelikte mit Pflichten kraft institutioneller Zuständigkeit entsprechen voll den Begehungs-Pflichtdelikten. Sonderprobleme gibt es auch hier nicht."
[337] MüKo/Schlehofer, vor §§ 32 ff., Rn. 225.
[338] Vgl. Stree, FS Lenckner, S. 398; Stratenwerth, AT, § 13, Rn. 79.

der Umstand, dass § 13 Abs. 2 StGB die Strafmilderung nicht gebiete, sondern ins Ermessen des Gerichts stelle, dass es Unterlassungsdelikte gäbe, deren Unrecht nicht geringer sei als das entsprechender Begehungsdelikte[339]. Zum zweiten seien „Unrecht und Schuld selbst bei einer nach § 13 Abs. 2 StGB milder zu bestrafenden Unterlassungstat nicht in einem Maße gemindert", das es gebiete, die Schuld eher auszuschließen als beim Handlungsdelikt"[340].

c. Jescheck/Weigend

Auch Jescheck/Weigend sind der Auffassung, dass die Unzumutbarkeit im Rahmen der unechten Unterlassungsdelikte so zu verstehen sei wie bei den Begehungsdelikten. Den Garanten treffe die Erfolgsabwendungspflicht in gleicher Weise wie den Begehungstäter, wobei die Gleichwertigkeit in der Garantenstellung des Unterlassungstäters und bei besonderer Gleichwertigkeit in der nach § 13 Abs. 1 erforderlichen Entsprechung liege[341].

Anders als Jakobs räumen Jescheck/Weigend den entsprechenden Vertretern der herrschenden Meinung ein, dass das unechte Unterlassungsdelikt regelmäßig einen geminderten Schuldgehalt aufweise. Diesem Umstand sei jedoch bereits durch die fakultative Strafmilderung des § 13 Abs. 2 StGB ausreichend Rechnung getragen[342].

d. Schünemann

Auch Schünemann sieht keinen Anlass, die Unzumutbarkeit bei den unechten Unterlassungsdelikten auszuweiten. Nach seiner Analyse hätten die diesbezüglichen Entscheidungen der Rechtsprechung lediglich „die Aufgabe gehabt, die früher vorgenommene unerträgliche Ausdehnung der Garantenstellungen zu kompensieren, so dass bei einer Reduzierung der Garantenstellungen auf die Fälle wirklicher Begehungsgleichheit für den übergesetzlichen Entschuldigungsgrund der Unzumutbarkeit kein Bedürfnis" bestehe[343].

---

339 MüKo/Schlehofer, vor §§ 32 ff., Rn. 226.
340 MüKo/Schlehofer, vor §§ 32 ff., Rn. 226.
341 Jescheck/Weigend, AT, § 59, VIII, 3.
342 Jescheck/Weigend, AT, § 59, VIII, 3.
343 Schünemann, ZStW 96 (1984), S. 316.

e. Maurach/Gössel/Zipf

Zum Abschluss der Darstellung der Ansichten in der Literatur sei die Ansicht von Maurach/Gössel/Zipf[344] genannt. Diese kommen nach einer Analyse der Rechtsprechung dazu, dass die verschiedenen Entscheidungen, welche für den Gedanken eines allgemeinen Zumutbarkeitsvorbehalts bei den unechten Unterlassungsdelikten in Anspruch genommen werden, in Wahrheit unterschiedliche Fragestellungen[345] behandeln, die allesamt ohne den Rückgriff auf den Zumutbarkeitsbegriff hätten gelöst werden können.

Ob diese Einschätzung, mit der der Überblick über die verschieden Ansichten in der Literatur seinen Abschluss findet, berechtigt ist, soll sich im weiteren Verlauf der Untersuchung zeigen. Zunächst gilt es jedoch, die Rechtsprechung zur Unzumutbarkeit im Rahmen der unechten Unterlassungsdelikte darzustellen.

---

[344] AT, § 89, II.

[345] Um welche Fragestellungen es sich handelt, wird von Maurach/Gössel/Zipf nicht erwähnt. Siehe hierzu die Ausführungen im nächsten Abschnitt.

III. Zusammenfassung des Streitstandes und Ausblick auf den weiteren Untersuchungsgang

Fasst man den vorstehenden Streitstand zur Unzumutbarkeit bei den unechten Unterlassungsdelikten zusammen, ergibt sich das in der Vorbemerkung illustrierte Bild. Es wird deutlich, dass sich mit dem Unzumutbarkeitsbegriff Vorstellungen verbinden, die weitgehend auf völlig verschiedenen Erwägungen beruhen. Die einzig erkennbare Gemeinsamkeit besteht darin, dass man jeweils die Frage thematisiert, ob gegenüber dem Täter auch dann eine strafrechtlich sanktionierte Verhaltensanforderung erhoben werden soll, wenn diese für jenen eine außergewöhnliche Belastung bedeutet[346]. Die fundamentale Verschiedenheit der unterschiedlichen Ansätze lässt durchaus daran denken, das zutreffende Unzumutbarkeitsverständnis weitgehend als (Schein-) Diskussion aufzufassen[347], deren einzig verbleibender Kern letztlich in der Frage besteht, welche Problemstellung(en) legitimerweise unter dem (Un-) Zumutbarkeitsbegriff firmieren soll(en). In der Tat besteht in der Sache, etwa hinsichtlich der Frage, ob und inwieweit das mit der Normbefolgung kollidierende Interesse des Täters zu berücksichtigen ist, eine weitergehende Übereinstimmung als hinsichtlich der Frage, ob diese Berücksichtigung zutreffenderweise als ein Fall der Unzumutbarkeit normgemäßen Verhaltens zu bezeichnen ist. Gleiches gilt etwa für die Grenzen der Pflichten zur Anzeige Angehöriger. Auch wenn es also nahe liegt, sich ein Stück weit vom Begriff der Unzumutbarkeit zu lösen und den Blick unmittelbar auf die „hinter ihm verborgenen" Sachprobleme, etwa den Umfang der Garantenpflichten oder die Frage nach der Pflicht des Garanten zur Anzeige Angehöriger zu richten, sind endgültige Schlussfolgerungen in diese Richtung verfrüht. Man würde sich anderenfalls zu Recht dem Vorwurf ausgesetzt sehen, die herrschende Diskussion im Hinblick auf das von ihr selbst proklamierte Zumutbarkeitsverständnis zu verfehlen. Ganz überwiegend wird der Streit nämlich nicht jeweils separat um die einzelnen auf den verschiedenen Stufen des Verbrechensaufbaus in Betracht kommenden Entlastungsmöglichkeiten bzw. Beschränkungen der Rechtspflichten geführt[348]. Vielmehr fragt man umgekehrt,

---

[346] Ansonsten ist, wie bereits bemerkt, nicht einmal klar, ob die Unzumutbarkeit eine generelle eigenständige Haftungsgrenze darstellt oder ob der Zumutbarkeitsbegriff als Antwort auf die Frage nach den Grenzen tatbestandlichen Verhaltens der Rechtswidrigkeit oder Schuld aufgefasst werden soll.

[347] Vgl. Roxin, AT/2, § 31, Rn. 216.

[348] Die Einschätzung, mittels Zumutbarkeitserwägungen würden in Wahrheit mehrere Fragestellungen beantwortet, kommt über den Status einer Mindermeinung nicht hinaus. Ausdrücklich in diesem Sinne äußern sich jedoch Otto, Grundkurs Strafrecht, AT, § 9, Rn. 102 f.; Achenbach, Jura 1997, S. 635, der eine diesbezügliche Einschätzung jedoch nur auf die Fahrlässigkeitsdelikte bezieht; siehe auch Köhler, AT, S. 297 ff. und Gropp, AT, § 11, Rn. 9, die der Unzumutbarkeit eine Bedeutung für die Rechtfertigung und die Entschuldigung zumessen.

inwieweit die Unzumutbarkeit generell zu einer Entlastung des Täters von Strafe führen kann. Diese vom Begriff der Unzumutbarkeit ausgehende Diskussion spricht dafür, dass man überwiegend mit dem Unzumutbarkeitsbegriff nicht nur die Vorstellung eines bloßen „Namens“ für verschiedene, „an sich“ eigenständige Entlastungsgründe verbindet, sondern in ihm ein mit der Unmöglichkeit verwandtes Rechtsprinzip erkennt, auf das die einzelnen Entlastungsformen der Unzumutbarkeit zurückführbar sein sollen[349]. Der Frage nach der Existenz und der Beschaffenheit eines solchen Prinzips der Unzumutbarkeit kommt für den weiteren Untersuchungsgang eine nicht zu unterschätzende Wichtigkeit zu. Soweit nämlich ein solches Rechtsprinzip ausfindig gemacht werden kann, lassen sich anhand seiner wahrscheinlich auch die weiteren Fragen nach der systematischen Einordnung und der Konkretisierung beantworten. Umgekehrt gilt jedoch die triviale, tautologische Feststellung, dass ohne ein gehaltvolles Prinzip, auf welches jedes zutreffende Unzumutbarkeitsverständnis zurückführbar ist, die einzelnen Entlastungsgründe ohne Rückgriff auf ein allgemeines Prinzip der Unzumutbarkeit bestimmt und legitimiert werden müssen.

Eine Hauptschwierigkeit der herrschenden Diskussion um die unechten Unterlassungsdelikte besteht in dem Umstand, dass, obwohl ausdrücklich oder konkludent allenthalben auf ein allgemeines Prinzip der Unzumutbarkeit Bezug genommen wird, sich zur Bestimmung eines solches Prinzips soweit ersichtlich keinerlei Ausführungen finden. Es liegt nahe, diesen Mangel an Darlegungen zum Anlass zu nehmen, die soeben getroffene Aussage dahingehend zu relativieren, dass entgegen dem vordergründigen Anspruch letztlich doch nicht auf ein tragendes, gehaltgebendes Prinzip zurückgegriffen wird. Eine entsprechende Schlussfolgerung wäre jedoch vorschnell. Man wird zwar den Umstand, dass im Rahmen der Diskussion um die unechten Unterlassungsdelikte, soweit ersichtlich, niemand eine Beschreibung des allgemeinen Prinzips der Unzumutbarkeit vorgelegt hat, als Indiz für das Fehlen eines solchen gehaltvollen Prinzips werten dürfen. Ein Nachweis ist hiermit freilich nicht erbracht. Nun muss eingeräumt werden, dass ein entsprechender Beweis auch kaum zu erbringen sein wird. Die Voraussetzung für den Beweis der Nichtexistenz eines Gegenstandes ist nämlich, dass die Bestimmtheiten des nämlichen Gegenstandes bekannt sind. Konkret: Ohne Wissen darüber, was das „Prinzip der Unzumutbarkeit“ ausmachen soll, fehlt es nicht nur an der Möglichkeit über dessen Relevanz zu entscheiden; es kann bereits nicht über sein Vorhandensein geurteilt werden. Das

---

[349] So insbesondere: Stree, FS Lenckner, S. 394 f.; Lackner/Kühl, § 13, Rn. 63; in diesem Sinne sieht man die Unzumutbarkeit zuweilen in enger Verwandtschaft zur Unmöglichkeit der Erfolgsabwendung. So meint etwa S/S/Stree, vor §§ 13 ff., Rn. 155: „Unzumutbares Handeln ist ebenso wenig geboten wie sinnlose Tätigkeit.“ Kritisch zur Vorstellung eines allgemeinen Prinzips der Zumutbarkeit, das auch die speziellen beim Begehungsdelikt entwickelten Rechtfertigungs- und Entschuldigungsgründe umfasst, äußert sich auch Stratenwerth, AT, § 13, Rn. 78.

Dilemma ist offensichtlich. Vor der Bestimmung des Prinzips der Unzumutbarkeit lässt sich eine Entscheidung über dessen Existenz nicht treffen. Der Nachweis der Nichtexistenz eines nicht bestimmten Rechtsinstituts kann also nicht erbracht werden. Dieser Nachweis muss nach hiesiger Ansicht jedoch auch nicht geführt werden. Es genügt vielmehr aufzuzeigen, dass ein solches Rechtsprinzip weder sichtbar ist noch ohne weiteres sichtbar gemacht werden kann. Der Rückgriff auf ein Prinzip ist nämlich nur solange sinnvoll, wie dieses beschrieben werden kann.

Damit stellt sich freilich die Frage, auf welchem Wege das von der herrschenden Meinung als Bezugspunkt in Anspruch genommene Rechtsprinzip der Unzumutbarkeit überhaupt bestimmt werden kann. Die Frage ist insofern nicht einfach zu beantworten, weil konkrete Ansatzpunkte für eine Suche nur schwer zu finden sind. Auf den ersten Blick bietet sich zwar die Möglichkeit, das Rechtsprinzip der Unzumutbarkeit in Gemeinsamkeiten zu suchen, welche die einzelnen verschiedenen Ansichten verbinden. Diese Vorgehensweise ist jedoch wenig erfolgversprechend, führt sie doch nur zum kleinsten gemeinsamen Nenner und ist daher per Definition kaum geeignet, ein Prinzip zu beschreiben, welches gehaltvoll genug ist, um den Meinungsstreit in irgendeine Richtung zu entscheiden[350].

Die Suche nach den Bestimmtheiten des allgemeinen Rechtsprinzips der Unzumutbarkeit muss also unabhängig von den einzelnen zum unechten Unterlassungsdelikt vertreten Auffassungen aufgenommen werden. Ein entsprechender Versuch soll im nächsten Abschnitt unternommen werden.

[350] Die Gemeinsamkeit besteht, wie erwähnt, allein darin, dass die Perspektive des jeweiligen Normadressaten (in welcher Weise auch immer) überhaupt zur Kenntnis genommen wird.

C. Allgemeines Prinzip der Unzumutbarkeit?

Der nachstehende Abschnitt befasst sich mit der Frage nach einem allgemeinen Rechtsinstitut der Unzumutbarkeit, das als mittelbarer oder unmittelbarer Legitimitätsgrund für die Straflosigkeit bestimmter Verhaltensweisen ausgewiesen werden kann. Die Erwartungen auf Förderung eines brauchbaren Ergebnisses dürfen freilich nicht zu hoch angesetzt werden. Bei dem Versuch, sich der Bedeutung eines allgemeinen, den verschiedenen Entlastungsgründen zugrunde liegenden Prinzips der Unzumutbarkeit zu nähern, handelt es sich nämlich, wie Bernsmann festgestellt hat, um ein „recht waghalsiges Unternehmen“[351]. Es ist daher nicht zu erwarten, dass tatsächlich ein Rechtsprinzip im obigen Sinne ausgewiesen oder abschließend verneint werden kann[352]. Es soll jedoch danach Ausschau gehalten werden, ob sich mit dem (Un-) Zumutbarkeitsbegriff Vorstellungen verbinden lassen (müssen), die für die weitere Untersuchung zumindest Rahmenvorgaben liefern.

Der Empfehlung der juristischen Methodenlehre folgend, aber auch mangels erfolgversprechender Alternativen soll als Ausgangspunkt die allgemeine umgangssprachliche Bedeutung des Zumutbarkeitsbegriffs dienen.

I. Umgangssprachliche Bedeutung des Unzumutbarkeitsbegriffs

Der Begriff „zumuten“ und die daraus entwickelten Substantive „Zumutung“ und „Zumutbarkeit“ sowie das Adjektiv „zumutbar“ leiten sich aus dem gemeingermanischen Wort „Mut“ (mittelhochdeutsch: muot)[353] in der Bedeutung „Absicht“ ab. Durch die Dativbestimmung des „zu“ bedeutet der Begriff soviel wie: etwas hinsichtlich jemandem beabsichtigen. Bis ins 17. Jahrhundert wurde der Begriff verwendet, ohne dass das Angesonnene in irgendeiner Weise bewertet wurde[354]. Seitdem wird der Begriff mit einer für den heutigen Begriffsgebrauch charakteristischen Erweiterung der Intention verwendet. Diese besteht darin, dass der Verwender des Begriffs „zumuten“ nunmehr zum Ausdruck bringt, bedacht zu haben, welche Folgen das Beabsichtigte für den Adressaten bedeutet. Damit thematisiert er einen Konflikt zwischen der ins Auge gefassten Absicht und der sich daraus ergebenden Situation für den Adressaten. Das bedeutet jedoch nicht, dass der Verwender des Begriffs „zumuten“ stets seiner

---

[351] Bernsmann, Entschuldigung durch Notstand. S. 402.

[352] Aus den soeben genannten Gründen ist ein solcher Nachweis in die eine oder andere Richtung auch nicht geschuldet.

[353] Kluge, Etymologisches Wörterbuch der deutschen Sprache, unter dem Stichwort „zumuten“; Albrecht, Die Zumutbarkeit als Verfassungsmaßstab, S. 23.

[354] Grimm, Deutsches Wörterbuch, Bd. 16, Sp. 543 f.

mehr oder minder starken Überzeugung Ausdruck verleiht, das Verhalten dürfe im Hinblick auf die Kostensituation des Adressaten füglich nicht verlangt werden. Die Intention des Verwenders kann im Gegenteil auch gerade darauf zielen, die Beabsichtigung angesichts der Kostensituation zu bekräftigen. Mit welcher Bedeutung der Begriff verwendet wird, wird dabei im Wesentlichen von dem Interesse des Verwenders abhängen. Dieses Interesse wird sich regelmäßig daraus ergeben, in welcher Rolle der Verwender an dem von ihm thematisierten Konflikt beteiligt ist. Verwendet der Adressat des Verlangens den Begriff „zumuten" („A mutet mir das Verhalten X zu."), so wird diese Äußerung regelmäßig in der Weise zu verstehen sein, dass das verlangte Verhalten von ihm im Hinblick auf die von ihm zu tragenden Kosten redlicherweise nicht verlangt werden dürfe[355]. Soweit der Begriff „zumuten" von demjenigen verwendet wird, der das Verlangen ausspricht („Ich mute A das Verhalten X zu"), ist hierin eine Bekräftigung des Verlangens zu sehen. Dem Adressaten wird dadurch, dass ihm der Verlangende zur Kenntnis gibt, seine Kostensituation bereits berücksichtigt zu haben, die Möglichkeit abgesprochen, sich hierauf erfolgreich zu berufen[356]. Auch wenn die Verbform „zumuten" bereits eine wertende Färbung enthält, beschreibt sie doch in erster Linie ein Verhalten. Mit der Endsilbe „-bar" wird dagegen grundsätzlich zum Ausdruck gebracht, dass eine mit dem Grundwort bezeichnete Tätigkeit ausgeführt oder ein bestimmter Erfolg herbeigeführt werden könne, bzw. soweit es sich um ein normatives Prädikat handelt, herbeigeführt werden solle. So ist ein Gegenstand erkennbar, wenn er erkannt werden kann. Ein Fußballplatz ist bespielbar, wenn er bespielt werden kann[357]. Dementsprechend geht es bei der Entscheidung, ob ein Verhalten einer Person zumutbar ist, darum, ob dieses von ihr angesichts ihrer persönlichen Kostensituation berechtigterweise verlangt werden kann bzw. verlangt werden soll[358]. Mit anderen Worten: Es wird darüber entschieden, ob dem Verlangen

[355] Diese ablehnende Haltung wird durch die Verwendung des Begriffs „zumuten" in rhetorischen Fragen („Was mutest du mir zu?") oder in substantivierter Form („Das ist eine Zumutung") besonders deutlich. Hier kann sich die negative Bewertung bis hin zur Empörung steigern

[356] Sofern Personen, die nicht direkt am Konflikt beteiligt sind, den Begriff „zumuten" verwenden („A mutet B das Verhalten X zu"), so werden dadurch im Hinblick auf die von dem Betroffenen zu tragenden Kosten jedenfalls Zweifel an der Berechtigung des Verlangens geweckt.

Die Bedeutung der Aussage, eine Norm mutet ihren Adressaten etwas zu, hängt damit von der Rolle des Sprechers ab.

[357] Vgl. Frellesen, Die Zumutbarkeit der Hilfeleistung, S. 20.

[358] Vgl. Hruschka, Strafrecht nach logisch-analytischer Methode, S. 120.

eine Berechtigung auch dann zukommt, wenn man die Situation des Betroffenen berücksichtigt, d. h. seine Perspektive einnimmt[359].

Die Beurteilung aus der Sicht des Betroffenen bedeutet allerdings nur, dass dessen Situation nicht von vornherein unmaßgeblich ist[360].

Damit ist zunächst einmal nichts darüber gesagt, „wann und unter welchen Voraussetzungen ein (...) Verhalten zumutbar ist“[361]. Dies ist Frage der Konkretisierung des Zumutbarkeitsbegriffs. Je nachdem, wie man die Kriterien festlegt, ist es sogar nicht ausgeschlossen, dass der Verlangende im Hinblick auf die Bedeutsamkeit seiner Forderung jedes Opfer für zumutbar hält. Aber diese Haltung unterscheidet sich trotz des gleichen Ergebnisses fundamental von der Weigerung, die Perspektive des Betroffenen überhaupt als relevante Größe zur Kenntnis zu nehmen. Im ersteren Fall wird der Betroffene immerhin als „Jemand“ anerkannt, dessen Freiheit nicht ohne Grund eingeschränkt werden darf[362]. Im zweiten Fall wird die persönliche Situation des Betroffenen dagegen für schlicht unbedeutend erklärt, so dass eine Berücksichtigung, unabhängig von allen denkbaren Umständen, von vornherein ausscheidet. Ein solcher Standpunkt lässt sich zwar einnehmen. Er widerstrebt allerdings dem wohl einhelligen Grundrechtsverständnis, insbesondere der herrschenden Semantik von Menschenwürde. Nochmals zur Klarstellung: Dass das Recht die Freiheit des Normadressaten einschränken darf, wenn die Perspektive des Betroffenen in den Abwägungsprozess eingeflossen ist, bedeutet nicht einen Hang zur „sentimentalen Milde“. Vielmehr kann selbst eine konkrete Todesgefahr als zumutbar gelten[363]. Es geht ausschließlich darum zu entscheiden, ob die Entscheidung über die Beabsichtigung gefällt wird, ohne die Situation des Adressaten in den Blick zu nehmen oder nicht. Nach dem bisherigen Ergebnis steht die Zumutbarkeit nur für das Erfordernis, dass jede Belastung des Normadressaten zu begründen ist. Damit ist jedoch in der Sache – über das Selbstverständliche hinaus – noch nichts entschieden. Im Gegenteil, eine Entscheidung über die Grenzen der zulässigen Belastung (Zumutbarkeit) wird erst erforderlich. Diese Entscheidung fällt einmal auf der Ebene der Konkretisierung. Gerade hier ist jedoch dem Zumutbarkeitsbegriff selbst wenig oder gar nichts zu entnehmen, weswegen er von Autoren als einer der „allgemeinsten und blassesten Be-

---

[359] Vgl. Albrecht, Die Zumutbarkeit als Verfassungsmaßstab, S. 26; „Sprachlich macht der Begriff Unzumutbar nur Sinn, wenn er auf die Sicht dessen abstellt, dem etwas zugemutet wird“;
so auch Frister, Die Zumutbarkeit der Hilfeleistung, S. 153 ff.; S. 157, Fn. 202.

[360] Dass heißt nicht, dass die Wertung des Betroffenen maßgeblich ist, sondern unsere Wertung aus der Perspektive, bzw. angesichts der Perspektive des Betroffenen. So auch Frister, a. a. O., S. 157, Fn. 202.

[361] Hruschka, Strafrecht nach logisch-analytischer Methode, S. 120.

[362] Weil eine sinnlose Belastung mit Kosten nicht vermittelbar ist, muss eine zumutbare Inanspruchnahme zumindest erforderlich sein.

[363] Vgl. etwa § 6 WStG.

griffe“[364] bezeichnet wird, der nicht mehr als eine „Leerformel“ [365] darstelle. Es handelt sich bei der Zumutbarkeit insoweit um ein formales Prinzip, als sie selbst keine inhaltlichen Maßstäbe angibt, nach denen die jeweilige Entscheidung zu erfolgen hat[366]. Dies bedeutet jedoch nicht, dass der Begriff nicht sinnvoll gebraucht werden kann oder nur im Rahmen eines „intuitiven Urteils“[367] Anwendung zu finden vermag[368]. Man muss lediglich die Möglichkeit miteinbeziehen, auf außerhalb des Begriffs liegende Wertungen zurückzugreifen[369]. Im hiesigen Zusammenhang ist die entsprechende Quelle das Recht selbst[370]. Der einzelne Rechtsanwender hat nicht darüber zu entscheiden, was seiner Ansicht nach zumutbar ist und was nicht; sondern nur, was das Gesetz für zumutbar hält. Man muss sich freilich fragen, was mit dieser Feststellung für die anstehenden Fragen der Begriffskonkretisierung und der Einordnung des Begriffs in den Verbrechensaufbau gewonnen ist.

Anhaltspunkte aus der Begriffsanalyse ergeben sich auf den ersten Blick hinsichtlich des systematischen Standortes der Zumutbarkeitserwägungen. Hier sprechen die begrifflichen Überlegungen zunächst dafür, den Zumutbarkeitsbegriff bereits auf der Tatbestands- und Rechtfertigungsebene zu berücksichtigen, denn „eine Verhaltensnorm, die Unzumutbares verlangt, lässt sich rechtlich nicht legitimieren“[371]. Dagegen scheint, wie Frister anmerkt, der Gedanke eines rechtswidrigen und dennoch unzumutbaren Verhaltens „eine contradictio in adjecto zu enthalten und damit schon aus Gründen der Logik nicht möglich zu sein“[372]. Nach seiner Ansicht stehen diese Erwägungen der Bedeutung des Zumutbarkeitsbegriffs auf der Entschuldigungsebene nicht entgegen, weil das Rechtswidrigkeits- und das Entschuldigungsurteil aus zwei verschiedenen Perspektiven getroffen werden. Während das Urteil über die Rechtswidrigkeit einer Tat aus der neutralen Perspektive der Gemeinschaft gefällt werde, sei die

---

[364] Coenders, FS Reichsgericht, BD. V, S. 289.

[365] Roxin, FS Henkel, S. 174.

[366] So Henkel, FS Mezger, S. 304. Die Situation, die man vorfindet, liegt etwa auf dem Ungewissheitslevel eines Angeklagten, der für ein bestimmtes Verhalten vor einem willkürlichen Richter steht. Man versteht die Situation zwar, insoweit man erkennt, dass wegen diesem Verhalten ein Urteil über einen gefällt wird, nicht aber nach welchen Kriterien verfahren wird, noch genau, was für Folgen die jeweilige Entscheidung haben wird.

[367] Eine solche Führung von Geisterhand mag in heuristischen Milieus von großem Nutzen sein, zur Abgrenzung eines Raumes rechtlicher Verbindlichkeit kann sie jedoch nicht herangezogen werden.

[368] So Achenbach, JR 1975, S. 494.

[369] Vgl. Henkel, FS Mezger, S. 308.

[370] Zur Abgrenzung des „Zumutbarkeitsbegriffs“ vom dem der „Verhältnismäßigkeit“ siehe: Albrecht, Die Zumutbarkeit als Verfassungsmaßstab, S. 65 ff. u. 122 f.

[371] MüKo/Freund, vor §§ 13 ff., Rn. 232.

[372] Frister, Die Struktur des „voluntativen Schuldelements“, S. 254; vgl. Jakobs, Norm, Person, Gesellschaft, S. 91.

Entscheidung über die Entschuldigung anhand der Frage zu entscheiden, ob die Tat auch aus der Perspektive des Handelnden negativ zu bewerten sei. Nur bei Bejahung auch dieser Frage sei dem Betroffenen zuzumuten, sich für die Beachtung des Rechts zu entscheiden[373]. Eine ähnliche Konstruktion findet sich bereits bei Goldschmidt, der jeder Rechtsnorm eine Pflichtnorm zur Seite stellt, die ausschließlich die Motivation des Täters bewerten soll. In der Auseinandersetzung mit der von Goldschmidt begründeten Pflichtnormlehre hat man den Vorwurf erhoben, die „Anknüpfung des Schuldvorwurfs an die Verfehlung eines Gebots zur Selbstmotivation" erscheine „als unnötiger Umweg", da „die Schuld zwanglos an die Verfehlung eines normalen Verhaltens in einer bestimmten Situation" geknüpft werden könne[374]. An dem Einwand ist sicher richtig, dass sich eine Norm auch beispielhaft – direkt – wie folgt formulieren lässt: Du, der du ein tauglicher Befehlsempfänger (zurechnungsfähig) bist und dich zudem in einer Lage befindest, in welcher die Rechtsordnung erwarten kann, dass du das allgemeine Gebot achtest (dem die Ausrichtung nach der allgemeinen Norm zumutbar ist), sollst nicht töten[375]. Allerdings kann auch eine solche Vorgehensweise nur dazu führen, dass „ausschließlich das Sollen der Norm suspendiert" wird, während der herbeigeführte Zustand weiterhin als rechtswidrig deklariert wird und „vom Opfer auch nicht hinzunehmen ist"[376]. Auch diese Vorgehensweise beurteilt einen Sachverhalt damit in zweierlei Hinsicht. Insofern bedeutet eine zweite Perspektive keinen Umweg, sondern die einzige Möglichkeit, den zwei vom Gesetzgeber unterschiedlich ausgestalteten Unrechtsmerkmalen Rechtswidrigkeit und Schuld gerecht zu werden. Damit lässt sich feststellen, dass die allgemeinen begrifflichen Überlegungen zur Aufklärung des zutreffenden systematischen Standortes der Unzumutbarkeit keinen positiven Beitrag zu leisten vermögen. Die Feststellung, dass die begriffliche „Analyse" fruchtlos ist, gilt zunächst im besonderen Maße für die Begriffskonkretisierung. Hier sind auf den ersten Blick überhaupt keine Anhaltspunkte für Kriterien erkennbar, anhand derer sich zumutbare von unzumutbaren strafrechtlichen Verhaltensanforderungen unterscheiden ließen.

Im folgenden Abschnitt wird sich jedoch zeigen, dass der Umstand, dass überhaupt Zumutbarkeitsgrenzen zwingend zu beachten sind, zumindest Rahmenvorgaben enthält, die für die Konkretisierung des Begriffs nicht ohne Belang sind.

---

[373] Frister, Die Struktur des „voluntativen Schuldelements", S. 158.

[374] So Achenbach, Historische und dogmatische Grundlagen der strafrechtssystematischen Schuldlehre, S. 123.

[375] Vgl. Lesch, Verbrechensbegriff, S. 272.

[376] Lesch, Verbrechensbegriff, S. 272.

II. Allgemeine Bemerkungen zur rechtlichen Unzumutbarkeit/ Zur Abhängigkeit der Bedeutung des (Un-) Zumutbarkeitsbegriffs von dem einer Rechtsordnung zugrunde liegenden „Menschenbild"

Ausgehend von der Feststellung Welzels „Ein anderes Menschenbild führt zu einem anderen Rechtssystem"[377] soll im folgenden Abschnitt dargelegt werden, dass ein bestimmtes Menschenbild bzw. eine bestimmte „Semantik von Menschenwürde" hinsichtlich der Bestimmung von Zumutbarkeitsgrenzen wichtige Rahmenbedingungen vorgibt. Eingedenk der grundsätzlichen Natur des Themas können die Zusammenhänge nur lückenhaft beschrieben werden. Es soll jedoch zumindest kurz angedeutet werden, dass gerade die Frage, welche Belastung dem Einzelnen von einer Rechtsordnung auferlegt werden kann bzw. darf, wesentlich von dem einer Rechtsordnung zugrunde liegenden Menschenbild abhängt[378].

Fasst man den vorhergehenden Abschnitt zusammen, führt dies zu der Feststellung, dass mittels Zumutbarkeitserwägungen stets geklärt werden soll, inwieweit gegenüber einem Normadressaten Verhaltensanforderungen, gerade im Hinblick auf die hier miteinhergehenden (persönlichen) Belastungen, erhoben werden sollen, bzw. umgekehrt, wenn die Disposition des Einzelnen erst gar nicht zur Kenntnis genommen werden muss, ist jede Forderung zumutbar, ohne das es eines „Korrektivs" bedarf. Nun lässt sich mit guten Gründen behaupten, dass jede Rechtsordnung gewisse Belastungsgrenzen ihrer Angehörigen zu beachten habe. Selbst solche Ordnungen, die gegenüber ihren Adressaten ihre Legitimität allein auf die Durchsetzungsmacht stützen, werden die Befindlichkeit ihrer Angehörigen klugerweise nicht völlig ignorieren. Anderenfalls wird eine Ordnung (wie bereits Hobbes festgestellt hat) ihre Durchsetzungsmacht kaum dauerhaft sichern können, weil nur derjenige von Übelstandsdrohungen beeindruckt werden kann, der genug zu verlieren hat. Diese Art der Reflektion eines Normgebers auf die mit seiner Forderung einhergehenden Konsequenzen beschränkt sich freilich auf krasse Belastungen, und sie erfasst von vorneherein nicht die Fragestellung, inwieweit der Einzelne die Begrenzung seiner Belastung im Sinne eines Anspruchs in begründeter Weise einfordern kann. Diese Fragestellung wird erst eröffnet, wenn man davon ausgeht, dass die (straf-) rechtliche Inanspruchnahme nur unter einer tragfähigen inhaltlichen Begründung erfolgen darf[379]. Soweit sich eine Rechtsordnung zur

[377] Welzel, Naturrecht und materiale Gerechtigkeit, S. 116.

[378] Auf die Abhängigkeit der Lösungen konkreter Rechtsfragen von grundsätzlichen Wertentscheidungen hat insbesondere hingewiesen (siehe hierzu insbesondere: Das unerlaubte Verhalten beim Betrug, S. 1 ff.; Der rechtfertigende Notstand, S. VII f.).

[379] Zusammengefasst: Es ist ein Unterschied, ob man die Grenzen der normativen Inanspruchnahme anhand des Kriteriums der Erhaltung der Durchsetzungsmacht bestimmt oder in Achtung vor Rechtsansprüchen, die man dem einzelnen Normadressaten zuspricht.

Aufgabe macht, jeder Inanspruchnahme zwingend eine solche Begründung beizulegen, basiert dies auf Voraussetzungen, die für die Konkretisierung des Zumutbarkeitsbegriffs von Relevanz sind. Was aber ist überhaupt unter einer inhaltlichen Begründung zu verstehen? Die Vorstellung, einem werde nicht nur Gewalt angetan, ist untrennbar mit dem Gedanken des „persönlichen Vorteils" verbunden[380]. „Selbst wenn es einem Handelnden gelingt, seine Situation auch unabhängig von seiner Persönlichkeit zu beurteilen, müssen die Einsichten, die sich aus einer solchen Distanzierung ergeben, in sein persönliches Bild integriert werden, (...) denn das Leben ist immer das Leben einer einzelnen Person; es kann nicht sub specie aeternitatis geführt werden"[381]. Deswegen kann den jeweiligen Normadressaten nur eine Begründung überzeugen, die in seinem Sinngefüge verankert ist[382]. Nun wird man zweifellos behaupten können, dass in einer Gesellschaft mannigfaltige Vorstellungen existieren. Dieser Umstand führt jedoch nicht dazu, dass zahlreiche Vorstellungen als Ausgangspunkt einer Rechtsordnung in Betracht kommen. So haben Jakobs[383] und Pawlik[384] darauf aufmerksam gemacht, dass die rechtsphilosophische Literatur in ihrer Geschichte letztlich zwei kategorial unterschiedliche Gründe rechtlicher Verbundenheit kennt, nämlich einerseits das Anliegen, lediglich in Sicherheit und Wohlstand zu leben, und anderseits das Anliegen, einer auf ein gemeinsames Ziel ausgerichteten Gemeinschaft anzugehören. Exemplarisch für die erstgenannte Kategorie steht die Hobbes'sche Staatsphilosophie.

---

[380] Mit Blick auf den weiteren Argumentationsgang kann kaum ausreichend hervorgehoben werden, dass der Begriff des „individuellen Vorteils" hier nicht im Sinne eines irgendwie gearteten Individualismus verstanden werden soll. Es soll ausschließlich verdeutlicht werden, dass eine Begründung nur möglich ist, wenn sie auf einer Evidenz basiert, die der Einzelne „als die Seine" zu akzeptieren vermag.

[381] Nagel, Die Grenzen der Objektivität, S. 114, mit Hinweis auf Williams, Kritik des Utilitarismus; vgl. auch Singer, Praktische Ethik, S. 407.

[382] Prinzipiell ausgeschlossen sind solche „Glücksstrategien", die mit jeder Form rechtlicher Ordnung unvereinbar sind. Die Mindestanforderung besteht in der Strukturkompatibilität, d. h., das Recht kann den Liebhabern von Chaos ebenso wenig zu ihrem Glück verhelfen wie den Verehrern des ständigen Augenblicks. Vernachlässigt werden müssen auch solche Glücksvorstellungen, die widersprüchlich bzw. selbstaufhebend sind. Deswegen müssen von vorneherein solche Vorstellungen verworfen werden, die einen Rechtszustand ablehnen, obwohl sie nur unter einem solchen gefasst werden können. Zumindest im Hinblick auf die Wirksamkeit einer Ordnung sind in diesem Zusammenhang etwa die Mehrheitsverhältnisse im Auge zu halten. „Überleben ist eine Selektion erfolgreicher Weltbilder: Nur dasjenige System hat Bestand, das erfolgreich auf die Realität reagiert. Das setzt eine Übereinstimmung mit dieser voraus (...)." (Otto, Grundkurs Strafrecht, AT, § 1, Rn. 62). Die Feststellung, dass (in diesem Zusammenhang) für eine Ordnung nicht alle faktisch vorhandenen „Sinnhorizonte" interessant sind, sondern nur solche, die mit ihr verträglich sind, ist freilich unspektakulär.

[383] Jakobs, Norm, Person, Gesellschaft.

[384] Pawlik, Das unerlaubte Verhalten beim Betrug, S. 5 ff.

Geprägt von Bürger- und Religionskriegen sowie dem Zerfall des teleologischen Weltbildes, betrachtet Hobbes den Menschen bekanntlich als ein vereinzeltes Wesen, das im Wesentlichen um seine Existenzerhaltung und Lustmaximierung bemüht ist. Freiheit bedeutet hier dementsprechend die ungehinderte Durchsetzung vitaler Interessen. Der Naturzustand bietet dem Einzelnen zwar die Möglichkeit, dies im Rahmen seiner Kräfte zu tun. Als Preis dafür muss jedoch stets mit dem Verlust des Innegehabten, einschließlich des Lebens, gerechnet werden. Die im Naturzustand angelegte Freiheit erweist sich daher aufs Ganze gesehen als eine Potenz, bei deren Aktuierung das Selbsterhaltungsinteresse nur unzureichend verfolgt werden kann. Allein diese Überlegung verleitet nach Hobbes die Menschen dazu, sich in eine – freiheitsbeschränkende – Ordnung zu begeben und dort zu verbleiben[385]. Die Feststellung, Hobbes habe den Naturzustand nicht „normativ überwunden, sondern kalkulatorisch suspendiert“[386], bringt die Verhältnisse insoweit auf den Punkt. Denn ein Individuum, das legitimerweise „seine gesamte Umwelt als Ansammlung von (an sich wertlosen) Objekten zu sehen und zu behandeln“[387] pflegt, kommt in seinem Sozialverhalten über ein ausschließlich instrumentales bzw. kalkulatorisches Verhältnis zum anderen nicht hinaus. Dies bedeutet mit anderen Worten nicht weniger, als dass man – bei zutreffender Selbstauslegung – den Wert des jeweils anderen allein über dessen Einfluss auf die eigene Lust- oder Genussbilanz bestimmt. Weil das Verhältnis der Adressaten zueinander letztlich auf Gewalt reduziert ist, kann hier auch die Ordnung nicht außerhalb dieses Schemas operieren[388]; ein Ergebnis, das kaum Zweifel an der mangelnden Kompatibilität der Hobbes'schen Theorie mit dem Menschenbild unserer Verfassung läßt, so wie es das Bundesverfassungsgericht[389] vielfach beschrieben hat.[390].

---

[385]Bildlich gesprochen: Der Hobbes´sche Wolf wird nicht wirklich gezähmt, sondern nur durch Klugheitsappelle domestiziert. Dem Wesen nach bleibt er ein wildes Tier, dessen Häuslichkeit von der Futterlage in Hausnähe abhängt; Terminologie in Anlehnung zu: Sloterdijk, Regeln für den Menschenpark. Deswegen ist eine Gemeinschaft oder Gesellschaft auf Grundlage dieses Freiheitsbegriffes immer – nur – ein Zweckbündnis auf Zeit, das nur genau so lange aufrechterhalten wird, wie es allen Beteiligten lohnend erscheint. Zenker, Der Anarchismus, S. 12, spricht deswegen völlig zu Recht von einer Nähe des Gesellschaftsvertragsmodells – Hobbes'scher Prägung – zum anarchistischen Gedanken.

[386] Pawlik, Das unerlaubte Verhalten beim Betrug, S. 21.

[387] Pawlik, Das unerlaubte Verhalten beim Betrug, S. 20.

[388] So gesehen hätte nach der Feststellung, dass unsere Rechtsordnung nur legitime Forderungen erhebt, dieser Freiheitsbegriff überhaupt nicht mehr erörtert werden müssen.

[389] Zur Illustration einer in dieser Hinsicht im Ergebnis einhelligen Auslegung des Grundgesetzes mögen folgende Ausführungen des Bundesverfassungsgerichtes dienen: „Das Menschenbild des Grundgesetzes ist nicht das eines isolierten souveränen Individuums“ (BVerfGE 4, S. 15). „Das Grundgesetz ist eine wertgebundene Ordnung, die den Schutz von Freiheit und Menschenwürde als obersten Zweck allen Rechts anerkennt; sein Menschenbild ist nicht das des selbstherrlichen Individuums, sondern das der in der Gemeinschaft stehenden und in ihr vielfältig verpflichteten Persönlichkeit.“ (BVerfGE 12, S. 50 f.).

Wenn insoweit die Befriedigung vitaler Bedürfnisse offensichtlich nicht der Sinnhorizont sein kann, an den die herrschende Semantik von Würde unsere Rechtsordnung schließen will, werden zweifellos gewichtige Faktoren (Selbsterhaltung und Lust) zumindest ein Stück weit entmachtet[391]. An ihre Stelle tritt ein Bestreben, das sich durch den Bezug auf den anderen auszeichnet und unter anderem als Verwirklichung der Vernunftnatur beschrieben werden kann. Aber was ist damit gemeint? Ausgehend von dem Modell Hobbes'scher Couleur können die Kosten einer Haltung, die es für zutreffend hält, ein Gegenüber nur wegen dessen Nützlichkeit zu schätzen, dahingehend beschrieben werden, dass legitimerweise eingestanden werden muss, auch selbst nur unter dem Aspekt des Nutzwertes beurteilt zu werden[392]. Dementsprechend besteht umgekehrt der Gewinn einer anderen Haltung darin, berechtigterweise darauf zu hoffen, nicht – nur – nach dem Nutzwert für andere bewertet, sondern als eine Person mit Eigenwert anerkannt zu werden[393]. Die Anerkennung wäre jedoch nur ein subtiler Unterfall des Hobbes'schen Vertragsverhaltens oder völlig sinnlos, wenn sie ausschließlich in Hinblick auf den Wunsch erfolgen würde, die eigene Anerkennung zu sichern. Sie lässt sich als eigene Kategorie nur begreifen, wenn sie nicht mit dem Blick auf die Nützlichkeit des anderen erfolgt. Weil der Weg „versperrt" ist, eine andere Person in irgendeiner Weise zu instrumentalisieren, andererseits ein Verhalten, wie gezeigt, auch für die handelnde Person einen Vorteil bedeuten muss, kann die Verletzung des anderen nur als ein Verfehlen des eigenen Lebensplanes, als eine Verletzung eigener Werte begriffen werden. Eine solche Haltung lässt sich jedoch nur einnehmen, wenn man unterstellt, dass die Individuen nicht vollständig voneinander getrennt sind, sondern an etwas Gemeinsamen partizipieren. Dieses Gemeinsame ist der Grund einer Verbindung von Individuen, die sich nicht als bloßes Zweckbündnis, sondern als Gemeinschaft versteht. Aus der Perspektive eines Individuums, das der Gemeinschaft in dieser Weise Bedeutung für sein Leben zumisst, ist die Beschädigung der Rechte anderer daher nicht nur unklug, etwa weil dadurch die Gefahr steigt, eigene Güter zu verlieren, sondern sie stellt selbst eine unmittelbare Beschä-

---

„Jeder Mensch (muss) als gleichberechtigtes Glied mit Eigenwert anerkannt werden." (BVerfGE 45, S. 228).

390 Zudem kann bereits an dieser Stelle angefügt werden, dass es innerhalb einer Rechtsordnung, die letztlich allein der Sicherung und Maximierung einer Befriedigung bloß individueller Bedürfnisse verpflichtet ist, jenseits der Grenzen der Durchsetzungsmacht keine Grenzen der Zumutbarkeit gibt.

391 Insbesondere die Popularität der Selbsterhaltung wird im Folgenden noch Schwierigkeiten bereiten.

392 Von anderen, letztlich aber auch von sich selbst.

393 Dieser Schluss ist nicht ganz zwingend, denn es bleiben zwei weitere Möglichkeiten, erstens Hass und zweitens völlige Gleichgültigkeit.

digung eigener „Güter“ dar[394]. Insoweit kann der auf sein Glück besonnene Einzelne seinen persönlichen Lebensentwurf nicht ohne Rücksicht auf die Belange des anderen bzw. der Gemeinschaft fassen. Damit steht das strukturell „nur“ individuelle Ziel der Selbsterhaltung nicht mehr alleine da sondern ist an die Verwirklichung eines „Sinns“ gebunden, der ohne den anderen bzw. ohne die Gemeinschaft als nicht realisierbar erscheint. Der Umstand, dass die Individuen ihr „Glück“ darin finden, in einer Gemeinschaft verbunden zu sein, hat für die Definition der (Un-) Zumutbarkeit rechtlicher Anforderungen weitreichende Folgen. Das positive Grundverhältnis zum anderen bedeutet nämlich, dass der Normadressat (auch in einer ihn treffenden Notsituation) den ausschließlichen Blick auf seine persönliche beklagenswerte Situation als verkürzt zurückweisen muss. Daher kann er beispielsweise nur schwerlich solche Pflichten argumentativ zurückweisen, die ein im vorstehenden Sinne gemeinschaftliches Zusammenleben erst ermöglichen. Umgekehrt kann jedoch auch das Befinden des mit Eigenwert ausgestatteten Einzelnen für die Gemeinschaft nicht völlig unmaßgeblich sein, so dass zunächst einmal gesichert ist, dass die Belastungen der Normadressaten durch die Gemeinschaft auf ein notwendiges Maß zu beschränken sind[395].

Die Konsequenzen aus dem skizzierten Gemeinschaftsbezug, die hier freilich nur holzschnittartig dargestellt sind, werden im weiteren Verlauf dieser Arbeit, im Rahmen der Behandlung der Entschuldigungsgründe, aufgegriffen werden. Auch wenn sie dort das Ergebnis wesentlich beeinflussen, muss zunächst einmal festgestellt werden, dass die Rahmenvorgaben, die aus dem Gemeinschaftsbezug resultieren, sich nicht problemlos in solche konkreten strafrechtsdogmatischen Kriterien übersetzen lassen, anhand derer über das „zutreffende Zumutbarkeitsverständnis“ im Rahmen der sogenannten unechten Unterlassungsdelikte entschieden werden könnte. So empfehlen sie weder, auf welcher verbrechenssystematischen Ebene Zumutbarkeitserwägungen anzusiedeln sind, noch benennen sie Anhaltspunkte dafür, dass, wie teilweise vertreten wird, eine bestimmte, verbrechenssystematisch übergreifende Konkretisierung des Unzumutbarkeitsbegriffs zu befürworten ist.

Die diesem Abschnitt zugrunde liegende Ausgangsfrage findet also keine positive Antwort. Die Suche nach einem Prinzip der Unzumutbarkeit, dem zuzutrauen ist, einen der im Rahmen der Zumutbarkeitsdiskussion vorgeschlagenen Entlastungsgründe zu begründen, fällt also negativ aus. Der Nachweis, dass Unzumutbarkeit im Rahmen der unechten Unterlassungsdelikte eine bestimmte Bedeutung zukommt, konnte anhand eines allgemeinen Prinzips der Unzumutbarkeit nicht geführt werden.

---

[394] Wer sich in einer Gesellschaft befindet, kann nicht Mitgesellschafter beeinträchtigen, ohne damit nicht gleichzeitig auch die Gesellschaft und gleichermaßen sich selbst zu schwächen. Ein Gesellschafter, der Gesellschaftsvermögen zerstört, zerstört eigenes Vermögen.

[395] So gesehen ist jede Belastung gewissermaßen eine „ultimo ratio“.

III. (Un-) Zumutbarkeit als „Regulatives Rechtsprinzip“

Eine Sonderstellung im Rahmen der (Un-) Zumutbarkeitsdiskussion nehmen die Autoren ein, die die (Un-) Zumutbarkeit als ein „regulatives Rechtsprinzip“ verstehen. Sie teilen zwar die Einschätzung, dass ein normativ gehaltvolles Prinzip der (Un-) Zumutbarkeit nicht sichtbar ist, möchten den Begriff jedoch als Korrektiv strafbewehrter Pflichten beibehalten. Die Konzeption des „regulativen Prinzip(s) der Pflichtbegrenzung“[396] hat Henkel in der Auseinandersetzung mit der Lehre vom allgemeinen Entschuldigungsgrund der Unzumutbarkeit entwickelt. Für Henkel ist der Unzumutbarkeitsbegriff im weitesten Sinne eine „Generalklausel“[397], welche in zwei voneinander völlig verschiedenen Bedeutungen auftreten könne. Die erste Bedeutung, welche Henkel als „normativ“ charakterisiert, sei die gesetzgeberische Richtlinie[398]. Die Voraussetzung hierfür sei allerdings, dass die Klausel einen Wertmaßstab in sich trage. Dies sei beim Zumutbarkeitsbegriff jedoch gerade nicht der Fall. Henkel schließt sich insofern ausdrücklich der Einschätzung Oetkers[399] an, wonach die „Formel nur tautologische Bedeutung habe und jeder beliebigen inhaltlichen Deutung fähig sei“[400]. Hierin könne allerdings ein „Mangel nur in den Augen derjenigen“ gesehen werden, die in dem Zumutbarkeitsbegriff „ein normatives Prinzip“ suchten und dadurch „von vorneherein seine Leistungskraft und Tragweite“ überschätzten[401]. Entgegen dem normativen Verständnis des Zumutbarkeitsbegriffs, wonach der Begriff als „Entscheidungsobersatz“ einer richterlichen Entscheidung fungiere, sei das regulative Prinzip ohne jeden „Wertgehalt und Wertmaßstab (...) völlig wertfrei“. Das regulative Prinzip könne daher „nicht normgebend und konstitutiv für eine Einzelentscheidung“ sein[402]. Es vermöge die Beurteilung des Einzelfalls auch nicht zu antizipieren, sondern enthalte als rein formales Prinzip nicht mehr als die Anweisung zum Zurückgehen auf eine konkrete Lebenssituation, aus der die Beurteilungsnorm selbst erst entwickelt werden soll[403]. Die Verwendung des Regulativs durch den Richter sei daher nicht Normanwendung, sondern Normschöpfung, und zwar unter Verwendung eines Begriffs, der dem Richter keine Entscheidungsinhalte an die Hand gebe,

[396] Henkel, FS Mezger, S. 282. Dieses Prinzip ist für Henkel insofern „weniger“ als ein übergesetzlicher Entschuldigungsgrund, weil es nur „in Einzelerwägungen hier und dort“ eine Rolle spiele, andererseits jedoch „mehr“, weil es sich über Schuld, Rechtswidrigkeit und Tatbestandsmäßigkeit erstrecke (a. a. O., S. 305).
[397] Siehe Henkel, FS Mezger, S. 302 ff.
[398] Henkel, FS Mezger, S. 303.
[399] Siehe Oetker, FS Frank I, S. 388, der meint: „Maßgebend ist doch nur, was das Recht ‚zumutet‘, und darüber dieses Wort eben gar nichts.“
[400] Henkel, FS Mezger, S. 304.
[401] Henkel, FS Mezger, S. 304.
[402] Henkel, FS Mezger, S. 303.
[403] Henkel, FS Mezger, S. 303.

sondern ihn lediglich anweise, die Grenzen zweifelhafter Pflichtenbereiche selbstständig zu bestimmen (zu regulieren)[404]. Henkel führt insgesamt vier Situationen an, in denen es berechtigterweise zur Anwendung des regulativen Prinzips kommen kann:

1. Wenn der Gesetzgeber auf eigene Normgebung verzichtet und den Richter zur konkreten Normgebung anweist.
2. Wenn der Richter ohne gesetzliche Anweisung von dem „Regulativ" Gebrauch macht, weil der gesetzliche Begriff im Einzelfall keine eindeutige Grenzziehung erlaubt.
3. Wenn es einer Grenzkorrektur bedarf.
4. Wenn außerhalb des Bereichs positiv rechtlicher Normen Grenzziehungen notwendig werden, „die nur durch Normentwicklung aus den Besonderheiten des einzelnen Falles zu gewinnen sind"[405].

Die Entscheidung über die Bedeutung der Unzumutbarkeit vollzieht sich für Henkel „nicht in einem diskursiven und abstrahierten Denkprozess, sondern in einem (...) intuitiven Urteil, das ganz auf der unmittelbaren Anschauung der gesamten Merkmalsfülle des Lebenssachverhaltes beruht"[406]. Dieses Verfahren bietet freilich die Möglichkeit, den Zumutbarkeitsbegriff in einer nahezu beliebigen Weise zu interpretieren. Henkel erkennt durchaus die damit verbundenen Gefahren[407]. Gleichwohl will er den Begriff im Hinblick auf seinen Nutzen im Dienste einer „individualisieren Gerechtigkeit"[408] nicht aufgeben[409]. Zwar mahnt er an, für den Bereich des Strafrechts eine Zumutbarkeitsdogmatik zu entwickeln, die jedenfalls einen gewissen Verwendungsrahmen vorgibt[410]. Indes

[404] Henkel, FS Mezger, S. 303.
[405] Henkel, FS Mezger, S. 303 f.
[406] Henkel, FS Mezger, S. 303.
[407] Henkel, Recht und Individualität, S. 18, beschreibt die Gefahren selbst wie folgt: „Wenn man die Betrachtung aller Einzelfälle im unendlichen Streben nach Differenzierung des faktischen Ungleichen bis zur Ermittlung und Berücksichtigung des Einzigartigen vorantreiben wollte, so bedeutet dies letztlich, dass jede Regelbildung zerstört oder unmöglich gemacht würde."
[408] Henkel, FS Mezger, S. 309.
[409] Henkel kommt insoweit zu dem Schluss, dass „bei der richterlichen Urteilsbildung anhand von Generalklauseln" stets die „Individualität des Falles das maßgebliche letzte Wort sprechen" müsse (Henkel, Recht und Individualität, S. 46).
[410] So meint Henkel, FS Mezger, S. 308: „In der Klärung dieser Fragen, die die Verwendung der Zumutbarkeitsformel aufwirft, liegt die künftige Aufgabe. Die Wissenschaft wird ihr durch weiteres Eindringen in die spezifischen Methodenprobleme der konkretisierenden Normgewinnung, die Rechtsprechung durch allmähliche Herausbildung von Richtlinien für die Anwendung des Zumutbarkeitsbegriffs zu dienen haben."

scheint Henkel an die Durchführbarkeit eines solchen Vorhabens nicht recht zu glauben, weil sich der an sich inhaltsleere Zumutbarkeitsbegriff gemäß seinem Verständnis „jeder abstrakt-rechtssätzlichen Ordnung entzieht“[411]. Zudem gewinnt man den Eindruck, dass Henkel die Bestimmung eines Zumutbarkeitsmaßstabes auch nicht wirklich herbeiwünscht, weil er die damit einhergehende Einschränkung der Verwendbarkeit des Zumutbarkeitsbegriffs fürchtet[412]. Henkel scheint deswegen vielmehr der „Lösung“ zuzuneigen, die Konkretisierung des Zumutbarkeitsbegriff trotz des damit verbundenen Risikos allein in die Verantwortung der Gerichte zu legen. „Das Wagnis einer gewissen Unsicherheit, (...) die in dem Zumutbarkeitsprinzip zweifellos enthalten“ sei, müsse, so Henkel, akzeptiert werden, „um den Anforderungen einer individualisierenden Gerechtigkeit zu genügen“[413]. Man kann daher durchaus formulieren, dass bei Henkel die „Individualisierungsfunktion der regulativen Prinzipien gegenüber einer möglichen ‚Dogmatisierung‘ die Oberhand behält“[414].

Der Konzeption vom regulativen Rechtsprinzip ist eine zum Teil recht massive Kritik entgegengestellt worden[415]. Die mit der Inhaltsleere einhergehende nahezu unbeschränkte Verwendbarkeit des Zumutbarkeitsbegriffs widerspreche dem im Strafrecht in besonderer Weise zu achtenden Ideal der Gesetzesbindung[416]. Die Verwendung des inhaltsleeren Zumutbarkeitsbegriffs verstoße mithin „gegen das Gebot der Rechtsstaatlichkeit“[417]. Frellesen wirft Henkel zudem vor, „einem naturalistischen Fehlschluss“ unterlegen zu sein[418]. Aus „der konkreten Lebenserscheinung als einem komplexen Tatsachenzusammenhang“ könne „die auf diesen empirischen Lebenssachverhalt anzuwendende Bewertungsnorm (Beurteilungsmaßstab) nicht gewonnen werden“[419]. Der Streit um das regulative Rechtsprinzip trägt also durchaus grundsätzliche

---

[411] Henkel, FS Mezger, S. 309.
[412] Vgl. Frellesen, Die Zumutbarkeit der Hilfeleistung, S. 72.
[413] Henkel, FS Mezger, S. 309.
[414] Frellesen, Die Zumutbarkeit der Hilfeleistung, S. 72.
[415] Siehe hierzu: Frellesen, Die Zumutbarkeit der Hilfeleistung, S. 89 ff.; Achenbach, Jura 1997, S. 635. Folgende Autoren teilen dagegen dieses Zumutbarkeitsverständnis: S/S/Lenckner, vor §§ 13 ff., Rn. 116; vgl. auch Bringewat, Grundbegriffe des Strafrechts, Rn. 588; Roxin, FS Henkel, S. 173; Achenbach, JR 1975, S. 492; Ulsenheimer, GA 1972, S. 25; Dallinger, JR 1968, S. 6; Frey, Die Zumutbarkeit, S. 98. Zum Teil wird nochmals ausdrücklich darauf hingewiesen, wobei zum Teil betont wird, dass das regulative Rechtsprinzip der Unzumutbarkeit nur ein vergleichsweise beschränktes Anwendungsspektrum besitze. So z. B. S/S/Lenckner, vor §§ 13 ff.,
[416] Achenbach, Jura 1997, S. 635; Frellesen, Die Zumutbarkeit der Hilfeleistung, S. 89.
[417] Frellesen, Die Zumutbarkeit der Hilfeleistung, S. 89. Für Achenbach, Jura 1997, S. 635, bedeutet Henkels Ansicht gar „in der Sache die reinste Kadi-Justiz, ein Judizieren nach Gutdünken, nach ungefilterten und womöglich ganz unreflektierten Vorfestlegungen“.
[418] Frellesen, Die Zumutbarkeit der Hilfeleistung, S. 76 f.
[419] Frellesen, Die Zumutbarkeit der Hilfeleistung, S. 77.

Züge. Bevor jedoch solch komplexe Fragen wie die nach dem Verhältnis von Dogmatik und richterlichem Ermessen oder nach der Bedeutung der Bindung des Richters an das Gesetz erörtert werden, ist zunächst zu klären, inwiefern sie Henkels spezifischen Ansatz überhaupt berühren. Gemäß Henkels Verständnis ist der Zumutbarkeitsbegriff in seiner regulativen Bedeutung gerade kein Entscheidungsobersatz, dessen normativer Gehalt durch Auslegung ermittelt werden müsste oder könnte. Vielmehr soll der „völlig wertfrei(e)“[420] Begriff nur eine „Anweisung“ geben, aus der konkreten Lebenssituation eine Norm selbstständig zu bestimmen. Henkels Zumutbarkeitsbegriff, der kein „normatives Prinzip“[421] darstellen soll, ist insofern nicht mehr als ein Anlass bzw. eine Aufforderung an den Richter, normschöpfend tätig zu werden. Man muss der Kritik an Henkel zugeben, dass der Begriff „normschöpfend“ im Hinblick auf die Bindung des Richters an das Gesetz in der Tat irritiert. Allerdings hat bereits Kelsen zu Recht darauf aufmerksam gemacht, dass mangels einer objektiven Auslegung des Gesetzes jeder richterlichen Entscheidung ein konstitutiver Charakter zukommt[422]. Nach hiesiger Ansicht ist im Ergebnis insofern nicht der

---

[420] Henkel, FS Mezger, S. 303.

[421] Henkel, FS Mezger, S. 304.

[422] Siehe Kelsen, Reine Rechtslehre, S. 242 ff. Die Dogmatik muss nach hiesiger Ansicht wohl zugeben, dass die Suche nach der Bedeutung von Begriffen immer mit einer nicht zu tilgenden (Rest-)Unsicherheit verbunden ist, denn die Definition eines Begriffs erfolgt wiederum durch Begriffe, die ihrerseits definiert werden müssen, usw. Damit ist wiederum die Gefahr des infiniten Regresses unvermeidlich. Will man die Bedeutung eines Begriffs exakt bestimmen, d. h. deduktiv ableiten, so benötigt man jedoch einen abschließenden Obersatz, metaphorisch ausgedrückt, eine Art sprachliche Grundnorm. Damit ist der Nachweis, dass die abschließende Erkenntnis eines Rechtssatzes nicht möglich ist, bereits erbracht. Die Argumentation erscheint aufbereitet denkbar einfach: (P1) Ohne intuitive Übereinstimmung ist keinerlei Begriffsbedeutung definierbar. (P2) Zur intuitiven Übereinstimmung kann keiner gezwungen werden. (K) Begriffe lassen sich nicht mit einer eindeutigen Bedeutung belegen. Die Feststellung, dass es nicht die eine zutreffende Interpretation gibt, führt zwar dazu, dass dem Richter unter Wahrheitsgesichtspunkten keine Auslegung „vorgeschrieben“, ein einzelnes Urteil nur schwer als Unrecht bezeichnet werden kann. Dies ist nur möglich, wenn das Urteil Widersprüche aufweist. Dies entspricht auch unserer Rechtsordnung. Soweit ein Urteil durch seine Widersprüchlichkeit unverständlich wird, kann dies nach der Rechtsprechung seine Nichtigkeit bedeuten (vgl. BGHZ 5, S. 245). Ansonsten sind Widersprüche zumindest ein Revisionsgrund. Dass keine Interpretationsmethode auszuschließen ist, lässt sich auch an der Rechtsprechung des Bundesverfassungsgerichts zeigen. Diese hat beispielsweise im bekannten „Brokdorf-Beschluss“ gegen den gemeinhin als Grenze jeder Interpretation geltenden Wortlaut, zur Vereinbarkeit der sogenannten Spontanversammlungen mit den §§ 14,15 VersG, in verfassungskonformer Auslegung, sinngemäß ausgeführt: Vierundzwanzig Stunden können unter bestimmten Umständen weniger sein (vgl. BVerfGE 69, S. 315). Lässt sich der einzelne Wissenschaftler wenigstens noch auf Systembildung verpflichten, kann selbst dieser Anspruch gegenüber einer Rechtsprechung, in der jeweils unabhängige Richter entscheiden, kaum aufrechterhalten werden. Selbst der Vorwurf, derselbe Richter habe bei zweien seiner Urteile, die auf einem identischen

Umstand beanstandenswert, dass für Henkel der Richter normschöpfend tätig werden soll, sondern vielmehr bedenklich, wie diese Normschöpfung erfolgen soll. Sie weicht nämlich von der Normschöpfung anhand normativer Sätze in einem wesentlichen Punkt ab. Während der konstitutive richterliche Entscheidungsakt im Sinne Kelsens grundsätzlich auf einer bestimmten Interpretation eines normativen Satzes basiert, soll das regulative Prinzip zu einer (gerechten) Entscheidung anhand der „unmittelbaren Anschauung (...) des Lebenssachverhaltes"[423] führen. Diese Formulierung lässt Frellesens Kritik, Henkels Argumentation basiere auf einem naturalistischen Fehlschluss, als berechtigt erscheinen. Möglicherweise lässt sich Henkels Formulierung jedoch auch anderes interpretieren. Danach verfolgt Henkel nicht das Ansinnen, von einer Tatsache auf eine Norm zu schließen, sondern nimmt die konkrete Tatsituation nur zum Anlass, eine konkrete Norm im Hinblick auf eine höherrangige Norm zu konkretisieren.

Diese höherrangige Norm kann freilich nicht in dem regulativen Zumutbarkeitsprinzip bestehen. Aus diesem Henkel zufolge „nicht normativen Prinzip" sind aufgrund seiner Wertfreiheit nämlich keine Zumutbarkeitsgrenzen ableitbar. Nach dem regulativen Zumutbarkeitsverständnis kann der Begriff vielmehr nicht mehr leisten als den Richter zu mahnen, die Grenzen der normativen Inanspruchnahme im Hinblick auf die den Adressaten treffenden Belastungen zu überprüfen[424]. Weil nach hiesiger Einschätzung aus den genannten Gründen jede normative Anforderung im Hinblick auf die mit ihr einhergehende Belastung des

---

Tatbestand basieren, jeweils verschiedene Auslegungsmethoden bzw. Begriffsauffassungen zugrunde gelegt, geht praktisch ins Leere, denn es kann nicht einmal benannt werden, welches der beiden Urteile nun falsch ist. Zur Einheitlichkeit, d. h. Wahrung eines gewissen systematischen Mindestniveaus bleibt also nur der Instanzenweg. Die Dogmatik ist zudem von elementarer Bedeutung, weil die Rechtsprechung wegen des auf ihr lastenden Entscheidungsdrucks zeitlich kaum in der Lage ist, bestimmte Ansätze methodisch, d. h. systematisch zu durchdenken und begrifflich aufzubereiten. Diese, nur von der Rechtslehre zu leistende Denkarbeit gering zu schätzen, heißt, der Rechtsprechung zu unterstellen, sie sei, aufgrund der ihr eingeräumten Entscheidungsfreiheit an einer systematisch fundierten Auslegung des Gesetzes gar nicht interessiert, sondern beschränke sich auf eine Urteilsfindung nach Gefühl oder Gutdünken; eine Behauptung, die von dieser zu Recht energisch zurückgewiesen werden würde.
Es muss freilich darauf hingewiesen werden, dass die vorstehenden Ausführungen nicht unumstritten sind. Eine Darstellung des Streitstandes muss hier unterbleiben, weil sie allein in ihrem Umfang eine eigenständige Arbeit rechtfertigen würde

[423] Henkel, FS Mezger, S. 303.

[424] Wie die Ausführungen zur umgangssprachlichen Bedeutung des Begriffs gezeigt haben, bezieht sich die Inhaltsleere jedoch nur auf das Entscheidungsverfahren. So ist zwar unentscheidbar, wann ein Verhalten unzumutbar oder ungerecht ist, bekannt ist jedoch, dass über die zulässige Grenzbelastung des Normadressaten entschieden wird. In diesem Sinne wird zwar darüber gestritten, was zumutbar oder gerecht ist, jedoch von niemandem behauptet, das Recht solle auch unzumutbare oder ungerechte Forderungen einfordern.

Adressaten zu prüfen ist, ist das regulative Rechtsprinzip im Sinne dieser Interpretation freilich ohne eigenständige Bedeutung.

Henkel hat indes erkannt, dass der Zumutbarkeitsbegriff trotz der Inhaltsleere ebenso wie der Gerechtigkeitsbegriff ein Ideal verkörpert. Man fühlt sich allein der Terminologie wegen an Kants regulative Ideen erinnert. Den regulativen Ideen darf nach Kant bekanntlich keine erkenntnisgebende Funktion beigemessen werden. Dennoch sollen sie erkenntnisleitend wirken können. In einem ähnlichen Verständnis, d. h. in einem solchen, das dem Zumutbarkeitsbegriffe jede normative Kraft entzieht, darf innerhalb unserer Rechtsordnung möglicherweise von einem regulativen Prinzip der „Zumutbarkeit" gesprochen werden. Aber die damit einhergehende Gefahr von Missverständnissen ist wahrscheinlich größer als der denkbare Nutzen.

IV. Zusammenfassung und Ausblick auf den weiteren Untersuchungsgang

Als Ergebnis des vorstehenden Abschnitts lässt sich festhalten, dass kein allgemeines Prinzip der Unzumutbarkeit erkennbar ist, welches eine bestimmte verbrechenssystematische Einordnung der Unzumutbarkeit empfiehlt oder ein bestimmtes Begriffsverständnis nahe legt. Dies zwingt dazu, die Berechtigung der in Kap. B dargestellten, unter Bezugnahme auf den (Un-) Zumutbarkeitsbegriff vertretenen Entlastungsgründe ohne Bezugnahme auf ein gehaltvolles „Rechtsprinzip" zu überprüfen. Vor der Beschäftigung mit den einzelnen Ansichten soll jedoch geklärt werden, ob die von der herrschenden Meinung gemeinsam unterstellte Grundannahme tragfähig ist. Diese Grundannahme besteht bekanntlich in der Aussage, dass der Unzumutbarkeit bei den unechten Unterlassungsdelikten im Vergleich zu den positiven Begehungsdelikten eine größere Bedeutung zugemessen werden soll. Entsprechend ist der herrschenden Meinung die Frage zu stellen: Warum ist „dasselbe Zumutbarkeitskriterium für einen allgemeinen Teil der allgemeinen Deliktstypen (...) richtig, für einen anderen (...) aber falsch[425]? Nun wird von den mehreren Vertretern der herrschenden Meinung durchaus eine entsprechende Antwort angeboten. Dass die unechten Unterlassungsdelikte, wie behauptet, jedoch tatsächlich einen geringeren Unrechtsgehalt aufweisen als die vorsätzlichen Begehungsdelikte[426], ist durch die kurz gehaltenen Hinweise auf die erhöhte Schwierigkeit positiven Tuns oder den altruistischen Charakter der Handlungspflicht ebenso wenig nachgewiesen wie die Aussage, dass ein geringerer Unrechtsgehalt großzügigere Unzumutbarkeitsvoraussetzungen bedingt[427].

---

[425] Achenbach, Jura 1997, S. 634.

[426] Vgl. Stree, FS Lenckner, S. 399.

[427] Vielmehr lässt der Blick auf die im Rahmen des entschuldigenden Notstands (§ 35 StGB) zur Gefahrtragungspflicht vertretenden Ansichten sogar Gegenteiliges vermuten. So wird nämlich von der herrschenden Ansicht vertreten, dass die besonderen Gefahrtragungspflichten (§ 35 Abs. 1 S. 2 StGB) in enger Verwandtschaft zu den Garantenpflichten stehen. So nimmt etwa Roxin, AT/1, § 22, Rn. 52 (ders., JA 1990, S. 140 f.; vgl. auch Bernsmann, Entschuldigung durch Notstand, S. 135 f.) im Rahmen des § 35 StGB stets eine Sondergefahrtragungspflicht an, wenn den Täter nach den zur Unterlassungsstrafbarkeit entwickelten Grundsätzen eine Erfolgsabwendungspflicht trifft. Wenn diese Ansicht zutreffend ist, spricht einiges dafür, zumindest auf der Schuldebene die Zumutbarkeitsgrenzen im Rahmen der sogenannten unechten Unterlassungsdelikte stets gegenüber denen der vorsätzlichen Begehungsdelikte zu verschärfen.

D. Unterlassungsspezifische Unzumutbarkeit?

Die Leitfrage des nächsten Abschnitts lautet: Sind Kriterien auffindbar, welche die Begehungsformen Tun und Unterlassen in der Weise unterscheiden, dass eine Privilegierung der Begehungsform „Unterlassen" gerechtfertigt erscheint? Es soll dagegen nicht geklärt werden, ob eine Unterscheidung der Begehungsformen anhand bestimmter Abgrenzungskriterien unter einer anderen Fragestellung, etwa der des Versuchsbeginns, sinnvoll oder notwendig ist. Diese im Hinblick auf das hiesige Untersuchungsziel zweckmäßige Eingrenzung erspart es, die Diskussion um die „Natur" der Unterlassung in ihrer gesamten Breite führen zu müssen[428].

I. Die gesetzliche Ausgangslage des § 13 StGB

Dass zwischen „Tun" und „Unterlassen" überhaupt eine strafrechtlich relevante Differenz besteht, folgt scheinbar unmittelbar aus dem Gesetzestext selbst[429]. Dieser ordnet in § 13 StGB bekanntlich an, dass ein Unterlassungstäter „nur" zu bestrafen ist, wenn ihm eine rechtliche Einstandspflicht die Verhinderung des Erfolgs gebietet (sog. Garantenpflicht). Aus dieser Formulierung des Gesetzes folgert die herrschende Auffassung, dass mit der rechtlichen Einstands- bzw. Garantenpflicht bei den unechten Unterlassungsdelikten eine im Vergleich zu den vorsätzlichen Begehungsdelikten zusätzliche Strafbarkeits-Voraussetzung hinzutritt[430]. Mit dieser Ansicht, wonach der Begehungstäter stets und der Unter-

---

[428] Diese Entlastung darf gerade im Rahmen der Unterscheidung von Tun und Unterlassen nicht unterschätzt werden. Es sind nämlich in der strafrechtlichen Diskussion wahrscheinlich wenige Themen Gegenstand so vieler Untersuchungen geworden wie die Abgrenzung zwischen Tun und Unterlassen. Das Projekt, eine weitere Chronologie dieser „ungewöhnlichen Fleißarbeit der Strafrechtswissenschaft" abzufassen, ist insofern ebenso überflüssig, wie einzuräumen ist, dass die Darstellung und Entscheidung der Gesamtdiskussion die vorliegende Arbeit überfordern würde. Vgl. hierzu die Ausführungen von Gimbernat Ordeig, ZStW 111, S. 307.

[429] Vgl. Sieber, JZ 1983, S. 434; Kargl, GA 1999, S. 459 f.; Haas, Kausalität und Rechtsverletzung,
S. 111.

[430] Für alle: LPK/Kindhäuser, § 13, Rn. 67; Kargl, GA 1999, S. 461; Sieber, JZ 1983, S. 434; vgl. Dietlinde Albrecht, Begründung von Garantenstellungen in familiären und familienähnlichen Beziehungen,
S. 152 ff.; vgl. Roxin, AT/2, § 32, Rn. 1; in BT-Drucks. IV/650, 124 zu E 1962 heißt es: „In der Garantenstellung liegt ein besonderes Pflichtverhältnis begründet, das den Garanten aus der Masse der übrigen Rechtsgenossen heraushebt und gerade ihm den Schutz des betreffenden Rechtsguts vor dem drohenden tatbestandlichen Erfolg auferlegt."

lassende nur unter Hinzuziehung von Sonderpflichten belangt wird, verbindet sich die Einschätzung, dass an die Strafbarkeit der Unterlassung „höhere Anforderungen" zu stellen seien als an „die Strafbarkeit der Begehung"[431]. Diese Privilegierung muss freilich durch ein Unterscheidungskriterium plausibel gemacht werden[432]. Im Hinblick auf dieses Ziel sind die nachfolgend diskutierten Abgrenzungslehren einzuordnen. Sie müssen als Versuch aufgefasst werden, „zwei unterschiedlich schwere Unrechtsformen (nicht nur zwei irgendwie unterscheidbare Verhaltensformen) voneinander zu separieren"[433]. Indes sind die Abgrenzungsversuche zunächst einmal darauf beschränkt, die „kompensationstechnische Unentbehrlichkeit einer Garantenstellung im Zusammenhang mit der leichteren Verhaltensform"[434] plausibel zu machen. Hinsichtlich der Frage, ob sie auch geringere Zumutbarkeitsanforderungen legitimieren können, muss man differenzieren. Findet sich ein Kriterium, welches die Unterlassung als grundsätzlich „leichtere Verhaltensform"[435] auszuweisen vermag, folgt daraus nicht zwangsläufig die Ausweitung der Unzumutbarkeit. Es bleibt vielmehr die Möglichkeit, dass das geringere Unrecht der Begehungsform „Unterlassung" durch die Garantenstellung vollständig kompensiert wird[436]. Anders kann, wenn zwischen den Verhaltensformen keine Unrechtsdifferenz sichtbar gemacht werden kann, auch hinsichtlich der Zumutbarkeit nur von einer Gleichbehandlung zwischen den Verhaltensformen ausgegangen werden. Diese Möglichkeit erscheint allerdings auf den ersten Blick wenig realistisch. So ist einmal kaum bestreitbar, dass die Gesetzesformulierung es nahe legt, den Umfang der rechtlichen Einstandspflicht auch von einer vorrechtlichen Differenz zwischen „Tun" und „Unterlassen" abhängig zu machen. Schwerer aber noch wiegt wohl die Sorge, dass mit der Gleichstellung der Verhaltensweisen das Erfordernis der Garantenpflicht aufgegeben werden müsste. Diese scheinbar logische Konsequenz wäre in der Tat nur schwer vermittelbar. Sie ist jedoch nicht zwangsläufig mit der Gleichstellung der Verhaltensformen verbunden. Es verbleibt vielmehr die Alternative, die Garantenpflichten zu generalisieren, d. h.,

[431] Kargl, GA 1999, S. 461. Dass die Unterlassungsstrafbarkeit in diesem Sinne an „höhere Anforderungen" geknüpft sein soll als die Strafbarkeit der Begehungsdelikte, bietet zumindest den Anlass, auch zu der Einschätzung zu gelangen, dass den unechten Unterlassungsdelikten allgemein ein geringerer Unrechtsgehalt beiwohnt, was wiederum eine großzügigere Unzumutbarkeitsregelung legitimieren soll.
[432] Hoyer, Strafrechtsdogmatik nach Armin Kaufmann, S. 350; Kargl, GA 1999, S. 462.
[433] Vgl. Hoyer, Strafrechtsdogmatik nach Armin Kaufmann, S. 350; Kargl, GA 1999, S. 463; Samson, FS Welzel, S. 593.
[434] Vgl. Hoyer, Strafrechtsdogmatik nach Armin Kaufmann, S. 350.
[435] Hoyer, Strafrechtsdogmatik nach Armin Kaufmann, S. 350.
[436] Eine solche vollständige Kompensation nehmen etwa Jescheck/Weigend, AT, § 59, VIII, 3, an.

sie unabhängig von der Verhaltensform zu definieren[437]. Dies widerspricht freilich der herrschenden Auffassung, die das Erfordernis einer Garantenpflicht als eine unterlassungsspezifische Sonderpflicht begreift[438]. Diese Haltung ist folgerichtig, soweit man glaubt, zwischen den Begehungsformen eine Unrechtsdifferenz feststellen zu können. In diesem Fall würde die besondere Verantwortlichkeit den mit der Unterlassungsmodalität einhergehenden niedrigeren Unrechtsgehalt quasi kompensieren.

Lässt sich eine solche Unrechtsdifferenz dagegen nicht an die Unterscheidung der Begehungsformen knüpfen, ist nach hiesiger Ansicht keine Begründung dafür ersichtlich, welche die Privilegierung der Verhaltensform „Unterlassung“ zu rechtfertigen vermag.

II. „Tun“ und „Unterlassen“ als unselbstständige Teile des Verhaltens

„Atmen heißt urteilen.“[439]

„Die Unterlassung ist nicht von dieser Welt.“[440]

Jedem Menschen steht in jeder Situation seines Lebens eine Anzahl von Verhaltensoptionen offen, die in ihrer Gesamtheit die Menge bzw. den Verhaltensraum[441] (VR) bilden sollen. Was sich außerhalb von (VR) befindet, ist also per Definition unverfügbar und kann damit auch nicht zum Gegenstand einer sinnvollen[442] normativen Verpflichtung gemacht werden. Dies besagt, wie bereits erwähnt, der allgemeine Rechtsgrundsatz „impossibilium nulla est obligatio“. Da (VR) definitionsgemäß die Gesamtheit aller möglichen Varianten zum Zeitpunkt (p) enthält und die Zeit ohne Pause dahinschreitet, muss stets eine Verhaltensalternative aus (VR) vollzogen werden. Ob diese Variante als eine Aktivität gewertet wird, ist in diesem Zusammenhang nicht relevant. Auch derjenige, der reglos dasitzt, vollzieht eine Variante, nämlich die des bloßen Dasitzens. Und wenn in (VR) die Variante „zur Salzsäule erstarren“ enthalten ist, vollzieht sie auch derjenige, der zur Salzsäule erstarrt. Genauso wenig wie das Auslassen

---

[437] So Jakobs, AT, 7/58: „Im Ergebnis muss also nicht nur der Unterlassungstäter, sondern auch der Begehungstäter ein Garant sein, wenn er aus einem Begehungsdelikt haften soll.“ Vgl. Pawlik, Der rechtfertigende Notstand, S. 12; Freund, Erfolgsdelikt und Unterlassen, S. 124; ders., AT, 6/14, 22 und 49-56; ders. in MüKo, § 13, Rn. 71; siehe Sangenstedt, Garantenstellung und Garantenpflicht von Amtsträgern, S. 296.

[438] Siehe hierzu Güntge, Begehen durch Unterlassen, S. 40 f.

[439] Camus, Der Mensch in der Revolte, S. 11.

[440] Röhl, JA 1999, S. 603, 898.

[441] Rödig, Die Denkform der Alternative in der Jurisprudenz, S. 77 ff.

[442] Damit soll nicht bestritten werden, dass Staaten, die es gerade auf einen Normbruch anlegen, etwa um einen Vorwand für Repressalien zu schaffen, mit unerreichbaren Forderungen durchaus Erfolge erzielen können.

aller Varianten besteht die Möglichkeit, mehr als eine Variante gleichzeitig, d. h. zum Zeitpunkt (p) zu vollziehen[443]. Deswegen werden, sofern (VR) mehr als eine Variante[444] enthält, durch den Vollzug einer einzigen die anderen Varianten zwangsläufig nicht verwirklicht. Wer spazieren geht, kann nicht gleichzeitig Fußball spielen, wer im Büro arbeitet, kann nicht gleichzeitig für seine Familie einkaufen etc. Der Gegensatz von Vollziehen und Nicht-Vollziehen gegebener Varianten entspricht nach der hiesigen Ansicht der formalen Begriffsbedeutung der Verben „tun" und „unterlassen"[445]. Deswegen lässt sich sagen: Indem eine Variante aus der Menge (VR) vollzogen, mithin etwas „getan" wird, werden alle anderen Varianten des Verhaltensraums nicht vollzogen, mithin etwas „unterlassen"[446]. Eine Unterlassung besteht in diesem Sinne daher nicht in „bloßem Nichtstun", sondern stets in der Vornahme eines alternativen Tuns, sowie umgekehrt jedes Tun eine Unterlassung, nämlich die Nichtverwirklichung anderer Varianten aus der Menge (VR) darstellt[447]. Beide Begriffe beschreiben in diesem formalen Sinne also denselben Sachverhalt[448], nämlich einen fortlaufenden „Differenzierungsprozess", der in der Verwirklichung und Verwerfung von jeweils gegebenen Verhaltensvarianten besteht und dessen „Output" stets die Verwirklichung genau einer Möglichkeit bzw. Variante aus (VR) darstellt[449]. In Bezug auf diesen Vorgang, der hier als Verhalten[450]

---

443 Denn eine Variante in dem hier verstandenen Sinne ist eine mögliche Verhaltensweise zum Zeitpunkt (p). Das bedeutet, man kann zwar durchaus Verschiedenes parallel erledigen, etwa bügeln und telefonieren, aber man kann nur entweder bügeln oder bügeln und telefonieren.

444 Nur in diesem Fall kann eine Norm überhaupt relevant werden, denn was zwangsläufig sowieso passiert, bedarf keiner weiteren Regelung. Dies hat Roellecke, Vom Sein zum Sollen und zurück, Rechtstheorie 1996, S. 2, treffend mit folgender Passage aus Saint-Exuperys „Der Kleine Prinz" (dt. Übersetzung 1952, S. 32) illustriert: „Der Kleine Prinz besucht einen Planeten, auf dem der König und sonst niemand wohnt. Der König herrscht absolut über alles, einschließlich der Sterne. Aber er gibt nur vernünftige Befehle und fordert nicht, was nicht geleistet werden kann. Auf Wunsch des Kleinen Prinzen, der gern Sonnenuntergänge sieht, erklärt er sich sofort bereit, der Sonne zu befehlen, unterzugehen, aber – nach einem kurzem Blick in den Kalender und auf die Uhr – erst am Abend gegen neunzehn Uhr vierzig. Früher ist nicht machbar. Der Kleine Prinz gähnt und reist wieder ab."; vgl. auch Röhl, JA 1999, S. 603.

445 Vgl. Röhl, JA 1999, S. 603.

446 Röhl, JA 1999, S. 603.

447 Röhl, JA 1999, S. 603.

448 Vgl. NK/Puppe, vor § 13, Rn. 63.

449 Im Rahmen der Fahrlässigkeitsdelikte wird dieser Gedanke partiell verfolgt. Jede fahrlässige Handlung soll hier mit einer Unterlassungskomponente (Unterlassung der gebotenen Sorgfalt) einhergehen. Vgl. dazu: AK/Seelmann, § 13, Rn. 27.

450 Dies gilt mit den allgemein anerkannten Einschränkungen. Entscheidend ist, dass in dem „jeweils in Frage kommenden Moment das Ich sich in bewusstem Zustand befindet." „Darum liegt kein Verhalten vor, wenn das Ich ausgeschaltet ist (z. B. während des Schlafes), oder

bezeichnet werden soll, stellen Tun und Unterlassen zwei für sich genommen unselbstständige Seiten dar[451]. Als jeweils unselbstständige Seiten eines dritten Ganzen können Unterlassen und Tun jedoch nicht Anknüpfungspunkt unterschiedlicher strafrechtlicher Deutungen sein. An dieser Stelle muss um der Vermeidung von Missverständnissen willen eingeräumt werden, dass dieses Ergebnis noch keine strafrechtliche Relevanz beanspruchen kann, sondern nur analytisch aus einem Verhaltensbegriff folgt, der in dieser Form zuvor eigens eingeführt worden ist. Die entscheidende Frage, ob ein Verhaltensbegriff in der Bedeutung eines Auswahlgeschehens für das Strafrecht anschlussfähig ist, muss noch beantwortet werden. Das Charakteristikum des hiesigen Verhaltensbegriffs ist seine Vollständigkeit. Er nimmt zunächst den gesamten Möglichkeitsraum in den Blick, beschreibt eine Differenz, nämlich den Selbstbestimmungsakt des Täters, und weist dann die Teile im Hinblick auf das Ganze als unvollständig aus. Damit unterscheidet er sich von einer Perspektive, die den Möglichkeitsraum samt des Entscheidungsverfahrens für nicht maßgeblich hält, sich ausschließlich für das Ergebnis, das heißt den Vollzug selbst interessiert. Aus dieser Perspektive, die den zeitlich vorgelagerten Entscheidungsprozess als unmaßgeblich erachtet, ist nur bedeutsam, was der Täter getan hat, bzw. welche Variante vollzogen wurde. Wenn man den Möglichkeitsraum samt Differenzierung aus der Betrachtung ausklammert und sich nur für den tatsächlichen Vollzug interessiert, lassen sich Unterlassungen jedoch eigentlich gar nicht in den Blick nehmen, sie sind dann in der Tat ein „Nichts". Da ein „Nichts" weder fassbar noch erkennbar ist, ist man innerhalb dieser Ansicht geradezu gezwungen, die Unterlassung „auf ontologischer Ebene" fallen zu lassen und ausschließlich „normativ" als enttäuschte Erwartung zu beschreiben[452]. Die vollständige normative Auflösung des Begriffs zerschlägt jedoch den Knoten, anstatt ihn zu entflechten, denn es bleibt letztlich kein Sachverhalt mehr, der strafrechtlich als eine Unterlassung gedeutet werden könnte[453]. Hinzu kommt, dass die isolierte Betrachtung der vollzogenen Varianten den sozialen Sinn eines Verhaltens nur

wenn das Ich trotz vorhandenen Bewusstseins über keinen Zugang zur Modalität verfügt – weil die Aktivität bzw. die Inaktivität notwendig bedingt waren" (Gimbernat Ordeig, GS Armin Kaufmann, S. 167).

[451] Röhl, JA 1999, S. 898; in der Sache ähnlich: Gimbernat Ordeig, GS Armin Kaufmann, S. 166 ff.

[452] Vgl. Gallas, Studien zum Unterlassungsdelikt, S. 28; ders., ZStW 67 (1955), S. 9, Anm. 28; beispielhaft sind die Formulierungen von v. Bubnoff, Die Entwicklung des strafrechtlichen Handlungsbegriffs, S. 150: „In ontogischer Beziehung ist die Unterlassung ein Nichts. Vielmehr erlangt sie erst im normativen Bereich Bedeutung, so dass hier eine Gleichstellung mit dem positiven Tun in Frage kommt." In der Sache ähnlich: Jakobs, AT, 7/25.

[453] Es bleibt nämlich nur die vollzogene Variante, welche „an sich", d. h. ohne den Hintergrund der möglich gewesenen Alternativen, strafrechtlich nicht zu beanstanden ist.

völlig unzureichend abzubilden vermag[454]. Am deutlichsten zeigen lässt sich dies an dem hypothetischen Fall, in dem Täter überhaupt keine Alternative zu seinem Tun zur Verfügung stand. Hier wird man ein entsprechendes Verbot sogar als sinnlos bezeichnen müssen[455].

III. Zum Kausalitätskriterium

Der grundsätzliche Unterschied zwischen dem hiesigem Verhaltensbegriff und einem Verständnis, das sich auf das äußere Geschehen konzentriert, lässt sich in besonders plastischer Weise an der Diskussion um die Kausalität der Unterlassung aufzeigen.

Nach weit verbreiteter Meinung rechtfertigt sich die Differenz zwischen Tun und Unterlassen aufgrund des Kausalitätskriteriums[456]. Gemäß den Vertretern dieses Abgrenzungskriteriums soll der Unterlassungstäter, im Gegensatz zum Begehungstäter, den tatbestandlichen Erfolg nicht verursacht haben. Festzustellen sei lediglich ein hypothetisches Kausalurteil (Quasikausalität), und zwar in dem Sinne, dass die unterlassene Handlung im Falle ihrer Vornahme für das Ausbleiben des Erfolgs kausal geworden wäre[457]. Diese Überlegung wird auf zwei Wegen begründet, die in der Sache jedoch übereinstimmen, weil beide auf dasselbe Argument zurückgreifen. Der erste Begründungsweg stützt sich auf die herrschende Conditio-sine-qua-non-Formel. Bei deren Anwendung soll im Ergebnis keine Unterlassungskausalität vorliegen. Weil die Negation der Handlung unabhängig davon aufrechterhalten bleibe, ob der handlungsfähige Mensch vorhanden sei oder fehle, könne man den Unterlassenden hinwegdenken, ohne dass der Erfolg entfiele[458]. Der zweite Begründungsweg basiert auf folgendem Syllogismus: Zunächst wird zutreffend festgestellt, dass Handlungen ausgeschöpfte Möglichkeiten „auf dem Wege in eine (ex post gesehene) reale Welt" seien, Unterlassungen dagegen stets „nicht ausgeschöpfte Möglichkeiten in eine

---

[454] Wie Gimbernat Ordeig, GS Armin Kaufmann, S. 161 ff., ausführlich beschrieben hat, ist das Verhalten eines Menschen vielmehr erst verständlich, wenn auch die nicht vollzogenen Varianten in die Betrachtung einfließen. Dieser führt unter anderem folgendes Beispiel an: „Man kann sich masochistisch verhalten, indem man sich selbst peitscht oder indem man bei schweren Kopfschmerzen keine Linderungsmittel einnimmt" (a. a. O., S. 161).

[455] Siehe hierzu Kap. E, I, 1, a.

[456] So: Samson, FS Welzel, S. 579; Stoffers, GA 1993, 262 ff.; Küpper, Grenzen der normativierenden Strafrechtsdogmatik, S. 72; Arthur Kaufmann, FS Mayer, S. 105; ders. FS, Eb. Schmidt, S. 214; vgl. Güntge, Begehen durch Unterlassen, S. 20; Jakobs, AT, 28/3.

[457] Stoffers, GA 1993, S. 266; Freund, Erfolgsdelikte und Unterlassen, S. 19 f.; Joerden, Strukturen des strafrechtlichen Verantwortlichkeitsbegriffs, S. 49.

[458] So etwa Armin Kaufmann, Unterlassungsdelikte, S. 61; Stoffers, GA 1993, S. 270.

(ex post gesehen) contrafaktische Welt."[459] Die zweite Prämisse besagt, dass Ursachenketten stets Ketten realer (also nicht contrafaktischer) Begebenheiten sind[460]. Deswegen, so der Schluss, können Unterlassungen nicht Glieder einer solchen Ursachenkette sein. Indem man nur auf den äußeren Geschehensablauf abstellt, verbannt man gleichzeitig alle Varianten aus dem Blickfeld, die der Täter ebenso hätte verwirklichen können. Genau hier, in dem Abblenden aller alternativ möglich gewesenen Varianten, liegt die Gemeinsamkeit mit der Vorgehensweise, die darin besteht, den Täter aus der Tatsituation völlig hinwegzudenken[461]. Wenn der Blick auf den Kausalverlauf nur jeweils das äußere Geschehen bzw. die Vorkommnisse ab dem Bewegungsimpuls erfasst, sind die unterlassenen Varianten in der Tat ein „Nichts". In dieser Form eines „Nichts" liegen sie im Wesentlichen der mit fehlender „Kausalität" begründeten Kritik gegen die ontologische Gleichwertigkeit von Unterlassen und Tun zugrunde[462]. Und unter dieser Voraussetzung sind die Einwände sogar berechtigt[463]. Denn tatsächlich hat „dasjenige, was nicht ist", auch keine Folgen"[464]; jedenfalls nicht in unserer Welt. Allerdings müsste dann auch konsequent die Möglichkeit der Zurechnung aufgrund einer Unterlassung verneint werden, denn wie bereits

---

459 Joerden, Strukturen des strafrechtlichen Verantwortlichkeitsbegriffs, S. 49.

460 Joerden, Strukturen des strafrechtlichen Verantwortlichkeitsbegriffs, S. 49.

461 Beide basieren freilich auf der falschen Annahme, dem Täter stehe die Möglichkeit offen „sich einfach ‚nicht-zu-verhalten'". Siehe hierzu Hoyer, Strafrechtsdogmatik nach Armin Kaufmann, S. 355, und Röhl, JA 1999, S. 605, Fn. 17 (unter Verweis auf Rödig, Die Denkform der Alternative, S. 126), der meint: Man kann „ein Ereignis (...) nicht einfach hinwegdenken, mit der Folge, dass es eine leere Stelle hinterlässt. Die Welt hat kein Löcher. Die Kausalitätsprüfung besteht daher immer in einem Vergleich von Alternativen. Sowohl hinsichtlich der Handlung als auch hinsichtlich des Erfolgs. Da von vorneherein nur die Kausalität des Täters interessiert, setzen wir seinem realen Verhalten bei der Kausalitätsprüfung auch nicht das Verhalten eines anderen oder gar ein Gewitter entgegen, sondern eine Handlung des Täters selbst, die er nicht realisiert hat, also eine Unterlassung." Dass ein Hinwegdenken des Täters überwiegend zu absurden Vorstellungen führt, lässt sich daran zeigen, dass in den meisten Situationen die gefährliche Situation ohne den Täter überhaupt nicht denkbar ist. Nimmt man z. B. an, dass der Lokführer eines Personenzuges wegen Übermüdung einschläft und der Zug entgleist, und denkt man den Täter weg, so würde der Zug alleine fahren, bzw. genauer, er wäre nie losgefahren. Ebenso wäre ein Kleinkind nicht ohne Begleitung seiner Eltern in die Nähe eines Teiches gelangt, in dem es ertrinkt usw.

462 Die berühmteste Formulierung stammt in diesem Zusammenhang von Radbruch, der meinte: „Die Unterlassung hat also nicht nur die Merkmale Wille, Tat und Kausalität zwischen beiden nicht mit der Handlung gemein, sie erschöpft sich vielmehr gerade darin, sie zu verneinen. Besäße sie an der Stelle jener Merkmale andere positive Merkmale, so wäre noch Hoffnung, sie mit der Handlung unter einen Hut zu bringen. So aber lassen sich, so wahr man nicht a und non-a unter einen Oberbegriff bringen kann, auch Handlung und Unterlassung nicht unter einen solchen zusammenbiegen, er nenne sich nun Handlung im weiteren Sinne, menschliches Verhalten oder wie immer sonst!"

463 NK/Puppe, vor § 13, Rn. 106; ders. JR 1992, S. 33.

464 Jakobs, AT, 7/25.

Arthur Kaufmann[465] festgestellt hat, ist es ein Rätsel, wie ein „ontologisches Nichts“ Strafe nach sich ziehen kann[466]. Wenn man nicht in Frage stellt, dass das Strafrecht Sanktionen nur an reale Sachverhalte anschließen kann, handelt es sich um ein unlösbares Rätsel[467]. Denn aus einem Nichts kann „keine noch so entschiedene soziale oder rechtliche Erwartung, keine negative oder positive Wertung, keine noch so tiefe Erkenntnis über die Erhaltung des gesellschaftlichen Systems (...) ein Etwas“[468] machen. Auch der Versuch, die Zurechnung auf einen fiktiven Kausalzusammenhang zu gründen (sog. Quasikausalität), führt in diesem Zusammenhang nicht weiter[469]. Denn der Begriff „Quasikausalität“ ist – wie im Folgenden nachgewiesen werden kann – entweder nur eine andere Bezeichnung für – wirkliche – Kausalität, oder er bedeutet, dass keine Kausalität vorliegt. Es gibt nämlich nur eine wirkliche Welt, einen wirklichen Kausalzusammenhang. Auch die hypothetische Kausalität muss sich, will sie über den Status eines Phantasiegebildes hinauskommen, in dieser Welt wiederfinden. Entgegen manchem Anschein kann wohl niemandem ernsthaft unterstellt werden, dass er eine strafrechtliche Sanktion auf ein bloß fiktives Gedankengebilde stützen möchte. Bestraft werden soll, weil auch der hypothetische Verlauf in Wirklichkeit kein „Nichts“ ist, sondern auf einer existierenden Möglichkeit beruht, der als solcher eine ontologische Realität zukommt. Strafrechtliche Bedeutung erlangt die Unterlassung nur, weil sie, wie der Vollzug einer Variante, ein wirklicher Bestandteil einer – freien – Weltgestaltung des Täters ist[470]. Damit wird auch im Rahmen der hypothetischen Kausalität letztlich wieder der Möglichkeitsraum, einschließlich der Entscheidung des Täters, in den Blick genommen, dessen vorherige Abblendung die fehlende Kausalität der Unterlassung erst begründen konnte. Die Formulierung „Die Unterlassung ist also ontologisch niemals genauso kausal für den Erfolg wie eine diese verursachende Handlung, sondern allenfalls quasi-kausal in dem Sinne, dass die unterlassene Handlung im Falle ihrer Vornahme für das Ausbleiben des Erfolgs

---

[465] Arthur Kaufmann, FS Mayer, S. 103.

[466] Ebenso: Puppe, JR 1992, S. 33.

[467] Mit dem Blick hierauf hat Kargl, GA 1999, S. 468, angemahnt, das „normative Ungleichgewicht zwischen Tun und Unterlassen“ dürfe „nicht auf eine Weise begründet werden, dass die Strafwürdigkeit des Unterlassungstäters überhaupt nicht plausibel zu machen“ sei.

[468] NK/Puppe, vor § 13, Rn. 60; der Ansicht, der Zurechnungszusammenhang sei weiter als der Kausalzusammenhang (so: Jakobs, AT, 7/28), kann nicht zugestimmt werden.

[469] Vgl. zum Folgenden auch Puppe, JR 1992, S. 33, die darauf hinweist, dass der Nichteintritt des Erfolges auch in der fiktiven Welt des Quasikausalzusammenhangs „etwas ist, was nicht ist“.

[470] In diesem Sinne kann, wie Andoulakis, Studie zur Problematik der unechten Unterlassungsdelikte, S. 84, meint, formuliert werden: „Das Seinlassen gehört dem Lassen als Modus der Stellungnahme an."

[470] Vgl. Gallas, Studien zum Unterlassungsdelikt, S. 75.

kausal geworden wäre“[471], ist strafrechtlich gesehen also entweder irrelevant oder sie hat zur Folge, dass mangels Realitätsbezug der Hypothese ganz von Strafe abzusehen ist. Wenn Autoren wie Armin Kaufmann[472] oder Stoffers[473] behaupten, der Unterlassungstäter habe den Erfolg nicht verursacht, um in einem zweiten Schritt nach der „hypothetischen“ Kausalität zu fragen, liegt darin ein – unauflösbarer – Widerspruch[474].

Diese Überlegungen können durch folgende grundsätzliche Erwägungen zur Kausalität bestätigt werden: Kausalität ist ein gesetzmäßig ablaufendes Folgegeschehen. Kausale Ereignisse beruhen auf strikten gesetzmäßigen Zusammenhängen zwischen Typen von Ereignissen[475]. Eine kausale Beziehung zwischen den Ereignissen (a) und (b) lässt sich mit dem Satz beschreiben: Immer, wenn (a), dann folgt (b). Ein konkretes Kausalgeschehen setzt also zweierlei voraus, einmal die entsprechende Situation (a) und das Kausalgesetz, aus dem hervorgeht, dass (b) folgt. Sieht man das strafrechtlich relevante Ereignis allein in der Körperbewegung des Täters, wird man diese allein nach natürlichen Kausalgesetzen einem bestimmten Erfolg zuordnen können, während solche Körperbewegungen, die nicht existieren, nichts bewirken können. Ungeachtet der Ergebnisse der modernen Physik[476] wird auf der Ebene der Wahrnehmung immer noch von der „kausalen Geschlossenheit“[477] der Natur ausgegangen. Da dies nichts weniger bedeutet als die vollständige Determination, ist für die Betrachtung der Natur die Differenz zwischen Möglichkeit und Wirklichkeit im Prinzip uninteressant. Anderes gilt im Bereich des Strafrechts. Hier wird jedenfalls unterstellt, dass der Täter sowohl die Möglichkeit besitzt, die Norm anzuerkennen, als auch die, sich von ihr zu distanzieren. Dies bedeutet, dass zwischen dem Sachverhalt (a) und der Tat (b) kein – strafwürdiger – Kausalzusammenhang ohne den Selbstbestimmungsakt des Täters konstruiert werden kann[478]. Mit

---

471 Freund, Erfolgsdelikte und Unterlassen, S. 19 f.

472 Armin Kaufmann, Unterlassungsdelikte, S. 61 f.

473 GA 1993, S. 266.

474 Vgl. Hoyer, Strafrechtsdogmatik nach Armin Kaufmann, S. 356.

475 Baumann, Erkenntnistheorie, S. 50.

476 Vgl. Heisenberg, Schritte über Grenzen, S.128 ff.

477 Willaschek, Praktische Vernunft, S. 101.

478 Vgl. Matt, Kausalität aus Freiheit, S. 200; Kahlo, GA 1987, S. 69 f.; ders., Das Problem des Pflichtwidrigkeitszusammenhanges bei den unechten Unterlassungsdelikten, S. 306 ff.; Chisholm, Freiheit und Handeln, in: Analytische Handlungstheorie, S. 354 ff.; ganz in dem hiesigen Sinne auch Nagel, Die Grenzen der Objektivität, S. 104 f., der ausführt, „Wenn wir unsere eigenen Handlungen oder diejenigen anderer lediglich als Element der allgemeinen Abfolge von Ereignissen betrachten, scheint es unmöglich zu sein, sie Individuen in der Weise zuzuschreiben, dass diejenigen Einstellungen sinnvoll erscheinen, die wir gegenüber jemandem einnehmen, den wir als Urheber einer Handlung betrachten. Bestimmte Einstellungen, die wir der Person gegenüber, nicht sie bloß betreffend, einnehmen, verlieren ihren Halt. Wenn ein Individuum sehr destruktiv ist, mag es vorkommen, dass wir wünschen, es

anderen Worten: Solange man nicht von der Determiniertheit der Normadressaten ausgeht, lässt sich ein Schluss von der Situation (a) auf die Folge (b) nicht vollziehen, weil es kein entsprechendes Kausalgesetz gibt, sondern der Eintritt von (b) auf der – freien – Entscheidung des Täters beruht. Anders gewendet: Solange man von der Determiniertheit der Rechtspersonen ausgeht, lassen sich deren Straftaten mit Begriffen wie „Weltgestaltung" oder „Gegenweltentwurf" nicht begreifen. Kausale Geschlossenheit bedeutet vielmehr, dass es in der Tatsituation nur eine Welt gibt. Es geschieht nur das jeweils Notwendige. Als Teil dieses kausal geschlossenen natürlichen Ablaufs können die Rechtspersonen nur als äußere Faktoren betrachtet werden[479]. Begreift man die Rechtspersonen als frei, kann die Veränderung der Welt nur unter Einbeziehung der freien Entscheidung erklärt werden. Deswegen gilt: „Menschliche Kausalität, wie sie den Gegenstand der Theorie der objektiven Zurechnung im Strafrecht bildet, ist folglich prinzipiell Kausalität aus Freiheit."[480]

Die Annahme, dass der Mensch frei sei, ist freilich alles andere als gesichert. Der auch in der Strafrechtswissenschaft ausführlich ausgetragene Streit um die Freiheit des Menschen ist allerdings derart fundamentaler Natur, dass er im Rahmen dieser Untersuchung weder in hinlänglicher Form dargestellt, geschweige denn entschieden werden könnte. Dass die einer Untersuchung zugrunde liegenden Prämissen nicht ihrerseits begründet werden, ist allerdings keine Besonderheit, sondern ein notwendiges Merkmal jeder Argumentation, die sich nicht in einem infiniten Regress verliert. Es gilt jedoch, die Zweckmäßigkeit der Annahme darzutun. Hier erweist sich nach hiesiger Ansicht die Hypothese, dass das Strafrecht nicht allein an Ereignisse anschließt, sondern an Freiheit und Verantwortung[481], als diejenige, welche von der überwiegenden Meinung geteilt wird[482].

---

würde lieber nicht existieren; aber wenn wir in ihm nur einen verheerenden Bestandteil der Welt sehen, ist es ebenso sinnlos, wenn wir es verantwortlich machen, wie wenn es sich selbst schuldig fühlt (...)."

[479] Deswegen hält Roxin, AT/1, § 19, Rn. 41, die Selbstbestimmungsfähigkeit für eine – notwendige – normative Zuschreibung, und Kohlrausch, FG Güterbock, S. 26, das individuelle Können für eine „staatsnotwendige Fiktion".

[480] Kahlo, Das Problem des Pflichtwidrigkeitszusammenhanges bei den unechten Unterlassungsdelikten, S. 305.

[481] Zur Unterscheidung zwischen Urheber-Kausalität und Ereigniskausalität vgl. Chisholm, Freiheit und Handeln, in: Analytische Handlungstheorie, S. 354 ff.

[482] Vgl. für alle: S/S/Lenckner, vor § 13, Rn. 107 ff.; Wessels/Beulke, AT, Rn. 397; Otto, Grundkurs Strafrecht, AT, § 1, Rn. 63; Roxin, AT/1, § 19, Rn. 41; Dreher, FS Spendel, S. 14 f.; Arthur Kaufmann, Jura 86, S. 2256 f.; Bockelmann, ZStW 75, S 385 ff.

IV. Exkurs Nr. 1: Zur sprachlichen Austauschbarkeit der Begriffe „Tun“ und „Unterlassen“

Wenn Tun und Unterlassen als unselbstständige Seiten des Verhaltensbegriffs aufzufassen sind, kann der Anknüpfungspunkt einer strafrechtlichen Zurechnung stets nicht nur als Unterlassen, sondern auch als ein Tun beschrieben werden. Diese theoretisch anmutende Überlegung kann an alltäglichen Beispielen leicht dargestellt werden. Auch der normale Sprachgebrauch bezeichnet nämlich je nach Zweckmäßigkeit entweder die unterlassene Variante oder die vollzogene. Es gibt keine Variante oder keinen Modus, der ohne Kontext interessant, kritik- oder mitteilungswürdig ist. Die Tatsache, dass ein Student um zehn Uhr in der Mensa einen Kaffee trinkt, wird erst interessant, wenn man beispielsweise weiß, dass jener am entsprechenden Vormittag zur mündlichen Examensprüfung geladen ist. Deswegen wird das Unterlassen einer Variante mitgeteilt, wenn nicht offenkundig ist, dass der vollzogenen Variante ein besonderer Mitteilungswert zukommt und sich der Sinn des Verhaltens erst im Hinblick auf eine unterlassene Möglichkeit ergibt[483]. Umgekehrt wird, wenn bereits durch die vollzogene Variante der mitzuteilende Sinn erkennbar ist, aus ökonomischen Gründen lediglich diese mitgeteilt. Schläft beispielsweise ein Fahrer am Steuer ein und „steuert“ deswegen den mit giftigen Chemikalien geladenen LKW einen Abhang hinab, so wird der Vorwurf kaum formuliert werden: „Der Fahrer hat es unterlassen, zu lenken oder zu bremsen, sondern vielmehr: Der Fahrer ist am Steuer eingeschlafen“. Weitere Beispiele: Schuld daran, dass man zu spät zur Arbeit gekommen ist, ist nicht, dass die Bahnmitarbeiter nicht gearbeitet haben, sondern der Streik. „Die Mutter, die ihr Kind verhungern lässt, tötet es.“[484]

V. Exkurs Nr.2: Zur Feststellbarkeit der Kausalität unterlassener Varianten

Das bisherige Ergebnis scheint indes unzutreffend zu sein, wenn man nach der Feststellbarkeit der Kausalität unterlassener Varianten fragt. Anders als die Kausalität der verwirklichten Variante, welche positiv feststellbar sein soll, scheint die Frage, was geschehen wäre, wenn der Unterlassende gehandelt hätte, nicht eindeutig beantwortbar zu sein[485]. Wäre insoweit die Kausalität der unterlassenen Variante tatsächlich nicht, bzw. in einer prinzipiell anderen Weise feststellbar als die Kausalität der vollzogenen Variante, könnte die Behauptung von der Gleichheit bzw. Einheitlichkeit der Kausalität kaum aufrechterhalten werden.

---

[483] Vgl. Gallas, Studien zum Unterlassungsdelikt, S. 75.
[484] Gimbernat Ordeig, ZStW 111, S. 315.
[485] Vgl. Naucke, Strafrecht, § 7, Rn. 266.

In Wahrheit kann die Kausalität beider Formen von Varianten nach hiesiger Ansicht im Rahmen der wissenschaftlichen Erkenntnismöglichkeiten gleichermaßen positiv festgestellt werden. Die Feststellung der Kausalität von unterlassenen Varianten ist nur regelmäßig schwieriger, weil die der Beurteilung zugrunde liegende Sachlage zumeist komplexer ist. Deswegen kommt es – öfter als bei den vollzogenen Varianten – vor, dass eine kausale Beziehung zum Erfolg nicht festgestellt werden kann[486]. Die Ursachen hierfür liegen allerdings im Grundfall nicht „in der Natur der Unterlassung", sondern in der limitierten Erkenntnisfähigkeit. So ist etwa die Frage, ob eine verabreichte Medizin tatsächlich zu einer Verbesserung des Gesundheitsstandes geführt hätte, nicht prinzipiell unbeantwortbar, sondern nur auf der Basis eines bestimmten medizinischen Wissensstandes[487]. Ein Weg, jene Unsicherheiten in den Griff zu bekommen, ist die Risikoerhöhungslehre[488]. Diese wird in Teilen der Literatur jedoch zu Recht als mit dem Grundsatz „in dubio pro reo" nicht vereinbar abgelehnt[489]. Daher kann, wenn aufgrund der Komplexität der Ausgangslage nicht vorherzusehen ist, ob die Verwirklichung der entsprechenden Variante den Erfolg abgewendet hätte, nur zu Gunsten des Angeklagten vermutet werden, dass die Rettungsbemühungen gescheitert wären[490]. Dies bedeutet jedoch nicht, dass sich der Angeklagte einen unspezifizierten generellen Zweifel zunutze machen kann. Wenn nach dem herrschenden Kenntnisstand der Wissenschaft alle Anzeichen dafür sprechen, dass der Erfolg verhindert worden wäre, ist Kausalität anzunehmen. In dieser „strengen" Bedeutung kann der herrschenden Formel von der „an Sicherheit grenzenden Wahrscheinlichkeit"[491] zugestimmt werden. Prinzipiell nicht kausal vorhersehbar ist ein Verlauf, in dem es auf die Mitwir-

---

[486] Vgl. Androulakis, Studien zur Problematik der unechten Unterlassungsdelikte, S. 95.

[487] Selbst die sogenannte Chaostheorie bestreitet nicht prinzipiell die Möglichkeit einer auf Kausalität beruhenden Vorhersage. Es wird nur darauf hingewiesen, dass kleine Änderungen der Anfangsbedingungen ein exponentielles Anwachsen von Möglichkeiten bewirken, so dass die Sachlage für eine längerfristige Vorhersage zu komplex ist.

[488] Vgl. nur Stratenwerth, AT, § 13, Rn. 54 ff.; ders. FS Gallas, S. 233; SK/Rudolphi, vor § 13,
Rn. S. 16; Otto, Grundkurs Strafrecht, AT, § 9; ders.; FS Maurach, S. 102; ders. JuS 1974, S. 708.

[489] Lackner/Kühl, vor § 13, Rn. 14; Jescheck/Weigend, § 59, III, 4, und Schünemann, StV 1985, S. 231ff., lehnen nur für den Fall des „Unterlassens" die Risikoerhöhungslehre ab. Während im Rahmen der Begehungsdelikte die Kausalität feststehe und mit der Risikoerhöhung nur ein zusätzliches Kriterium hinzutrete, würde bei Anwendung des Prinzips im Rahmen der Unterlassungsdelikte die Risikominderung die Kausalität ersetzen (vgl. zum Ganzen: Roxin, AT/2, § 31, Rn. 51 f.).

[490] Gimbernat Ordeig, ZStW 111, S. 323.

[491] RGSt 51, S. 127; 58, S. 131; 74, S. 352; BGH bei Dallinger MDR 1956, S. 144; BGHSt 7, S. 214; BGH NStZ 1986, S. 217; BGH NJW 1987, S. 2940; Lackner/Kühl, vor § 13, Rn. 14; Jescheck/Weigend, § 59, III, 4; Stratenwerth, AT, § 13, Rn. 55;, S. 237 ff.; Welzel, Lb. S. 212.

kung eines Dritten (z. B. ärztliche Hilfe) ankommt. Teile der Literatur[492] und der Rechtsprechung[493] legen dem Kausalurteil in diesen Fällen ein pflichtgemäßes Handeln zugrunde. Diese Ansicht verkennt aber, dass es bei der Kausalität um eine tatsächliche Beziehung zwischen Erfolg und dem Verhalten geht. Eine Verhaltenspflicht (z. B. Operation in einer bestimmten Weise) kann daher nicht mehr als ein Indiz dafür sein, dass sich der Dritte in der nämlichen Weise verhalten hätte. Ist aber z. B. der Notarzt nachweislich ein „Stümper", der wegen seiner vielen Kunstfehler zum Zeitpunkt der vermeintlichen Rettungshandlung bereits kurz vor dem Verlust der Approbation stand, kann nicht eine kunstgerechte Behandlung unterstellt werden. Andererseits kann den Täter nicht entlasten, dass auch der als zuverlässig geltende Arzt die Fähigkeit besitzt, sich pflichtwidrig zu verhalten. Auch hier hilft die Formel von der „an Sicherheit grenzenden Wahrscheinlichkeit" über letzte Zweifel hinweg[494].

VI. Zwischenergebnis

Tun und Unterlassen sind zwei Seiten eines Vorgangs (Verhalten), den jeder Mensch in jedem Augenblick seines Lebens vollziehen muss. Jede Unterlassung erfolgt zu Gunsten eines Tuns, jedes Tun geht mit einer Unterlassung einher. Beide Begriffe beziehen sich auf denselben Sachverhalt. Schlichtes „Nichtstun" ist, wie die reine Negativität oder das reine Nichts, nur als eine Fiktion denkbar, es fällt aus dem Verhaltensraum heraus. Man kann sich das Nichts auch nur als seiend vorstellen. In diesem Sinne formuliert Röhl zutreffend: „Die Unterlassung ist nicht von dieser Welt"[495]. Daraus folgt bereits, dass der Anknüpfungspunkt strafrechtlicher Zurechnung nicht ein „Tun" oder „Unterlassen" des Täters sein kann, sondern sein Verhalten insgesamt. Dieses besteht aber, wie oben beschrieben, nicht nur in der Verwirklichung, sondern auch in der Verwerfung mindestens einer Variante. Jedes Ereignis also ist, sobald ein Akteur seinen Eintritt verhindern kann, nicht mehr allein durch die objektiven Gegebenheiten bedingt, sondern auch dadurch, dass der Akteur seinen Eintritt verhindern kann.[496] In diesem Sinne hat die unterlassene Variante ihr „Sein"[497], und zwar als Möglichkeit. Wenn eine (ex ante) mögliche Bedingung für einen

---

492 Gimbernat Ordeig, ZStW 111, S. 322, Fn. 55; NK/Puppe, vor § 13, Rn. 119.
493 BGH NJW 2000, S. 2757.
494 Dies entspricht den Maßstäben, die an die Überzeugung des Gerichts von der Schuld des Täters angelegt werden. Auch hier bleiben bloß theoretische Zweifel unberücksichtigt (so BGH MDR 1989, S. 371, m. w. N.).
495 JA 1999, S. 898.
496 Birnbacher, Tun und Unterlassen, S. 117; NK/Puppe, vor § 13, Rn. 105.
497 So aber Jakobs, AT, 7/25, im Ergebnis wie hier NK/Puppe, § 13, Rn. 63.

anderen Zustand kausal geworden wäre, ist der Nichteintritt dieser Bedingung für den gegebenen Zustand kausal geworden. So gesehen ist das Leben auch immer die Summe der nicht ausgeschöpften Möglichkeiten. Damit kann auch der von einer Norm erhobene Vorwurf unabhängig von der Formulierung nur der eine sein: In der maßgeblichen Situation hätte der Täter eine andere, eine erlaubte Variante verwirklichen und die verwirklichte im Reich des Möglichen belassen müssen. Der Täter hatte keine Motivation zu viel oder zu wenig[498], sondern eine Motivation, die er in dem relevanten Kontext nicht hätte haben bzw. verwirklichen dürfen. Anknüpfungspunkt einer Norm ist daher nicht ein im Sinne der herrschenden Meinung spezieller Verhaltensmodus „Tun oder Unterlassen“, sondern schlicht das Verhalten des Täters, mit anderen Worten: die Wahl der Variante[499].

VII. Zum Argument der größeren Einschränkung der Freiheit durch Gebote

Ein Argument, das von dem hiesigen Verhaltensbegriff besonders ernst genommen werden muss, besagt, dass auf ein Unterlassen gerichtete Gebote die Freiheit stärker einschränken als Verbote, die nur einzelne Varianten aus dem Bereich des Erlaubten ausklammerten[500]. Übersetzt in bisher verwendete Terminologie soll ein Gebot mehr Varianten des Verhaltensraumes sperren als ein Verbot. Dieses Argument ist, wie Volk bemerkt, nicht „schlicht falsch“, sondern hat „einiges für sich“[501]. Tatsächlich stehen zumeist mehr als zwei Varianten zur Auswahl, so dass das Gebot, eine bestimmte Handlung zu vollziehen, überwiegend mehr Varianten sperrt als das Verbot, eine bestimmte Variante zu unterlassen. Eine seiner Schwächen besteht jedoch zunächst darin, dass es zwar viele Fälle erfasst, aber eben nicht alle. Denn es gibt Verbote, die den Handlungsspielraum weit mehr einengen als Gebote[502]. In diesem Zusammenhang sind zunächst die Fälle zu nennen, in denen der Verhaltensspielraum sehr eng ist und nur durch eine Variante erweitert werden kann. So ist beispielsweise das

---

[498] So Jakobs AT, 28/3.

[499] Dies entspricht im Ergebnis der Auffassung Arthur Kaufmanns, FS Mayer, S. 81, der zutreffend formuliert hat: „Strafe ist immer auf menschliches Handeln bezogen, sie ist eine Reaktion auf menschliches Handeln.“

[500] Engisch/ MonSchrKrim., 1939, S. 423; Armin Kaufmann, Dogmatik, S. 86; Bärwinkel, Struktur,
S. 17; Husserl, Person , Sache, Verhalten, S. 97 f., Anm. 196; Peperoni, Gebot und Verbot, S. 155.

[501] Volk, FS Tröndle, S. 236 f.; Sanchez-Vera, Pflichtdelikt und Beteiligung, S. 112, scheint das Argument sogar „unwiderleglich zu sein“.

[502] Vgl. Samson, FS Welzel, S. 586; Jakobs, AT, 28/13; Volk, FS Tröndle, S. 236.

Verbot, aus einer Justizvollzugsanstalt auszubrechen, oder das Verbot der Fahnenflucht, das mit einer aufs Ganze gesehen größeren Einschränkung der Freiheit verbunden als das Gebot, an einer roten Ampel zu halten.

In diesen Fällen wird zwar formal gesehen nur jeweils „eine“[503] Variante gesperrt, während dem Täter immerhin einige verbleiben, etwa in der Zelle zu lesen, in der Zelle zu schlafen, fernzusehen usw. Allerdings wird ihm die prinzipiell mögliche Erweiterung des Verhaltensraumes und damit die Erweiterung seiner Freiheit verwehrt, so dass, aufs Ganze gesehen, das Verbot auszubrechen eine größere Beeinträchtigung der Freiheit darstellt als etwa das Gebot, die Haftanstalt zu verlassen. Gleiches gilt für Konstellationen, in denen „das Ingangsetzen der rettenden Kausalkette vom Täter nur eine sehr geringfügige Leistung verlangt“, wie zum Beispiel „das Öffnen einer Tür“[504]. Nach Volk weist das Argument vom eingeschränkten Handlungsspielraum durch Gebote eine „pragmatische Schwäche“ auf[505]. Diese bestehe in der „stillschweigenden Prämisse“, dass man sich einen Menschen vorstelle, der „der einzige Mensch weit und breit ist und keinerlei Anforderungen gesellschaftlicher, rechtlicher oder anderer Art zu beobachten braucht“. Die Bürger hätten entgegen dieser Vorstellung jedoch stets immer viel zu beachten, so dass es gleichermaßen Gebote wie Verbote seien, die sie unfrei machen könnten. Für den „Grad der Unfreiheit“ spiele das keine Rolle[506]. Auf den ersten Blick möchte man Volks Einschätzung, es handele sich bei seinen Bedenken in der Tat nur um eine pragmatische Überlegung, fast zustimmen. Die Einbindung in einen normativen Kontext vermag nicht darüber hinwegzutäuschen, dass einzelne Normen aus strukturellen Gründen die vorhandenen Handlungsalternativen in den meisten Fällen stärker dezimieren als andere. Der in diesem Zusammenhang bereits von Samson aufgeworfene Hinweis, es gebe Bereiche, in denen der Verhaltensraum von einem Normenkomplex bestimmt werde, so dass die Verbotsnormen in ihrer Gesamtheit den Verhaltensspielraum in weit stärkerem Maße beschränken können als es vereinzelt vorkommende Gebotsnormen täten[507], zeigt jedoch, dass es sich hier keinesfalls nur um eine pragmatische Schwäche handelt. Der Kardinalfehler der „Lehre von der größeren Einschränkung durch Gebote“ besteht darin, dass der Regelungsgehalt einer Norm in unzulässiger Weise isoliert wird. Man legt die Fehlvorstellung zugrunde, dass es die einzelne Norm sei, die über den konkreten Freiheitsraum ihres Adressaten entscheide. Damit wird jedoch unterstellt, die bloß redaktionelle, gesetzestechnische Frage der Strukturierung eines angestrebten Regelungsgehaltes entscheide über die Frage, ob dem Täter die Privilegierungen der Unterlassung zugute kommen. Was vorstehend zur begriff-

---

503 Genau genommen sind es mehrere Varianten, eben alle, die einen Ausbruch bedeuten.

504 Samson, FS Welzel, S. 590.

505 Volk, FS Tröndle, S. 236 f.

506 Volk, FS Tröndle, S. 237.

507 Samson, FS Welzel, S. 590.

lichen Austauschbarkeit von Tun und Unterlassung ausgeführt wurde, gilt selbstverständlich in gleicher Weise für die Formulierung einer Norm als Gebot oder Verbot. Dies entspricht der herrschenden Auffassung in der Rechtstheorie[508]. Man kommt mit nur einem deontischen Operator aus, denn aus: „Es ist geboten, dass A", folgt automatisch, dass non-A verboten ist, und aus „Es ist verboten, dass A" folgt, dass non-A geboten ist[509]. Eine logische Überlegung, die Kelsen wie folgt formuliert hat: „Gebieten und Verbieten sind nicht zwei verschiedene Funktionen der autoritären Ordnung, sondern beide sind ihrer Natur nach dasselbe; das Verbieten kann ebenso als Gebieten und das Gebieten kann als Verbieten formuliert werden, je nachdem man die Handlung oder ihr kontradiktorisches Gegenteil, die Unterlassung heranzieht: Eine gebotene Handlung ist eine verbotene Unterlassung und eine gebotene Unterlassung eine verbotene Handlung."[510] Nochmals: Ob der Gesetzgeber ein Gebot formuliert oder denselben Inhalt mit dutzenden Verbotsnormen, ist letztlich nur eine Frage der Zweckmäßigkeit. Ob z. B. § 1 StVO gebietet, sich im Verkehr rücksichtsvoll zu benehmen oder dies durch dutzende Verbotsnormen beschreibt, ist für den verbleibenden Freiheitsraum letztlich unerheblich. Entscheidend ist nicht die semantische Darstellung, sondern welcher Raum in einer gewissen Problemhinsicht dem Einzelnen zur eigenen Gestaltung überlassen werden soll. Ist diese Frage entschieden, darf man mit Gebotsnormen nicht mehr die Vorstellung einer unbotmäßigen Freiheitseinschränkung verbinden, (die der Abmilderung durch Einräumung von Privilegierungen bedarf,) sondern muss sie vielmehr als gelungene, weil übersichtliche und damit verständliche Formulierung begrüßen.

Zum Ende soll eine weitere Überlegung angestellt werden, die in dem bisher Ausgeführten ebenfalls bereits angelegt, bzw. enthalten ist. Wie erwähnt, gibt es einzelne Varianten, die sozusagen als „Tor" zu weiteren Möglichkeiten fungieren und denen deswegen aufs Ganze gesehen ein größerer Freiheitswert zukommt als anderen. Der Gedanke, dass es einzelne Alternativen gibt, die unter Freiheitsgesichtspunkten einschneidender sind, ist jedoch nicht darauf beschränkt, dass diese die Vergrößerung des Möglichkeitsraumes bedingen. Die Behauptung, dass die Qualität der Freiheit ausschließlich aus der Quantität der vorhandenen Varianten resultiert, wäre ein grundlegendes Missverständnis. Entscheidend ist nicht (ausschließlich) die Anzahl der Varianten, sondern deren Wertigkeit. Beispielhaft: Für ein fußballbegeistertes Kind ist das Verbot, das WM-Finale im Fernsehen zu sehen, schlimmer als eine Woche Hausarrest. Wer die eine Frau liebt, findet den bekannten Hinweis, es gebe noch tausend andere, im Zweifelsfall wenig tröstlich.

---

[508] Kutschera, Logik der Normen, S. 21; Wright, Normlogik, S. 28; weitere Nachweise bei Sanchez-Vera, Pflichtdelikt und Beteiligung, S. 90, Fn. 3.
[509] Sachez-Vera, Pflichtdelikt und Beteiligung, S.90 f.
[510] Kelsen, Hauptprobleme, S. 669; ebenso ders.; RR, S. 15, 26.

VIII. Zum Energiekriterium

Von allen ontologischen Kriterien entspricht das Energiekriterium wohl am ehesten der inneren Heuristik. Andererseits – oder deswegen – sieht es sich auch massiver Kritik ausgesetzt. Allgemein formuliert, sollen sich Tun und Unterlassen nach dem Energiekriterium dadurch unterscheiden, dass der Handelnde durch einen positiven Energieeinsatz einen Kausalverlauf anstoße, wogegen Unterlassen mit Passivität gleichgesetzt wird, die ohne Energieeinsatz möglich sein soll[511]. Dabei werden unter dem sogenannten Energiekriterium drei verschiedene Aspekte angeführt, die je nach Autor unterschiedlich gewichtet werden. Der erste Aspekt entspricht dem Kausalitätskriterium, welches bekanntermaßen besagt, dass durch ein Unterlassen (Passivität) nichts bewirkt, die Welt in ihrem bestehenden Zustand nicht verändert werde[512]. Ein zweiter Aspekt lässt sich als normative Fassung des Kausalitätskriteriums bezeichnen[513]. Er behauptet, dass durch die Unterlassung – im Gegensatz zur Begehung – nicht ein herrschender Zustand verschlechtert werde. Die Besprechung beider Argumente kann zunächst zurückgestellt werden. Zum Problem der sog. Unterlassungskausalität wurde bereits ausführlich Stellung genommen. Auf die normative Fassung des Kausalitätskriteriums soll später eigens eingegangen werden. Damit verbleibt zunächst der dritte, für das Energiekriterium charakteristische und namensgebende Aspekt. Er besagt zweierlei, nämlich zum einen, dass mit dem Begriff „Tun“ eine mit Energieaufwand verbundene – aktive – Veränderung eines Zustandes bezeichnet wird, und zum zweiten, dass mit dem behaupteten Energieeinsatz des Täters ein höherer Unwert einhergehe. Diese zweite Aussage verleiht dem Energiekriterium erst seine normative Relevanz. Sie basiert unausgesprochen auf der auch bei Kritikern des Energiekriteriums anerkannten These, dass der Aufwand, den ein bestimmtes Verhalten einem Akteur abverlangt, „ein moralisch bedeutsamer Aspekt“[514] sei und – damit – auch im Rahmen der Festlegung rechtlicher Einstandspflichten von Bedeutung sein müsse. Diese Behauptung gilt es im Weiteren zu überprüfen. Zunächst soll jedoch überprüft werden, was mit dem Topos des Energieeinsatzes überhaupt verstanden wird, bzw. wie das Verhalten unter Energieeinsatz von einem Verhalten ohne

---

[511] SK/Rudolphi, vor § 13, Rn. 6; Gössel, ZStW 96, S. 330; Seelmann, JuS 1987, L 33 ff.; Samson, FS Welzel, S. 589 f.; Kargl, GA 1999, S. 459; Stoffers, GA 1993, S. 262; ders., Die Formel vom „Schwerpunkt der Vorwerfbarkeit“ bei der Abgrenzung von Tun und Unterlassen; Otto/Brammsen, Jura 1985, S. 531; Brammsen, GA 2002, S. 193; in Verbindung mit dem Kausalitätskriterium: Roxin, AT/2, § 31, Rn. 77 ff.; ders., ZStW 74, (1962), S. 415; Sieber, JZ 1983, S. 434.

[512] So innerhalb des Energiekriteriums: Welp, Vorangegangenes Tun, S. 111; vgl. Otto, Grundkurs Strafrecht, AT, § 9, Rn. 2.

[513] Vgl. Kargl, GA 1999, S. 469.

[514] Birnbacher, Tun und Unterlassen, S. 133 ff.

Energieeinsatz abgegrenzt werden soll. Hier fällt zunächst auf, dass der maßgebliche Energieeinsatz nicht nur in der mit einer Handlung einhergehenden physischen Kraftentfaltung liegen soll. So betont etwa Engisch, dass die im Rahmen der Durchführung einer bestimmten auferlegten Verhaltensweise aufzubringende „Geschicklichkeit" und „Umsicht" auf eine Konzentrationsleistung des Täters abstellt[515]. Und Welp macht darauf aufmerksam, dass der Mensch zur Inaktivität und Kontinuität neige und Aktivität stets mit einer – energieintensiven – Selbstüberwindung verbunden sei[516]. Von namhaften Vertretern der Literatur wird sogar behauptet, ein bloß innerer Energieeinsatz des Täters sei ausreichend.

Die mit der Bestimmung des maßgeblichen Energieeinsatzes verbundenen Schwierigkeiten lassen sich an einem vom BGH entschiedenen Fall aufzeigen, der verschiedenen Vertretern des Energiekriteriums zur Illustration ihrer Auffassung dient[517]. Er handelt von einem Rechtsanwalt, der drei des Erpressungsversuchs beschuldigte Mandanten zu einem „Versöhnungsessen" mit dem Opfer begleitete. Die Mandanten nutzten das Treffen, um ihre Erpressungsversuche erfolgreich zu Ende zu bringen. Während der unerlaubten Einflussnahme auf das Erpressungsopfer saß der im vorliegendem Fall angeklagte Rechtsanwalt schweigend auf seinem Platz, obwohl er nach den Feststellungen des LG erkannte, „dass seine Anwesenheit als Rechtsanwalt" das Vorgehen der Mandanten „psychisch unterstützte und förderte sowie den Forderungen noch mehr Nachdruck verlieh"[518]. Entgegen dem BGH halten Rudolphi[519], Brammsen[520] und Kühl[521] das „bloße" Dasitzen des Anwalts nur für ein Unterlassen. Das Verhalten des Schweigenden soll die Grenze vom Unterlassen zum Tun samt der damit unterschiedlichen normativen Relevanz erst überschreiten, wenn der Täter mit – wenn auch minimalem – Energieeinsatz in irgendeiner Weise (z. B. Mimik oder Gestik) an der Kommunikation teilneh-

---

515 Engisch, FS Gallas, S. 189.

516 Beispielhaft für dieses Argument ist die Feststellung Wolffs (Kausalität von Tun und Unterlassen, S. 52): „Beim Tun – wenn der Täter etwa dazu getrieben wird, einen verhassten Rivalen ins Wasser zu stoßen – muss der Trieb erst die Zustimmung des „Ich" erzwingen, ehe er sein Ergebnis erreicht. Das bewusste nichtgesollte Tun ist also – von Grenzfällen abgesehen – immer eine Entscheidung, d. h. ein tatmächtiges Ergreifen der nichtgesollten Möglichkeit. Beim Unterlassen ist das anders. Wird z. B. der Täter dazu gedrängt, nämlichen Rivalen nicht aus dem Wasser zu ziehen, dann kann sich das Ich nicht darauf beschränken, zu hemmen, sondern muss selbst entgegen diesen Trieben aktiv werden."

517 Siehe: SK/Rudolphi, vor § 13, Rn. 7; Kühl, AT, § 18, Rn. 25; Sieber, JZ 1983, S. 431; Brammsen, GA 2002, S. 221.

518 Vgl. zur Schilderung des Falles: Sieber, JZ 1983, S. 431.

519 SK/Rudolphi, vor § 13, Rn. 7.

520 Brammsen, GA 2002, S. 211.

521 Kühl, AT, § 18, Rn. 25.

me[522]. Dagegen meint Sieber[523] einen hinreichenden Energieeinsatz bereits aus der „Rolle des Besprechungsteilnehmers“ folgern zu können. Seiner Ansicht nach bedürfe das aufmerksame Zuhören ebenso der Energie wie beispielsweise das Treten eines Gaspedals. In der gleichen Weise argumentiert Roxin[524]. Ihm zufolge ist zwar das „bloße Dasein des Menschen“ grundsätzlich nicht als positives Tun zu bewerten[525]. Sofern ein Verhalten jedoch einen strafrechtlich relevanten positiven Äußerungswert besitze, reiche hierzu bereits der Einsatz „innerer Energie“ aus[526].

Indem Roxin und Siebert einräumen, dass auch ein äußerlich bewegungsloses Verhalten einen Energieeinsatz erfordern kann, offenbaren sie die „Achillesferse“ des Energiekriteriums. Entgegen der von seinen Anhängern suggerierten Vorstellung, wonach zwischen Verhaltensweisen zu differenzieren ist, die auf einem Energieeinsatz beruhen, und solchen, die ohne Energie möglich sein sollen, ist in Wahrheit nahezu jedes Verhalten mit dem Einsatz von Energie verbunden. Ein Kriterium, das ausschließlich darauf abstellt, ob überhaupt Energie eingesetzt wurde, erfasst im positiven Sinne – wenn überhaupt – nur extrem seltene Fälle, etwa das Schlafen am Steuer. Und selbst das Einschlafen bedarf bei manchen Menschen der besonderen Anstrengung[527]. Dass ein „Unterlassen“ nicht bedeuten kann bzw. muss, dass der Täter auf jeden Energieeinsatz verzichtet hat, wird freilich auch von einigen Befürwortern des Energiekriteriums anerkannt[528]. Wie aber kann ein Kriterium beschaffen sein, das die begriffliche Differenzierung zwischen verschiedenen „Energieniveaus“ verständlich macht? Die Schwierigkeiten, die ein solchen Kriterium zu überwinden hat, werden deutlich, wenn man den oben genannten Beispielsfall betrachtet[529]. Hier müsste nämlich deutlich gemacht werden können, warum die Grenze gerade zwischen bloßem „Dasitzen“ und einem hinzutretenden Zuhören verlaufen soll. Konkret: Warum soll dem mit dem Auge zwinkernden Täter im Hinblick auf dessen Energieeinsatz die Privilegierung der Unterlassung versagt werden, während sie dem reglosen müden Täter, der sich sehr anstrengen muss, um wach zu bleiben,

---

522 SK/Rudolphi, vor § 13, Rn. 7.

523 Sieber, JZ 1983, S. 437; ebenso: Roxin, AT/2, § 33, Rn. 92 ff., der meint, selbst „innere Energie“ könne ausreichen. Betrachtet man Roxins Ansicht allerdings genauer, dann sortiert seine Argumentation die Verhaltensweisen letztlich nicht nach dem Kriterium des Energieeinsatzes sondern nach deren „strafrechtlich relevanten Äußerungswert“.

524 Roxin, AT/2, § 31, Rn. 95.

525 Roxin, AT/2, § 31, Rn. 92.

526 Roxin, AT/2, § 31, Rn. 95.

527 Hierfür mag das berühmte „Zählen der Schafe“ nur als Metapher dienen.

528 So etwa, Engisch, FS Gallas, S. 174; ders, MonSchKrimPsych 24, S. 237; Welp, Vorausgegangenes Tun, S. 111 f.; Androulakis, Studien zum Unterlassungsdelikt, S. 54, vgl. zum Ganzen Hoyer, Strafrechtsdogmatik nach Armin Kaufmann, S. 348 f.

529 Auf die heuristische Plausibilität, welche die Abgrenzung zwischen einem Energieeinsatz und einem fehlenden Energieeinsatz wohl besitzt, muss jedenfalls verzichtet werden.

unter demselben Aspekt gewährt wird[530]? Allein mit Blick auf das Maß der zur Tatbegehung notwendigen physischen Kraftanstrengung finden sich keine überzeugenden Anhaltpunkte. Soweit man seitens der Vertreter des Energiekriteriums eine Abgrenzung zwischen verschiedenen Energieniveaus vornimmt, stellt man daher auf den mit dem „Tun" angeblich einhergehenden erhöhten Einsatz psychischer Energie ab. Das entsprechende Argument wurde bereits vorgetragen. Es besteht in der These, dass die Veränderung einer Verhaltensweise in eine bestimmte Richtung schwieriger ist, als eine entsprechende Verhaltensweise beizubehalten. Dieses Argument ist jedoch seinerseits nicht überzeugend. Wie Birnbacher[531] dargestellt hat, kann das Beibehalten einer Verhaltensweise, unabhängig davon, ob diese physisch viel oder wenig Energie benötigt, anstrengender sein als eine Verhaltensveränderung. Entscheidend für den psychischen Aufwand ist nicht die Frage, ob ein Status beibehalten wird oder nicht, sondern die „Intensität der von der Situation ausgehenden Verhaltensanreize"[532]. Birnbachers diesbezügliche Beobachtung ist kaum zu bestreiten. Immer, wenn eine Veränderung herbeigesehnt wird, etwa die Genesung eines nahestehenden Menschen, ist nichts anstrengender als ein anhaltendes Warten. Aus den eigenen Kindertagen ebenso nachvollziehbar dürfte Birnbachers Beispiel vom Versteckspielen sein. Wer hier „länger" still verharren musste, weiß, wie viel leichter es sein kann, dem natürlichen Bewegungsdrang nachzugeben als eine gewisse Zeit unauffällig im Versteck zu verharren. Auch die dem Energiekriterium zugrunde liegende Erwägung, mit dem Einsatz körperlicher Bewegungsenergie gehe eine insgesamt größere Belastung einher, ist also unzutreffend.

Es kann nur spekuliert werden, dass diese Erkenntnis Sieber dazu bewegt, auch den inneren Energieeinsatz zu berücksichtigen. Auch die Einbeziehung der inneren Energie vermag jedoch den Mangel des Energiekriteriums nicht zu heilen[533]. Das Kriterium der „inneren Energie" ist deswegen unbrauchbar, weil kaum ein Verhalten denkbar ist, das gänzlich ohne innere Energie auskommt. Dieses Ergebnis findet zumindest eine indirekte Bestätigung darin, dass Roxin im Rahmen der Abgrenzung der Verhaltensformen dem Energiekriterium das Kriterium des strafrechtlich relevanten Äußerungswertes eines Verhaltens

530 Wohl gemerkt, es geht nicht um die Frage der Einflussnahme, d. h. ob von dem „bloßen" Dasitzen eine den Täter zumindest bestätigende Wirkung ausgehen kann, auch nicht um die Frage der Garantenpflicht, sondern nur um den Modus des Täterverhaltens. In dieser Frage nicht ganz eindeutig: Sieber, JZ 1983, S. 437. Jedenfalls für Rudolphi bedarf es zusätzlich zur Kausalität eines Energieeinsatzes, denn „der Umstand, dass ein Mensch allein durch seine Existenz oder seine Anwesenheit an einem bestimmten Ort für ein deliktisches Verhalten Dritter ursächlich wird, genügt noch nicht dem Erfordernis des positiven Energieeinsatzes." (SK, vor § 13, Rn. 7).

531 Birnbacher, Tun und Unterlassen, S. 140 f.

532 Birnbacher, Tun und Unterlassen S. 140 f.

533 Nur am Rande sei angemerkt, dass mit der Berücksichtigung der inneren Energie die phänotypische Plausibilität des Energiekriteriums zumindest ein Stück weit verloren geht.

beiseite stellt, wobei offen bleibt, worin der strafrechtliche Äußerungswert zum Ausdruck kommen soll. Man kann Roxin an dieser Stelle vorhalten, dass das Energiekriterium gerade angetreten ist, um den strafrechtlichen Äußerungswert eines Verhaltens zu bestimmen, so dass das Energiekriterium, soweit es den strafrechtlich relevanten Äußerungswert nicht zu bestimmen vermag, seine Aufgabe verfehlt.

Fasst man die bisherige Darstellung zum Energiekriterium zusammen, so zeigt sich, dass sich die bereits am Kausalitätskriterium angesetzte Kritik in ihrem Kern fortsetzt. Die Unterscheidung von „Tun" und „Unterlassen" anhand der Größe „Energieeinsatz" basiert weitgehend auf der Vorstellung, die Unterlassung sei bloße Passivität bzw. ein „Nichts". Diese im Rahmen des Kausalitätskriteriums in ähnlicher Form herrschende Einschätzung musste jedoch bereits dort zurückgewiesen werden. Nahezu jedes Verhalten ist ein mit einem Energieeinsatz verbundenes Gestalten der Wirklichkeit. Allein deswegen, weil kein plausibles Kriterium dafür angegeben werden kann, welches Energiemaß begrifflich zu einem Tun führt, erweist sich eine Abgrenzung anhand des Begriffs Energie bereits als nicht durchführbar.

Damit soll zur zweiten Aussage übergegangen werden. Diese birgt mit der Behauptung, die Erwartungshaltung könne in Abhängigkeit zu dem zu leistenden Energieeinsatz gestaltet werden, die eigentliche normative Relevanz. Dass die Verwerflichkeit eines Verhaltens nicht parallel zur physischen Kraftanstrengung verläuft, die der Täters in die Tat investiert hat, ist in Zeiten, in denen buchstäblich durch Knopfdruck enorme Energiepotentiale abgerufen werden können, offensichtlich. Die Errungenschaften der modernen Technik und neue Organisationsformen lassen den Zusammenhang zwischen Energieeinsatz und der Strafrechtwürdigkeit eines Verhaltens auch in einer anderen Hinsicht als verfehlt erscheinen. Wie in der Literatur bereits mehrfach bemerkt, lässt es die Automatisierung als willkürlich erscheinen, ob mittels eines erhöhten körperlichen Energieeinsatzes in einen Geschehensablauf eingegriffen wird oder nicht[534]. So wird man etwa Seelmann in der Einschätzung folgen können, dass es für den Patienten nicht darauf ankommt, ob der Arzt heutzutage den Respirator abschaltet oder ob er vor Einführung dieses Gerätes entsprechende Reanimierungsversuche einstellte[535]. Ebenso einleuchtend ist, dass ein Ingangsetzen gefährlicher Abläufe vielfach nur erlaubt werden kann, weil energieintensive Bemühungen eingefordert werden, um die mit dem Ablauf einhergehenden Gefahren zu begrenzen[536]. Dass beispielsweise ein Atomkraftwerk nur unter strengsten Sicherheitsvorkehrungen betrieben werden darf, wird niemand

---

[534] NK/Seelmann, § 13, Rn. 23; Sanchez-Vera, Pflichtdelikt und Beteiligung, S. 51; Schünemann, Grund und Grenzen der unechten Unterlassungsdelikte. S. 283; Volk, FS Tröndle, S. 225.

[535] NK/Seelmann, § 13, Rn. 23.

[536] Vgl. hierzu Sanchez-Vera, Pflichtdelikt und Beteiligung, S. 51 f., m. w. N.

bezweifeln. Es wäre indes falsch, die Korrelation zwischen Energieeinsatz und dem verwirklichten Unrecht auf die Auswirkungen der Technik zu begrenzen. Der entscheidende Aspekt ist vielmehr ein anderer. Das Maß des verwirklichten Unrechts richtet sich allein danach, was man von einem Individuum „erwarten darf“[537]. Dass die Beantwortung dieser Frage vom Maß der einzusetzenden Energie im Sinne einer physischen Kraftanstrengung abhängt, kann, jedenfalls insoweit als ein genereller Zusammenhang in Rede steht, verneint werden[538]. Ansonsten würde ein Unrechtsgefälle nicht nur zwischen einem sog. aktiven und sog. passiven Verhalten bestehen. Vielmehr müsste die Verletzung der energieintensiven Pflicht des Rettungsschwimmers, einen Ertrinkenden an Land zu ziehen, ein größeres Unrecht verwirklichen als das Unterlassen eines Überwachungstechnikers, per Knopfdruck das Ventil eines Kessels zu öffnen, der zu bersten droht, eine Behauptung, die zutreffender- weise von niemandem erhoben wird.

Allerdings lässt sich der Begriff „Energie“ auch anders verstehen, nämlich als eine Metapher für das Maß der Belastung (Kosten) des Adressaten[539]. Doch ist mit der Frage, inwieweit sich die Belastung des jeweiligen Normadressaten auf die Grenzen der normativen Verbindlichkeit auswirkt, das Gebiet der ontologischen Differenzen bereits verlassen.

IX. Das Körperbewegungskriterium

Das Privileg der heuristischen Plausibilität darf wohl auch das Körperbewegungskriterium in Anspruch nehmen. Danach legt man die Abgrenzung zwischen Tun und Unterlassen anhand des äußeren Erscheinungsbildes fest. Entsprechend versteht man unter einem „Tun“ die Änderung der Körperlage durch die willkürliche Vornahme einer Körperbewegung, während das „Unterlassen“ ein Zustand der Körperruhe sein soll[540]. Auch dieses Abgrenzungskriterium vermag eine Besserstellung des Unterlassungstäters nicht zu erklären, weil keine entsprechenden Anhaltspunkte vorhanden sind, die über die soeben besprochenen hinausgehen. Es bleibt damit bei dem Ergebnis, dass keine naturalistischen Kriterien aufzufinden sind, die eine Ausweitung der Unzumutbarkeit bei den sogenannten unechten Unterlassungsdelikten erklären.

---

[537] Volk, FS Tröndle, S. 235.

[538] So gilt das Sprichwort „Wer schläft, der sündigt nicht“ etwa nicht für den Bademeister während seines Dienstes.

[539] Dass diese nicht parallel zum Kraftaufwand verläuft, wurde bereits gezeigt.

[540] So Gössel, ZStW 96 (1984), S. 326 f.; Maurach/Gössel/Zipf, AT/2, § 45, Rn. 20 ff.; Birnbacher, Tun und Unterlassen, S. 56 ff. (ergänzt um ein sog. Relevanzkriterium).

X. Das Kriterium des sozialen Sinns und die Formel von dem Schwerpunkt der Vorwerfbarkeit

Die in der Strafrechtslehre und Rechtswissenschaft wohl vorherrschende Auffassung stellt, insbesondere für die sog. doppeldeutigen Verhaltensweisen, in Abrede, dass eine sachgerechte Abgrenzung von Tun und Unterlassen allein dem äußeren Befund nach möglich ist. Entsprechend will man die Verhaltensformbestimmung nicht (allein) auf ontologische Kriterien stützen, sondern fasst sie als eine Wertungsfrage[541] auf. Nach welchem Kriterium abgegrenzt werden soll, ist umstritten. Die Rechtsprechung und ein Teil der Literatur möchten die Differenzierung danach vornehmen, wo bei normativer Betrachtung „der Schwerpunkt des strafrechtlich relevanten Verhaltens liegt“[542]. Andere Autoren stellen auf die „soziale Sinnbedeutung“ des Verhaltens ab[543] oder kombinieren beide Kriterien miteinander[544]. Diese sog. „normativen Abgrenzungstheorien“ vermögen keinen Beitrag zu der im Rahmen dieser Untersuchung anstehenden Frage zu leisten. Wie in der Literatur bereits mehrfach kritisch bemerkt, befasst sich die Lehre vom „Schwerpunkt der Vorwerfbarkeit“ nämlich nicht mit der Frage, „auf welchen Aspekt sich die Vorwerfbarkeit ihrem ‚Schwerpunkt‘ nach stützt“[545]. D. h., die „dogmatisch vorrangige Frage nach der Konstituentia der einzelnen Verhaltensformen bleibt (...) unbeantwortet: Weder das Tun noch das Unterlassen wird inhaltlich genauer definiert oder in anderer Weise konkretisiert“[546]. Entsprechend liefert die „Schwerpunktformel“ keinen Anhaltspunkt

---

[541] Brammsen, GA 2002, S. 195.

[542] BGHSt 6, S. 59; BGH, Beschluss vom 15.12.1961-4. StR 376/61 (unveröffentlicht); BGH bei Holtz, MDR 1982, S. 624; OLG Stuttgart, FamRZ 1959, S. 74; OLG Karlsruhe, GA 1980, S. 429 f.; OLG Frankfurt, GA 1987, S. 549 ff.; OLG Saarbrücken, NJW 1991, S. 3045 f.; OLG Köln, JR 1991, S. 525; für die Literatur: S/S/Stree, vor §§ 13 ff., Rn. 158; Roxin, ZStW 74, S. 413 ff.

[543] Geilen, JZ 1968, S. 151; Ranft, JuS 1963, S. 344; Spendel, FS Eb. Schmidt, S. 190; Krey, AT/2, § 35, Rn. 321. Mit Berufung auf den sozialen Sinn eines Verhaltens wird beispielsweise das Abschalten eines Reanimationsgerätes dem Abbruch einer manuellen Rettungstätigkeit gleichgestellt und als Unterlassen gedeutet (Tröndle/Fischer, vor § 211, Rn. 18, 21; vgl zum ganzen Brammsen, GA 2002, S. 196 m. w. N.).

[544] Ebert, AT, S. 173 f.; Wessels/Beulke, AT, Rn. 700; Haft, AT, S. 65; Hauf, AT, S. 65. Eine ausführliche Darstellung m.w.N. findet sich bei: Stoffers, Die Formel ‚Schwerpunkt der Vorwerfbarkeit‘ bei der Abgrenzung von Tun und Unterlassen?, S. 23 ff.

[545] Hoyer, Strafrechtsdogmatik nach Armin Kaufmann, S. 346; Kühl, AT, § 18, Rn. 14.

[546] Brammsen, GA 2002, S. 195. Vielmehr setzt man das jeweilige Verständnis als Ergebnis eines intuitiven Erkenntnisaktes (so etwa die Kritik von Samson, FS Welzel, S. 585) oder einer oberflächlichen summarischen Prüfung (so etwa die Kritik von Otto, Grundkurs Strafrecht, AT, § 9, Rn. 2) bereits voraus. Wie Hoyer, Die Strafrechtsdogmatik nach Armin Kaufmann, S. 346, treffend festgestellt hat, müssen die „Begriffe ‚Tun‘ und ‚Unterlassen‘ intentional bereits voneinander abgegrenzt sein, bevor nach der existenztionalen Bedeutung eines bestimmten Verhaltens zu der einen oder anderen Rubrik (...) geforscht werden kann.“

dafür, dass eine Besserstellung des Unterlassungstäters berechtigt ist. Dies gilt im Ergebnis auch für die Lehre vom sozialen Handlungssinn. Jene weist zwar mit dem „sozialen Sinngehalt" ein Abgrenzungskriterium aus. Abgesehen davon, „dass es noch niemandem gelungen ist, Maßstäbe dafür anzugeben, wie man (...) den ‚sozialen Sinn' eines Geschehens in der Weise bestimmen soll, dass sich eine klare Zuordnung zur Begehungs- oder Unterlassungstat vornehmen lässt"[547], ist auch nicht ersichtlich, dass die nach dem „sozialen Sinngehalt" erfolgende Einordnung der Verhaltensform ein Unrechtsgefälle beschreibt. Nochmals: Nicht die Behauptung ist bedenklich, dass der Unrechtsgehalt auch von dem sozialen Sinngehalt eines Verhaltens abhängt. Vielmehr ist nicht dargetan, inwiefern der soziale Sinngehalt, im Sinne eines Unrechtsgefälles, gerade von der sogenannten Begehungsform abhängt.

XI. Zur Zweifel- oder Vorranglösung

Die Überzeugung, dass mittels ontologischer Kriterien eine Abgrenzung der Verhaltensformen nicht vollständig gelingen kann, teilen auch die Vertreter der sog. Zweifel- oder Vorranglösung[548]. Sie verfahren, wie die Bezeichnung nahe legt, nach dem „Subsidiaritätsprinzip"[549], d. h., sie möchten eine Unterlassung nur in Betracht ziehen, wenn nicht an eine Handlung angeknüpft werden kann. Eine nähere Darstellung der verschiedenen Varianten dieser Ansicht kann an dieser Stelle unterbleiben[550], weil auch die Vorranglösung weder Kriterien liefert, nach denen sich die Verhaltensformen bestimmen lassen[551], noch dartut, warum mit dem „Tun" eine größere Strafwürdigkeit einhergeht.

Entsprechend hält man die Ergebnisse für „unbestimmt und irrational" (so: etwa Roxin, AT/2, § 31, Rn. 80; Kühl, AT, § 18, Rn. 14).

[547] Roxin, AT/2, § 31, Rn. 80.

[548] Spendel, FS Eb. Schmidt, S. 194; vgl. Gropp, AT, § 11, Rn. 64.

[549] Stratenwerth, AT, § 13, Rn. 2.

[550] Siehe hierzu die Darstellung bei Brammsen, GA 2002, S. 197 f.

[551] Auch die Zweifellösung muss zunächst einmal Kriterien benennen, weil ansonsten eine Entscheidung erst gar nicht als „Zweifelsfall" definiert werden kann. Das Abgrenzungsproblem wird also letztlich nicht aufgelöst, sondern nur von der Entscheidung zwischen „Tun" und „Unterlassen" auf die Entscheidung zwischen „Zweifelsfall" und „Unterlassen" verschoben.

XII. „Tun“ und „Unterlassen“ als Begriffe für unterschiedliche Kategorien von Rechtspflichten

Aufgrund der Schwierigkeit, ein naturalistisches Kriterium zu finden, das eine normative Differenz zwischen den Begehungsformen legitimiert, legt eine neuere, bisher vereinzelt gebliebene Ansicht die Konsequenz nahe, die herkömmliche Unterscheidung ganz aufzugeben. Die Begriffe „Tun“ und „Unterlassen“ beschreiben nach dieser Ansicht keine anhand naturalistischer Kriterien unterschiedenen Verhaltensformen, sondern Enttäuschungen unterschiedlicher normativer Erwartungen. Diese Einteilung basiert auf der Einschätzung, dass die Rechtsbegriffe „Tun“ und „Unterlassen“ ohne Bindung an ihre Bedeutung in naturalistischen Zusammenhängen allein normativ definiert werden sollten[552]. Mit dem Plädoyer für eine normative Bestimmung rechtlicher Begriffe greift Sanchez-Vera einen Gedanken auf, den zuvor Jakobs vertreten hat[553]. Den Begriff „Tun“ versteht Sanchez-Vera, mit Verweis auf die von Jakobs als Einstandspflichten aus Organisationsverschulden bezeichneten Garantenpflichten, als Beschreibung einer „Nicht-Einmischungs-Erwartung“[554]; d. h.., einer Erwartung, die darauf zielen soll, nicht geschädigt zu werden; sogenannte negative Institutionen[555]. Für Sanchez-Vera ist diese Erwartung, die die Identität und Freiheit der einzelnen Rechtsperson garantieren soll, als Voraussetzung und Kern eines rechtlich verfassten Zusammenlebens anzusehen[556]. Was unter der

---

552 Sanchez-Vera, Pflichtdelikt und Beteiligung, S. 59, führt insoweit aus: „Tun und Unterlassen bleiben, solange sie nicht durch den Code transformiert worden sind, bloß physische Ereignisse, ‚die niemand sieht und hört‘. Das Rechtssystem ‚hört‘ nur, was es durch seinen Code hören kann, was heißt, dass physische Daten – Tun resp. Unterlassen – als solche außerhalb des Systems bleiben.“ „Dass es in der Umwelt ein Tun oder Unterlassen gibt, ist irrelevant: Solche Ereignisse (außerrechtliche Begriffe) gewinnen nur Bedeutung, durch die Umformung des Rechtssystems durch den juristischen Code.“

553 Auch für Jakobs ist im hiesigen Zusammenhang letztlich die nach naturalistischen Kriterien bestimmte Begehungsform irrelevant. Er zieht jedoch nicht die Konsequenz, die (nach naturalistischen Kriterien erfolgende) Differenzierung zwischen den Begehungsformen vollständig aufzugeben, sondern möchte sie nur nicht als Anknüpfungspunkt für eine unterschiedliche strafrechtliche Haftungsbegründung heranziehen (Jakobs, AT, 28/14). Den Gedanken, dass die normativ relevante Grenze nicht zwischen den sogenannten Begehungsformen verläuft, hat Jakobs (AT, 28/14) wie folgt formuliert: „Da es also Gebote gibt, die keine Solidarität voraussetzen, und Verbote, die nur bei Solidarität Bestand haben, kann der Wechsel der Haftungsbegründung nicht zwischen allen Unterlassungen einerseits und allen Begehungen andererseits stattfinden, sondern nur innerhalb der Begehungen wie innerhalb der Unterlassungen.“

554 Sanchez-Vera, Pflichtdelikt und Beteiligung, S. 61.

555 Sanchez-Vera, Pflichtdelikt und Beteiligung, S. 84.

556 Sanchez-Vera, Pflichtdelikt und Beteiligung, S. 78, führt insoweit aus: „Ebenso wie das Organisieren überhaupt nur möglich ist, wenn das Sygnallagma von Organisationsfreiheit und

Nicht-Einmischungs-Erwartung in Abgrenzung zu anderen strafrechtlich relevanten Erwartungen zu verstehen sein soll, erläutert er zusammenfassend mit folgendem Hegelzitat: „Der allgemeine Rechtsgrundsatz, von welchem die anderen nur besondere Anwendungen sind, heißt: ‚Du sollst nicht das Eigentum eines anderen ungekränkt lassen!‘ Dies heißt aber nicht: du sollst dem anderen etwas Positives erweisen oder eine Veränderung in den Umständen hervorbringen, sondern enthält nur die Unterlassung der Verletzung des Eigentums“.[557] Es mag an dieser Stelle nur kurz erwähnt werden, dass diese Definition des „Tuns“ tief in den herkömmlichen „Unterlassensbegriff“ hineinreicht. So sind nach Sanchez-Vera beispielsweise alle sogenannten Garantenpflichten aus Ingerenz dem Bereich des „Tuns“ zuzuordnen, weil die Pflicht zur Wiederherstellung als Ausfluss des Nichtschädigungsgebots zu verstehen sei[558]. Schwieriger einzuordnen ist die Gruppe von Pflichten, die Sanchez-Vera mit dem Begriff „Unterlassen“ verbindet. Jene sollen als Erwartungen beschreibbar sein, die auf „den Aufbau einer gemeinsamen Welt“ gerichtet seien[559], bzw., „zu einer ganz oder ausschnittsweise gemeinsamen Weltgestaltung“[560] verpflichteten[561], sogenannte positive Institutionen. Die aus jenen Erwartungen resultierenden Pflichten sollen zum einen ermöglichen, dass die Nicht-Einmischungserwartung überhaupt erhoben werden kann, indem sie quasi die notwendige Infrastruktur eines Gemeinwesens bilden[562]. Zudem verkörpern die positiven Institutionen für Sanchez-Vera gewissermaßen den gemeinsamkeitsstiftenden Kern des Gemein-

---

Folgenverantwortung akzeptiert wird, muss die Person des anderen geachtet bleiben, darf sie also wegen des Prinzips neminem laede nicht geschädigt werden. “

557 Hegel, Philosophische Propädeutik (Werke 4), S. 234 f. (§ 7), siehe: Sanchez-Vera, Pflichtdelikt und Beteiligung, S. 75.

558 „Die Pflicht zu restituieren ist also keine besondere Pflicht“ (Sanchez-Vera, Pflichtdelikt und Beteiligung, S. 76). Sanchez-Vera bezieht sich in diesem Zusammenhang beispielsweise auf Thomas von Aquin, Summa Theologica, II-II q 62 a 8 ad 1, der ausführt: „Wiewohl das Gebot der Wiedererstattung der Form nach [tat-]fordernd ist, enthält es doch ein Verbot, wodurch uns verboten wird, die Sache eines anderen zu behalten.“

559 Sanchez-Vera, Pflichtdelikt und Beteiligung, S. 98.

560 Jakobs, Tun und Unterlassen, S. 57.

561 Für das im Rahmen dieser Untersuchung ausgegebene Ziel, eine unter Zumutbarkeitsgesichtspunkten bedeutsame Differenz auszumachen, sind die Unterschiede zwischen Sanchez-Vera und Jakobs daher nicht von Relevanz.

562 Sanchez-Vera, Pflichtdelikt und Beteiligung, S. 119, stellt in diesem Zusammenhang fest: „Durch die positiven Institutionen werden nämlich die realen Bedingungen der Verwirklichung der negativen Institutionen garantiert. Ebenso wie etwa für den Arbeitslosen Berufsfreiheit nutzlos ist, ist die negative Institution ohne positive Institution inhaltsleer. Krass: Ein negatives Recht auf Freiheit der negativen Institution hilft oft nur dann, wenn man es im Prozess verteidigen kann, d. h. wenn es z. B. zugleich eine positive Pflicht des Zeugniszwangs gibt, allgemeiner wenn es eine positive Institution namens Justiz überhaupt gibt.“ Siehe hierzu auch: Kap. F, I, 2.

wesens[563]. Abschließend stellt Sanchez-Vera selbst fest, dass es sich nach seiner Unterscheidung zwischen „Tun“ und „Unterlassen“ nicht mehr um „den klassischen Code von A und *non*-A des Radbruchschen Handlungsbegriffs, (...) noch um den Code von non-A und non-A Herzbergs, sondern um den von B und B [handelt][564], wobei B jedes im Strafrecht interessierende Verhalten ist, weil es strafrechtlich garantierte Erwartungen enttäuscht“[565].

Ob die in dieser Weise angedeutete vollständige Normativierung der Begriffe „Tun“ und „Unterlassung“ gerechtfertigt ist, muss hier nicht entschieden werden. Nach dem bisherigen Ergebnis ist jedenfalls dem Grundgedanken dieser Ansicht zuzustimmen, wonach die Grenzen der strafrechtlichen Haftung jenseits der sogenannten Verhaltensformen zu bestimmen seien.

XIII. Zusammenfassung des Streitstandes

An dieser Stelle ist es angezeigt, den Stand der bisherigen Untersuchung zusammenzufassen. Im ersten Abschnitt wurde darauf hingewiesen, dass der Zumutbarkeitsbegriff von der herrschenden Meinung in derart verschiedenen Bedeutungen verwendet wird, dass der Verdacht aufkam, mittels Zumutbarkeitserwägungen würden unterschiedliche Fragestellungen beantwortet. Die Suche nach einem Prinzip der Unzumutbarkeit, das die Erörterung der Unzumutbarkeit auf einer bestimmten verbrechenssystematischen Ebene empfiehlt, blieb ohne Erfolg. Der Mangel eines solchen gehaltvollen Prinzips ließ es im Hinblick auf den hiesigen Arbeitstitel als erforderlich erscheinen, die seitens der herrschenden Meinung vorgeschlagenen, unterschiedlichen Entlastungsgründe einzeln auf ihre Tragfähigkeit zu überprüfen.

Vor einer Beschäftigung mit den verschiedenen, auf den einzelnen Stufen des Verbrechensaufbaus vertretenden Zumutbarkeitsgrenzen sollte zunächst geklärt werden, ob die von der herrschenden Meinungsgruppe gemeinsam getragene Überzeugung geteilt werden kann, dass der Begehungsform „Unterlassen“ ein geringeres Unrecht zukommt. Dieses Argument muss nach dem vorherigen Abschnitt als unzutreffend verworfen werden. Hiernach ist kein Grund dafür

---

[563] „Das Strafrecht soll sich [...] nicht nur in der Sicherung äußerer Freiheitssphären erschöpfen, sondern es verlangt darüber hinaus auch die Herstellung positiver Beziehungen, die wiederum auf positiven Institutionen basieren“ Sanchez-Vera, Pflichtdelikt und Beteiligung, S. 85. Hinsichtlich des hinter dieser Überlegung stehenden Gedankens siehe: Kap. F, I, 2.

[564] Einf. d. d. Verf.

[565] Sanchez-Vera, Pflichtdelikt und Beteiligung, S. 66.

ersichtlich, den Unterlassenstäter[566] unter Zumutbarkeitsgesichtspunkten zu privilegieren.

Damit lässt sich das folgende Zwischenergebnis festhalten: Die Grenzen der Strafbarkeit lassen sich weder von der Begehungsform „Tun“ oder „Unterlassen“ abhängig machen, noch lassen sie sich auf ein gehaltvolles Prinzip der (Un-) Zumutbarkeit stützen. Wie angedeutet, sind die damit die oben skizzierten, mit dem (Un-) Zumutbarkeitsbegriff im Rahmen der unechten Unterlassungsdelikte verknüpften Sachfragen noch nicht gelöst[567]. Diese Fragen sollen im folgenden zumindest auszugsweise behandelt werden.

Zum Ende dieses Abschnitts muss freilich nochmals ausdrücklich darauf hingewiesen werden, dass nicht die Notwendigkeit bestritten wird, die von der herrschenden Meinung zwischen den Begehungsformen vorgenommene Differenzierung unter einer anderen Perspektive beizubehalten[568]. Insbesondere bedeutet die zumindest partielle Gleichstellung der Verhaltensformen nicht, dass auf die Voraussetzung der Garantenpflicht verzichtet werden und damit die gesamte Garantenlehre gleichsam „über Bord geworfen werden kann“[569]. Die nachfolgende Untersuchung hat sich also trotz der Ablehnung einer Privilegierung des Unterlassungstäters mit dem Umfang der sogenannten Garantenpflichten zu beschäftigen. Dies wird in Kap. F geschehen.

---

[566] Jedenfalls soweit man entgegen Sanchez-Vera (siehe: oben) mit der ganz herrschenden Meinung die Unterlassungstäterschaft nicht an die Art der Erwartungsenttäuschung knüpft.

[567] Siehe hierzu Kap. B, I.

[568] In diesem Sinne meint Roxin, AT/2, § 31, Rn.71 f., dass obwohl „die Kategorie der Pflichtdelikte den seinstrukturellen Unterschied von Begehen und Unterlassen weitgehend irrelevant macht“, gleichwohl auf die Abgrenzung „nicht verzichtet werden kann“, weil die Abweichungen zwischen den Begehungsformen, etwa im Rahmen der Bestimmung des Versuchsbeginns, auch „bei identischen normativen Maßstäben differenzierte Lösungen erzwingen“.

[569] Dies würde zu dem „absurden“ Ergebnis führen, dass allein mit der Möglichkeit der Abwendbarkeit des Erfolges, eine strafrechtlich relevante Verhaltenssaufforderung einherginge. Es wird also nicht die mit der Garantenpflicht einhergehende Einschränkung der Verantwortlichkeit in Abrede gestellt, sondern ausschließlich deren Abhängigkeit zur sogenannten Verhaltensform der Unterlassung.

E. Entlastung von Strafe wie von der herrschenden Meinung vorgeschlagen ohne unterlassungsspezifische Privilegierung?

Im nächsten Kapitel soll die Frage gestellt werden, ob die dem Täter bei den unechten Unterlassungsdelikten unter Berufung auf den Gedanken dem Unzumutbarkeit zugebilligte Entlastung von Strafe begründet werden kann, wenn weder auf einen spezifischen Entlastungsgedanken der Unzumutbarkeit zurückgegriffen werden kann noch auf eine unterlassungsspezifische Privilegierung. D. h., es gilt auf jeder verbrechenssystematischen Ebene zu prüfen, ob die unter Zumutbarkeitsgesichtspunkten dem sogenannten Unterlassungstäter zugestandene Straffreiheit auch mittels der herkömmlichen (gesetzlich vorgesehenen) Rechtsinstitute begründet werden kann. Diese Perspektive ist, wie sich bei Betrachtung des Meinungsspektrums leicht ersehen lässt, jedoch derart breit angelegt, dass eine auch nur annähernd vollständige Überprüfung im Rahmen dieser Untersuchung nicht zu bewerkstelligen ist. Bei der Auswahl des Schwerpunktes erschien es am zweckmäßigsten, sich in besonderer Weise mit der Frage zu beschäftigen, ob die Entschuldigungsgründe über den gesetzlich vorgesehen Bereich des § 35 Abs. 1 StGB auszuweiten sind. Hierfür lässt sich zunächst anführen, dass die größte Gruppe innerhalb der herrschenden Meinung den Zumutbarkeisvorbehalt auf der Schuldebene ansiedet. Der für die Auswahl entscheidende Gesichtpunkt liegt allerdings darin, dass der (Un-) Zumutbarkeitsbegriff im Rahmen der vorsätzlichen Begehungsdelikte ganz überwiegend als Grundbegriff der Entschuldigungsgründe verstanden wird[570]. Somit kann, unabhängig von der hiesigen kritischen Haltung, aus der Perspektive der herrschenden Terminologie gefragt werden, ob die bei den unechten Unterlassungsdelikten vorgeschlagenen Unzumutbarkeitsgründe auch im Rahmen der positiven Begehungsdelikte Anwendung finden sollen. Der Auswahl des Untersuchungsschwerpunktes soll freilich nicht die Aussage beigemessen werden, der Zumutbarkeitsbegriff sei hier in besonderem Maße treffend. Die ausführliche Behandlung der Entschuldigungsgründe beruht vielmehr allein auf dem (pragmatischen) Grund, dass sich die nachstehenden Ausführungen damit innerhalb der herrschenden Terminologie bewegen und insofern von den vorstehenden kritischen Ausführungen zu einem gehaltvollen strafrechtlichen (Un-) Zumutbarkeitsbegriff[571] weitgehend unabhängig sind.

[570] Hierbei wird als Grund für die Einordnung auf der Schuldebene nicht selten die Verwendung des (Un-) Zumutbarkeitsbegriff im Rahmen der vorsätzlichen Begehungsdelikte angeführt. Siehe zum Ganzen: A, I.

[571] Um möglichst lange Anschluss an die herrschende Ansicht zu halten, werden, entgegen der systematisch folgerichtigen Vorgehensweise, die rechtlichen Einstandspflichten in Kap. F. besprochen. Der dort eingenommene Standpunkt entspricht nämlich nicht dem der herrschenden Meinung.

Vorbemerkung zur Unzumutbarkeit als Ausweitung der gesetzlich normierten Entschuldigungsgründe

Für die Frage, ob der Täter auch ohne unterlassungsspezifische Unzumutbarkeit über den Wortlaut des § 35 StGB hinaus entschuldigt werden kann, scheinen hauptsächlich jene Autoren interessant zu sein, die einen allgemeinen Entschuldigungsgrund der Unzumutbarkeit vertreten. Die Beschäftigung mit der Frage nach dem übergesetzlichen Entschuldigungsgrund der Unzumutbarkeit stellt jedoch nur einen Teil der Gesamtproblematik dar. Über die Bedeutung der Unzumutbarkeit als Inbegriff der Entschuldigungsgründe entscheidet nämlich letztlich nicht die Befürwortung oder Ablehnung eines allgemeinen Entschuldigungsgrundes, sondern die Frage, welche Voraussetzungen vorliegen müssen, damit eine Entschuldigung des Täters als geboten erscheint. Soweit man die Entscheidung über die Grenzen der Zumutbarkeit nicht freihändig und damit gewissermaßen willkürlich treffen will, sind auch für einen „allgemeinen Entschuldigungsgrund“ Kriterien oder zumindest Anhaltspunkte zu benennen, wonach sich zumutbare von unzumutbaren Verhaltensanforderungen abgrenzen lassen. Umgekehrt lassen sich die gesetzlichen Entschuldigungsgründe durch eine extensive Auslegung und die Befürwortung analoger Anwendungen zumindest theoretisch zu einem Entschuldigungsgrund ausbauen, der den Namen „allgemein“ verdienen würde. Vergleicht man an dieser Stelle diejenigen Ansichten, die eine extensive Interpretation des entschuldigenden Notstandes befürworten, mit den Auffassungen, die bei den unechten Unterlassungsdelikten einen allgemeinen Entschuldigungsgrund der Unzumutbarkeit annehmen, so lassen sich teilweise erhebliche Übereinstimmungen feststellen. So würde etwa der Täter in dem von Kühl[572] und Kindhäuser[573] zur Illustration ihres Zumutbarkeitsverständnisses im Rahmen der unechten Unterlassungsdelikte gebildeten Beispielsfalles[574] von Baumann/Weber/Mitsch[575] und Stratenwerth[576] bereits unabhängig von der Begehungsform nach § 35 StGB[577] entschuldigt. Die Entscheidung darüber, inwieweit man den Täter von Schuld entlasten kann, ist freilich davon abhängig, wie man die Entschuldigung als Entlastungsgrund strafrechtsdogmatisch einordnet bzw. begründet. Hier werden trotz des gemeinsamen Rückgriffs auf das Prinzip der Unzumutbarkeit voneinander abweichende Ansichten vertreten. Diese werden im Folgenden einzeln vorgestellt. Zunächst sind zur

[572] Kühl, AT, § 18, Rn. 140.
[573] LPK-Kindhäuser, vor §§ 32-35, Rn. 81.
[574] Der Täter rettet nicht den Angehörigen aus dem Haus, sondern die Freundin (welche er zu heiraten beabsichtigt) .
[575] Baumann/Weber/Mitsch, AT, § 23, Rn. 64.
[576] Stratenwerth, AT, § 10, Rn. 104.
[577] D. h. ohne Annahme eines allgemeinen Entschuldigungsgrundes der Unzumutbarkeit.

besseren Einordnung der Problemstellung jedoch einige allgemeine Bemerkungen zur Entschuldigung voranzustellen.

Die Entschuldigung (Unzumutbarkeit) führt zwar anderes als die Rechtmäßigkeit zu keiner Duldungspflicht des Opfers, d. h., sie ordnet die Rechtskreise nicht neu, macht dieselben aber durchlässig. Das Strafrecht zieht seine hinsichtlich der Unverletzlichkeit des Rechtskreises ausgesprochene Garantie punktuell zurück und überlässt diese – unter Beibehaltung seiner grundsätzlichen Wertung – den Verteidigungsbemühungen des Opfers. Das Ergebnis hängt damit vom Kräfteverhältnis zwischen den Beteiligten ab. Kurz: Der Stärkere gewinnt. Es wird von Rechts wegen hingenommen, dass der Überlegene den Schaden zu Lasten des Schwächeren verlagert. Der Sache nach herrscht, wo Unzumutbarkeit angenommen wird, also ein (straf-[578]) rechtsfreier Raum[579]. Warum aber gibt das Recht die sonst geltende Güterzuordnung auf? Die diesbezüglichen Begründungsansätze sind, jenseits „der Lehre vom allgemeinen Entschuldigungsgrund der Unzumutbarkeit", vor allem für den „wichtigsten Fall der Unzumutbarkeit"[580], d. h. als Notstandstheorien ausgearbeitet worden. Es kann wohl beobachtet werden, dass die intuitive Plausibilität der Entschuldigung des Notstandstäters proportional mit der Wertigkeit der Güter, um derentwillen die Tat erfolgt, ansteigt. Aber selbst die theoretische Absicherung der heuristisch überzeugendsten Konstellation, d. h. des Lebensnotstandes, ist nicht unproblematisch. Entsprechende Ansätze werden anhand verschiedener ersonnener Beispielsfälle seit Jahrhunderten diskutiert. Der in diesem Zusammenhang bekannteste Beispielsfall stammt von dem Philosophen Karneades (geb. 214 v. Chr.)[581]. Er handelt von zwei Schiffbrüchigen, die im Meer eine umhertreibende Planke entdecken, die allerdings nur einen von beiden tragen kann. Ein Schiffbrüchiger erreicht die Planke zwar als Erster, wird von dem anderen aber gewaltsam verdrängt. Schuldhaft[582]? Der Fall verdankt seine „Beliebtheit" gewiss auch dem Umstand, dass er drastische, filmreife äußere Umstände beschreibt. Andererseits ist die buchstäblich fern liegende Kulisse (zwei ums Überleben kämpfende Personen, nur vom weiten Ozean umgeben) durchaus geeignet, die beispielgebende Funktion des Falls verblassen zu lassen. Man darf sich von der scheinbaren Entfernung des Brettes jedoch nicht beirren lassen. Der Abstand zu der hier zu be-

---

[578] Zur Übertragbarkeit auf das Zivilrecht soll hier keine Stellung genommen werden.

[579] Der Begriff „rechtsfreier Raum" kann in diesem Zusammenhang leicht missverstanden werden. Da der Raum vom Recht selbst umgrenzt ist, handelt es sich formal nicht um einen rechtsfreien Raum.

[580] Stratenwerth, AT, § 10, Rn. 104.

[581] Der Fall ist vielfach tradiert und besprochen worden. So bereits bei Kant, Metaphysik der Sitten, S. 343, und Fichte, Grundlage des Naturrechts, S. 246 f.; siehe aus der neueren Literatur z. B.: Küper, Immanuel Kant und das Brett des Karneades; Hurschka, Rechtfertigungs- und Entschuldigungsgründe: Das Brett des Karneades bei Genz und Kant, GA 1991, S. 1 ff.

[582] Vgl. hierzu Jakobs Norm, Person, Gesellschaft, S. 89 ff.

antwortenden Fragestellung ist denkbar gering. Immer, wenn über die Entschuldigung entschieden wird, geht es im übertragenen Sinne nämlich letztlich darum, ob dem „zweiten Schwimmer" der Versuch offen steht, nicht sanktionsbedroht den ersten von „seinem" Brett durch „verbotene Eigenmacht" zu vertreiben. Mit anderen Worten: Es muss eine tragfähige Begründung dafür angegeben werden, warum in bestimmten Situationen überhaupt die eigene Not – straffrei – auf die Gemeinschaft oder ein anderes Individuum verlagert werden darf. Wie Pawlik treffend formuliert, setzt das Recht, in Ruhe gelassen zu werden, begriffsnotwendig die Pflicht voraus, die eigene Notlage „nicht auf Kosten des anderen zu bekämpfen, sondern sie allein zu bestehen"[583]. Deswegen liegt zunächst einmal der Gedanke nicht fern, dass es zum Leben gehört, dass „jeder sein – manchmal trauriges – Schicksal tragen muss"[584] oder dass man jedenfalls nicht außerhalb der Bedingungen einer Ordnung sein Leid auf andere verlagern darf[585]. Insofern kann der in Not Geratene zunächst einmal kaum ernsthaft bestreiten, dass ihm der „Umstand als solcher," sich in einer Notlage zu befinden, „keine Berechtigung" dazu gibt, zur „Abwendung der Not in den Rechtskreis eines unbeteiligten anderen einzugreifen."[586] Inwieweit dennoch eine Entschuldigung des Notstandstäters gelingen kann, wird der nächste Abschnitt zeigen.

1. Lehren vom allgemeinen übergesetzlichen Entschuldigungsgrund der Unzumutbarkeit / Die Lehre vom normativen Schuldelement

Dass es bei der Bestimmung von (Un-) Zumutbarkeitsgrenzen nicht darum geht, ob sich der Täter wegen starker Gegenmotive nur „schwer" zu einem der Norm entsprechenden Verhalten durchringen kann, führt zu einem erhöhten Begründungsaufwand. Der Verweis auf eingeschränkte Fähigkeiten muss ersetzt werden durch Gründe, die plausibel machen, warum die Norm es dem Täter nur in

---

[583] Pawlik, Der rechtfertigende Notstand, S. 17.

[584] So: Roxin, AT, § 22, III, S. 893.

[585] Die Rechtsordnung bietet dem vom Schicksal Getroffenen allerdings nicht nur Nachteile. Der so Geschwächte muss weder, wie im Naturzustand, damit rechnen, durch Übergriffe Dritter nunmehr alles zu verlieren, noch ist es – zumindest in unserer Rechtsordnung – erlaubt, Schicksalsschläge anderer unbegrenzt auszunutzen.

[586] Pawlik, Der rechtfertigende Notstand, S. 15. Insofern ist die im Zusammenhang von Zumutbarkeitserwägungen populäre Fokussierung auf die Situation des in Anspruch genommenen Normadressaten mit Blick auf den Mitbetroffenen nicht unproblematisch In diesem Sinne hat etwa Bernsmann (Entschuldigung durch Notstand, S. 404) festgestellt: „Zweifellos ist es hilfreich, dann von Unzumutbarkeit zu sprechen, wenn ausschließlich danach gefragt wird, ob eine Verpflichtung einen Betroffenen in seinen subjektiven Möglichkeiten überfordert oder nicht. Sobald aber die Interessen mehrerer Beteiligter auf dem Spiel stehen, geht es nicht mehr allein um singulär zu beurteilende Pflichten (…)".

Grenzen schwer machen darf, bzw. umgekehrt muss dem Täter erklärt werden können, warum ein normgerechtes Verhalten, auch wenn dies kostenintensiv sein sollte, in seinem Selbstverständnis/Interesse liegt.

Die Diskussion um einen allgemeinen Entschuldigungsgrund der Unzumutbarkeit begann als Beschäftigung mit dem auf Frank zurückgehenden „normativen" Schuldbegriff[587]. Diesem etwa seit den zwanziger Jahren herrschenden Schuldverständnis zufolge liegt der Schuldgrund nicht, wie die bis dahin herrschende „psychologische Schuldauffassung" annahm, in der subjektiven Beziehung des Täters zur Tat[588], sondern in der (negativen) Bewertung der der Tat vorausgehenden Willensbildung[589]. Mit dieser Neubestimmung der Schuld als fehlerhafte Willensbildung bzw. als „Vorwerfbarkeit" wurde auch die Neubestimmung des materiellen Schuldbegriffs erforderlich[590]. In diesem Zusammenhang meinten zunächst Freudenthal und Goldschmidt in dem Zumutbarkeitsbegriff ein sachgerechtes Kriterium zur Abgrenzung zwischen vorwerfbarem und nicht-vorwerfbarem Verhalten gefunden zu haben[591]. Ihnen folgten vor dem zweiten Weltkrieg eine Reihe von Autoren, von denen besonders Kohlrausch und Eberhard Schmidt zu erwähnen sind[592].

a. Freudenthal

Freudenthal führt den Zumutbarkeitsbegriff in das Strafrecht mit einem klassischen Syllogismus ein. Dieser lautet wie folgt:

1. P1 Strafrechtliche Schuld entspricht in ihren strukturellen Voraussetzungen der moralischen Schuld [593].
2. P2 Moralische Schuld liegt nur vor, wenn das verlangte Verhalten zumutbar war.
3. K Strafrechtliche Schuld setzt Zumutbarkeit voraus.

---

587 Sauerland, Zur Wandlung des Zumutbarkeitsbegriffes im Strafrecht, S. 10. Eine ausführliche Darstellung der älteren (Un-) Zumutbarkeitslehren findet sich bei Frellesen, Die Zumutbarkeit der Hilfeleistung.

588 Roxin AT/1, § 19, II, S. 538.

589 Jescheck/Weigend, § 47, II, S. 503: In diesem Sinne formuliert etwa Frank, FS jur. Fakultät der Universität Gießen, S. 16: „Ein verbotenes Verhalten ist jemandem dann zur Schuld anzurechnen, wenn man ihm einen Vorwurf daraus machen kann, dass er es eingeschlagen hat".

590 Vgl. Frellesen, Die Zumutbarkeit der Hilfeleistung, S. 24.

591 Frellesen, Die Zumutbarkeit der Hilfeleistung, S. 24.

592 Frellesen, Die Zumutbarkeit der Hilfeleistung, S. 25.

593 Freudenthal, Schuld und Vorwurf, S. 27; vgl. Frellesen, Die Zumutbarkeit der Hilfeleistung , S. 35.

Freudenthal begründet die erste Prämisse damit, dass ein Auseinanderfallen zwischen Strafrecht (Juristenurteil) und Ethik (Volksurteil)[594] dauerhaft zu einer für den Staat abträglichen „Kluft zwischen Volk und Recht“ führe[595]. Die zweite Prämisse gewinnt er durch Beobachtung der gesellschaftlichen Wirklichkeit. Mit Blick auf die Moralvorstellungen seiner Zeit meint er feststellen zu können, dass es die „Volksgemeinschaft“ ablehne, „den schuldig zu finden, dem billigerweise nicht zuzumuten war, dass er die Handlung ungetan ließ“[596]. Aufgrund beider Prämissen kann er dann die Zumutbarkeit als „das beiden Schuldarten gemeinsame ethische Schuldelement“[597] bezeichnen[598]. Freudenthal lehnt die Ansicht Franks[599], der Richter könne die Frage der Zumutbarkeit „nach freiem Ermessen“ beantworten, ausdrücklich ab. Es bestünden „schwere Bedenken, in einer Frage wie Schuld oder Unschuld den Richter so völlig ohne Direktive zu lassen“[600]. Das Abgrenzungskriterium zwischen "Schuld oder Unschuld“[601] findet „Freudenthal, anders als es sein normatavistischer Argumentationsansatz erwarten lässt“[602], nicht in „moralischen Normen“, sondern „in der psychischen Fähigkeit des Täters, sich normgemäß zu verhalten“[603]. Freudenthal begründet das Zumutbarkeitskriterium des „Anders-Handel-Können“[604] mit dem Grundsatz, „impossibilium nulla est obligatio, (welcher) für jedes Recht in der tiefsten Natur der Dinge“ liege. Entscheidend sei, dass „der Täter aufgrund der äußeren

---

594 Henkel spricht von dem Bestreben, „Juristenurteil“ und „Volksurteil“ in Übereinstimmung zu bringen (FS, Mezger S. 253).

595 „Den Schuldvorwurf zu bejahen und tiefe, ja die tiefsten kriminellen Eingriffe gegen den (zu) verhängen, dem moralisch wie ethisch nach den Umständen der Tat kein Vorwurf gemacht werden“ könne, sei „auf Dauer schwer erträglich“ (Freudenthal, Schuld und Vorwurf, S. 27). Siehe auch Jellinek, Die sozialethische Bedeutung von Recht, Unrecht und Strafe, S. 42 ff., der das Recht bereits als „ethisches Minimum“ bezeichnet.

596 Freudenthal, Schuld und Vorwurf, S. 10.

597 Freudenthal, Schuld und Vorwurf, S. 21.

598 Freudenthal widerspricht damit der seinerzeit absolut herrschenden Meinung, die der Unzumutbarkeit nur bei den Fahrlässigkeitsdelikten eine allgemeine Bedeutung zubilligte (Achenbach, Historische und dogmatische Grundlagen der strafrechtsdogmatischen Schuldlehre, S. 144). Freudenthal, Schuld und Vorwurf, S. 15 f., trägt insofern folgendes „argumentum a minore“ vor (Achenbach, a. a. O.): „Wenn Unvermeidbarkeit in dem bisher festgestellten Sinne die Fahrlässigkeit ausschließt, so muss sie erst recht dem Vorsatz im Wege stehen.“

599 Frank, Aufbau, S. 532.

600 Freudenthal, Schuld und Vorwurf, S. 22; Frellesen, Die Zumutbarkeit der Hilfeleistung, S. 35.

601 Freudenthal, Schuld und Vorwurf, S. 10.

602 Frellesen, Die Zumutbarkeit der Hilfeleistung , S. 36. Freudenthal, Schuld und Vorwurf, S. 21, formuliert insoweit: „Mit dem Können des Täters fehlt seine Schuld.“

603 So Frellesen, Die Zumutbarkeit der Hilfeleistung , S. 37.

604 So Frellesen, Die Zumutbarkeit der Hilfeleistung , S. 36.

Umstände[605] und „seiner Gesamtpersönlichkeit (...) imstande war, die Verwirklichung des Tatbestandes zu unterlassen“[606]. Freudenthal räumt ein, kein Kriterium angeben zu können, anhand dessen diese individuelle Prüfung erfolgen könnte. Er benennt jedoch ein Indiz, welches das Fehlen der individuellen Fähigkeit zu einer normgemäßen Motivierung nahe legen soll[607]. Überraschenderweise findet Freudenthal dieses Indiz nicht in der Beobachtung der psychischen Situation des Handelnden, sondern in der Betrachtung des „hypothetischen Verhaltens der anderen Normadressaten“[608]. Für ein Fehlen der individuellen Fähigkeit zu einem normgemäßen Verhalten spräche, wenn unter den gegebenen Umständen jeder gehandelt haben würde, wie der Täter gehandelt hat“[609], d. h., wenn „zur Nichtbegehung der Straftat ein Maß von Widerstandskraft gehört hätte, wie man es normalerweise niemand zumuten kann“[610].

Die Konzeption Freudenthals ist zum Gegenstand heftiger Kritik geworden. So bezeichnet beispielsweise Henkel die von Freudenthal ausgearbeitete Zumutbarkeitsformel als „radikalste“[611] ihrer Art und erhebt gleichzeitig den Vorwurf, ihr fehle ein tragfähiger dogmatischer Unterbau[612]. Und Achenbach meinte gar, Freudenthals Studie „Schuld und Vorwurf im geltenden Strafrecht“ sei eher „eine Kampfschrift als eine akademische Abhandlung“[613]. Diese Formulierungen fallen ein wenig drastisch aus, in der Sache liegt ihnen jedoch eine berechtigte Kritik zugrunde. Diese richtet sich sowohl gegen die Gleichsetzung von rechtlicher und ethischer Vorwerfbarkeit als auch gegen das Kriterium des „individuellen Könnens“[614]. Gegen Freudenthals Gleichstellung rechtlicher und ethischer Vorwerfbarkeit hat zuerst Schumacher geltend gemacht, dass zwischen dem ethischen und dem rechtlichen Vorwurf ein fundamentaler qualitativer Unterschied bestehe[615]. Während der ethische Schuldvorwurf für Schumacher allein wegen der missbilligenswerten Gesinnung des Täters erhoben wird, könne der rechtliche Schuldvorwurf nur utilitaristisch verstanden werden. Das Recht ziele, auch wenn es anscheinend auf ethischen Forderungen beruhe, nur darauf, das Überleben der Gruppe zu sichern[616]. Diese Kritik wird im Kern von Schaff-

---

605 Freudenthal, Schuld und Vorwurf, S. 11.
606 Freudenthal, Schuld und Vorwurf, S. 7.
607 Freudenthal, Schuld und Vorwurf, S. 7.
608 Frellesen, Die Zumutbarkeit der Hilfeleistung , S. 37.
609 Freudenthal, Schuld und Vorwurf, S. 10.
610 Freudenthal, Schuld und Vorwurf, S. 7.
611 Henkel, FS Mezger, S. 253.
612 Henkel, FS Mezger, S. 253.
613 Achenbach, Historische und dogmatische Grundlagen der strafrechtssystematischen Schuldlehre, S. 143.
614 Vgl. Frellesen, Die Zumutbarkeit der Hilfeleistung , S. 38.
615 Schumacher, Um das Wesen der Strafrechtsschuld, S. 47 ff.
616 Schumacher, Um das Wesen der Strafrechtsschuld, S. 50.

stein[617] und Erik Wolf[618] geteilt[619]. Sie sehen wie Schumacher vor allem die Gefahr, dass „die Abstellung des rechtlichen auf das individual-ethische Schuldurteil zur Kapitulation der Gesellschaft von dem Überzeugungsverbrecher führen würde“[620]. Der Kritik wird man zumindest insoweit zustimmen müssen, dass allein die Überzeugung des Täters von der Richtigkeit seines Handelns kein Anlass sein kann, die strafrechtliche Schuld zu verneinen[621]. Ob allerdings die Befürchtung gerechtfertigt ist, dass auf der Grundlage ethischer Maßstäbe gegenüber dem Überzeugungstäter kein Vorwurf erhoben werden könne, ist nach hiesiger Ansicht höchst fraglich. Die Frage lässt sich an dieser Stelle freilich nicht beantworten, weil hierzu eine Klärung des ethischen Schuldbegriffs erfolgen müsste, die im Rahmen dieser Untersuchung nicht zu leisten ist[622]. Damit ist indes eine bedeutende Schwäche benannt, die mit der Übernahme ethischer Maßstäbe einhergeht. Weil die Maßstäbe ethischer Vorwerfbarkeit mindestens ebenso umstritten sind wie der Maßstab der rechtlichen Vorwerfbarkeit, stehen unbestrittene ethische Wertvorstellungen, auf die man unbesehen zugreifen könnte, überhaupt nicht zur Verfügung[623]. Dabei ist zunächst sogar offen, ob der unter dem Gesichtpunkt der „Wahrheit“ „richtige“ Maßstab gesucht werden soll oder der in der Gesellschaft herrschende. Will man hierbei Freudenthals Ansatz gerecht werden, „ein Auseinanderdriften zwischen Volk und Recht zu verhindern“, müsste man sicherlich nach der zweiten Alternative verfahren. Danach

---

617 Zwar versteht Schaffstein, Die Nichtzumutbarkeit als allgemeiner übergesetzlicher Schuldausschließungsgrund, S. 28, den rechtlichen Vorwurf als sittlichen Vorwurf. Der „Zusammenhang“ des Rechts „mit der Ethik“ ergebe sich allerdings „erst aus der den Staat ‚konstituierenden sittlichen Idee‘“. Die rechtliche Schuld bezeichnet er daher als „Staatspflichtwidrigkeit“.

618 Erik Wolf, Strafrechtliche Schuldlehre, S. 178.

619 Nach eigener Einschätzung vermittelnd äußert sich Jobst, Der Streit um die Zumutbarkeit im Strafrecht, S. 76, der meint: „Ein Strafrecht aber, das die Unzulänglichkeit des Einzelmenschen, seine Nöte und seinen Selbsterhaltungstrieb in Rechnung stellt und trotzdem sich stets auf das unbedingte Primat der Staatsautorität besinnt, muss an sich noch kein ausgemachtes Übel sein.“

620 Schaffstein, Die Nichtzumutbarkeit als allgemeiner übergesetzlicher Schuldausschließungsgrund, S. 30 f.

621 Dass die Überzeugung des Täters von der Richtigkeit seiner Tat für die Strafbarkeit irrelevant ist, entspricht der allgemeinen Meinung. Für alle: MüKo/Schlehofer, vor §§ 32 ff., Rn. 208; Jakobs, AT, 20/21; Kühl, AT, § 12, Rn. 118; Hirsch, Strafrecht und Überzeugungstäter, S. 9.

622 In diesem Zusammenhang wirft etwa Jobst, Der Streit um die Zumutbarkeit im Strafrecht, S. 76, Schumacher vor, er habe seiner Kritik an Freudenthals Konzeption eine „ganz absonderliche Vorstellung über das Wesen der Ethik“ zugrunde gelegt. Jobst, a. a. O., ergänzt mit einem Zitat Eb. Schmidts:„Als ob die Ethik nicht viel höhere Ansprüche stellte als das Recht“ (die Fundstelle gibt Jobst nicht an).

623 Insofern darf man wohl bestreiten, dass mit der „Ethisierung des Strafrechts“ im Hinblick auf die hiesige Fragestellung ein Erkenntnisfortschritt verbunden wäre.

würde sich freilich die entscheidende Fragestellung von einer normativen auf eine soziologische verschieben, denn die Ethik ist diesem Gedanken zufolge nicht das Vorbild für das Recht, weil sie einen Katalog „richtiger" Wertentscheidungen verkörpert, sondern den Katalog der herrschenden Wertentscheidungen[624]. Nun ist der Gedanke, dass die Rechtsordnung auf die in der Gesellschaft herrschenden Vorstellungen Rücksicht zu nehmen habe, insofern zutreffend, als jedenfalls eine Rechtsordnung, die mehr sein will als eine bloße Zwangsordnung, darauf angewiesen ist, Anschluss an ihre Umwelt zu halten[625]. Die Entscheidung über rechtliche Schuld und Strafe kann also nicht ohne jeden Blick auf außerrechtliche Wertungen gefällt werden. In einem demokratischen Rechtsstaat ist die Gefahr eines dauerhaften Kontaktverlustes zwischen ethischen und rechtlichen Maßstäben jedoch nicht gegeben[626]. Vielmehr ist zu vermuten, dass in einer pluralistischen Gesellschaft außerhalb der rechtlichen Verbundenheit allgemeine Moralvorstellungen kaum sichtbar gemacht werden können. Es ist daher weder im Sinne einer Mindestakzeptanz notwendig noch praktikabel, sich unmittelbar auf ethische Maßstäbe zu beziehen.

Nicht zu überzeugen vermag auch Freudenthals Vorschlag, das Zumutbarkeitskriterium als „individuelles Können" aufzufassen. Zwar ist zutreffend, dass

---

[624] In diesem zweiten Sinne hat Grünhut ((ZStW 50 (1930), S. 316)) darauf aufmerksam gemacht, dass die Ethisierung des Rechts „nicht aus einem sittlichen Bedürfnis des Richtenden zu verstehen" sei, sondern auf der Einsicht beruhe, dass Handlungen und vor allem strafrechtliche Verurteilungen von Handlungen in ihrer sozial-psychologischen Wirkung und damit in ihrer eigentlichen Existenz davon abhängen, wie weit sie von allgemeinen Werturteilen verstanden oder abgelehnt werden". Vgl. Schaffstein, Die Nichtzumutbarkeit als allgemeiner übergesetzlicher Entschuldigungsgrund, S. 28.

[625] Wie an prominentester Stelle Hobbes beschrieben hat, bedarf auch eine auf Dauer angelegte Zwangsordnung der Rücksichtnahme auf ihre Umwelt. Aus der rechtswissenschaftlichen Literatur hat in diesem Sinne etwa Otto, Grundkurs Strafrecht, AT, § 1, Rn. 62, festgestellt: „Überleben ist eine Selektion erfolgreicher Weltbilder: Nur dasjenige System hat Bestand, das erfolgreich auf die Realität reagiert. Das setzt eine Übereinstimmung mit dieser voraus (...)."

Ein Rechtsverhältnis, welches allein auf der Durchsetzungsmacht basiert, ist mit dem herrschenden Verständnis von Menschenwürde wohl nicht kompatibel. Zwar werden Rechtsakte als Zwangsakte verstanden. Dem Zwang soll im Hinblick auf die Grundrechtsausstattung der Normadressaten jedoch eine inhaltliche Begründung beiwohnen (MüKo/Freund, vor §§ 13 ff., Rn. 34; siehe Naucke, Strafrecht, § 3, Rn. 90 ff.) Unter Zumutbarkeitsgesichtspunkten ist dieser Anspruch von elementarer Bedeutung. Erst wenn die inhaltliche Legitimität einer Ordnung diskutiert wird, kann die Kostensituation des Adressaten eine normative Relevanz gewinnen. Anders herum interessiert, wo die faktische Überlegenheit als Normbegründung ausreicht, letztlich nur die Grenze der Durchsetzungsmacht.

[626] So etwa Theune, in: Strafverteidigung in der Praxis, Bd. 1, S. 180: „Der Staat und seine Gerichte stützen sich auf (...) allgemein gültige, von der Mehrheit seiner Bürger getragene Gesetze". Deswegen streite „zumindest eine Vermutung dafür, dass diese Gesetze den herrschenden Gerechtigkeitsvorstellungen" entsprächen.

jedes Sollen am Können seine Grenze findet[627]. „Eine Norm, die Unmögliches vorschreibt, z. B. den Menschen gebietet, ohne Hilfsmittel zu fliegen, ist wegen ihrer absoluten Unerfüllbarkeit sinnlos" und begründet insofern „keine Verpflichtung auf Seiten des Normadressaten" [628]. Es gilt daher, wie Lesch festgestellt hat: „Das Gesollte ist das physisch realisierbar ‚Gesollte' und umgekehrt ist das physisch nicht realisierbar ‚Gesollte' nicht gesollt."[629] Das „Realisierbarkeits-Postulat" kann Freudenthal, wie Frellesen zutreffenderweise festgestellt hat, allerdings gemäß seinem Ansatz nicht unter Zumutbarkeitsgesichtpunkten thematisieren[630]. Weil Freudenthal mit der Unzumutbarkeit nämlich die Vorwerfbarkeit einschränken möchte, muss er ein „objektives Können" voraussetzten, um zu dem von ihm ins Auge gefasstem Problem überhaupt vordringen zu können[631]. Daher lässt sich in der Tat formulieren: „Nicht so sehr das Können, als vielmehr das Sollen, die Rechtspflicht zu rechtgemäßer Motivation muss entfallen, sofern angenommen werden soll, der handelnde Täter sei aus normativen Gründen schuldlos."[632]

---

627 Frellesen, Die Zumutbarkeit der Hilfeleistung, S. 38; Frey, Die Zumutbarkeit im Strafrecht, S. 69.

628 Frellesen, Die Zumutbarkeit der Hilfeleistung, S. 39.

629 Lesch, Der Verbrechensbegriff, S. 119 ff. Früher war streitig, ob in den Fällen, in denen der Täter zum Tatzeitpunkt nicht „kognitiv und volativ" im Stande war, der Norm zu entsprechen, bereits keine Enttäuschung der normativen Erwartung stattfindet (so Frister, Die Struktur des „voluntativen Schuldelements", S. 56 f.), oder die Erwartung zwar enttäuscht wird, jedoch anderes als durch Strafe verarbeitet werden kann (so noch Jakobs, AT, 17/50, jedenfalls für die Fälle, in denen die Inkompetenz des Täters nicht sofort sichtbar ist ((Jakobs, Handlungsbegriff, S. 42, Fn. 40)). Zu diesen sollen etwa erkennbar Geisteskranke zählen, ebenso Kinder, deren Lebensalter deutlich unter vierzehn Jahren liegt. Gegen diese Differenzierung argumentiert Lesch, Der Verbrechensbegriff, S. 119 ff. Nunmehr vertritt auch Jakobs, GA 1996, S. 255: „Wer nicht schuldhaft handelt, hat nun einmal eine normative Erwartung nicht enttäuscht ."

630 Frellesen, Die Zumutbarkeit der Hilfeleistung, S. 39. Nach Frellesen meint Freudenthal mit „individuellem Können" deswegen die je nach der psychischen Struktur des Handelnden unterschiedliche Fähigkeit, sich normgemäß zu verhalten, wobei nach hiesiger Ansicht jedoch ein Unterschied zur objektiven Erfüllbarkeit nicht erkennbar ist, weil die objektive Fähigkeit zu einer normgemäßen Motivation immer eine individuelle Fähigkeit ist.

631 Frellesen, Die Zumutbarkeit der Hilfeleistung, S. 39.

632 Sauerlandt, Die Wandlung des Zumutbarkeitsbegriffs im Strafrecht, S. 24. Im Gegensatz zur Definition einer normativen Sollensgrenze ist der Begriff „Fähigkeit" als Dispositionsprädikat operational zu bestimmen (Frister, Die Struktur des „voluntativen Schuldelements", S. 99). Danach ist die Fähigkeit zu einem normgemäßen Verhalten vorhanden, wenn der Täter sich normgemäß verhalten kann, wenn er sich normgemäß verhalten will. Im Gegensatz zum normativen Charakter des Zumutbarkeitsbegriffs ist die Entscheidung über das Vorhandensein einer individuellen Fähigkeit kein normatives, sondern ein Existenzialurteil (Frister, Die Struktur des „voluntativen Schuldelements", S. 162; siehe auch: Roxin, AT/1, § 19, Rn. 42).

Das Fehlen der individuellen Fähigkeit zu einem normgemäßem Verhalten wird von der herrschenden Meinung daher nicht zu Recht als Unzumutbarkeit eingeordnet, sondern bereits als Fehlen einer Schuldvoraussetzung (Unzurechnungsfähigkeit)[633].

b. Goldschmidt

Ein weiterer prominenter Verfechter eines allgemeinen Entschuldigungsgrundes der Unzumutbarkeit normgerechten Verhaltens ist Goldschmidt. Wie Freudenthal sucht auch Goldschmidt nach einem Kriterium, mit dem sich die im Zusammenhang mit dem normativen Schuldbegriff aufgekommene Frage nach der Vorwerfbarkeit beantworten lässt. Freudenthals Ansatzpunkt, den strafrechtlichen Schuldbegriff auf ein ethisches Verschulden zu stützen, lehnt Goldschmidt jedoch mit dem Hinweis darauf ab, dass strafrechtlich relevante Schuld nur eine „Rechtsschuld" sein könne[634]. Der Ausgangspunkt von Goldschmidts eigener Konzeption, die unter der Bezeichnung „Pflichtnormlehre" bekannt ist, besteht in der Trennung zwischen „individuellem Können" (Zurechnungsfähigkeit) und der Unzumutbarkeit. Der für die Pflichtnormlehre typische Gedanke besteht darin, dass die den Willen verpflichtende Norm nicht in der Rechtsnorm als solcher besteht, sondern in einer jeder „Rechtsnorm" „unausgesprochen" zur Seite gestellten Pflichtnorm. Während die Rechtsnorm für Goldschmidt nur ein äußeres Verhalten fordert, erlege „Pflichtnorm" dem Einzelnen auf, „sein inneres Verhalten so einzurichten, wie es nötig ist, um den von der Rechtsordnung an sein äußeres Verhalten gestellten Anforderungen entsprechen zu können"[635]. Schuldhaft handelt für Goldschmidt dementsprechend derjenige, der seine Motivation nicht der Pflichtnorm entsprechend vollzieht. Es ist offenkundig, dass die Pflichtnorm nicht als uneingeschränktes Gebot verstanden werden kann, sich zu einer den Rechtsnormen entsprechenden Verhaltensweise zu motivieren[636], denn damit wäre sie überflüssig. Das Kriterium, mit dem das Motivierungsgebot eingeschränkt werden soll, sieht Goldschmidt in der Kategorie der Zumutbarkeit. Diese umschreibt er als „die äußere Grenze, der an die Motivation gestellten

---

[633] So: S/S/Lenckner, Vorbem. §§ 13 ff., Rn. 110; SK/Günter, vor § 32, Rn. 9; LK/Jähnke, § 20, Rn. 10; LK/Hirsch, vor § 32, Rn. 182; Köhler, AT, S. 350 ff.; Dreher, Willensfreiheit, S. 15; Griffel, GA 1989, S. 193; ders. MDR 1991, S. 109. Exemplarisch BGH v. 18.03.1952 – GSSt 2/51, BGHSt 2, S. 200, (zitiert bei MüKo/Freund, vor §§ 13, Rn. 215) : „Mit dem Unwerturteil der Schuld wird dem Täter vorgeworfen, dass er sich nicht rechtmäßig verhalten hat, dass er sich für das Unrecht entschieden hat, obwohl er sich für das Recht hätte entscheiden können."

[634] Goldschmidt, Festgabe Frank I, S. 432.

[635] Goldschmidt, ÖstZStr 1913, S. 17; ders., Festgabe Frank I, S. 439.

[636] Vgl. Frellesen, Die Zumutbarkeit der Hilfeleistung. S. 44.

Anforderungen"[637]. Durch die Zumutbarkeit beschränkt Goldschmidt also das in den Pflichtnormen enthaltene Gebot, sich in einer bestimmten Weise zu motivieren, so dass rechtswidriges Verhalten nicht notwendigerweise auch auf pflichtwidriger Motivation beruht[638]. In diesem Sinne definiert er Schuld als „das trotz Zumutbarkeit sich nicht motivieren Lassen durch die Pflichtvorstellung"[639] und bestimmt „die Schwere der Schuld nach dem Grade, in dem die Motivation hinter der Zumutbarkeit zurückbleibt"[640]. Hinsichtlich der Legitimation wie der Konkretisierung der Unzumutbarkeit bleibt Goldschmidt vage. Auf die vom ihm aufgeworfene Frage, „ob die Fälle der Unzumutbarkeit gesetzlich erschöpfend typisiert seien" oder ob es sich bei der Unzumutbarkeit um einen wertausfüllungsbedürftigen Begriff handele[641], antwortet er im Sinne der zweiten Alternative. Die Anerkennung „übergesetzlicher" Entschuldigungsgründe beruhe darauf, dass es Motive gebe, die unabhängig davon, ob sie gesetzlich normiert seien, das Pflichtmotiv bei einem Durchschnittsmenschen an Stärke überträfen[642], mithin die Rechtsordnung in diesen Fällen „doch keine Aussicht" hätte „sich durchzusetzen"[643]. Goldschmidt betont in diesem Zusammenhang nochmals ausdrücklich, dass anders als bei der Zurechnungsfähigkeit nicht die „individuellen Eigenschaften und Fähigkeiten des Täters" für die Bestimmung der Unzumutbarkeit relevant seien, sondern ein objektiver Sollens-Maßstab[644].

Die Pflichtnormlehre Goldschmidts hat ihrer dogmatischen Klarheit wegen, auch wenn sie sich nicht durchsetzen konnte, zu Recht Anerkennung gefunden. Mit ihr trennt Goldschmidt als Erster die Unzumutbarkeit von den in der Tatsituation beim Täter individuell vorhandenen Fähigkeiten, die er dem Prüfungspunkt der Unzurechnungsfähigkeit zurechnet. Goldschmidt erkennt insoweit, dass es bei den Entschuldigungsgründen (Unzumutbarkeit) anderes als bei der Zurechnungsfähigkeit oder Schuldfähigkeit[645], die als Fähigkeit zu einer quantitativ definierten psychischen Leistung zu begreifen ist, nicht um ein psy-

---

[637] Frellesen, Die Zumutbarkeit der Hilfeleistung. S. 18.
[638] Frellesen, Die Zumutbarkeit der Hilfeleistung. S. 44.
[639] Goldschmidt, Festgabe Frank I, S. 442.
[640] Goldschmidt, Festgabe Frank I, S. 456. „Für den Grad, in dem die Motivation hinter der Zumutbarkeit"
zurückbleibe, seien „einmal die ‚verschuldeten', d.i. vorausgesehenen oder voraussehbaren Folgen der Tat (...) , sodann sämtliche psychischen Schuldvoraussetzungen maßgebend" (Goldschmidt, a. a. O.).
[641] Goldschmidt, Festgabe Frank I, S. 447.
[642] Goldschmidt, Festgabe Frank I, S. 452, Goldschmidt bezeichnet die Pflichtnorm in diesem Zusammenhang als „Kampfnorm".
[643] Goldschmidt, Festgabe Frank I, S. 440 f.; Goldschmidt, JW 1922, S. 256, weist zudem auf die Verwendung der Unzumutbarkeit im schweizerischen Recht hin. Weitere Ausführungen zur Begründung eines übergesetzlichen Entschuldigungsgrundes finden sich nicht.
[644] Goldschmidt, Festgabe Frank I, S. 458.
[645] So etwa Tröndle/Fischer, vor § 13, Rn. 32.

chologisch zu begreifendes ‚Können'[646] oder eine Beeinträchtigung der Selbstbestimmungsfähigkeit geht, sondern um die Bewertung eines vom Täter vollzogenen Selbstbestimmungsaktes[647]. Zwar erschwert Motivationsdruck auch nach Goldschmidt ein normgerechtes Verhalten. Dies führt jedoch erst zur Unzumutbarkeit, wenn dem Täter nicht die Pflichtnorm eine entsprechend starke Gegenmotivation gebietet. Der Motivationsdruck beeinträchtigt also nicht das „Können" des Täters, sondern stellt lediglich einen Faktor in der vom Täter zu leistenden Abwägung dar[648]. Der Begriff „Zumutbarkeit" kann daher auch bei Goldschmidt als eine „Metapher für den (...) hohen Wert" bezeichnet werden, „den die Beachtung des Rechts für den Betroffenen haben muss, damit er den auf ein rechtswidriges Handeln gerichteten ‚Motivationsdruck' überwindet"[649]. Die Erklärung einer auf dem Gedanken der Unzumutbarkeit basierenden Entschuldigung kann deshalb nicht bei der Fähigkeit des Täters ansetzen, sondern muss eine Pflichtengrenze markieren[650] oder deutlich machen, wie trotz zurechenbarem Überschreiten derselben auf Strafe verzichtet werden kann.

Goldschmidts Ausführungen erschöpfen sich weitgehend in „konstruktiven Überlegungen"[651]. Zur Legitimation einer Entschuldigung wegen Unzumutbarkeit und zur Begriffskonkretisierung finden sich dagegen kaum Anhaltspunkte[652]. Ausgehend von seinem Zumutbarkeitskriterium kann man jedoch fra-

---

[646] Frister, Die Struktur des „voluntativen Schuldelements", S. 255.

[647] Vgl. zur Kritik an der Deutung des „Motivationsdrucks" als Beeinträchtigung der Selbstbestimmungsfähigkeit, Frister (Die Struktur des „voluntativen Schuldelements", S. 149), der ausführt:
„Selbst wer vor der Entscheidung steht, entweder eine rechtswidrige Handlung vorzunehmen oder den Verlust des eigenen Lebens zu riskieren, befindet sich zwar in einer äußerst belastenden Zwangslage, die es wahrscheinlich erscheinen lässt, dass er rechtswidrig handeln wird (...). Die Selbstbestimmungsfähigkeit (...) wird aber auch in dieser extremen Fallkonstellation nicht berührt." (Mit anderen Worten: Aufgrund welcher Motive sich eine Person für oder gegen eine Norm entscheidet, ist für die Frage der Zurechnung irrelevant. Entscheidend ist allein, dass die „Art und Weise der Willensbildung" als frei gedacht werden kann.

[648] Frister, Die Struktur des „voluntativen Schuldelements", S. 150.

[649] Frister, Die Struktur des „voluntativen Schuldelements", S. 254.

[650] Wie oben dargelegt stellen auch die Grenzen des Machbaren eine Pflichtengrenze dar. Die Festlegung dieser Grenzen ist jedoch kein normatives Problem, weil sie die Reichweite des normativen Systems insgesamt betrifft. Hier geht es jedoch um eine Grenze innerhalb dieses Rahmens, d. h. um eine normativ zu treffende Pflichtengrenze.

[651] Vgl. Achenbach, Historische und dogmatische Grundlagen der strafrechtssytematischen Schuldlehre, S. 145.

[652] Im Vergleich zur Argumentation, mit der Goldschmidt die Pflichtnormlehre installiert, erstaunt, dass sich Goldschmidt an dieser Stelle so kurz fasst. Ein Hinweis auf Goldschmidts diesbezügliche Motivation erschließt jedoch folgendes Zitat: „Weder hat man bei der Anwendung des Begriffs je über die ihn beherrschenden Maßstäbe geschwankt, noch hat sich aus der Anwendung eine Gefahr für die Rechtssicherheit gegebenen" (Goldschmidt, Festgabe

gen, in welcher Weise sich das von ihm angeführte „Durchschnittskönnen“ als normativer Maßstab auffassen lässt.

Nimmt man Goldschmidt beim Wort und entlehnt den Zumutbarkeitsmaßstab tatsächlich dem „Können“ des Durchschnittsbürgers im Sinne einer objektiven psycho-physischen Barriere, erfasst sein Unzumutbarkeitsbegriff, weil dieser – wie gerade gezeigt – überhaupt nur den oberhalb der „individuellen Fähigkeitsgrenze“ gelegenen Bereich erreichen kann[653], die motivatorischen Sonderfähigkeiten[654]. Seine Zumutbarkeitslehre würde damit in Notstandssituationen solche Täter entlasten, die mit einer überdurchschnittlichen Begabung zur Aufrechterhaltung einer freien Entscheidungssituation ausgestattet sind und deswegen vor dem Recht bestehen könnten, wo der Durchschnitt aufgrund limitierter Möglichkeiten versagen müsste. Der Gedanke, die normativen Erwartungen auf ein die durchschnittlichen Fähigkeiten der Normadressaten nicht übersteigendes Maß zu begrenzen, ist der rechtswissenschaftlichen Diskussion nicht fremd. Er wird unter dem Stichwort „Berücksichtigung von Sonderwissen“ insbesondere im Rahmen der Fahrlässigkeitsdelikte diskutiert[655]. Der herrschenden Auffassung, der Täter müsse sein gesamtes zum Tatzeitpunkt vorhandenes Wissen zur Vermeidung des tatbestandlichen Erfolges einbringen[656], steht die Ansicht gegenüber, es komme nur darauf an, dass der Täter ein seiner sozialen Rolle entsprechendes Wissen abrufe[657]. Nach dieser Ansicht, welche auf der Annahme basiert, dass die rechtliche Beziehung auf eine standardisierte Erwartungskombination beschränkt ist, darf etwa der Biologiestudent als Aushilfskellner einen ausschließlich für ihn als Experten erkennbaren giftigen Pilz servieren[658]. Die nähere Darstellung dieser Lehre und eine Entscheidung des Streits kann an dieser Stelle unterbleiben, da sie vorlie-

---

Frank I, S. 454). Wer die Lage derart – optimistisch – einschätzt, darf sich selbstverständlich auf die Einordnung des Begriffs beschränken.

[653] Weil er nicht auf ein „individuelles Können“ abstellt, sondern auf ein „Können der anderen“, kann er, anderes als Freudental, den Begriff des „Könnens“ zum normativen Maßstab erheben. Die von ihm verwendete Formulierung „Das Können der anderen wird für den Täter zum Sollen“ (Goldschmidt, Festgabe Frank I, S. 453) kann nur als eine Beschränkung des Sollens verstanden werden, da sie sonst auf die, auch für Goldschmidt, unzulässige Formel „du kannst, denn du sollst“ (vgl. Bernsmann, Entschuldigung durch Notstand, S. 190) hinausliefe.

[654] Jede Konzeption, die annimmt, dass die Entschuldigungsgründe Fälle erfassen, in denen das „generelle Können“ eines Durchschnittsbürgers zu verneinen sei, erreicht, weil sie – wie dargestellt – nicht unterhalb der „individuellen Fähigkeitsgrenze“ ansetzen kann, nur „Sonderfähigkeiten“.

[655] Siehe hierzu S/S/Cramer/Sternberg-Lieben, § 15, Rn. 139, m. w. N.

[656] So für viele: S/S/Cramer/Sternberg-Lieben, § 15, Rn. 139; NK/Puppe, vor § 13, Rn. 145.

[657] So z. B. Lesch, Der Verbrechensbegriff, S. 257 ff. Nach dieser Annahme kann dann die normative Erwartung auch rollenspezifisch sein.

[658] Lesch, Der Verbrechensbegriff, S. 258.

gend zu keinem abweichenden Ergebnis führt. Da die Fähigkeit, sich zu einem rechtmäßigen Verhalten motivieren zu können, unabhängig von der Motivlage zur ursprünglichen Rolle eines Bürgers gezählt werden kann, lässt sich die Beschränkung auf einen faktisch vorhandenen sozialen Durchschnitt jedenfalls auf der Ebene der Entschuldigung nicht begründen.

Bedeutsam ist, dass Goldschmidt mit seinem Kriterium des „Durchschnittskönnens" nicht den Ausschluss von Sonderfähigkeiten verfolgt, was bedeuten würde, dass er entgegen dem Wortlaut nicht auf „eine Fähigkeitsgrenze" Bezug nimmt, sondern auf ein „wahrscheinliches Verhalten".

Dass eine Erwartung aufzuheben ist, wenn mehrheitlich mit Enttäuschungen gerechnet werden muss, erscheint plausibel. Die Plausibilität gilt jedoch ausschließlich für kognitive Erwartungen. Diese sind in der Tat aufzugeben, wenn die Wahrscheinlichkeit ihrer Enttäuschung höher ist als die ihrer Erfüllung. Für normative Erwartungen gilt eine solche Rechnung dagegen nicht. Soweit eine Erfüllung faktisch überhaupt möglich ist[659], kann anhand von Seinsbeschreibungen grundsätzlich. nicht über die Geltung normativer Sätze entschieden werden[660]. D. h., die Prognose, dass faktisch in einem nennenswerten Umfang mit Normbrüchen zu rechnen ist, kann als solche somit keine normative Relevanz beanspruchen.

Abschließend betrachtet vermag also auch die Lehre Goldschmidts keine Gründe anzugeben, die einen Entschuldigungsgrund der Unzumutbarkeit tragen und Kriterien seiner Anwendung bestimmbar machen.

---

[659] Eine absolute, auf der Unerfüllbarkeit einer Forderung basierende Wirkungslosigkeit hat Goldschmidt jedoch gerade nicht im Auge, denn er rechnet diese Fälle der dem eigentlichen Schuldbegriff vorgelagerten Unzurechnungsfähigkeit zu. Diese Vorgehensweise ist ihrerseits eine konsequente Folge des von ihm verfolgten normativen Ansatzes, der die Unerfüllbarkeit der Zurechnungsfähigkeit zuordnet. Seine Konzeption geht damit, wie die normative Zumutbarkeitslehre, davon aus, dass die Norm prinzipiell Wirkung entfaltet. Mehr noch, sie erfasst gerade diese vom Recht erreichbaren Fälle. Goldschmidt darf also nicht mit dem Hinweis auf die Wirkungslosigkeit schließen, sondern muss umgekehrt Gründe dafür benennen, warum gerade dann auf eine Norm verzichtet werden soll, wenn sie sich bewähren kann.

[660] Es bedarf einer normativen Zusatzannahme, die belegt, dass eine normative Erwartung aufgegeben werden soll, wenn diese nicht auf ein gewisses Maß an Beachtung hoffen darf, oder des Nachweises, dass die Norm überhaupt keine Wirksamkeit entfaltet. Siehe auch Schaffstein, Die Nichtzumutbarkeit als allgemeiner übergesetzlicher Entschuldigungsgrund, S. 28.

c. Eb. Schmidt

Eine weitere Konzeption, die einen allgemeinen übergesetzlichen Entschuldigungsgrund zu begründen versucht, stammt von Eb. Schmidt. Er trennt, wie Goldschmidt, die Zurechnungsfähigkeit als Schuldvoraussetzung ausdrücklich von dem eigentlichen Schuldbegriff, bei dem es ausschließlich um eine „Wertbetrachtung hinsichtlich des inneren Verhaltens" gehe[661]. Damit löst auch er den Unzumutbarkeitsgedanken vom „Können" des Täters und hebt ihn auf eine normative Ebene. Seine Zumutbarkeitslehre geht jedoch in ihrer Begründung weit über Goldschmidts auf die formale Einordnung konzentrierte Pflichtnormlehre hinaus.

Eb. Schmidt sieht das Wesen der Schuld „in einem Widerstreit der von außen an den Täter herantretenden Rechtsnormen und der dem Täter allein eigenen (...) Selbsterhaltungsnormen" und erkennt das Schuldproblem damit als einen Konflikt zwischen Individualinteressen im Sinne von „Selbsterhaltungsnormen"[662] und Gemeinschaftsinteressen[663]. Damit, dass auch die grundsätzlich berechtigten Gemeinschaftsinteressen gegenüber dem Selbsterhaltungsinteresse nicht in jeder Situation einen Vorrang beanspruchen können, solle „der Tatsache Rechnung getragen werden, dass der Mensch nicht nur Gemeinschaftsmitglied, sondern auch Einzelwesen und als solches nicht immer im Stande ist, den Gemeinschaftsanforderungen zu genügen".[664] Dieses Bekenntnis zu einem „gemäßigten Individualismus"[665] begründet er mit Hinweis auf die „humana fragilitas"[666] und den Grundsatz „ultra posse nemo obligatur", aus denen die Pflicht folge, das Individuum vor überhöhten Gemeinschaftsforderungen zu schützen.

Eb. Schmidt meint, dass Schuld da anzunehmen sei, wo „unsere Lebenserfahrung mit einem Sieg der Rechtsnormen über diese Selbsterhaltungsnormen (...) rechnen durfte", wogegen in solchen Situationen keine Schuld gegeben sei, in denen „mit einem solchen Sieg erfahrungsgemäß nicht gerechnet werden durfte." Der mit dem Einzelfall betraute Richter solle sich „einen Durchschnitts-Staatsbürgertyp vorstellen und von diesem Standpunkt aus die Zumutbarkeit rechtmäßigen Verhaltens (...) prüfen" [667] bzw. nachvollziehen, „ob nicht in dieser zur Rede stehenden Situation sich jedermann erfahrungsgemäß so ver-

---

[661] Eb. Schmidt/Liszt, Lehrbuch, (26. Auflage) S. 225.
[662] Eb. Schmidt/Liszt, Lehrbuch, (25. Auflage) S. 211.
[663] Wobei, wie dargestellt, die Gemeinschaftsinteressen sich letztlich auch als Individualinteressen darstellen lassen müssen. Sie sind jedoch, wie Schmidt richtig erkennt, keine Individualinteressen im Sinne von Selbsterhaltungsinteressen.
[664] Eb. Schmidt/Liszt, Lehrbuch, (26. Auflage) S. 225.
[665] Frellesen, Die Zumutbarkeit der Hilfeleistung, S. 51.
[666] Eb. Schmidt/Liszt, Lehrbuch, (26. Auflage) S. 225.
[667] Eb. Schmidt/Liszt, Lehrbuch, (26. Auflage) S. 284.

halten haben würde, wie sich der Täter verhalten hat"[668]. Auch von Eb. Schmidt wird die Nichtzumutbarkeit als allgemeiner Schuldausschließungsgrund angesehen. Eb. Schmidt sieht in dem Umstand, dass der Gesetzgeber bestimmte Entschuldigungsgründe formuliert hat, kein Argument gegen seine Auffassung. Die vertypten Entschuldigungsgründe bedeuten für ihn lediglich unwiderlegliche Vermutungen der Unzumutbarkeit, wodurch der Richter zumindest teilweise von der schwierigen, jedoch stets vorzunehmenden Zumutbarkeitsprüfung entlastet werde.

Der von Eb. Schmidt ausgemachten Konflikt zwischen „Individualinteressen", im Sinne von Selbsterhaltungsinteressen, und Gemeinschaftsinteressen beschreibt die „Frontlinie", an der über Zumutbarkeit nachgedacht wird, bereits relativ genau. Das (Selbst-) Erhaltungsinteresse ist strukturell (buchstäblich) ausschließlich auf das je eigene „Selbst" bezogen. Insofern kann es sich (letztlich) nicht vollständig in das Gemeinschaftsinteresse integrieren lassen[669]. Nicht gefolgt werden kann jedoch seinen Aussagen, soweit sie die Konfliktlösung betreffen. Mit dem Hinweis auf die Schwäche der menschlichen Natur allein lässt sich die Unzumutbarkeitsproblematik nicht bewältigen, denn aus dem Umstand, dass sich in bedrohlichen Situationen faktisch ein nennenswerter Prozentsatz der Adressaten nicht durch die Norm motivieren lässt, lässt sich nicht folgern, dass die normative Erwartung aufzugeben ist. Dies würde einen unzulässigen Schluss vom Sein auf ein Sollen bedeuten. Auch der Verweis auf „ultra posse" vermag die Entschuldigung nicht zu tragen, weil es am Nachweis dafür fehlt, warum das Recht auf die „menschliche Schwäche" Rücksicht nehmen soll. In diesem Zusammenhang mag man zwar ad hoc auf den heuristisch plausiblen Gedanken stoßen, dass die begrenzte Inanspruchnahme des Normadressaten ein Gebot der „Gerechtigkeit" sei. Dass es jedoch nicht ausreicht, auf vorrechtliche Wertungen und Gerechtigkeitsvorstellungen zurückzugreifen, wurde bereits gezeigt[670]. Die Berücksichtigung des buchstäblich individuellen Selbsterhaltungsinteresses, welches aus der Perspektive des Gemeinschaftsinteresses als Schwäche erscheint, muss zumindest seine Verträglichkeit mit der Aufgabe des Rechts nachweisen. Dies hat, wie folgende Stellungnahme zeigt, Eb. Schmidt freilich erkannt: „Nicht, um den individuellen Interessen des einzelnen in einer dem Staat abträglichen Weise Zugeständnisse zu machen, sondern weil in den Fällen des übergesetzlichen Notstandes nicht einzusehen ist, welchen Sinn eine Bestrafung hier haben soll: darum und nur darum hat die Lehre Anerkennung gefunden und verdient."[671]

---

[668] Eb. Schmidt/Liszt, Lehrbuch, (25. Auflage) S. 267.

[669] Damit wird nicht der Wert des Lebens geschmälert, sondern nur in einer bestimmten Weise relativiert. Siehe hierzu die Ausführungen zu Bernsmanns „rechtsgutspezifischer Theorie" in Kap. E, 3, f.

670 Siehe die Stellungnahme zur Lehre Freudenthals in Kap. E, I, a.

[671] Eb. Schmidt, Mitteil. der IKV 1931, N. F. Bd. V, S. 165.

2. Lehren vom allgemeinen übergesetzlichen Entschuldigungsgrund der Unzumutbarkeit / Verfassungsrechtlich begründete Unzumutbarkeitslehren

a. Wittig

Für Wittig stellt der übergesetzliche Schuldausschließungsgrund der Unzumutbarkeit in doppelter Weise eine „Einbruchstelle" des Verfassungsrechtes in das Strafrecht dar[672], nämlich einmal als Korrektiv für die lückenlose Verwirklichung des Verfassungsgrundsatzes „nulla poene sine culpa" und als Mittel zur Abgrenzung des Bereichs sittlicher Vorwerfbarkeit im Sinne verfassungsrechtlicher Wertvorstellungen[673]. Wittig wirft der herrschenden Auffassung vor, sie verstehe das Strafrecht einseitig als soziales Schutzrecht und vernachlässige damit das verfassungsrechtlich garantierte Schuldprinzip[674]. Aus diesem will er unmittelbar einen übergesetzlichen Entschuldigungsgrund deduzieren[675]. Wenn man anerkenne, dass es Fälle gebe, in denen die gesetzlichen Schuldausschließungsgründe versagten, so sei der übergesetzliche Schuldausschließungsgrund der Unzumutbarkeit ein letztes Hilfsmittel zur allgemeinen konsequenten Verwirklichung des normativen Schuldbegriffs[676]. Die Ausführungen Wittigs haben zu Recht nahezu keine Anhängerschaft gefunden. Zwar ist ihm soweit zuzustimmen, dass dem Art. 1, 20 GG zu entnehmen ist, dass Strafe eine (persönliche) Schuld des Täters voraussetzt. Indes wird dies, anderes als es Wittigs Ausführungen suggerieren, soweit erkennbar von niemandem bestritten.

Sein Plädoyer für einen allgemeinen übergesetzlichen Entschuldigungsgrund der Unzumutbarkeit ist in Wahrheit nicht ein Eintreten für die Berücksichtigung von Schuld schlechthin (diese wird bereits durch die §§ 20, 21 StGB vollumfänglich gewährleistet), sondern für eine unspezifische Entlastung von Schuld nach unbestimmten, gar unbekannten Kriterien[677].

---

[672] Wittig, JZ 1969, S. 548.
[673] Wittig, JZ 1969, S. 548.
[674] Wittig, JZ 1969, S. 547.
[675] Roxin AT/1, § 22 Rn. 143.
[676] Wittig, JZ 1969, S. 547.
[677] Vgl. Roxin AT/1, § 22 Rn. 143; MüKo/Schlehofer, vor §§ 32 ff., Rn. 223; Achenbach, JR 1975, S. 492 ff.

b. Lücke

Lücke verfolgt wie Wittig einen verfassungsrechtlichen Ansatz, wirft jenem jedoch vor, „nicht den richtigen methodischen Ausgangspunkt“ gewählt zu haben[678]. Seiner Ansicht nach ist der zutreffende Ansatz, den Streit um den allgemeinen Schuldausschließungsgrund der Unzumutbarkeit als ein „Rechtslückenproblem“ aufzufassen[679]. Lücke meint insofern, dass die §§ 52, 54 StGB a. F., 35 StGB n. F. auf dem Gedanken der Unzumutbarkeit beruhen, diesen Gedanken aber nur partiell ausfüllen[680]. Diese Gesetzeslücke sei auch planwidrig. Lückes dementsprechende Argumentation lautet wie folgt. (1) Das Recht stehe aufgrund des Rechtsstaatsprinzips „unter der Anforderung der Gerechtigkeit“. (2) Das Prinzip der Gerechtigkeit impliziere das Bestreben, die staatliche Macht zu begrenzen. (3) Daher ist die Einengung strafrechtlicher Pflichten allein durch den entschuldigenden Notstand, „unvollkommen“[681]. Durchaus überraschend ist, wie Lücke die Gesetzeslücke ausfüllen möchte. Er hält eine analoge Anwendung der §§ 52, 54 StGB a. F. bzw. § 35 StGB n. F. für unzulässig, weil sie „ausdrücklich“ auf nur besondere Beeinträchtigungen beschränkt seien[682] und stützt den allgemeinen Schuldausschließungsgrund auf eine Analogie zu § 242 BGB[683]. Lücke, der meint, dass auf diese Vorschrift „im Zivilrecht übereinstimmend der Gedanke der Unzumutbarkeit“ gestützt werde[684], verweist darauf, dass die Verwendung des Merkmals der Unzumutbarkeit im öffentlichen wie im Zivilrecht gleichermaßen der Begrenzung von Pflichten diene[685].

Die Konkretisierung des „über § 242 BGB in das Strafrecht zu übertragenden Gedankens der Unzumutbarkeit“ sei „durch typische Umstände, in denen Rechtsprechung und Schrifttum die Unzumutbarkeit erblickt haben“, zu ermitteln[686]. Allgemein ließe sich demnach von Unzumutbarkeit sprechen, wenn auf Seiten des Täters Werte von erheblichem Gewicht betroffen seinen, so dass sich die Wertung einstelle, „die Pflichterfüllung könne von dem Pflichtigen nicht erwartet werden“[687].

Erstaunlicherweise bewirkt für Lücke „die Übertragung des Merkmals der Unzumutbarkeit nun nicht einfach, dass die Schuld des Täters bei Unzumutbarkeit“ entfalle[688]. Vielmehr soll die analoge Ableitung der Unzumutbarkeit aus

---

[678] Lücke, JR 1975, S. 56.
[679] Lücke, JR 1975, S. 56.
[680] Lücke, JR 1975, S. 56.
[681] Lücke, JR 1975, S. 57.
[682] Lücke, JR 1975, S. 57.
[683] Lücke, JR 1975, S. 57.
[684] Lücke, JR 1975, S. 57.
[685] Lücke, JR 1975, S. 57 f.
[686] Lücke, JR 1975, S. 58.
[687] Lücke, JR 1975, S. 58.
[688] Lücke, JR 1975, S. 58.

§ 242 BGB zur Folge haben, dass in jedem Einzelfall eine Interessenabwägung zwischen den individuellen Interessen des Täters und den öffentlichen Interessen erforderlich ist[689]. Im Rahmen der Interessenabwägung sei „von der Gleichwertigkeit individueller und öffentlicher Interessen auszugehen und nicht von einem Vorrang der Gemeinschaftsinteressen“[690].

Der Konzeption Lückes muss aufgrund ihres ähnlichen verfassungsrechtlichen Grundansatzes zunächst dieselbe Kritik entgegengehalten werden wie den Ausführungen Wittigs. Darüber hinaus sind folgende weitergehende Einwendungen zu erheben: Wie Achenbach[691] zutreffenderweise bemerkt hat, ist Lückes Beweisführung zunächst methodisch beanstandenswert. „Versteht man eine Gesetzeslücke als unbefriedigende, planwidrige Unvollständigkeit des Gesetzes, so muss zunächst der konkrete Regelungsplan des jeweiligen untersuchten Gesetzes – hier also des Strafgesetzbuchs – ermittelt werden, bevor auf übergeordnete Prinzipen zurückgegriffen wird. Lücke entzieht sich dieser Aufgabe durch eine schlichte petitio principii.“[692] Wie Achenbach weiterhin ausführlich dargestellt, muss auch die von Lücke ausgemachte Rechtsähnlichkeit zwischen § 242 BGB und dem Zumutbarkeitsgrundsatz im Strafrecht verneint werden[693]. Vielmehr ist, wie Roxin ausführt, davon auszugehen, dass „eine auf die Verkehrssitte verweisende Generalklausel nicht auf das Strafrecht übertragen werden kann, das sich an den Prinzipien der Schuld, der Prävention und der Gesetzesbestimmtheit orientiert“[694]. Dass § 242 BGB nichts zu einer Zumutbarkeitsdogmatik beizutragen vermag, sondern einen eigenen Gedanken verkörpert, zeigt sich darin, dass die analoge Anwendung von § 242 BGB bei Lücke nicht einen allgemeinen Zumutbarkeitsvorbehalt begründet, sondern ersetzt. Weil die Unzumutbarkeit nach Lückes Konzeption nicht zu einer Entschuldigung führt, sondern erst die nachfolgende Abwägung der Individual- und Gemeinschaftsinteressen, muss man letztlich davon ausgehen, dass bei ihm die Unzumutbarkeit in Wahrheit überhaupt keinen allgemeinen Entschuldigungsgrund begründet.

---

689 Lücke, JR 1975, S. 58.
690 Lücke, JR 1975, S. 58.
691 Achenbach, JR 1975, S. 492 ff.
692 Achenbach, JR 1975, S. 492.
693 Achenbach, JR 1975, S. 495.
694 Roxin, AT/1, § 22, Rn. 143.

3. Ausdehnung des Notstandes nach § 35 StGB aufgrund von (Un-) Zumutbarkeitserwägungen?

a. Psychologische Theorie

Nach einer älteren, unter anderem vom Reichsgericht vertretenen Lösung[695] soll die entschuldigende Wirkung allein auf den determinierten psychischen Druck zurückzuführen sein, dem der Notstandstäter in der abnormen Tatsituation ausgesetzt sei. Der mit der drohenden Gefahr einhergehende überwältigende Motivationsdruck führe dazu, dass in der Notstandssituation eine normgerechte Motivierung unmöglich sei, der Täter nicht mehr frei entscheide, sondern regelmäßig nur noch instinktiv den „primitivsten Funktionen“ folge [696]. Indem auch diese Auffassung die Zumutbarkeit als ein psychologisch zu begreifendes Können versteht, widerspricht sie der hiesigen Einordnung, welche, wie bereits mehrfach erwähnt, die Unzumutbarkeit als die Beschränkung eines „Sollens“ versteht[697]. Soweit sie ausschließlich die geltende gesetzliche Regelung erklären will, lässt sich innerhalb ihrer Argumentation zudem nicht schlüssig die Beschränkung auf bestimmte Rechtsgüter sowie die begrenzte Relevanz des Irrtums (§ 35 Abs. 2 StGB) und die Ausnahmeregelung des § 35 Abs. 1 S. 2 erklären[698].

b. Herrschende Meinung

Die herrschende Auffassung[699] sieht die entschuldigende Wirkung des Notstandes (§ 35 StGB) durch eine doppelte Schuldmilderung begründet, wobei die erste auf den seelischen Druck und die zweite auf die Verwirklichung eines geringeren Unrechts zurückzuführen sei. Die These von dem in der Notstandssituation ausgelösten Selbsterhaltungstrieb, sieht man einmal die Fähigkeit des

---

[695] RG 66, S. 225; Brauneck, GA 1959, S. 269; Henkel, FS Mezger, S. 291 f.; Baumann/Webe/Mitsch, AT, § 29, I, 4, c.

[696] Brauneck, GA 1959, S. 269.

[697] Vgl. Kap. C, I, II.

[698] AK/Neumann, § 35, Rn. 4; Roxin, AT/1, § 22, Rn. 8; Jakobs, AT, 20/1; Timpe, JuS 1984, S. 860.

[699] S/S/Lenckner/Perron, § 35, Rn. 2; SK/Rudolphi, § 35, Rn. 3 ff.; ders. ZStW 78, S. 81 ff.; ders., JuS 1969, S. 462; ders., FS Welzel, S. 631; LK/Hirsch, § 35, Rn. 3 f.; Welzel, Strafrecht, S. 178 f.; Gropp, AT, § 7, Rn. 64; Wessels/Beulke, AT, Rn. 433; Ebert, AT, S. 106 f.; Krey, AT, Rn. 715 f.; Jescheck/Weigend, AT, § 43, III, 2, b; Kühl, AT, § 12, Rn. 18 f.; Ulsenheimer, GA 1972, S. 23; Vogler, GA 1969, S. 105; Küper, JuS 1971, S. 477; Noll, ZStW 77, S. 17; Armin Kaufmann, Lebendiges und Totes in Bindings Normentheorie, S. 204 f.; ders., Dogmatik der Unterlassungsdelikte, S. 156 ff.; Schaffstein, FS Stutte, S. 264; Lenckner, Der Rechtfertigende Notstand, S. 35.

Täters zu einer sinnhaften selbstbestimmten Entscheidung beeinträchtigt, betrachtet jedoch, anders als die „psychologische Theorie", den Täter nicht als vollständig determiniert, sondern nur als in der Freiheit, „einer vorhandenen Unrechtseinsicht gemäß zu handeln, eingeschränkt"[700]. Die Erschwerung einer normgemäßen Selbststeuerung soll jedoch allein nicht dazu reichen, um den Schuldvorwurf vollständig aufzuheben. Dass im Ergebnis dennoch eine Entschuldigung befürwortet wird, begründet man mit einem zweiten, hinzutretenden Schuldminderungsgrund, der in Addition mit dem ersten zum Entfallen der Schuld führe[701]. Den Ansatzpunkt für die hinzutretende Schuldminderung sieht man darin, dass der Notstandstäter nicht nur fremde Rechtsgüter zerstöre, sondern wegen der Erhaltung eines Rechtsgutes (Leben oder Gesundheit) handele. Die (rechtlich anerkennenswerte) Rettung eigener Güter verleiht der herrschenden Meinung zufolge der Notstandstat einen verminderten Unrechtsgehalt und führt damit mittelbar auch zu einer Verringerung der Schuld[702]. Die Theorie der doppelten Schuldmilderung sieht sich einem ganzen Katalog von berechtigten Einwänden gegenüber[703]. Diese richten sich gleichermaßen gegen die vorgebrachten Milderungsgründe im Einzelnen wie gegen die Ansicht, dass sich aus der Addition derselben die Straffreiheit des Täters ergeben soll. Zur Relevanz des von der Motivbilanz ausgehenden seelischen Drucks wurde bereits Stellung genommen[704]. Insofern kann auf die obigen Ausführungen verwiesen werden. Mindestens ebenso große Bedenken lassen sich dem zweiten angenommenen Milderungsgrund entgegenhalten. Bereits der Ansatz, das Maß des Unrechts ergebe sich aus einer Saldierung verletzter und geretteter Güter, ist verfehlt. Ein solches Verfahren setzt nämlich nicht nur voraus, dass der Eingreifende berechtigte eigene Rechtsgüter schützt[705], sondern zugleich, dass diese einer Verrechnung mit denen des Eingriffsopfers zugänglich sind[706]. Mit anderen Worten: Es muss erst nachgewiesen werden, dass der Rettung eigener Güter ein Einfluss auf den Unrechtsgehalt einer Tat zukommt. Dieses Unterfangen ist außerhalb der Grenzen des rechtfertigenden Notstandes auf der Basis

---

[700] SK/Rudolphi, § 35, Rn. 2.

[701] Damit bekennt man sich zur Lehre von der Graduierbarkeit der Rechtswidrigkeit (vgl. Bernsmann, Entschuldigung durch Notstand, S. 205, m.w.N.).

[702] Wobei der „Erfolgswert" durch die Erhaltung des Rettungsgutes und der Handlungsunwert durch die Intention der Rettung reduziert werden soll.

[703] Diesbezügliche Darstellungen in der Literatur finden sich bei: Timpe JuS, 1984, S. 864; Bernsmann, Entschuldigung durch Notstand, S. 205 ff.; Neumann, Zurechnung und „Vorverschulden", S. 209 ff.; Frister, Die Struktur des „voluntativen" Schuldelements, S. 208 f.; Roxin, JA 1990, S. 97 ff.; ders. AT/1, § 22, Rn. 11; Jakobs, AT, 20/3; AK/Schild, vor. § 13, Rn. 129.

[704] Siehe Kap. C, III

[705] Vgl. Jescheck/Weigend, AT, § 43, III, 2, b.

[706] Vgl. Pawlik, Jahrbuch für Recht und Ethik, Bd. 11 (2003), S. 295 f..

garantierter Rechtskreise jedoch wohl kaum zu realisieren[707]. Innerhalb einer Rechtsordnung ändert der Verlust eines Gutes grundsätzlich nichts an der ursprünglichen Zuordnung anderer Güter.

Geht man über diese Bedenken hinweg, lassen sich weitere Ungereimtheiten finden. Unterstellt, das Maß des verwirklichten Unrechts ergibt sich aus einer Saldierung, hängt ein solcher Saldo nicht nur von dem Maß dessen ab, was der Täter bewahrt, sondern auch vom „Maß" an „Rechtsgütern", das er verletzt[708]. Daher dürfte, wie Bernsmann zutreffend bemerkt, „eine nach reiflicher Überlegung des Täters auf eine Vielzahl anderer Personen umgelagerte und realisierte Lebensgefahr für eine ‚Entschuldigung' nicht mehr in Betracht kommen"[709]. Wendet man das Saldierungsverfahren konsequent an, lassen sich zudem die in § 35 Abs. 1 S. 2 StGB vorgesehenen Beschränkungen auf bestimmte Taten[710] ebenso nicht mehr plausibel machen wie ein Eingriffsverbot für Dritte, die nicht in einer spezifischen Nähe zum Eingriffsopfer stehen[711]. Gegen die Vorgehensweise der herrschenden Meinung spricht zudem, dass das Gesetz nicht ausschließlich einen „Erfolgsunwert" voraussetzt, sondern sich mit einem Handlungsunwert begnügt. Wie Jakobs zutreffend hervorhebt, ist auch der ex ante erforderliche, aber fehlgeschlagene Versuch der Befreiung aus existenzieller Not entschuldigt[712]. Selbst wenn man die vorstehenden Argumente gegen die Saldierung von gerettetem und verletztem Gut ignoriert und einen geringeren Unrechtsgehalt der Notstandstat annimmt, kann die Lehre von der doppelten Schuldmilderung nicht überzeugen. Hierzu fehlt eine überzeugende Erklärung dafür, warum die Addition zweier Minderungen, die für sich nicht einmal zu einer Reduzierung des Strafrahmens führen, eine restlose Straffreiheit begründen kann[713].

c. Schuld als rechtlich verwerfliche Gesinnung

Nach einer von Gallas begründeten Ansicht ist der Notstandstäter zu entschuldigen, weil es ihm an einer rechtsfeindlichen Gesinnung fehle. Die Vertreter dieser Lehre räumen einerseits ein, dass die Möglichkeit zu normgemäßer Moti-

---

[707] MüKo/Müssig, § 35, Rn. 8.
[708] MüKo/Müssig, § 35, Rn. 8; Roxin, AT/1, § 22, Rn. 11; ders. JA 1990, S. 99.
[709] Bernsmann, Entschuldigung durch Notstand, S. 379; ebenso Jakobs, AT, 20/3.
[710] MüKo/Müssig, § 35, Rn. 8; Bernsmann, Entschuldigung durch Notstand, S. 206.
[711] Bernsmann, Entschuldigung durch Notstand, S. 211; Jakobs, AT, 20/3; Roxin, JA 1990, S. 99.
[712] Jakobs AT, 20/3. Kreys Ansicht, (Jura 1979, S. 324, Fn. 55) die Minderung des Erfolgsunrechts sei nur bei einer gelungenen Rettung gegeben, ist vom Boden der herrschenden Meinung insoweit „konsequent" (so Bernsmann, S. 206, Fn. 181), aber unzutreffend.
[713] Jakobs, AT, 20/3; ihm folgend: Roxin, AT/1, § 22, Rn. 11.

vierung, auch in existenzieller Not, möglich und ein Unterlassen derselben ein Defekt sei, der wie Bockelmann ausdrücklich einräumt, zumindest im Hinblick auf dessen prinzipielle Suspendierbarkeit mit anderen Antrieben wie „Liebe, Hass, Gewinnsucht, Furcht vor Schande (...)“ auf einer Stufe stehe[714]. Dennoch sieht man die Tat wegen der besonderen Umstände nicht als Ausdruck einer „rechtsfeindlichen oder rechtsgleichgültigen (...) Gesamteinstellung des Täters“[715], bzw. behandelt mit Hinweis auf die „humana fragilitas“ den Mangel zur Selbstaufgabe als vergleichsweise weniger verwerflichen „Charakterfehler“[716]. Zur Berücksichtigungsfähigkeit der „humana fragilitas“ wurde bereits im Rahmen der Auseinandersetzung mit der Lehre von Eb. Schmidt Stellung genommen. Man kann Bockelmann zusätzlich entgegenhalten, dass er nicht zu legitimieren vermag, warum die menschliche Schwäche exklusiv bei einer Gefährdung der in § 35 StGB aufgeführten Güter relevant sein soll.

Entgegen der Auffassung von Gallas bleibt nach hiesiger Ansicht auch die Gesinnung des Notstandstäters ohne eine entsprechende Korrektur der normativen Erwartung rechtsfeindlich. Eine rechtsfreundliche Gesinnung setzt zwangsläufig voraus, dass der Täter jedenfalls meint, sich in Übereinstimmung mit der rechtlichen Wertung zu verhalten. Wer weiß, dass er entgegen einer rechtlichen Vorgabe handelt, missachtet die Norm. Dies gilt auch für den Erst- oder Ausnahmetäter. Alles andere hieße, jedem im Allgemeinen rechtstreuen Bürger zuzubilligen, sich ab und zu auch einmal rechtswidrig verhalten zu dürfen. Ob der „an sich“ rechtstreue Bürger um seines Lebens willen tötet oder dessen rechtswidriges Handeln ausschließlich darin besteht, dass er aus Bequemlichkeit einmal im Jahr vor seiner Haustüre im Halteverbot parkt, spielt für dessen situativ vorhandene Rechtstreue keine Rolle. Gebietet eine Norm, gewisse Kosten zu tragen, lässt sie sich von schuldfähigen Personen nicht „rechtstreu“ oder „unter Beibehaltung ihrer Anerkennung“ umgehen. Die Anerkennungsverweigerung des im entschuldigenden Notstand handelnden Täters kann gut an dessen vermutlicher Stellungnahme zu seiner Tat gezeigt werden. Dieser wird wahrscheinlich zunächst die grundsätzliche Beachtenswürdigkeit der verletzten Norm betonen, im gleichen Atemzug jedoch seine Tat als unter den notstandsbedingenden Umständen als nicht missbilligenswert verteidigen. Der Täter darf sein Verhalten in dieser Weise jedoch nur „als angebrachte Reaktion auf die Situation“[717] betrachten, wenn es mit der normativen Erwartungshaltung[718] korrespondiert.

714 Bockelmann, Strafrechtliche Untersuchungen, S. 84.

715 Gallas, ZStW 67 (1955), S. 45; ders. FS Metzger, S. 323.

716 Bockelmann, Strafrechtliche Untersuchungen, S. 84 f.

717 Jakobs, AT, 20/4.

718 Zu der in diesem Zusammenhang entscheidenden Differenzierung zwischen normativer Erwartung und kognitiver Erwartung siehe: Jakobs AT, 1/17 ff.

d. Einleitende Bemerkung zu den Präventionstheorien

Das gemeinsame Anliegen der Präventionstheorien besteht darin, die Entschuldigung wegen Unzumutbarkeit auf ihre Verträglichkeit mit dem Präventionszweck, d. h. mit der Stabilisierung des Rechtszustandes, hin zu überprüfen. Dies hat zu der Kritik geführt, der Täter werde als Individuum nur unzureichend zur Kenntnis genommen oder im Dienste des Straf- bzw. Normzwecks instrumentalisiert. Dieser Vorwurf ist jedoch nur berechtigt, wenn nicht deutlich gemacht werden kann, dass der Straf- bzw. Normzweck auch ein ureigener Zweck des Täters selbst ist[719].

Die Argumentationslinie der Präventionstheorien ist ein Stück weit vorgezeichnet. Eine Entlastung des Täters kann nur innerhalb des mit der Erhaltung gesellschaftlicher Verhältnisse Verträglichen stattfinden. Es steht also die Sorge im Vordergrund, dass die generelle strafrechtliche Garantieerklärung „plausibel bleibt"[720]. Man braucht nicht in einzelne Begründungen einzutauchen, um festzustellen, dass die Grundvoraussetzung hierfür darin besteht, dass von vorneherein nur seltene Ausnahmesituationen betroffen sind. Mit dem Nachweis der Seltenheit ist unter funktionalistischen Gesichtspunkten das Begründungsziel im engeren Sinne bereits erreicht.

So verwundert es kaum, dass sich die Präventionstheorien allesamt darin schwer tun, die spezifische Differenz der Notstandssituation im Hinblick auf andere denkbare Ausnahmen theoretisch, d. h. nicht nur mit intuitiver Plausibilität, zu fassen.

aa. Jakobs

Das Jakobs'sche Verständnis der Unzumutbarkeit resultiert unmittelbar aus dem Strafzweck der positiven Generalprävention. Sein leitender Gesichtspunkt ist dementsprechend die Frage, „ob bei einer Entschuldigung der entsprechende Lebensbereich rechtlich organisierbar bleibt"[721]. Dies soll der Fall sein, wenn die Motivation des Täters nur aus einer besonderen Situation[722] zu begründen ist, die die Motivation des Notstandstäters „als angebrachte Reaktion" erscheinen lasse[723]. Jakobs betrachtet zwar auch die entschuldigte Tat als eine normative Enttäuschung[724]. Er will jedoch die Enttäuschungsverarbeitung ohne Inanspruchnahme der Täter bewerkstelligen, indem er die durch die Entlastung des

---

[719] Der Einwand, der Funktionalismus instrumentalisiere den Täter, ist immer nur begründet, wenn die Funktion nicht auch im Interesse des Täters ist.

[720] MüKo/Müssig, § 35, Rn. 3.

[721] Jakobs AT, 20/4.

[722] Jakobs AT, 17/53.

[723] Jakobs AT, 20/4.

[724] Jakobs AT, 17/50.

Täters entstehende Bedrohlichkeit der Situation dadurch bewältigt, dass er die Tat als Unglück definiert oder einer anderen Person zurechnet[725].

Innerhalb der Vorgaben seines funktionalen Schuldbegriffs hält Jakobs auch einen allgemeinen Schuldausschluss der Unzumutbarkeit für möglich. Hierfür müssten, wie er selbst zusammenfasst, jedoch folgende Voraussetzungen vorliegen:„(1) Es muss eine Zwangslage vorliegen, (2) die in objektiver Gewichtung die Tat als adäquate Lösung erscheinen lässt, (3) ohne dass der Täter oder der Begünstigte für die Zwangslage zuständig ist."[726] Jakobs will nicht nur darlegen, dass der Entschuldigungsgrund aus Unzumutbarkeit für das Funktionieren einer rechtlich verfassten Gesellschaft unschädlich ist, sondern ihn auch als eine notwendige Einrichtung etablieren.

Seine diesbezügliche Argumentation basiert auf der Annahme, dass die Gesellschaft mehr darstellt als eine bloße Zweckbeziehung, d. h., sich als eine Gemeinschaft darstellt. In einer solchen Gemeinschaft sei das Recht zunächst einmal von dem Schema Lust/Unlust (Selbsterhaltung) „per definitionem getrennt"[727]. Anderseits behauptet Jakobs nicht, das Individuum gehe in dem Gemeinsamen vollständig auf. Nach seiner Ansicht ist das Recht vielmehr aufgefordert, soweit sich „dies nicht schon im Grundansatz gegen die Möglichkeit von Gesellschaft" richtet, die individuellen Lust- und Selbsterhaltungsinteressen zu berücksichtigen. Ansonsten werde das Recht „hinter vorgehaltener Hand desavouiert" und verkomme zur Gewalt[728]. Der Zumutbarkeitsbegriff soll so bei Jakobs garantieren, dass die Individuen „in der personalen Ordnung ihr Auskommen finden"[729] und so einen wichtigen Betrag zur Stabilität der Ordnung leisten. In der Ausführung weist seine Erklärung der Entschuldigung jedoch Schwächen auf. Weil Jakobs den entschuldigten Täter als Gleichen betrachtet, muss er dem Verhalten des Täters die Aussage entnehmen anderes sei ihm – jedenfalls momentan – wichtiger, als sich rechtmäßig zu verhalten. Jakobs´ Versuche, diese Aussage vom Täter zu distanzieren, sind nicht überzeugend. Es bleibt offen, wie die Enttäuschung einer normativen Erwartung durch eine – natürliche – Erklärung (etwa den Zufall) verarbeitet werden kann[730]. Ebenso bleibt unerkennbar, warum die Enttäuschung zu Lasten eines Dritten verarbeitet werden kann, obwohl der Täter zum Tatzeitpunkt zugestandenermaßen die Entscheidungshoheit besaß, Der Täter ist zwar nicht für die Notsituation zuständig[731], soweit er zurechnungsfähig ist, jedoch sehr wohl für seinen Umgang mit

---

[725] Jakobs AT, 17/53.

[726] Jakobs, AT, 20/45. Aufgrund dieser Voraussetzungen sieht er freilich kaum die Möglichkeit einer eigenständigen Anwendung.

[727] Jakobs, Norm, Person, Gesellschaft, S. 39.

[728] Jakobs, Norm, Person, Gesellschaft, S. 89.

[729] Jakobs, Norm, Person, Gesellschaft, S. 89.

[730] Vgl. AK/Neumann, § 35, Rn. 5.

[731] Jedenfalls im Grundfall, zu den Sonderfällen siehe Kap. E, I, 5.

derselben. Bildlich gesprochen: Auch wenn der Schiffbrüchige mit dem Untergang des Schiffes nichts zu tun hatte, ist das darauf folgende Entreißen der Planke doch ausschließlich sein Werk. Dass die Aussage „erkennbar", nur unter dem Eindruck seiner Notlage zustande kam, ist irrelevant, solange man hier Standhaftigkeit erwartet, d. h., die Erwartung aufrechterhält. Insoweit kann an die obigen Ausführungen zur Berücksichtigung der vermeintlich fehlenden rechtswidrigen Gesinnung verwiesen werden. Dass die von Jakobs angeführten kognitiven Erklärungen (Zufall, Belastung eines Dritten) so eingängig klingen, liegt daran, dass die von ihm ausgemachte Enttäuschung entgegenstehenden Formulierungen zum Trotz nicht auf normativer Ebene stattfindet. Solange der Täter sich darauf berufen darf, sich in angebrachter Weise motiviert zu haben[732], liegt der Konflikt allein auf kognitiver Ebene, so dass es auch ausschließlich einer kognitiven Verarbeitung bedarf[733]. Damit ist eine normative Erklärung der Entschuldigung jedoch nicht entbehrlich, sie verschiebt sich nur auf die vorgelagerte Frage nach der Legitimation einer entsprechenden Erwartungspreisgabe[734]. Auf diese im Rahmen dieses Abschnitts zum wiederholten Male aufgeworfene Frage findet sich auch bei Jakobs keine befriedigende Antwort. Aus dem von ihm vertretenen funktionalen Ansatz lässt sich unmittelbar nur folgern, dass Erwartungen aufrechterhalten werden müssen, deren Preisgabe zum Zusammenbruch des „Systems Recht" führen würde. Es fehlt jedoch an einer plausiblen Erklärung dafür, warum in der speziellen Notstandsituation eine Erwartung aufgegeben werden soll. Sein Versuch, auch dies aus dem funktionalen Ansatz zu folgern, ist ihm nach hiesiger Ansicht nicht gelungen. Zwar kann mitvollzogen werden, dass eine Rechtsordnung, die sich über Individualinteressen erhebt, von der von ihr verleugneten Wirklichkeit hinweggefegt wird. Aus der Feststellung, dass eine Ordnung, die Bestand haben will, auf ein Mindestmaß an sozialer Akzeptanz angewiesen ist (die nicht gewonnen werden kann, wenn den Individuen ohne Not jedes Lust- oder Selbsterhaltungsinteresse bestritten wird), ist jedoch kein zwingendes Argument für eine Entschuldigung des Notstandstäters abzuleiten. In der Notstandsituation geht es nämlich nicht um das einseitige Beschneiden von Interessen, sondern um die Verteilung begrenzter Ressourcen[735]. Bildlich gesprochen lässt sich wahrscheinlich keine Ordnung lange aufrechterhalten, die alle Genussmittel gleichermaßen verbietet. Daraus ist allerdings nicht zu folgern, dass sich die Ordnung einer durchsetzbaren Wertung zu enthalten hat, wenn sich, wie in der Notstandsituation gegeben, zwei

---

[732] So Jakobs, AT, 20/4.

[733] Jakobs entgeht damit den zu der Verarbeitung einer normativen Erwartung beschriebenen, im Bereich des Rechts unauflösbaren Schwierigkeiten.

[734] D. h., es muss geklärt werden, warum die Motivation angebracht ist.

[735] Kurz: Jede Beschneidung geht mit einer Zuordnung einher.

– gleichrangige – existenzielle Interessen gegenüberstehen[736]. Im Ergebnis lässt sich also feststellen, dass Jakobs´ funktionaler Ansatz in der Lage ist, die äußersten Grenzen der Entschuldbarkeit zu beschreiben. Die Notwendigkeit oder „Vernünftigkeit" der Entschuldigung vermag das Erklärungsmodell dagegen nicht zu verdeutlichen. Ohne Auskunft darüber bleibt jedoch offen, inwieweit [737]dem Täter innerhalb des von Jakobs beschriebenen Rahmens unter dem Gesichtspunkt der Entschuldigung entgegengekommen werden soll.

bb. Müssig

Eine mit der Jakobs´schen Konzeption verwandte, ebenfalls auf dem funktionalen Schuldbegriff aufbauende Theorie des entschuldigenden Notstandes hat Müssig entwickelt. Auch er sieht den Entschuldigungsgrund in der Möglichkeit einer Distanzierung des Täters von der Bedeutung seines tatbestandlichen Handelns[738]. Müssig beschäftigt sich allerdings ausführlicher als Jakobs mit der Frage, warum die Notstandssituation eine solche erlaubt. Seine zunächst missverständliche Erklärung lautet: Der Täter kann distanziert werden, weil bei diesem „die bei der Zurechnung auf der Unrechtsebene vorausgesetzte (situative) Freiheit individuell nicht aufzuweisen ist"[739]. Die außergewöhnliche, unverschuldete Lage lasse die Tat, trotz Entscheidungsfähigkeit des Eingreifenden, nicht als das Werk des Täters erscheinen. Obwohl Müssig mit (situativer) Freiheit nicht die Distanzierungsfähigkeit des Täters meint, sondern eine normativ zu fassende Verantwortlichkeit des Täters für die Konfliktsituation, behandelt er den Täter damit als durch die „besondere (Konflikt-) Situation determiniert"[740]. Damit stellt Müssig den Täter im Fall der Unzumutbarkeit im Ergebnis dem Unzurechnungsfähigen gleich. Diese – kontrafaktische – Einordnung, die Müssig „als der Sache nach objektiv vermittelte Rechtssolidarität"[741] versteht, soll in existenziellen Bedrohungslagen gerechtfertigt sein, weil hier gegenüber dem Täter „Grundlagen jeden Rechtsverhältnisses, die Bedingungen personaler Existenz" nicht garantiert waren[742].

Weil auch Müssig die Entschuldigung nicht als eine Konkretisierung der Erwartung auffasst, muss er wie Jakobs dafür sorgen, dass die Aussage des schuldfähigen, d. h. als kompetent geltenden Täters von diesem distanziert wird. Dieses Anliegen ist, wie schon angedeutet, nicht ohne weiteres zu bewerkstelligen. Weil der Normwiderspruch nicht „pulverisiert" werden kann, bedarf es

---

[736] In dieser Konstellation werden die Individuen durch eine rechtliche Zuordnung zwar auch belastet, jedoch in ihren vitalen Interessen mindestens in gleichem Maße bestärkt.
[737] Dass überhaupt „entschuldigt werden soll", ergibt sich aus dem Gesetz (§ 35 StGB).
[738] MüKo/Müssig, § 35, Rn. 1 ff.
[739] MüKo/Müssig, § 35, Rn. 1.
[740] MüKo/Müssig, § 35, Rn. 3.
[741] MüKo/Müssig, § 35, Rn. 3.
[742] MüKo/Müssig, § 35, Rn. 3.

gleichsam eines Sündenbocks, mit dem man den Konflikt aus dem normativen Dorf in die kognitive Umwelt schicken kann. Dieser wird von Müssig in der außergewöhnlichen Notlage gefunden, die konsequent ihrerseits nicht normativ fundiert sein kann und so nicht von ungefähr in der Gestalt des von keinem System erfassbaren Zufalls auftritt. Der Zufall ist bei genauer Betrachtung allerdings ebenso wenig in der Lage, den Konflikt zu tragen, wie der Täter durch die Situation determiniert ist. Deswegen ist, wie Müssig einräumt, im Ergebnis gewissermaßen das Recht selbst der Leidtragende. Der Begriff der „Solidarität" ist in diesem Zusammenhang also durchaus treffend[743]. Der Gedanke der Solidarität des Rechts mit dem Individuum ist jedoch problematisch, weil das Recht nicht nur dem einzelnen Normadressaten, hier dem Eingriffsadressaten, verpflichtet ist, sondern auch dessen konkurrierendem Gegenüber, hier dem Eingriffsopfer[744]. Ungeachtet dieser Bedenken muss gleichfalls eingeräumt werden, dass der Gedanke der Solidarität die Struktur der Enttäuschungsverarbeitung durchaus treffend zum Ausdruck bringt. Wenn man die schuldhafte Tat erst einmal als eine Rechtsverletzung versteht, die ohne Kosten nicht zu heilen ist, dann sind, sofern man auf Heilung nicht verzichten will, die Kosten der Heilung von irgendjemandem zu tragen. Dies ist im Normalfall der Täter selbst. Wird der Täter von den entsprechenden Kosten entlastet, müssen die Kosten zwangsläufig anderweitig übernommen werden. Insoweit lässt sich festhalten, dass die Entlastung von Schuld nur durch die Anspruchnahme eines Dritten möglich ist[745]. Dieser „Dritte" ist nach Müssig das Recht selbst. Die Schwierigkeiten be-

---

[743] Dass sich dessen Beschwerden aufgrund der nur selten auftretenden Inanspruchnahme in einem erträglichen Rahmen halten, ist, wie erwähnt, die Basis jedes funktionalen Ansatzes.

[744] Soweit eine Pflicht in Rede steht, die der Erhaltung einer Institution dient, kann auf die Ausführungen in Kap. F, I, 2. verwiesen werden.

[745] Soweit dem Täter die Fähigkeit zugesprochen wird, sich normkonform zu verhalten, steht mit dem Normbruch zunächst einmal eine entsprechende Aussage im Raum. Dieser Widerspruch kann entweder als ein nur scheinbarer entlarvt, oder er muss verarbeitet werden. Die Differenz zwischen beiden Alternativen erschöpft sich keinesfalls in einer unterschiedlichen semantischen Darstellungsart. Es sind völlig unterschiedliche Fragestellungen zu beantworten. Während man einmal dartun muss, warum es letztlich nicht zum Konflikt gekommen ist, ist in dem zweiten Fall zu erklären, wie unter Aufrechterhaltung der Erwartung die normative Enttäuschung ohne Beschädigung der Ordnung am Täter vorbei verarbeitet werden kann. Es ist diese zweite Alternative, welche mit großen strukturellen Schwierigkeiten behaftet ist und deren Verhältnis zur Entschuldigung moralischer Verfehlungen sich von gleichermaßen schwieriger wie interessanter Natur darstellt. Wie kann also eine Enttäuschungsverarbeitung ohne Beschädigung der Ordnung gedacht werden? Um es kurz zu machen: Das Recht steht hier auf verlorenem Posten. Es kann den Täter nicht von seiner Aussage distanzieren und muss jeder Entlastung desselben, aufgrund des Gleichbehandlungsgrundsatzes, eine beispielgebende Funktion beimessen. Damit ist die Berufung auf eine echte Ausnahme verbaut. Weil das Recht nicht Ressourcen wie der Besitzer des Biblischen Weinberges aus eigenem Bestand zu verteilen hat, sondern Freiheitsräume im Sinne eines Nullsummenspieles verteilt, sind auch Begriffe wie „Nachsicht" oder „Großmut"

ginnen freilich mit der Feststellung, dass das Recht dem Eingreifenden seine Solidarität nicht ohne damit einhergehende partielle „Vernachlässigung" des Eingriffsadressaten zusagen kann. Aber auch ohne die diesbezügliche Problematik ist Müssigs Begründung ungeachtet ihrer scheinbaren Plausibilität nicht überzeugend. Zwar ist in der Tat zunächst einmal kaum einsichtig, dass der Täter in Anspruch genommen wird, wenn die Bedingungen des Rechtsverhältnisses nicht garantiert waren.

Dieses Argument überzeugt jedoch nur, wenn man das Recht im Sinne der Vertragstheorien als Mittel zur bloß individuellen Vorteilsmaximierung versteht. Hier entfällt, zivilistisch ausgedrückt, mit dem Schutz des Rechtes zugleich die Geschäftsgrundlage des rechtlichen Verhältnisses. Soweit der Zweck der rechtlichen Gemeinschaft dagegen über die (vertraglich) zugesicherte Garantie existenzieller Lebensbedingungen hinausgeht, ist aus dem faktischen Wegfall der Garantie des Überlebens dagegen keine Tolerierung der Notstandstat ableitbar.

---

nicht geeignet, zur Lösung beizutragen. Die Perspektive des Rechts ist so nicht in der Lage, den Blick auf die besondere Lage des einzelnen Täters zu fokussieren. Nämliche strukturell bedingte Schwierigkeiten im Umgang mit dem Besonderen, die das Recht prägten, sind der Moral scheinbar fremd. Hier lassen sich offenbar Tat und Täter aus der göttlichen Perspektive eines jüngsten Gerichts ausschließlich für sich selbst bewerten. Eine ewige Ordnung bedarf scheinbar keiner Bestätigung. Daher wird als Strafzweck eines letzen Gerichts nicht die Prävention ausgegeben, sondern Umkehr und Buße (siehe nur: Pius XII, in: Recht und Moral, S. 225). Diese Konzentration des Strafzwecks auf die „Heilung" des Täter eröffnet wiederum scheinbar einen größeren Spielraum an Reaktionsmöglichkeiten. Solange sich das Maß der erforderlichen Bußfertigkeit nur nach dem Täter und seiner Tat selbst richtet, werden auch menschliche Schwächen, jenseits der Schuldunfähigkeit, prinzipiell entschuldbar.
Die Ewigkeit der Ordnung verstellt allerdings den Blick auf die Tatsache, dass nach menschlichem Ermessen jede Norm (ewig oder nicht), die nur deutet und im Hinblick auf Verhaltensfolgen völlig invariant bleibt, der Beachtung nicht wert ist. Deswegen kann auch die Moral, obwohl sie letztlich eine ewige Ordnung mit transzendentalem Geltungsgrund darstellt, – wiederum nach menschlichem Ermessen – nicht ohne jede Bestätigung auskommen. Die Fragestellung, wie Entlastung von Schuld ohne Beeinträchtigung der Ordnung zu denken ist, findet sich im theologischen Diskurs unter verschiedenen Begriffen bzw. Themenbereichen wie Barmherzigkeit (hebr.: Mütterlichkeit), Vergebung, systematische Rechtfertigung. Klassiker in der Schultheologie sind, neben dem Ursprungsformulierer Paulus, Augustinus und Anselm von Canterbury. Letzterer vertritt (maximal vereinfacht) folgenden (umstrittenen) Gedanken: Der Mensch, der Gott die Ehre verweigert, zerstört die Ordnung der Welt. Diese wird nicht (in erster Linie) durch die Inanspruchnahme des Menschen wiederhergestellt, sondern durch den stellvertretenden Kreuzestod des Gottessohnes. Die argumentative Einbettung dieses Gedanken, insbesondere warum diese Stellvertretung für Anselm von Canterbury notwendig ist, muss an dieser Stelle ebenso wenig thematisiert werden wie die ihm entgegengehaltene Kritik (vgl. zum Ganzen: Lexikon für Theologie und Kirche, Stichwort „Satisfaktionstheorien"; Kienzler, Glauben und Denken des Anselm von Canterbury). Es sollte nur gezeigt werden, dass die „Verschonung" desjenigen, der die Ordnung beschädigt hat, nicht ohne weiteres zu bewerkstelligen ist.

cc. Roxin

Die Ansicht Roxins zeichnet sich dadurch aus, dass sie general- und spezialpräventive Gründe miteinander verbindet. Auch Roxin geht davon aus, dass dem Täter trotz Lebensgefahr weiterhin ein normgemäßes Verhalten möglich ist[746]. Wenn trotz der feststehenden Schuld des Täters auf Strafe verzichtet werden könne, dann sei das nur im Hinblick auf den Strafzweck zu erklären. Seine Begründung zur Entbehrlichkeit einer Strafe aus generalpräventiven Gründen ist so kurz wie prägnant. Ein diesbezügliches Interesse an der Sanktionierung des Täters scheide aus, weil die Seltenheit der Situation einer Abweichung vom „erwünschten Regelverhalten" eine Reaktion als überflüssig erscheinen lasse[747]. Auch Roxin bemüht sich darum, die Ausnahme gegenüber anderen Konstellationen als beachtenswert herauszuheben. Seine diesbezügliche Argumentation zielt darauf ab, den Notstandsfall einer Situation zu beschreiben, in der jemand zum Täter werde, der „an sich rechtstreu sei". Der Notstandtäter sei ein unter normalen Umständen rechtstreuer, sozial voll integrierter Mensch, der nur durch „die außergewöhnliche Situation" zu seiner im Unrecht wesentlich gemilderten Tat gebracht worden sei, so dass eine Resozialisierungsbedürftigkeit verneint werden müsse[748]. Die mangelnde soziale Auffälligkeit des Notstandstäters zeigt sich auch für Roxin darin, dass „der Durchschnittsmensch, wenn er doch einmal in eine derartige Lage" gerate, „ohnehin schwerlich die Normen bedenken und sich durch sie motivieren lassen würde"[749].

Der Vorschlag von Roxin klingt gegenüber den recht aufwendigen Konzeptionen von Jakobs und Müssig geradezu schlicht. Diese Einschätzung erfolgt ohne kritischen Unterton, im Gegenteil. Roxin kann darin gefolgt werden, dass in generalpräventiver Hinsicht der Hinweis auf die Seltenheit der Situation ausreicht. Der Versuch, die Notstandssituation zu „anderen" denkbar selten anzutreffenden Konstellationen mittels deren angeblich spezialpräventiven Entbehrlichkeiten abzugrenzen, kann jedoch nicht überzeugen. Mit der Aussage, beim Täter handele es sich letztlich um einen integeren (rechtstreuen) Bürger, greift Roxin ein Argument auf, dass in ähnlicher Weise bereits von Bockelmann und Gallas vorgetragen worden ist. Die diesbezüglich vorgetragenen Bedenken gelten auch hier. Die Tatumstände mögen einen Einfluss auf das Strafmaß nehmen[750], eine „rechtsfreundliche" Gesinnung setzt dagegen voraus, dass eine entsprechende Erwartung in Wahrheit gar nicht erhoben wurde[751].

---

[746] Roxin, FS Bockelmann, S. 282.
[747] Roxin, FS Henkel, S. 183; ders, AT/1, § 22, Rn. 12; ders. JA 1990, S. 99.
[748] Roxin, JA 1990, S. 99.
[749] Roxin, FS Henkel, S. 183.
[750] Siehe hierzu Kap E, I, 4, c.
[751] Nochmals: Der Täter wird, wie dargestellt, wahrscheinlich sogar im Nachhinein für seine Tat Verständnis einfordern. Und eine noch so überzeugende Parteinahme für die grundsätz-

e. Rechtsgutspezifische Theorie (Bernsmann)

Eine umfangreiche Monografie zur „Entschuldigung durch Notstand" stammt von Bernsmann. In seiner als „rechtsgutspezifischen Theorie" bezeichneten Notstandslehre will er die in § 35 StGB vorgesehene Entlastung des Eingreifenden aus der von ihm angenommenen verfassungsrechtlich abgesicherten Verpflichtung des Staates ableiten, das Leben seiner Bürger zu schützen[752]. Auf den ersten Blick scheint die Konzeption Bernsmanns für den hiesigen Untersuchungsgegenstand von geringem Interesse zu sein, denn Bernsmann sieht seine „rechtsgutspezifischen Theorie" ausdrücklich nicht als auf dem Unzumutbarkeitsgedanken fußend. Zudem beschäftigt er sich ausschließlich mit der Notstandsfähigkeit des Lebens, der körperlichen Unversehrtheit und der Freiheit, d. h. solcher Güter, welche unstreitig von § 35 StGB erfasst sind. Dass die Ansicht Bernsmanns dennoch vergleichsweise ausführlich besprochen wird, liegt daran, dass seine Ausführungen gewissermaßen als eine Kontrastfolie der anschließend dargestellten Konzeption angesehen werden können.

Bernsmanns Ausgangspunkt ist die Überzeugung, dass es die vornehmste Aufgabe des Staates sei, das Leben seiner Bürger zu schützen. Aus dieser Schutzpflicht folgert er einen „Anspruch" des Notstandstäters auf Achtung seines Lebens und Leibes, der dazu führe, dass der Staat in Situationen der Leibes- oder Freiheitsgefahr die „Strafkompetenz" verliere[753]. Dieser Achtungsanspruch hindert Bernsmann daran, die Notstandskonstellationen als schuldrelevant zu betrachten, weswegen er den Notstand als Strafausschließungsgrund versteht[754]. Bernsmanns Notstandsbegründung stimmt mit dem hiesigen Ansatz insoweit überein, als auch er die Reichweite des Rechts im Grundfall an eine gelungene argumentative Legitimation vor dem vermeidlichen Adressaten knüpft. Diese Argumentation betrachtet er jedenfalls im Fall der akuten Lebensgefahr als nicht mehr realisierbar. Das entsprechende Kernargument lautet: „Kein Staat könnte einem (später)[755] Getöteten etwas anbieten, das dem Verlust des eigenen Lebens auch nur annähernd äquivalent wäre; die „Welt" endet für den Gefährdeten mit dem Tod"[756]. Zwar räumt auch Bernsmann ein, dass die Gewissheit, etwas Gutes bewirkt zu haben, den Augenblick des Todes mit Sinn zu erfüllen vermag. Auf diese Möglichkeit dürfe sich das Recht jedoch nicht

---

liche Notwendigkeit einer bestimmten Norm berechtigt nicht, sie ausnahmsweise zu missbilligen.

[752] So meint Bernsmann:, „Der Staat muss das Leben schützen und achten und kann unter keinen Umständen die Hinnahme des Todes bei Strafe gebieten (Entschuldigung durch Notstand, S. 308).

[753] Bernsmann, Entschuldigung durch Notstand, S. 382.

[754] Bernsmann, Entschuldigung durch Notstand, S. 379 ff.

[755] Klammer im Original.

[756] Bernsmann, Entschuldigung durch Notstand, S. 408.

berufen, weil die Entscheidung über eine entsprechende Sinnsetzung aufgrund deren existenzieller Bedeutung dem Individuum vorbehalten sei[757]. Bernsmann hält deswegen den gewaltsamen vorzeitigen Tod für „ein ‚unzumutbares Ereignis'"[758] und will folgerichtig weder für den rechtswidrig Angreifenden die strafbewehrte Pflicht zur Duldung einer tödlichen Abwehr anerkennen[759], noch dem „in seinem Bestand bedrohten Staat" die Möglichkeit zubilligen, „den Tod des Einzelnen für zumutbar zu deklarieren"[760]. Bernsmanns fasst seine diesbezügliche Position selbst wie folgt zusammen: „Wer mit der Absolutheit des Lebensanspruches Ernst macht, kann (...) nur von einer unrelativierbaren ‚Unzumutbarkeit' der Todesakzeptanz, auch für den Fall der kombinierten Gefahrverschuldungs- und rechtlich institutionalisierten Sonder-Gefahrtragungspflichten ausgehen."[761] Diese klare Einordnung des Lebensnotstandes wird von ihm nur für den Fall aufgegeben, dass „der Notstandstäter ‚gerecht' verteilte Chancen zur Lebensverlängerung über den ‚natürlichen' Sterbezeitpunkt hinaus ergreift."[762] Für die ebenfalls durch § 35 StGB privilegierten Rechtsgüter „Leib" und „Freiheit" wird von Bernsmann im Grundsatz keine eigenständige Argumentation vorgestellt. Da er beide als prinzipiell gleich zu behandelnde Derivate des Rechtsguts „Leben" auffasst, hält er nur „(Rand)-Korrekturen"[763] für erforderlich[764]. Diese sogenannten „(Rand)-Korrekturen" beinhalten allerdings die Auflösung der absoluten Schutzwürdigkeit, wie sie Bernsmann beim Gut „Leben" angebracht erscheint. Die Notstandsfähigkeit der Güter „Leib" und „Freiheit" wird damit im Ergebnis von einer sich nicht krass zu Lasten des

---

757 Bernsmann, Entschuldigung durch Notstand, S. 408. Bernsmann spricht in diesem Zusammenhang von einer drohenden Bevormundung des Individuums, die es zu verhindern gelte.

758 Bernsmann, Entschuldigung durch Notstand, S. 409.

759 Bernsmann, Entschuldigung durch Notstand, S. 418 ff.

760 Bernsmann, Entschuldigung durch Notstand, S. 409.

761 Bernsmann, Entschuldigung durch Notstand, S. 421. Bernsmann verteidigt dieses Ergebnis angesichts des Wissens, dass es mit dem ‚natürlichen Rechtsempfinden' kaum in Einklang zu bringen ist (a. a. O.).

762 Bernsmann, Entschuldigung durch Notstand, S. 366: Die Hinnahme des natürlichen Todes ist für Bernsmann keine Frage der Zumutbarkeit, weil jeder irgendwann einmal sterben müsse. Der Achtungsanspruch gegenüber dem Staat beziehe sich ausschließlich auf solche Lebensverlängerungstechniken, zu deren Bereithaltung eine Rechtspflicht bestehe. Im Übrigen seien dieselben nur zusätzliche Angebote, welche lediglich gerecht zu verteilen seien (a. a. O. S. 364 f.).

763 Bernsmann, Entschuldigung durch Notstand, S. 384.

764 Dies führt bei ihm dazu, dass er die Begriffe „Leib" und „Freiheit" im Rahmen des § 35 StGB restriktiv definiert. So versteht er unter einer Beeinträchtigung des Leibes, unabhängig von einer nachgeschalteten Verhältnismäßigkeitsabwägung, nur die „tatbestandliche Körperverletzung"(a. a. O. S. 385) als notstandsfähig. Unter Kritik am Gesetzgeber, die „Freiheit" überhaupt in den Katalog des § 35 StGB aufzunehmen (a .a. O., S. 74), will Bernsmann ausschließlich die in § 239 StGB geschützte Bewegungsfreiheit erfasst wissen (a. a. O., S. 91).

Eingriffsguts neigenden Proportionalitätsrelation abhängig gemacht[765]. Diese schlägt eingedenk des überragenden Anspruches auf „Lebensschutz", wiederum konsequent, immer dann zu Lasten des Eingreifenden aus, wenn eine Fremdtötung nicht zu Gunsten der Verhinderung des drohenden eigenen Todes oder einer lebensentwertenden Körperverletzung erfolgt[766]. Auch werden nunmehr die in § 35 Abs. 1 S. 2 StGB vorgesehen Sonderpflichten berücksichtigt[767].

Bernsmanns Konzeption versteht sich zwar als eine Theorie des entschuldigenden Notstandes, seine Bemühungen und die Originalität seines Ansatzes sind jedoch auf den Lebensnotstand konzentriert. Bernsmanns Argumentation weicht von den bisher dargestellten Ansichten insofern ab, als er den entschuldigenden Notstand nicht als eine angemessene Reaktion auf „Schwäche", „Unvermögen" oder einen sonstigen Defekt begreift, sondern als Achtung eines – legitimen – Interesses des Adressaten beschreibt. Die in dieser Weise positive Einordnung des Selbsterhaltungsinteresses rückt den Kern der meisten bisherigen Ansätze (endlich) wieder ins Zentrum der Diskussion. Es gilt zu klären, ob das Selbsterhaltungsinteresse eine Rechtspflicht zum Sterben zulässt bzw. konterkarieren kann. Die hiesige Antwort kann auf die Ausführungen in Kap. C, II zurückgreifen. Ein Individuum, das sich ausschließlich im Schema Lust/Unlust bewegt, kann durch keine Regel überzeugt werden, den eigenen, faktisch vermeidbaren Tod hinzunehmen. Wem das Leben alles ist, dem ist auch der Tod alles. Daher wird kein entsprechendes Individuum einer den Tod gebietenden Regelung zustimmen. Diese Feststellung klingt nicht nur plausibel, sie hält auch einer näheren Betrachtung stand. Diese spricht allerdings zunächst dafür, dass die Pflicht zum Sterben prinzipiell auch von einem Individuum, welches die Selbsterhaltung als höchsten Wert ausgibt, als zustimmungswürdig anerkannt werden muss.

Die Zustimmungswürdigkeit jeder Regelung, die nicht unmittelbar auf ein konkretes Ergebnis zielt, sondern nur eine Verteilung von Chancen und Risiken betrifft, kann nämlich nur aus einer ex ante Perspektive beurteilt werden[768]. Sonst müsste man aus dem Eintritt oder Ausbleiben des erwünschten oder befürchteten Ereignisses – für die Zukunft – lernen können. Dies ist jedoch nicht der Fall, weil sich im gedachten Wiederholungsfall das Risiko oder die Chance nunmehr in die andere Richtung realisieren kann. Beispielhaft: Ob sich eine

---

[765] Bernsmann, Entschuldigung durch Notstand, S. 401 f.

[766] Bernsmann, Entschuldigung durch Notstand, S. 412.

[767] Bernsmann, Entschuldigung durch Notstand, S. 418 ff. Dies ist insoweit eine logische Folge der Tatsache, dass anders als beim Rechtsgut „Leben" keine absolute Garantie mehr gegeben werden kann.

[768] Genauer: Entscheidend ist allein das Verhältnis zwischen der Wahrscheinlichkeit des erwünschten Erfolges und den Kosten. Bei diesen muss es sich nicht um fixe Kosten handeln, sondern auch um solche, die im Unterliegensfall zu erbringen sind, wobei auch hier wiederum die Wahrscheinlichkeit ihres Eintritts entscheidend ist.

Versicherung oder ein Loskauf gelohnt hat, kann sich nicht danach bemessen, ob das Haus abgebrannt ist oder ein Gewinn gezogen wurde. Der Volltreffer im Lotto ist kein Argument, sich aufs Glücksspiel zu verlagern. Damit ist unter Verteilungsgesichtspunkten das Ergebnis „an sich" uninteressant. Es kommt ausschließlich auf das ihm zugrunde liegende Verfahren an. Daher kann der verfahrensmäßig Unterlegene nur mit Argumenten kontern, die das Verfahren selbst betreffen. Solche sind hier zunächst einmal nicht in Sicht. Im Gegenteil: Das Recht ermöglicht es vielmehr erst, den nichtgeregelten „Zufall körperlicher Überlegenheit oder blinder Naturgewalten"[769] durch ein Verfahren in die gewünschte Form zu transformieren[770]. Ob, wenn es um Leben und Tod geht, die ausschließlich an Selbsterhaltung interessierten Individuen sich von der „Gerechtigkeit" eines Verfahrens oder dergleichen beeindrucken lassen, mag dahinstehen. Jedenfalls ist auch für diese einsehbar, dass die verfahrensmäßige Bewältigung des Konflikts zu einer Reduzierung des individuellen Risikos führt[771]. Kurz: Solange ein Verfahren die Überlebenschance aller verbessert, kann auch der an Selbsterhaltung Interessierte ein solches verständlicherweise nicht ablehnen. Aber die dieser Überlegung zugrunde liegende ex ante Perspektive ist für den Verfahrensunterlegenen im Fall des Falles nur eine Vergangenheit, die er nicht mehr in sein Blickfeld integrieren kann. Das Überlebensinteresse ist immer akut. Es kennt nur eine Sequenz von Augenblicken, in denen es wieder und wieder drauf ankommt[772]. Bildlich: Die Möglichkeit, am Verfahren teilnehmen zu dürfen, wird auf der Grundlage des naturalistischen Freiheitsbegriffs von allen mit ungedeckten Wechseln bezahlt[773]. Insofern kann

---

769 Bernsmann, Entschuldigung durch Notstand. S. 358.

770 Ohne ein Verfahren, das die naturgegebene Kampfsituation überformt, lassen sich Aspekte einer angemessenen Risikoverteilung, wie sie in § 35 StGB genannt sind, überhaupt nicht formulieren. Deswegen sind Auffassungen, die sich letztlich nur auf Hinnehmbarkeit der Folge selbst konzentrieren, in der Tat nicht in der Lage, etwa die Verantwortlichkeit des Täters für seine prekäre Situation zu berücksichtigen.

771 Bernsmann, Entschuldigung durch Notstand, S. 335. Das Strafrecht müsse in solchen Konstellationen, in denen alle gleichermaßen von der Gefahr betroffenen sind, „ein Maximum an Solidarität" verlangen, „individuelle Willkür, (...) der Sieg des Stärkeren etc." müssten ausgeschlossen werden, was nur möglich sei, wenn „ein Auswahlverfahren eingeführt werden kann, das den weitestgehenden Schutz von Menschenleben noch in der extremsten Situation gewährleistet."

772 Vgl. Pawlik, Jahrbuch für Recht und Ethik, Bd. 11 (2003), S. 290.

773 In den von ihm als „echte Gefahrengemeinschaften" (darunter versteht Bernsmann, [Entschuldigung durch Notstand, S. 317], solche Konstellationen, in denen eine Gefahr alle gleichermaßen trifft und eine Rettung nur möglich ist, wenn mindestens einer der bei Untätigbleiben allesamt verlorenen Gefährten geopfert wird) bezeichneten Beziehungen befürwortet er die Pflicht der vom Tode Bedrohten, sich einem „gerechten" Auswahlverfahren zu unterwerfen. (Bernsmann, Entschuldigung durch Notstand, S. 321 ff.; insbesondere S. 347) Er räumt aber gleichfalls ein, dass „der verfahrensmäßig Unterlegene, der nunmehr im Angesicht

abschließend festgestellt werden, dass das individuelle Überlebensinteresse, sofern es erst einmal als absolute Größe erscheint, sich (auch) keinem Verfahren unterordnen kann. Auf der Grundlage, dass das Überleben für den je Einzelnen einen absoluten Rang einnimmt, kann eine gesetzliche Regelung der Notstandssituation in der Tat nur dann als vernünftig angesehen werden, wenn sie zu einem Überleben aller führt[774].

Dennoch ist die Lehre Bernsmanns aufs Ganze gesehen als widersprüchlich einzustufen. Der Wunsch des Einzelnen nach Selbsthaltung ist als ein unbedingtes Interesse nämlich nur auf dem Boden des naturalistischen Freiheitsbegriffs Hobbes'scher Prägung darstellbar[775]. Auf dem Boden dieses Menschenbildes kann der von Bernsmann angenommene Achtungsanspruch jedoch kaum gegründet werden, weil kein Grund dafür namhaft gemacht werden kann, warum die ebenfalls ausschließlich auf ihr Überleben bedachten Eingriffsadressaten das individuelle Überlebensbedürfnis des in Not Geratenen achten sollen[776]. Einen absoluten Anspruch auf Anerkennung des Überlebensinteresses kann es folglich nicht geben. Dies entspricht im Übrigen der gesetzlichen Regelung. In § 35 StGB ist nämlich auch die Notstandsfähigkeit des Gutes „Leben" begrenzt. Das Überlebensinteresse wird erst im Kontext (fehlende Verantwortlichkeit für den drohenden Verlust, keine besondere Gefahrtragungspflichten) beachtlich. Die Aussage, der Staat schütze in jeder Konfliktlage mit absolutem Vorrang das Leben seiner Bürger, steht so ohne eine rechtsphilosophische und positivrechtliche tragende Begründung da.

Der Vollständigkeit halber soll noch angefügt werden, dass eine weitere „Schwäche" der „rechtsgutspezifischen Theorie" Bernsmanns darin liegt, dass sie ausschließlich auf den Verlust des Lebens zugeschnitten ist[777]. Kann der „Leib" „als physische Basis der Lebensführung"[778] in Grenzen noch in einer „rechtsgutspezifischen" Nähe des Gutes „Leben" verortet werden, (so dass hier

---

des unwiderruflichen und unmittelbar bevorstehenden Todes, sich nicht an die ‚Abmachung' hält, unter keinen Umständen mehr straflos bleiben kann."

[774] Bernsmann, Entschuldigung durch Notstand, S. 307.

[775] Vgl. Kap. C, II.

[776] Vgl. Kap. C, II. Indem Bernsmann die Selbsterhaltung nicht als äußere Grenze des Rechts auffasst (Grenze der Durchsetzungsmacht), sondern für selbiges einen positiven normativen Status behauptet, verlässt er also gewissermaßen Hobbes´schen Boden. Dass allein von diesem aus die Selbsterhaltung als ein unbedingtes Gut verstanden werden kann, wurde bereits angedeutet Insofern ist die Formulierung von Jakobs (AT, 20/3, Fn. 4c) „Bernsmann halbiert Hobbes" eine zutreffende Beschreibung.

[777] Sie kann daher, abgesehen von der vorstehenden Kritik, für die Diskussion um eine Ausweitung des Unzumutbarkeitsgedankens auf andere „Rechtsgüter" nichts beitragen.

[778] Bernsmann, Entschuldigung durch Notstand, S. 384.

eine gleiche Begründung möglicherweise noch gerechtfertigt erscheint)[779], sind Ähnlichkeiten zum Rechtsgut „Freiheit" auch bei einem restriktiven Verständnis kaum auffindbar.

f. Freiheitstheoretische Theorie (Pawlik)

Die Lösung Pawliks vollzieht sich in zwei Schritten. Zunächst wird dargetan, warum die Notlage des Eingreifenden für andere Rechtspersonen überhaupt von Relevanz ist. Daran anschließend wird erklärt, inwiefern das Eingriffsopfer zur Bekämpfung der Not Güter preisgeben muss. Warum sind für Pawlik die Belange des Eingreifenden für das Eingriffsopfer überhaupt von Belang? Die entsprechende Begründung wird mit Bezugnahme auf Hegels begriffliche Unterscheidung zwischen „Person" und „Subjekt" geführt. Ihr inhaltlicher Gehalt ist jedoch ohne Kenntnisse der hegelschen Philosophie nachvollziehbar. Nach Pawliks[780] Verständnis bezeichnet Hegel mit dem Begriff „Person" den Entwicklungsstatus des „vollkommen abstrakte(n) Ich(s)"[781]. Entsprechend ihres Daseins als Inbegriff von Möglichkeiten sei die vornehme Eigenschaft der Person die Distanzierung „von jeder Bestimmung, in der (sie sich)[782] finde"[783]. Dem Mangel an konkreter Bestimmtheit entsprechend würden die Erwartungen an eine Person aus Sicht eines generalisierten anderen formuliert. Das „Grundgebot des abstrakten Rechts laute folgerichtig: „Sei eine Person und respektiere die anderen als Personen."[784] An dieser Stelle lässt sich dem Argumentationsgang ein erstes Fazit entnehmen. Aus der Perspektive der (so verstandenen) Person kann zum anderen nur ein negatives Verhältnis aufgebaut werden, ist ein Insistieren auf der Abgrenzungsbefugnis unabdingbar. Umgekehrt formuliert: Erst wenn gezeigt wird, dass die jeweiligen Bestimmtheiten des anderen von den Normadressaten nicht als irrelevant zurückgewiesen werden können, wird eine besondere (Not-) Lage für das Recht sichtbar. Mit diesem Ziel, wiederum mit Bezug auf Hegel, fährt Pawlik fort, den von allen konkreten Inhalten abstrahierenden Willen als etwas „Einseitiges und daher Mangelhaftes" darzustellen. Hierbei sieht er sich in Übereinstimmung mit dem Alltagsverständnis. „Das Pathos der Distanz taugt nicht als genereller Lebensstil."[785] Sinngemäß: Der

[779] Bernsmanns letztlich auf der Drastik und Endgültigkeit des Todes fußende Argumentation kann jedoch allenfalls für sehr schwere körperliche Beeinträchtigungen fruchtbar gemacht werden.
[780] Pawlik, Jahrbuch für Recht und Ethik, Bd. 11 (2003), S. 300.
[781] Hegel, Rph, § 35.
[782] Einf. d. d. Verf.
[783] Hegel, Rph, § 5.
[784] Hegel, Rph, § 36; vgl. Pawlik, Jahrbuch für Recht und Ethik, Bd. 11 (2003), S. 300.
[785] Pawlik, Jahrbuch für Recht und Ethik, Bd. 11 (2003), S. 300.

Mensch lebe nicht nur im Bereich des Möglichen und könne daher (ohne sich selbst zu verlieren) nicht alles (gleichzeitig) distanzieren. Indem sich für Pawlik daher die abstrakte Natur der „Person" im oben genannten Sinne als zu unbestimmt erweist, um den idealtypischen Normadressaten zu erfassen, ist der weitere Gedankenschritt vorgezeichnet. Es gilt, so Pawlik, die abstrakte Natur der „Person" zu überwinden, indem sich jene bestimmte Inhalte zueigen mache, bzw. in der Terminologie Hegels: Es gilt, den abstrakten Willen der Person zur konkreten „Selbstbestimmung des Subjekts" fortzubilden. Dieses zur konkreten Wirklichkeit gefundene Subjekt, und nicht mehr die defizitäre Figur der „Person", soll fortan als Anknüpfungspunkt des Rechts dienen[786]. Es wird hervorgehoben, dass dem Subjekt erkennbar mehr „Bezüglichkeiten" zum anderen zur Verfügung stehen als der „allein" durch Abgrenzung definierten Person. Deswegen stelle die Abgrenzung vom anderen für das Subjekt nunmehr keinen Selbstzweck mehr dar, sondern müsse ihre positive Bedeutung erst behaupten. Diese gewinne das Subjekt erst, indem es erkenne, dass die Abgrenzung vom anderen für eine selbstbestimmte Existenz unabdingbar ist[787]. An dieser Stelle soll des Verständnisses wegen ergänzt werden, dass damit noch nicht darüber entschieden ist, ob die Abgrenzungsbefugnis dennoch als allein maßgeblicher rechtlicher „Kontakt" aufgefasst wird. Ein positives Verhältnis zum anderen setzt darüber hinaus auch das Vorhandensein des in Kap. C, II skizzierten Sinnverständnisses voraus, während „Subjekte", die ihren Sinnhorizont allein in Selbsterhaltung und Lustmaximierung erkennen, auf der Abgrenzung beharren „müssen". Dass Pawlik als Auslegungshorizont ein normatives Freiheitsverständnis zugrunde legt, darf angesichts seiner Ausführungen allerdings angenommen werden. Deswegen kann er zu dem Zwischenergebnis gelangen: „Die Ausgrenzungsbefugnis bleibt (...) bedeutsam, der Rechtsbegriff erschöpft sich aber nicht mehr in ihr."[788]

Eingangs der zweiten Begründungsstufe weist Pawlik darauf hin, dass die normative Relevanz der Belange des Eingreifenden keinesfalls zwangsläufig zur Straflosigkeit massiver Eingriffe in die Rechtssphäre eines „Unschuldigen" führe. Es bleibe vielmehr dabei, dass die individuellen Interessen grundsätzlich nur innerhalb der zugewiesenen Rechtskreise verfolgt werden dürften. Nur deswegen sei das „Subjekt als Wahrheit der Person" auszuweisen, weil es „im Grundsatz" nicht anders als die Person den gleichberechtigten Status seiner Mitsubjekte anzuerkennen und sein Verhalten unter den Verallgemeinerungsfähigkeitsmaßstab zu stellen habe[789]. Warum also gebührt für Pawlik letztlich doch „dem Zufall, der den einen in Not bringt und den anderen verschont", nicht

786 „Das Subjekt ist die Wahrheit der Person".
787 Pawlik, Jahrbuch für Recht und Ethik, Bd. 11 (2003), S. 301.
788 Pawlik, Jahrbuch für Recht und Ethik, Bd. 11 (2003), S. 301.
789 Pawlik, Jahrbuch für Recht und Ethik, Bd. 11 (2003), S. 303.

auch „strafrechtlich das letzte Wort“[790]? Die Ausführungen zu dieser (Kern-) Frage sind relativ knapp gehalten. Es wird angeführt, dass die Notstandssituation sich von den übrigen strafrechtlich relevanten Konstellationen dadurch unterscheide, dass hier die Subjektbelange des Eingreifenden denen seines Kontrahenten nicht nachstehen[791]. Das entscheidende Argument besteht also in dem Umstand, dass beide Kontrahenten den konkret drohenden Verlust ihrer Existenz aufgrund von vergangenem Verhalten nicht „verdient“ haben. Dies vorausgesetzt könnte dem Umstand, dass das Verhalten des Eingreifenden nicht verallgemeinerungsfähig ist, keine Bedeutung zugemessen werden, weil andernfalls die „Belange des Eingriffsadressaten ein zweites Mal verwertet“ würden[792]. Das Kriterium des „Verdienstes“ lässt sich freilich auch unterhalb existenzieller Konflikte anlegen. Damit steht zu befürchten, dass Rechtskreise (verlässlich) überhaupt nicht mehr zugeteilt werden können, die „Person“ als zur Abgrenzung berechtigte Größe untergeht. Auf die damit verbundenen Konsequenzen für die „Freiheitsbelange“ des Einzelnen muss nicht erneut hingewiesen werden. Es verwundert also nicht, wenn Pawlik der Abgrenzungsbefugnis einen weiterhin hohen Rang zumisst und nicht alle Subjekt-Belange als anerkennenswert auszeichnet, sondern nur solche, die biographisch bedeutsam sind bzw. „fundamentale Ermöglichungsbedingungen seines Lebensentwurfs darstellen“ [793]. Angesichts der Übereinstimmungen in den Grundlagen verwundert es nicht, dass die Ausführungen Pawliks hier weitgehend Zustimmung finden. In sachlicher Hinsicht ist lediglich zu bemerken, dass nach hiesiger Ansicht Zweifel daran begründet sind, dass der zwischen dem Eingreifenden und dem Eingriffsopfer auszumachende Interessenkonflikt durch die dem Eingreifenden gewährte Entschuldigung tatsächlich im Sinne einer der Gleichwertigkeit der Interessen gerecht werdenden Weise gelöst wird. Die diesbezüglichen Bedenken sollen im Folgenden weiter ausgeführt werden[794].

---

[790] Vgl. Pawlik, Jahrbuch für Recht und Ethik, Bd. 11 (2003), S. 303.
[791] Pawlik, Jahrbuch für Recht und Ethik, Bd. 11 (2003), S. 304.
[792] Pawlik, Jahrbuch für Recht und Ethik, Bd. 11 (2003), S. 303.
[793] Pawlik, Jahrbuch für Recht und Ethik, Bd. 11 (2003), S. 301; 308.
[794] Darüber hinaus ist noch anzufügen, dass die Nähe des Textes zur Hegelschen Philosophie manche Schwierigkeit birgt. Zwar bietet Hegelische Terminologie die ihr eigene begriffliche Präzision, dafür ist sie allerdings nicht gerade leicht verständlich. Insofern weist der Text aufgrund der engen Verknüpfung mit der Diktion Hegels für den nicht mit philosophischer Literatur vertrauten Leser einen recht hohen Schwierigkeitsgrad auf. Hinsichtlich des in der philosophischen Literatur belesenen Publikums droht dagegen der argumentative Gehalt von dem Bemühen um die zutreffende Interpretation Hegels überlagert zu werden.

g. Kritik und eigene Ansicht

Fasst man die Problematik zusammen, ergibt sich das folgende Bild: Der Sache nach bedeutet der Verzicht auf die personalen Rechte die Einwilligung in einen Kampf um Leben und Tod[795]. Nun kann, wie Pawlik dargestellt hat, der einzelne Bürger, solange die Belange des anderen vorrechtlich gleichberechtigt sind, im Grundfall[796], kaum auf dem rechtlichen Schutz seiner Interessen beharren. Der entscheidende Punkt dieser Argumentation liegt freilich in der Feststellung, dass die Interessen der Kontrahenten tatsächlich als gleichberechtigt anzusehen sind. Hieran bestehen nach hiesiger Ansicht nicht unerhebliche Zweifel. Es darf nämlich ein weiterer wesentlicher Umstand nicht übersehen werden, der sich aus folgender Überlegung ableitet.

Freiheit, als Möglichkeit sich für einen bestimmten Lebensentwurf zu entscheiden, setzt Planbarkeit voraus. Jede konkrete Planung kann grundsätzlich nur eine Erwartung zugrunde legen. Wer aus naheliegendem Interesse über die Sicherung seiner existenziellen Güter nachdenkt, kann entweder die Erwartung zugrunde legen, jene seien durch das Recht geschützt oder nicht. Im zweiten Fall wird man in Eigenregie, zumindest in einem bestimmten Rahmen, entsprechende Schutzmaßnahmen treffen. Welche Alternative die Rechtsordnung ihren Angehörigen empfiehlt, ist leicht festgestellt. Indem das Recht seinen Anhängern grundsätzlich die Unverletzlichkeit ihrer Rechtskreise zusagt, entbindet es zugleich ausdrücklich dieselben von der Aufgabe, sich fortwährend mit der kostenintensiven Optimierung der eigenen Verteidigungsmöglichkeiten zu befassen[797]. Der auf das Recht vertrauende Normadressat sieht sich dem Angriff also unvorbereitet gegenüber. Dabei ist, wenn überhaupt, weniger der Umstand von Bedeutung, dass das Eingriffsopfer ein „generelles" Vorbereitungsdefizit aufweist. Dieses Defizit trifft im Normalfall beide um das rettende Gut konkurrierenden Parteien gleichermaßen. Beide werden beispielsweise im Zweifelsfall ihre Verteidigungsfähigkeit nicht durch den Besuch einer Kampfschule verbessert haben. Ohne dass die hiesige Einschätzung sich auf eine empirische Untersuchung stützen könnte, ist jedoch gleichfalls davon auszugehen, dass in der konkreten Eingriffssituation wohl ein Vorteil auf der Seite des Eingreifenden

---

[795] Im Hinblick auf den Regelungsgehalt des § 34 StGB betrifft der entschuldigende Notstand gerade ausschließlich Situationen, in denen auch auf Seiten des Eingriffsadressaten tendenziell gewichtige Güter betroffen sind.

[796] Zu den Sonderfällen siehe Kap. E, I, 4.

[797] Vgl. in diesem Zusammenhang Jakobs, AT, 1/13b. Investitionen in die eigene Verteidigung können in diesem Sinne vom Standpunkt des Rechts durchaus als ein Misstrauensbeweis verstanden werden. Damit ist nicht ausgeschlossen, dass man auch von Seiten des Staates daran interessiert sein kann, dass sich die Bürger schützen. Ein Beispiel hierfür sind die Beratungen der Polizei hinsichtlich der Ausstattung mit Einbruchsdiebstahl verhinderndem Equipment. Genau genommen liegt einer solchen Vorgehensweise jedoch bereits ein Stück Kapitulation vor den faktischen Verhältnissen zugrunde.

auszumachen ist, weil jener den Angriff regelmäßig überraschend führen kann[798]. Während für den Eingreifenden die Notstandstat gewissermaßen bereits eine Problemlösungsstrategie darstellt, sieht sich das Eingriffsopfer einer völlig überraschenden Situation gegenüber.

Nun ist, unterstellt man, dass der vermutete Vorteil auf Seiten des Eingreifenden existiert, noch nicht dargetan, dass dieser Vorteil im hiesigen Zusammenhang rechtlich relevant ist.

So ist der Gedanke nicht abwegig, dass die aus dem Überraschungsmoment resultierende Überlegenheit des Eingreifenden für die Beurteilung der Gleichwertigkeit ebenso unbeachtlich ist wie die Frage, welche der Parteien der anderen physisch überlegen ist. Mit anderen Worten: Wenn man die Aufteilung der rettenden Güter erst einmal aus der rechtlichen Verantwortung in die Hände der vorhandenen Kräfteverhältnisse abgibt, erscheint es gewissermaßen nur konsequent, das dort existierende Gefälle hinzunehmen.

Nach hiesiger Ansicht bliebe mit dieser Gleichstellung jedoch ein wesentlicher Umstand unberücksichtigt. Anders als die physische Überlegenheit wird das Überraschungsmoment durch die Rechtsordnung selbst generiert. Im Notstandsfall schafft die Chancenungleichheit nämlich nicht (nur) der Zufall der Natur, sondern gewissermaßen die Ordnung selbst, weil der durch das Überraschungsmoment dem Eingreifenden strukturell zufallende Vorteil durch die Aufforderung der Ordnung an das Eingriffsopfer, es möge der rechtlichen Zuweisung der Rechtskreise Vertrauen schenken, erst initiiert wird.

Nach hiesiger Ansicht sprechen daher die besseren Gründe dafür, das beschriebene Chancenungleichgewicht als einen Umstand zu betrachten, der von dem Eingreifenden zu beachten ist. Dies gilt insbesondere, wenn man berücksichtigt, dass die mit der

Chancenungleichheit einhergehende Entschuldigung der Notstandstat nicht die einzige Möglichkeit ist, um dem berechtigten Anliegen der um das rettende Gut konkurrierenden Parteien gerecht zu werden. Wie Bernsmann festgestellt hat, geht die in der Notstandssituation erfolgende Auflösung der ursprünglichen rechtlichen Güterzuordnung nicht zwangsläufig mit der Abstandnahme von jeder verfahrensmäßigen (rechtlichen) Verteilung einher. Es besteht vielmehr durchaus die Möglichkeit, speziell auf die Notstandssituation ausgerichtete „Notstandsregeln oder -normen“ zu etablieren. Unter diesen Umständen stellt sich beispielsweise das Losverfahren als eine ernst zu nehmende Option dar. „Die zu begründende Norm könnte wie folgt lauten: Wann immer (...) über die Person des rettungs-erforderlichen Opfers zu entscheiden ist, muss (kann) dies per Losentscheid geschehen.“[799]

---

798 Der Nachteil wird nicht etwa dadurch kompensiert, dass dem Eingreifenden nur bestimmte Sympathiepersonen zur Seite stehen dürfen (§ 35 Abs. 1 S. 2 StGB).
799 Bernsmann, Entschuldigung durch Notstand, S. 338.

Nach hiesiger Ansicht müsste der die Gleichwertigkeit der Interessen anerkennende, in Not Geratene sich auf ein in diesem Sinne faires Verfahren, etwa einen ritterlichen Kampf oder ein Duell verpflichten lassen, in dem im Zweifel das Los über das Recht der Waffenwahl entscheidet[800].

Jedenfalls solange ein solches gerechtes Verfahren nicht implementiert ist, wäre es nach hiesiger Ansicht nicht unangemessen, dem Eingreifenden den Rückgriff auf die Entschuldigung zu versagen. Die Bedenken gegenüber der Entlastung des Notstandstäters sind allerdings nicht derart gravierend, dass man die entsprechende Regelung des demokratisch legitimierten Gesetzgebers als verfehlt zurückweisen müsste. Die Entschuldigung ist nach hiesiger Einschätzung jedoch keine notwendige Einrichtung, sondern sie beruht ausschließlich auf der positiv-rechtlichen Anordnung des Gesetzgebers. Eingedenk dessen ist bei der Bestimmung der Reichweite der auf dem Unzumutbarkeitsgedanken basierenden Entschuldigungsgründe zumindest über die gesetzlich normierten Tatbestände hinaus Zurückhaltung geboten. Diese Aussage soll im folgenden Abschnitt weiter ausgeführt werden.

[800] Denkbar ist auch, direkt um die streitigen Güter zu losen. Nach hiesiger Ansicht ist, ohne auf entsprechende empirische Daten zurückgreifen zu können, freilich mehr als fraglich, ob ein solches Verfahren durch die Beteiligten angenommen würde.

4. Die notstandfähigen Güter

a. Leib/ Leben/ Freiheit

Über die Notstandfähigkeit des Lebens herrscht Einmütigkeit[801]. Hinsichtlich des Tatbestandsmerkmals „Leib" ist zunächst unbestritten, dass völlig unerhebliche Beeinträchtigungen der körperlichen Integrität im Rahmen des § 35 StGB nicht notstandfähig sind[802]. Im Detail finden sich jedoch mehrere Definitionen, die mal großzügiger, mal strenger ausfallen. Die Rechtsprechung und ein Teil der Literatur schließen geringfügige Beeinträchtigungen aus, wobei als geringfügig vor allem solche Beeinträchtigungen einzuordnen seien, die keine, „wenn auch nur vorübergehende Beschädigung der leiblichen Unversehrtheit bewirken"[803]. Während man es zum Teil bei diesem Ausschluss bewenden lässt[804], wird von anderer Seite gefordert, dass die Beeinträchtigung schwer[805] bzw. so erheblich sein muss, dass sie geeignet ist, den Lebensentwurf des Täters nachhaltig über eine bestimmte Zeit hin zu deformieren[806]. Während die Rechtsprechung[807] ihre restriktive Haltung mit dem Sprachgebrauch begründet, der es nicht rechtfertige, bei geringfügigen Beeinträchtigungen von einer „Gefahr für Leib und Leben" zu sprechen[808], ergibt sich die hiesige Position aus den vorstehenden Darlegungen. Die hiernach gebotene zurückhaltende Interpretation des entschuldigenden Notstandes wirkt sich dahingehend aus, dass nur so schwerwiegende Beeinträchtigungen für berücksichtigungsfähig gehalten werden können, die in der Lage sind, den Lebensentwurf des Eingreifenden zu zerstören oder nachhaltig zu deformieren[809]. Ob hierzu der Verlust eines Fingers zählt[810], kommt auf die Umstände des Einzelfalles an. Hier wird man etwa den

---

[801] Umso mehr wird dagegen über die Notstandfähigkeit des werdenden ungeborenen Lebens diskutiert. Dagegen: NK/Neumannm § 35, Rn. 14; MüKo/Müssig, § 35, Rn. 13; LK/Hirsch, § 35, Rn. 12; Roxin, AT/1, § 22, 24; Rn: ders. JA 1990, S. 101; Stratenwerth, AT, § 10, Rn. 103; Kühl, AT § 12, Rn. 28; Bernsmann, Entschuldigung durch Notstand, S. 41 f., dafür S/S/Lenckner/Perron, § 35, Rn. 5; SK/Rudolphi, § 35, Rn. 5; Jakobs, AT, 20/8.; Tröndle/Fischer, § 35, Rn. 3.

[802] RGSt 29, S. 78; BGH DAR 1981, S. 226; SK/Rudolphi, § 35, Rn. 8; LK/Hirsch, Rn. 16; S/S/Lenckner/Perron, § 35, Rn. 6/7; Tröndle/Fischer, § 35, Rn. 4; Roxin, JA 1990, S. 101. Zu dieser grundsätzlichen Frage, die keine Zumutbarkeitsfrage im engeren Sinne ist, sondern eher die Frage berührt, wann „Leben" beginnt, soll hier jedoch keine Stellung bezogen werden.

[803] RGSt 29, S. 78 (in einem Fall zu § 255 StGB); BGH DAR 1981, S. 226.

[804] S/S/Lenckner/Perron, § 35, Rn. 6/7.

[805] So etwa Tröndle/Fischer, § 35, Rn. 4.

[806] So Pawlik, Jahrbuch für Recht und Ethik, Bd. 11 (2003), S. 308 f.

[807] RGSt 66, S. 399; siehe auch: RGSt 29, S. 78; BGH DAR 1981, S. 226.

[808] Vgl. Roxin, AT/1, § 22, Rn. 25.

[809] So auch Pawlik, Jahrbuch für Recht und Ethik, Bd. 11 (2003), S. 308.

[810] Dafür etwa Roxin, AT/1, § 22, Rn. 25.

Berufspianisten nicht mit dem Fußballprofi vergleichen dürfen[811]. Umstritten ist die Notstandfähigkeit der sexuellen Selbstbestimmung. Der Auffassung, welche diese als einen Fall der Leibesgefahr begreift[812], steht die wohl herrschende Meinung entgegen[813]. Dieser zufolge ist die Beeinträchtigung der sexuellen Selbstbestimmung als solche „nur" ein Delikt gegen die Selbstbestimmung, also ein Freiheitsdelikt[814]. Dagegen wird geltend gemacht, dass die sexuelle Integrität eine entscheidende kommunikative und soziale Perspektive der körperlichen Integrität ausmache[815]. Man kann zunächst einmal feststellen, dass praktische Anwendungsfälle kaum denkbar sind, weil die in Betracht kommenden Delikte, Vergewaltigung und sexuelle Nötigung, „in der Drohungsalternative ohnehin schon eine Gefahr für Leib und Leben" voraussetzen „und bei der Begehung durch Gewalt (...) in derartigen Situationen praktisch immer die Gefahr einer Leibesverletzung im Sinne des § 223 StGB gegeben" ist[816]. Ob man nur Vergewaltigungen erfasst sehen will, die entsprechende Körperverletzungen mit sich bringen[817], richtet sich letztlich danach, ob man den Katalog des § 35 StGB erweitert oder nicht. Unter das Tatbestandsmerkmal „Leib" fällt die Vergewaltigung erst, wenn gerade die daraus resultierende Verletzung des Körpers zu einer dauerhaften Beeinträchtigung des Eingreifenden führt. Nach allgemeiner Meinung unterfällt § 35 StGB allein der durch § 239 StGB geschützte Bereich[818],

---

[811] Damit ist nicht gesagt, dass es ausschließlich auf Bedeutsamkeit eines Verlustes für eine konkrete Vita ankommt. Ansonsten wäre über die Ausweitung des in § 35 StGB vorgesehenen Kataloges bereits entschieden. Hier geht es vielmehr nur darum, inwieweit gerade der körperlichen Beeinträchtigung selbst eine Bedeutung zuwächst. Die Frage lautet also nicht, welche Deformation des Lebensentwurfes durch die Notlage zu befürchten ist, sondern ausschließlich, welche Deformation durch die mit der Not einhergehenden körperlichen Beeinträchtigung zu erwarten ist.
Siehe zur Notstandsfähigkeit weiterer als der in § 35 StGB bezeichneten Güter das folgende Kapitel.

[812] MüKo/Müssig, § 35, Rn. 14; Jakobs, AT, 20/8; Jescheck/Weigend, AT, § 44, I, 1; Stratenwerth, AT, § 10, Rn. 103.

[813] SK/Rudolphi, § 35, Rn. 5; LK/Hirsch, Rn. 13; S/S/Lenckner/Perron, § 35, Rn. 6/7; Bernsmann, Entschuldigung durch Notstand, S. 387 ff.

[814] So etwa LK/Hirsch, § 35, Rn. 15, der in diesem Zusammenhang darauf hinweist, dass von § 35 StGB nur die persönliche Fortbewegungsfreiheit erfasst sei.

[815] MüMo/Müssig, § 35, Rn. 14.

[816] LK/Hirsch, § 35, Rn. 15.

[817] So ausdrücklich: NK/Neumann, § 35, Rn. 16 f.; Roxin, AT I, § 22, Rn. 25; ders. JA 1990, S. 101; diese Haltung wird gelegentlich als vermittelnd eingestuft, sie bedeutet jedoch keine „vergewaltigungsspezifische" Erweiterung des Tatbestandsmerkmals „Leib".

[818] S/S/Lenckner/Perron, § 35, Rn. 8; SK/Rudolphi, § 35, Rn. 5; MüKo/Müssig, § 35, Rn. 15; LK/Hirsch, § 35, Rn. 14; NK/Neumann, § 35, Rn. 17; Tröndle/Fischer, § 35, Rn. 5; Lackner/Kühl, § 35, Rn. 3; Jakobs, AT, 20/8; Stratenwerth, AT, § 10, Rn. 103; Bernsmann, Entschuldigung durch Notstand, S. 75 ff.; Stree, JuS 1973, S. 369; Müller-Christmann, Jus 1995, S. L 65.

womit insbesondere die Privilegierung der allgemeinen Handlungsfreiheit ausgeschlossen ist[819]. Die vorstehenden Ausführungen zur Erheblichkeitsschwelle im Rahmen der Körperverletzungen gelten in besonderer Weise für das Notstandsgut „Fortbewegungsfreiheit". Deswegen kann nur die Gefahr einer lang andauernden Freiheitseinbuße als Eingangsvoraussetzung des entschuldigenden Notstandes dienen.

b. Erweiterung des Katalogs der notstandfähigen Güter?

Die Frage, ob der Numerus clausus der notstandfähigen Güter abschließend ist oder mit Blick auf den ihm zugrunde liegenden Normsinn Anlass zu einer Erweiterung gibt, ist umstritten. Die herrschende Auffassung[820] sieht mit Hinweis auf den eindeutigen Wortlaut des Gesetzes und seine Historie keinen Spielraum für eine Katalogerweiterung. Verwiesen wird insbesondere auf die eindeutige Ablehnung der Erweiterung durch den Gesetzgeber, welcher in der Bundestagsdrucksache IV 650[821] ausführt, jene „hätte zur Folge, dass die Nichtzumutbarkeit normgemäßen Verhaltens (...) auf weiten Bereichen als Schuldausschließungsgrund anerkannt würde, was geeignet wäre, den Ernst der Strafandrohung in Frage zu stellen". Darüber hinaus weist Müssig[822] darauf hin, dass nicht die „individuelle Wertschätzung als unersetzlich, sondern deren (soziale) Bedeutung" als Substrat jeder Lebensführung, d. h. die „soziale Gleichbedeutsamkeit", den Katalogwert auszeichne, welcher die Gefahrenlage mit sozialer Plausibilität als eine Notlage deute. Auch die Gegenauffassung[823] kann sich jedoch auf plausible[824] Argumente stützen. Bei den in § 35 StGB privilegierten Rechtsgütern Leben, Leib, Freiheit handelt es sich zwar um gewichtige, „prinzipiell unersetzbare"[825] Güter des Menschen. Eine Biografie kann jedoch auch durch den Ver-

---

[819] Für alle: S/S/Lenckner/Perron, § 35, Rn. 8.

[820] MüKo/Müssig, § 35 Rn. 16; SK/Rudolphi, § 35, Rn. 5; LK/Hirsch, § 35, Rn. 9 f.; S/S/Lenckner/Perron, § 35, Rn. 4; Tröndle/Fischer, § 35, Rn. 5; Lackner/Kühl, § 35, Rn. 3; Maurach/Zipf, AT, S. 461; Roxin, AT, § 22, Rn. 23; ders. JA 1990, S. 100; Bernsmann, Entschuldigung durch Notstand, S. 289 f.

[821] S. 161; das folgende Zitat findet sich so bei Roxin, JA 1990, S. 100.

[822] MüKo, § 35, Rn. 16.

[823] Stratenwerth, AT, § 10, Rn. 104; Köhler, AT, S. 335. Für eine Strafmilderung nach § 35 Abs. 1, S. 2, 2 Halbsatz i. V. m. § 49 Abs. 1 analog spricht sich Jakobs, AT, 20/9, aus. Siehe hierzu auch: Timpe, JuS 1984, S. 863 f., der sich zwischen derselben und einer analogen Anwendung von § 35 StGB nicht festlegt. Die Möglichkeit einer übergesetzlichen Entschuldigung für Straftaten, die zur Abwendung wirtschaftlicher Schwierigkeiten begangen werden, befürwortet: OLG Hamm NJW 1976, S. 721.

[824] Dieser hat sich durch die Relativierung des Rechtsguts „Leben" eher verdichtet als verflüchtigt.

[825] Vgl. SK/Rudolphi, § 35, Rn. 4.

lust anderer Güter zerstört werden. Welchen Wert ein Gut für den Einzelnen besitzt, kann nicht durch eine allgemein gültige Rangliste abgebildet werden, sondern bestimmt sich ausschließlich danach, „was dessen Welt ausmacht“[826]. So kann etwa auch die Zerstörung einer Sache einem Individuum faktisch gleichermaßen Vergangenheit wie Zukunft nehmen. Schlimmer noch: Mit der physischen Vernichtung eines in einer Sache verkörperten Lebenswerks kann selbst die Auslöschung der gesamten nennenswerten Spuren einer Existenz verbunden sein. Man kann überspitzt also durchaus formulieren: Es verschwindet nicht „nur“ das konkrete Leben, sondern auch dessen – bleibende – Bedeutsamkeit. Man denke in diesem Zusammenhang etwa an den Sammler, Wissenschaftler oder Unternehmer, dem die Zerstörung seiner Bilder, eines unveröffentlichten Manuskriptes oder des Unternehmens droht[827]. Als Maximalverlust muss deswegen nicht einmal der eigene Tod ausgemacht werden. Das in diesem Zusammenhang entscheidende Kriterium ist neben der Unersetzbarkeit die Verflechtung des Gutes mit der Existenz. Solange der Mensch nicht nur als ein biologisches System betrachtet wird, sondern unter Freiheitsgesichtspunkten[828], ist die von ihm geschaffene Vergangenheit und die geplante Zukunft ein Teil seiner selbst[829]. Mit den Worten Hegels machen die „Verhältnisse, in welchen die individuelle menschliche Seele sich befindet (...) deren wirkliche Lebendigkeit und Subjektivität aus.“ Diese sind in ihrer Totalität, wie er fortfährt, „mit derselben ebenso fest verwachsen wie – um ein Bild zu gebrauchen – mit dem Baume die Blätter, die obgleich sie einerseits ein von demselben Unterschiedenes sind, dennoch so wesentlich zu ihm gehören, dass er abstirbt, wenn jene ihm wiederholt (oder, so lässt sich ergänzen, zu ihrem wesentlichen Teil)[830] abgerissen werden“[831]. Soweit man den Notstand als ein anerkennungswürdiges Patt auf der Ebene existenzieller Interessen beschreibt, kann man also kaum bestreiten, dass eine moderate Erweiterung des Katalogs auf im beschriebenen Sinne „besonders persönlichkeitsnahe Güter“[832] dem Grundgedanken eher entspricht als die entsprechende Ablehnung. Im Ergebnis besteht für eine entsprechende

---

[826] Vgl. Hegel, Enz. III, § 402, Zusatz, S. 120.

[827] Beispiele in Anlehnung an Timpe, JuS 1984, S. 863 f.

[828] Deswegen wurde der Tod nicht als Ende der Existenz behandelt, sondern als Ende einer selbstbestimmten Zukunft.

[829] Vgl. Pawlik, Jahrbuch für Recht und Ethik, Bd. 11 (2003), S. 300 ff.

[830] Einf. d. d. Verf.

[831] Zwar, fährt Hegel fort, „vermögen die zu einem taten- und erfahrungsreichen Leben gelangten selbstständigeren Naturen den Verlust eines Teiles, desjenigen was ihre Welt ausmacht, bei weiterem besser zu ertragen (...).“ Doch auch den stärksten Naturen, so Hegel, sei „zu ihrem konkreten Selbstgefühl ein gewisser Umfang äußerer Verhältnisse, sozusagen ein hinreichendes Stück Universum notwendig, denn ohne eine solche individuelle Welt würde (…) die menschliche Seele überhaupt keine Wirklichkeit haben (...) (Hegel, Enz. III, § 402, Zusatz, S. 120).

[832] Ebenso Köhler, AT, S. 335.

Öffnung des entschuldigenden Notstandes dennoch kein Raum. Dies ist nach der hiesigen Ansicht jedoch nicht Bedenken zu verdanken, die eine Relativierung des Rechtsgutes „Leben" anmahnen[833]. Die konkrete Notstandsfähigkeit eines Rechtsgutes entscheidet sich nämlich erst im Rahmen der Proportionalität, ansonsten würde der Vorhalt auch die Tatbestandsmerkmale „Leib" und „Freiheit" treffen. Von einer Erweiterung des Katalogs um „persönlichkeitsnahe Güter" wäre im Übrigen die Rettung der Nachschrift der Hegelschen Rechtsphilosophie[834] erst gar nicht erfasst, weil das Kriterium nicht in dem wissenschaftlichen, kulturgeschichtlichem oder sonst objektiven Wert besteht[835], sondern in der Bedeutung eines Gegenstands für eine Biographie[836]. Es kann auch nicht generalpräventiv damit argumentiert werden, dass mit der Öffnung des Katalogs ein Dammbruch zu befürchten wäre, der die Grenzen der Rechtskreise nunmehr kollabieren ließe[837]. Die Notstandssituation würde selten bleiben. Warum ist eine moderate Erweiterung des „numerus clausus" dennoch abzulehnen? Die entsprechende Antwort klingt zugebenermaßen geradezu schlicht. Sie besteht in dem Hinweis auf die ausdrückliche Anordnung des Gesetzgebers. Diese Aussage darf nicht dahingehend missverstanden werden, es würde einer historischen oder auf den Wortlaut fixierten Auslegung das Wort geredet[838]. Auch nach der hiesigen Ansicht kann der „Wille des historischen Gesetzgebers (...) eine systematische Gesetzesinterpretation nicht hindern"[839]. Die Voraussetzungen des Abweichens – ein systematisch eindeutiges Ergebnis – liegt hier jedoch nicht vor[840]. Es konnte vielmehr festgestellt werden, dass auf die Institution des entschuldigenden Notstandes auch hätte vollständig verzichtet werden können. So gesehen ist der Katalog der notstandsfähigen Güter nach hiesiger Ansicht weniger eine „Konzession an die Freiheitsbelange des Eingriffsadressaten"[841], als umgekehrt das Notstandsprivileg eine Konzession an die Belange des Eingreifenden ist.

---

833 So etwa Roxin, AT/1, § 22, Rn. 23.

834 Das Beispiel stammt von Timpe, JuS 1984, S. 863. Ausdrücklich dagegen wendet sich etwa Roxin, AT/1, § 22, Rn. 23.

835 Wäre die Rettung wertvoller Artefakte notstandsfähig, gäbe es, metaphorisch formuliert, in der Tat eine mit dem Lebensschutz nicht vereinbare Art „lex Indiana Jones".

836 Es kann nur noch mal betont werden, dass die Verwurzelung der Sache mit einem verfestigten Lebensplan ausschlaggebend ist, wogegen bloße Pläne oder Wünsche nicht reichen. Von vornherein nicht notstandsfähig wäre daher etwa der von der Lotterie abgeholte Koffer mit dem Millionengewinn.

837 Dieses Argument hat bei der Gesetzesverabschiedung eine Rolle gespielt (siehe oben).

838 Womit nicht bestritten wird, dass diese Vorgehensweise im Strafrecht gute Argumente für sich in Anspruch nehmen darf.

839 Stratenwerth, AT, § 10, Rn. 104.

840 MüKo/Müssig, § 35, Rn. 16.

841 Pawlik, Jahrbuch für Recht und Ethik, Bd. 11 (2003), S. 24.

c. Strafmilderung bei Taten zur Rettung „persönlichkeitsnaher“ Güter?

Eine Freistellung des Täters von Schuld konnte im Hinblick auf die Interessenlage des Eingriffsopfers nicht über den vom Gesetz vorgesehenem Rahmen hinaus befürwortet werden. Möglicherweise kann man dem Eingreifendem de lege ferenda[842] oder de lege lata[843] wenigstens eine Strafmilderung nach § 49 Abs. 1 StGB zugute kommen lassen[844]. Nach hiesiger Ansicht setzt eine solche Vorgehensweise zweierlei voraus. Einmal muss nachgewiesen sein, dass die zur Tat motivierende Notlage die Strafwürdigkeit des Verhaltens überhaupt tangiert. Dies unterstellt, bedarf es einer Begründung dafür, warum die Tatumstände nicht bereits im Rahmen des § 46 Abs. 2 StGB hinreichend Berücksichtigung finden. Die Vorstellung, die Rettung aus eigener Not reduziere die mit einer Tat einhergehende Schuld, ist nicht fernliegend. Sie ist nicht zuletzt ein zentrales Element der Lehre von der doppelten Schuldminderung. Deren Vorgehensweise wurde allerdings unter anderem abgelehnt, weil nicht schlüssig dargelegt werden konnte, wie es zur Schuldminderung kommen soll. Die entsprechende Kritik richtete sich allerdings in erster Linie gegen den von der herrschenden Meinung gewählten Weg über eine Minderung des Unrechts. Damit ist noch nicht darüber entschieden, ob die Schuld nicht „unmittelbar“ über den Kontext der Tat gemindert werden kann. Auch hiergegen lassen sich allerdings zunächst einmal gewichtige Erwägungen anführen. So wird mit der Reduzierung der Rechtsverhältnisse auf ein abstrakt äußerliches Niveau die gesamte Motivlage des Täters zu dessen (Privat-) Sache erklärt[845]. Ob sich dieser also erst nach schwerem Ringen zur Tat entschloss oder aus unreflektierter Langeweile, spielt keine Rolle. Ebenso sind die ausgelassenen Varianten, jenseits des formalen Umstandes, dass in der Tatsituation dem Täter überhaupt eine rechtmäßige Alternative zur Verfügung stand, im Grundsatz strafrechtlich nicht von Bedeutung. Ebenso gleichgültig ist, ob der Dieb sich den gestohlen Gegenstand ohne weiteres hätte kaufen können oder nicht etc.[846]. Allerdings gilt dies nicht mit messerscharfer Klarheit. Zumindest für das Schuld-Strafmaß sind die ausgelassenen Alternativen zu beachten. Denn in einer Tat, die leicht ohne Kosten zu verhindern gewesen wäre, kommt eine nachdrücklichere Nicht-Anerkennung zum Ausdruck

---

[842] So Roxin AT/1, § 22, Rn. 23.

[843] So Jakobs, AT, 20/9 (mit Verweis auf den Grundgedanken des § 35 StGB).

[844] Dagegen: LK/Hirsch, § 35, Rn. 70; Bernsmann, Entschuldigung durch Notstand, S. 108.

[845] Jakobs, Die strafrechtliche Zurechnung von Tun und Unterlassen. S. 20, 24; ders., AT, 28/1; Sanchez-Vera, Pflichtdelikt und Beteiligung, S. 60.

[846] So wird beispielsweise erklärt, dass sich ein strafrechtlich relevantes Unterlassen in der Negation derjenigen Handlung erschöpft, die dem Täter von Rechts wegen geboten war, und dass das, was der Täter in dieser Zeit getan hat, für die Konstitution des Unterlassungsdelikts irrelevant ist.

Vgl. NK/Puppe, vor § 13, Rn. 57.

als in einer Tat, die mit einem vergleichsweise nachvollziehbaren Interesse belegt werden kann[847]. Dies bedeutet keinen Widerspruch zu der dargestellten Position. Eine rechtswidrige Verletzung fremder Organisationskreise lässt sich nicht zu einer Anerkennung des Rechts umformulieren, eine intern gebliebene Missachtung nicht zu einer Nicht-Anerkennung. Darum hat der Vorgang keinen Einfluss auf die Feststellung der Schuld und die Notwendigkeit von Strafe, aber die in der Verletzung liegende Aussage enthält je nachdem, was in der „Black Box" vor sich gegangen ist, eine andere Färbung. Wenn man die Bedeutung der Straftat auf eine kommunikative Ebene hebt, kann einem der Tonfall, mit dem eine Äußerung vorgetragen wird, nicht völlig gleichgültig sein. Insofern kommt es für das Maß von Schuld und Strafe sehr wohl auf die Gesamtumstände an. Nur wenn eine Leistung vollkommen vom schaffenden Subjekt getrennt wird, lässt sie sich isoliert beurteilen[848]. Eine solche Betrachtung der Tat ist dem Strafrecht jedoch verwehrt. Obwohl die Tat vom Subjekt entäußert wurde, ist sie doch seine Stellungnahme. Sie ist in ihrer sozialen Bedeutung vollständig nur durch eine Berücksichtigung ihrer Entstehung einzuholen. Das Gesetz trägt diesem Gedanken durch § 46 Abs. 2 StGB Rechnung, wo angeordnet wird, dass die „Beweggründe und Ziele des Täters" als für die Strafzumessung relevante Umstände anzusehen sind. Entsprechend ist anerkannt, dass „äußere Anreize als motivierende Kraft (...) die Tat in einem milderen Licht erscheinen lassen" können, „wenn sich Verständnis dafür aufbringen lässt, dass der Täter ihnen

---

[847] Ein Gedanke, dem nicht von ungefähr Goldschmidt, Festgabe Frank I, S. 464, im Rahmen seiner Darlegungen zur Unzumutbarkeit als allgemeinem übergesetzlichen Entschuldigungsgrund, eine zentrale Rolle eingeräumt hat. In der Tat: „Je geringer (...) die äußere Veranlassung war, um so zumutbarer war es, die Erfolgsvorstellung zum Gegenmotiv zu erheben und so vorwerfbarer also die pflichtwidrige Motivierung."

[848] Wie die Berücksichtigung des Horizonts der Alternativen zu erfolgen hat, zeigt exemplarisch Thomas Manns Roman "Lotte in Weimar".

Die mit Goethe persönlich bekannte Lotte lässt sich von dessen grandiosem Werk nicht die Sicht auf den Kontext verbauen, in dem es geschaffen wurde. Erst dadurch verbindet sie Mensch und Schaffen. Die Frage nach dem Möglichkeitsraum wird jedoch so leise gestellt, dass damit das Geschaffene, als objektives für sich stehendes Ergebnis, nicht relativiert bzw. in Frage gestellt wird. S. 395: „Findest du nicht, alter Freund, und fragst du nicht auch mitunter dem Möglichen nach in den Würden deiner Wirklichkeit? Sie ist das Werk der Entsagung, ich weiß es wohl, und es ist also doch wohl der Verkümmerung, denn Entsagung und Verkümmerung, die wohnen nahe beisammen und alle Wirklichkeit und Werk ist doch nur eben das verkümmerte Mögliche. Es ist etwas Fürchterliches um die Verkümmerung, das sage ich dir, und wir Geringern müssen sie meiden und uns ihr entgegenstemmen aus allen Kräften, wenn auch der Kopf zittert vor Anstrengung, denn sonst ist bald nichts mehr von uns übrig, als ein Hügel im Badischen. Bei dir da war etwas anderes, du hattest was zuzusetzen. Dein Wirkliches sieht nach was aus – nicht nach Verzicht und Untreue, sondern nach lauter Erfüllung und höchster Treue und hat eine Imposant, dass niemand sich untersteht, dem Möglichen davor auch nur nachzufragen. Meinen Respekt!"

nicht widerstanden hat"[849]. Damit sind wir bei der zweiten Frage angelangt. Reicht die Berücksichtigung der Notlage im Rahmen der Strafzumessung aus oder bedarf es einer zusätzlichen Reduzierung des Strafrahmens? Da § 46 Abs. 2 StGB die in Rede stehenden Umstände im Rahmen der Strafzumessung berücksichtigt wissen möchte und die Strafrahmenreduzierung einer ausdrücklichen Anordnung bedarf, besteht nach der Wertung des Gesetzgebers für die Anwendung des § 49 StGB nach hiesiger Ansicht kein Raum. Betrachtet man die Eingangsstrafen der Tatbestände des besondern Teils, so bieten diese hinreichenden Spielraum für eine angemessene Behandlung. Dass bei Rettung von existenziell wichtigen Gütern (sofern diese nicht § 35 StGB unterfallen) zudem regelmäßig ein minderschwerer Fall anzunehmen sein wird, dürfte ebenso außer Zweifel stehen.

5. Ausschluss der Entschuldigung wegen Sonderzuständigkeit

Ungeachtet der soeben dargestellten Voraussetzungen verwehrt der Wortlaut des Gesetzes (§ 35 Abs. 1 S. 2) dem Eingreifenden die Entlastung von Schuld, wenn ihm „zugemutet werden konnte, die Gefahr hinzunehmen". So weit man, wie hier, die Entschuldigung bereits als Zumutbarkeitsfrage behandelt, führt die Gesetzesformulierung geradewegs in einen Zirkel[850]. Das Gesetz ist daher so zu lesen, dass das Vorliegen der Unzumutbarkeit nochmals, nunmehr unter den in § 35 Abs. 1 S. 2 StGB konkretisierten Kriterien, überprüft werden soll[851]. Das Gesetz nennt als Beispiele einer gesteigerten Gefahrtragungspflicht die Fälle, in denen der Täter „die Gefahr selbst verursacht hat" oder „in einem besonderen Rechtsverhältnis" steht. Die Formulierung „namentlich" zeigt, dass die Aufzählung des Gesetzes nicht abschließend ist[852]. Allein deswegen ist auch auf der Grundlage des oben vertretenen Ergebnisses, wonach die Entschuldigung allein auf der Anordnung des Gesetzgebers beruht, eine Beschäftigung mit den einzelnen Ausschlussgründen erforderlich[853].

---

[849] S/S/Stree, § 46, Rn. 13.

[850] MüKo/Müssig, § 35, Rn. 39; Hurschka, Strafrecht, S. 282; Jakobs, AT, 20/12; Bernsmann, Entschuldigung durch Notstand, S. 110 ff.

[851] Vgl. S/S/Lenckner/Perron, § 35, Rn. 18,

[852] Dies entspricht der allg. Meinung. In diesem Sinne spricht Roxin (JA 1990, S. 137) von einer „Generalklausel die durch zwei Beispiele verdeutlicht" werde. Vgl. auch S/S/Lenckner/Perron, § 35, Rn. 18, die allerdings auch der Ansicht sind, dass umgekehrt das Notstandsprivileg auch in den genannten Fällen nicht durchgängig versagt werden darf. Siehe dazu die folgenden Ausführungen.

[853] Es kann darüber hinaus nicht allein auf den Wortlaut des Gesetzes verwiesen werden, weil die dort verwendeten Begriffe, etwa die „Verursachung" der Notlage, auslegungsbedürftig sind.

a. Verursachung der Gefahr durch den Eingreifenden

Während § 54 StGB a. F. die Eingriffsbefugnis davon abhängig gemacht hatte, dass der Notstand unverschuldet ist, reicht nach dem Wortlaut des § 35 Abs.1 S. 2 StGB zum Ausschluss des Notstandsprivilegs eine Verursachung der Gefahrensituation aus. Trotzdem besteht richtigerweise nahezu Einigkeit darüber, dass diese Gesetzesformulierung nicht die bloße Kausalität genügen lässt, weil diese „ein völlig schuldindifferenter Vorgang“[854] ist. Die zur Bestimmung der „Verursachung“ vertretenen Meinungen lassen sich in drei Lager unterteilen. Dem Notstandtäter am weitesten entgegen kommt die Ansicht, welche die Gefahrtragungspflicht an ein schuldhaftes objektiv pflichtwidriges Vorverhalten knüpft[855]. Diese Haltung wird jedoch überwiegend abgelehnt. Teilweise hält man das Verschuldenserfordernis mit dem Wortlaut des § 35 Abs. 1 S. 2 StGB für unvereinbar, sieht sich jedoch andererseits außer Stande, die für den Eingreifenden einschneidenden Folgen der Sonderpflicht an ein „erlaubtes Verhalten“ zu knüpfen. Für ein notstandsausschließendes Vorverhalten reicht nach dieser Auffassung dementsprechend dessen objektive Pflichtwidrigkeit[856]. Der wohl herrschenden Meinung geht die darin liegende Beschränkung des Notstandes noch nicht weit genug. Sie schließt die Entlastung des Eingreifenden bereits aus, wenn sich dessen Vorverhalten als eine „Obliegenheitsverletzung“ im Sinne einer grundlosen (Selbst-) Gefährdung darstellt, die in „voraussehbarer Weise“ zu einer Notstandslage führen konnte[857]. Das zentrale Argument für diese Haltung liegt in der Verantwortlichkeit des Eingreifenden für seine Zwangslage. Die Sonderpflicht aus gefährlichem Vorverhalten erinnert an die Garantenpflicht aus Ingerenz. Beide handeln vom selben Thema, nämlich dem Sygnallagma von Freiheit und Folgenverantwortung. Eine beachtliche Differenz besteht jedoch darin, dass die Selbstgefährdung nur selten verboten ist[858]. Diese im Grundsatz

---

[854] So für die nahezu allgemeine Meinung: S/S/Lenckner/Perron, § 35, Rn. 20; m. w. N. a. A. OLG Oldenburg, NJW 1988, S. 3217; Stree, JuS 1973, S. 470; siehe auch Bernsmann, Entschuldigung durch Notstand, S. 398. Die herrschende Meinung bemüht in diesem Zusammenhang vielfach das Beispiel eines im Ermittlungsverfahren wahrheitsgemäß aussagenden Zeugen, der sich in die Gefahr von Repressalien aus dem Umfeld des Beschuldigten begibt (vgl. LK/Hirsch, § 35, Rn. 49; Roxin, AT, § 22, Rn. 44).

[855] S/S/Lenckner/Perron, § 35, Rn. 20; Jescheck, AT, § 44, III, 2, a.

[856] SK/Rudolphie, § 35, Rn. 15 f.; LK/Hirsch, § 35, Rn. 49; Wessels/Beulke, AT, Rn. 441; Maurach/Zipf, AT/1, 34/5 f.

[857] Roxin, AT/1, § 22, Rn. 46; ders. JA 1990, S. 137; NK/Neumann, § 35, Rn. 35 ff.; MüKo/Müssig, § 35, Rn. 54; LPK/Kindhäuser, § 35, Rn. 11; Baumann/Weber/Mitsch, AT, § 23, Rn. 27; Otto, Grundkurs Strafrecht, AT, § 14, Rn. 12; Kühl, AT, § 22, Rn. 63 ff.; Hruschka, Strafrecht, S. 287 f.

[858] Dass in manchen Fällen, etwa im Straßenverkehr, die „Selbstgefährdung“ als Reflex des Verbots der „Fremdgefährdung“ miterfasst ist, reicht nicht aus, um sie als für § 35 Abs. 1 S. 2 relevante Pflichtwidrigkeit zu fassen, weil sie nicht den für jede Zurechnung erfor-

begrüßenswerte Enthaltung des Gesetzes ist als klassischer Ausdruck des Respekts vor der Gestaltungshoheit des Einzelnen über „sein Leben“ zu verstehen. Sie basiert, wie der Begriff Selbstgefährdung zum Ausdruck bringt, jedoch auf der Erwartung, dass die Folgen der riskanten Organisation auch tatsächlich intern bleiben. Eine Inanspruchnahme Dritter kann aus der erlaubten Eigengefährdung nicht abgeleitet werden. Deswegen lässt sich an Begriffe wie „pflichtwidrig“ oder „schuldhaft“ nur unzureichend anknüpfen[859]. Es muss allgemeiner danach gefragt werden, inwieweit der Einzelne auch die Risiken seines erlaubten Verhaltens selbst zu tragen hat. Leicht einsichtig ist, dass das Eingehen von Risiken dem Einzelnen nur solange gewährt werden kann, wie die Bereitschaft und grundsätzlich auch die Fähigkeit besteht, entsprechende Verluste durch eigene Ressourcen zu bewältigen. Man kann nicht die Gestaltungshoheit individualisieren und die negativen Folgen solidarisieren[860]. Daher muss die Folgen gefährlicher Verhaltensweisen jeder selbst tragen. Anderes herum: Keinem ist es zuzumuten, mit dem Risiko einer gefährlichen Lebensplanung anderer belastet zu werden[861]. Dies gilt umso mehr, wenn man dem Umstand Rechnung trägt, dass auf Täterseite wohl niemand bereit wäre, die mit einem hohen Risiko korrespondierenden überdurchschnittlichen Gewinnchancen ebenfalls zu sozialisieren. Dass selbst dem börsenunkundigen Familienvater nach einer formularmäßigen Belehrung Börsentermingeschäfte mit nahezu unbegrenztem Verlustrisiko erlaubt sind, basiert auf der Vorraussetzung, dass dieser im Falle des Falles auch die für seine wirtschaftliche Existenz bedrohlichen Einbußen trägt. Dem Eingreifenden kann also bei Verantwortlichkeit für die Gefahr mühelos die Berufung auf den entschuldigenden Notstand abgeschnitten werden. Schwieriger ist es hingegen zu begründen, weshalb dem Täter trotz Verursachung der Gefahrenlage in bestimmten Fällen das Notstandsprivileg erhalten bleiben kann. Es gilt nämlich die bekannte Lebensweisheit Erich Kästners: „Das gesamte Leben ist lebensgefährlich.“ Wenn dem Täter deswegen nur riskante Handlungsalternativen zur Verfügung stehen, ist er, weil er sich jeweils für ein konkretes Risiko entscheiden muss, auch für jedes treffende Risiko (mit-) verantwortlich. Eine so verstandene Verantwortlichkeit würde das Institut des entschuldigenden Notstandes freilich insgesamt unmöglich machen und ist daher als Ausschlusskriterium ungeeignet. Es kommt also genaugenommen nicht auf die Verantwortlichkeit für die Not an, sondern auf die ex ante zu bestimmende Frage, ob der Täter ein das normale Maß übersteigendes Risiko gewählt hat.

---

derlichen spezifischen Pflichtwidrigkeitszusammenhang aufweist. Zur Voraussetzung des Pflichtwidrigkeitszusammenhangs siehe für alle: BGHSt 37, S. 106; Stree, FS Klug, S. 395.

[859] Vgl. Roxin, JA 1990, S. 139: Die Situation ist bei den Garantenpflichten aus Ingerenz insoweit anders, als hier das erlaubte Risiko bereits ausdrücklich mit dem Blick auf die Gefährdung Dritter formuliert wurde.

[860] Pawlik, Der rechtfertigende Notstand, S. 17; Renzikowski, Notstand, S. 179.

[861] Pawlik, Jahrbuch für Recht und Ethik, Bd. 11 (2003), S. 307.

Dies entspricht der herrschenden Ansicht, wonach nur solche Gefahren notstandsfähig sind, die aus einer nach allgemeinen Maßstäben der Gesellschaft nicht (nennenswert) riskanten Lebensführung resultieren[862].

b. Besonderes Rechtsverhältnis

Ein besonderes Rechtsverhältnis kann sich zunächst daraus ergeben, dass der Pflichtige in solche Organisationsstrukturen eingebunden ist, die vom Gesetzgeber gerade zur Bewältigung oder Einhegung existenzieller Bedrohungslagen konzipiert worden sind[863]. Als Zurechnungsmuster dienen hier die sogenannten Garantenpflichten aus institutioneller Zuständigkeit[864]. Für die Bestimmung der Sonderpflichten kommt es unter dem Gesichtspunkt der institutionellen Zuständigkeit, wie erwähnt, jedoch nicht darauf an, dass der Täter garantenpflichtig ist. Es gilt vielmehr zu zeigen, dass die Erfüllung einer Pflicht eingefordert wird, von der auch bei einer sehr hohen Kostenbelastung des Adressaten nicht abgewichen werden kann. Solche Pflichten sind, wie gerade angedeutet, immer dann anzunehmen, wenn die unverzichtbare institutionelle Leistung gerade in einer Konfliktdeeskalation durch physische Einmischung in den Gefahrenherd besteht[865]. Mit anderen Worten: Militärische Einsätze, Löschen von Bränden und die Verbrecherjagd sind nun einmal gefährlich. Ohne entsprechende Institutionen (Polizei, Feuerwehr, Militär) lässt sich eine Gesellschaft aber nicht in stabiler Weise organisieren[866]. Diese Begründung besonderer Duldungspflichten reicht allerdings nur soweit, wie eine rollenspezifische Gefahr betroffen ist[867]. Deswegen muss der Schiffsarzt die mit der Heilung seiner Besatzung unvermeidlichen Ansteckungsgefahren hinnehmen, aber nicht den Untergang des Schiffes[868]. Fraglich ist, inwieweit die Eltern ihren Kindern gegenüber zu einer besonderen Gefahrtragung verpflichtet sind. Da nach hiesiger Ansicht die Einstandspflicht der Eltern „nur" die Folge einer beim Kind durch dessen Ent-

---

[862] Vgl. Pawlik, Jahrbuch für Recht und Ethik, Bd. 11 (2003), S. 22.

[863] Vgl. MüKo/Müssig, § 35, Rn. 59.

[864] MüKo/Müssig, § 35, Rn. 59.

[865] Siehe zum Ganzen die grundsätzliche Beschreibung der institutionellen Pflichten in Kap. F, I, 2.

[866] Anders als teilweise behauptet wird, ist dagegen nicht von Relevanz, dass es sich bei den in Frage kommenden Berufsgruppen um ausgebildete Spezialisten handelt (so etwa Lackner/Kühl, § 35, Rn. 9). Es kann nur wiederholt werden, dass die Entschuldigung nicht durch Besonnenheit ausgeschlossen wird.

[867] S/S/Lenckner/Perrron, § 35, Rn. 26; LK/Hirsch, § 35, Rn. 55; MüKo/Müssig, § 35, Rn. 68; NK/Neumann, § 35, Rn. 43; SK/Rudolphie, § 35, Rn. 13; Roxin, AT/1, § 22, Rn. 41; Timpe, JuS 1985, S. 35.

[868] Dieser beliebte Beispielfall findet sich etwa bei SK/Rudolphi, § 35, Rn. 13; MüKo/Müssig, § 35, Rn. 68.

wicklungsstand bedingten, strukturellen existenziellen Bedrohungslage ist, endet bereits die Einstandspflicht mit der eigenen Not[869].

Unter der Überschrift „besonderes Rechtsverhältnis“ lassen sich, auf dem Boden der hiesigen Begründung der Entschuldigung aus Unzumutbarkeit, zudem „mühelos“ die Fälle fassen, in denen das Recht die Hinnahme auch existenzieller Belastungen ausdrücklich geregelt hat[870]. So weit etwa das Gesetz die Verteilung von Spenderorganen durch eine Warteliste regelt, darf auch der Todkranke nicht durch eine unerlaubte Einflussnahme – etwa Bestechung des Arztes – die Wartezeit auf eine Transplantation zu Lasten anderer verkürzen. Dem Krankenkassenmitglied ist die Beschränkung auf das Tarifgemäße zumutbar usw.[871].

c. Staatlicher Zwang aufgrund materiell unrichtiger Entscheidungen

Materiell richtige Entscheidungen stellen nach zutreffender Ansicht schon keine notstandsbegründende Gefahr dar. Wie aber steht es mit materiell unrichtigen Entscheidungen? Entgegen der herrschenden Ansicht[872], die allgemein eine Anwendung der Notstandsnormen ausschließt, halten Lenckner und Perron zumindest bei der rechtskräftigen lebenslangen Freiheitsstrafe eine Entschuldigung für möglich[873]. Dem kann allerdings bereits deswegen nicht gefolgt werden, weil mit den §§ 359 ff. StPO die Möglichkeit der Wiederaufnahme des Verfahrens zur Verfügung steht. Dies kann freilich mit der zutreffenden Feststellung bestritten werden, dass die Wiederaufnahme an derart strenge Kriterien gebunden ist, dass sie in den meisten Fällen (unrichtiger Entscheidungen) nicht einmal zugelassen wird. Selbst der kühnste Optimist wird den Verweis auf die verfahrensmäßige Korrektur jedoch wohl nicht mit der Hoffnung verbinden, dass materielle Unrichtigkeiten so restlos bekämpft werden können. Der Schein mancher Beweislagen, gepaart mit dem menschlichen Hang zum Irrtum, generiert eine durch kein Verfahren auszurottende Fehlerquote. Dem steht entgegen, dass im Rechtsstaat die „Wahrheitssuche“ gerade den Verfahren anvertraut ist. Diese Überantwortung geschieht nicht, weil die Verfahren immer zum „richtigen“ Ergebnis führen, sondern weil aus Mangel an einem direkten Zugriff auf die

---

[869] Siehe F, II, 6.

[870] Die vorstehend angeführten Fälle sind, soweit in den Gesetzen zum jeweiligen Berufsstand besondere Gefahrhinnahmepflichten normiert sind, nur ein Spezialfall einer ausdrücklichen Anordnung des Gesetzes.

[871] Jakobs, Norm, Person, Gesellschaft, S. 93.

[872] LK/Hirsch, § 35, Rn. 60; SK/Rudolphie, § 35, Rn. 12; Roxin, AT 1, § 22, Rn. 42; Jescheck/Weigend, § 44, III, 3; Maurach/Zipf, AT/1, § 34, I, A, 1, c; Timpe, JuS 1985. S. 35 f.

[873] S/S/Lenckner/Perron, § 35, Rn. 26.

„Wahrheit" keine bessere als die institutionell gebundene Wahrheitssuche in Sicht ist. Auf diese Einsicht muss sich vernünftigerweise auch der (im Einzelfall) zu Unrecht Verurteilte verpflichten lassen. Zudem kann einer Argumentation, die darauf zielt, (materiell) zu Unrecht verhängte staatliche Sanktionen in den Bereich des § 35 StGB einzubeziehen, vorgehalten werden, dass im konkreten Fall erst innerhalb eines rechtsstaatlichen Verfahrens festgestellt werden muss, dass eine staatliche Sanktionen zu Unrecht verhängt wurde. Dem Täter wird also gerade nicht erlassen, die Unrechtmäßigkeit der gegen ihn verhängten Sanktion in einem rechtlichen Verfahren nachzuweisen, so dass der Täter sich durch die Notstandstat gegenüber dem Wiederaufnahmeverfahren keinen nennenswerten Vorteil verschaffen kann[874].

6. Zusammenfassung des bisherigen Untersuchungsstandes

An dieser Stelle soll der bisherige Gedankengang kurz zusammengefasst werden. Bisher konnte festgestellt werden, dass zwischen den sogenannten Begehungsformen keine Differenz besteht, die unterschiedliche Zumutbarkeitsgrenzen plausibel machen kann. Daraufhin wurde untersucht, ob die innerhalb der sogenannten vorsätzlichen Begehungsdelikte diskutierten Zumutbarkeitslehren einen allgemeinen Zumutbarkeitsvorbehalt oder zumindest eine Ausweitung der Unzumutbarkeit über den Wortlaut des § 35 StGB rechtfertigen. Auch dies musste verneint werden. Ein allgemeiner Zumutbarkeitsvorbehalt bzw. eine auf der Basis von Zumutbarkeitserwägungen gestützte Ausweitung der notstandsfähigen Güter sind also abzulehnen.

Als weiteres Ergebnis kann festgehalten werden, dass die wohl besseren Gründe dafür sprechen, bei Taten zur Rettung solcher „persönlichkeitsnaher Güter", die nicht dem Katalog des § 35 StGB unterfallen, auf der Rechtsfolgenseite die Möglichkeit einer Strafrahmenverschiebung gemäß § 49 I StGB auszuschließen und dem Täter die Umstände der Tat lediglich im Rahmen einer Milderung nach § 46 II StGB zugute zu halten.

---

[874] Es sind nur zwei Vorteile in Sicht. Einmal gelangt der Täter durch sein Handeln zunächst einmal sofort zu der von ihm begehrten Freiheit. Zum zweiten ist eine Wiederaufnahme des Verfahrens rechtlich wie faktisch schwerer zu erreichen als das auf die Tat – bei Aufdeckung – zwangsläufig folgende neue Verfahren. Beide Gründe legitimieren jedoch nicht, das gesetzlich vorgesehene Verfahren zu umgehen.

F. Die (Un-) Zumutbarkeit der rechtlichen Einstandspflichten

Solange die Unzumutbarkeit als Entschuldigungsgrund behandelt worden ist, wurde eines stets vorausgesetzt, nämlich, dass die jeweils einschlägige Rechtspflicht grundsätzlich berechtigterweise gegenüber dem in Anspruch genommenen Normadressaten erhoben wird. Hiervon wird im Rahmen der sogenannten Begehungsdelikte allgemein ausgegangen. Die Frage nach den Grenzen der rechtlichen Einstandspflichten ist dagegen im Rahmen der sogenannten unechten Unterlassungsdelikte bekanntermaßen das zentrale Thema. Mit der bereits getroffenen Aussage, dass Belastungen nur zumutbar sind, wenn ihre Legitimität nachgewiesen ist, steht im Prinzip jede einzelne in der Rechtswissenschaft diskutierte Einstandspflicht auf dem Prüfstein. Nun gilt die Herleitung und Abgrenzung der rechtlichen Einstandspflichten noch immer als eines der umstrittensten Probleme des allgemeinen Teils[875]. Das Projekt, den Meinungsstand innerhalb eines Kapitels vollständig wiederzugeben, zu diskutieren und einer Lösung zuzuführen, ist daher wenig realistisch. Erst recht kann nicht der Anspruch verfolgt werden, eine vollständige Kommentierung der rechtlichen Einstands-, bzw. Garantenpflichten vorzulegen[876]. Die Bedeutung der Garantenpflichten im Hinblick auf den hiesigen Untersuchungsgegenstand läßt es andererseits nicht zu, das Thema völlig auszusparen. Daher sollen die sogenannten rechtlichen Einstandspflichten zumindest kurz angesprochen werden.

I. Einteilung der Garantenpflichten

Bis Anfang der sechziger Jahre herrschte nahezu „unangefochten"[877] die formelle Rechtsquellenlehre, die zunächst Gesetz, Vertrag und vorausgegangenes Tun und ab den dreißiger Jahren zusätzlich noch die engen Lebens- und Gefahrengemeinschaften als die Entstehungsgründe von Garantenpflichten ausmachte[878]. Diese Lehre wird heute überwiegend zu Recht deswegen abgelehnt, weil sie alle vier Garantenstellungen behauptet, ohne auch nur eine „einleuch-

[875] In seinem jüngst veröffentlichen Lehrbuch hat Roxin AT/2, § 32, Rn. 2, die Bestimmung der Garantenpflichten als das „heute noch umstrittenste und dunkelste Kapitel in der Dogmatik des Allgemeinen Teils" bezeichnet. Wessels/Beulke AT, Rn. 716, halten „die Frage, wann und auf welche Weise eine strafrechtlich relevante Garantenstellung entsteht", immerhin für „noch nicht abschließend geklärt." Ebenso: Bringewat, Grundbegriffe des Strafrechts, Rn. 482.
[876] Auch deswegen stellt die Garantenlehre nicht den Schwerpunkt dieser Arbeit dar.
[877] Schünemann, ZStW 96 (1984), S. 290 f.
[878] Vgl. Roxin, AT/2, § 32, Rn. 4.

tend begründen“ zu können[879]. Wie Roxin zutreffend bemerkt, weist „schon die konkreteste, dem Bestimmtheitsgrundsatz am meisten entgegenkommende Garantenstellung aus Gesetz (...) in Wahrheit keinen plausiblen Entstehungsgrund für strafrechtliche Erfolgsabwendungspflichten“ nach[880]. Es mangelt nämlich in der Tat „an jeglicher überzeugender Antwort auf die Frage, ob und warum nur bestimmte und nicht alle gesetzlichen Vorschriften Quellen von Garantenstellungen sein können“[881]. In der Literatur z. Z. herrschend ist bekannterweise die auf Armin Kaufmann[882] zurückgehende Funktionenlehre, welche zwischen Obhuts- und Überwachungsgarantenstellungen unterscheidet. Den verschiedenen Varianten[883] dieser Lehre ist gemein, dass sie die einstandspflichtbegründenden Tatbestände systematisieren[884]. „Auf diese Weise gelingt es der Funktionenlehre, ein inhaltlich gefülltes (Ordnungs-) System von Garantenpflichten zu entwickeln.“[885]

Zwar wird nahezu einhellig anerkannt, dass mit dieser Systematisierung auch eine „Präzisierung des Leistungsinhaltes“ der Einstandspflichten einhergehe. Gleichfalls wird jedoch darauf aufmerksam gemacht, dass die Funktionenlehre kein Prinzip ausweise, das eine „praktikable Bestimmung der materiellen Entstehungsvoraussetzungen von Garantenstellungen“[886] ermögliche. Die Schlussfolgerungen aus dieser Analyse fallen unterschiedlich aus. Eine größere Meinungsgruppe[887] plädiert dafür, den Erklärungsansatz der Funktionenlehre mit dem der formellen Rechtsquellenlehre zu verknüpfen. Exemplarisch für diese Ansicht fordert etwa Krey ein „‚Hin- und Herwandern des Blickes‘ zwischen (...) den dargelegten Betrachtungsweisen“[888]. Allerdings kann diese Vorgehensweise, wie innerhalb dieser Meinungsgruppe selbst eingeräumt wird, allenfalls dazu führen, dass sich die beiden Ansätze „in wechselseitiger Konkretisierung und Durchdringung zu einer rechtlich relevanten Begründung von Ga-

---

[879] Roxin, AT/2, § 32, Rn. 16; Krey, AT/2, § 36, Rn. 334.

[880] Roxin, AT/2, § 32, Rn. 11.

[881] Dietlinde Albrecht, Begründung von Garantenstellungen in familiären und familienähnlichen Beziehungen, S. 27.

[882] Armin Kaufmann, Die Dogmatik der Unterlassungsdelikte, S. 282 ff.

[883] Eine Darstellung der verschiedenen Gestalten der Funktionenlehre findet sich etwa bei Roxin, AT/2, § 32, Rn. 6 ff; 17 ff.

[884] Pawlik, Der rechtfertigende Notstand, S. 278.

[885] Bringewat, Grundbegriffe des Strafrechts, Rn. 488; Krey, AT/2, § 36, Rn. 334.

[886] Bringewat, Grundbegriffe des Strafrechts, Rn. 492; LK/Jescheck, § 13, Rn. 19; Jakobs, AT, 29/27; Maurach/Gössel/Zipf, AT/2, § 46, C, 1, a.

[887] S/S/Stree, § 13, Rn. 8; SK/Rudolphi, § 13, Rn. 24; Jescheck/Weigend, § 59, IV, 2; Krey, AT/2, § 36, Rn. 334; siehe etwa Bringewat, Grundbegriffe des Strafrechts, Rn. 493 ff., der jedoch diese Kombination offensichtlich als eine „Verlegenheitslösung“ auffasst. „Eine klare und praktikable Bestimmung der Entstehungsvoraussetzungen von Garantenstellungen steht aber zur Zeit noch aus.“

[888] Krey, AT/2, § 36, Rn. 334.

rantenstellungen mit daraus resultierenden Garantenpflichten verdichten"[889]. Ein Prinzip, das die Entstehungsvoraussetzungen von rechtlichen Einstandspflichten beschreibt und legitimiert, vermag dagegen auch diese Vorgehensweise nicht aufzudecken. Einen Vorschlag, der dieses Defizit beheben soll, hat zuletzt Pawlik vorgestellt. Gemäß seiner Ansicht hätten die bisherigen Garantenlehren unzutreffenderweise „statt beim Rechtsgrund der verschiedenen zuständigkeitsbegründenden Tatbestände bei deren unterschiedlichem Inhalt"[890] angesetzt und sich damit den Lösungsweg bereits im Ansatz verstellt. Diesem Mangel könne begegnet werden, wenn bei der Begründung rechtlicher Einstandspflichten „an Verpflichtungstatbestände" angeknüpft würde, „deren Legitimität der Verpflichtete nach den semantischen Vor-Festlegungen der betreffenden Gesellschaft vernünftigerweise nicht zurückweisen" könne[891]. Dieser Ansatz ist es, der im Weiteren verfolgt werden soll. Die grundlegende Vor-Festlegung sieht Pawlik hierbei in der Überzeugung, dass das Recht die Bedingungen von Autonomie zu gewährleisten habe[892]. Dieser Aufgabe werde die Rechtsordnung in erster Linie dadurch gerecht, dass sie ihren Angehörigen Organisationsräume zur Selbstverwaltung zuweise. Aus dieser Annahme, bzw. Prämisse werden insgesamt drei Gruppen von Einstandspflichten gewonnen, nämlich jene, die als unmittelbare Korrelate von Organisationsfreiheit bezeichnet werden, jene, welche die Bedingungen derselben sichern (institutionelle Pflichten)[893], und jene, die Pawlik als „quasiinstitutionellen Pflichten" bezeichnet[894]. Was hierunter zu verstehen ist, soll im Folgenden weiter ausgeführt werden, wobei es insbesondere zu klären gilt, inwieweit die verschiedenen Gruppen von Rechtspflichten eine Berücksichtigung der persönlichen Belastungssituation des Normadressaten zulassen.

---

[889] Bringewat, Grundbegriffe des Strafrechts, Rn. 494. In diesen Sinne hat beispielsweise Otto, Grundkurs Strafrecht, AT, § 9, Rn. 42 ff., einen ganzen Katalog von Kriterien vorgestellt, anhand dessen die Bestimmung der rechtlichen Einstandspflichten gelingen soll.
[890] Pawlik, Der rechtfertigende Notstand, S. 278.
[891] Pawlik, ZStW 111 (1999), S. 348 f. Die auf der Grundlage jener Konzeption gefundene Rechtspflicht darf als argumentativ zwingende Ausprägung einer Prämisse auftreten, deren Aufgabe ihrerseits mit weitreichenden Konsequenzen verbunden wäre.
[892] In diesem Sinne formuliert Pawlik, Das unerlaubte Verhalten beim Betrug, S. 43: „Die freiheitstheoretische Legitimation des Rechts beruht auf seiner Eigenschaft, der transzendentalen Freiheit des praktischen Subjekts interpersonale Wirklichkeit zu verleihen", und er bezeichnet das Recht „als Wirklichkeit der Freiheit" Pawlik, Das unerlaubte Verhalten beim Betrug, S. 4; 60; vgl. ders., Der rechtfertigende Notstand, S. 14.
[893] Pawlik, ZStW 111 (1999), S. 337 ff.
[894] Pawlik, Der rechtfertigende Notstand, S. 112 ff.

1. Negative Institutionen/unmittelbare Korrelate von Organisationsfreiheit

Die Hauptaufgabe unserer Rechtsordnung besteht gemäß Pawlik darin, „Organisationsfreiheit zu gewährleisten“[895]. Dies leiste eine Ordnung, indem sie ihren Angehörigen Freiheitsräume zur Selbstverwaltung zuweise. Zu diesem Zweck ordne sie „den einzelnen Personen Rechtsgüter zum eigenständigen Umgang zu“[896]. Diese Zuweisung von Gestaltungsräumen an einzelne Bürger gehe, so Pawlik, zwingend mit dem Ausschluss Dritter einher, denn eine „Organisationsfreiheit, die nicht durch ein generelles Eingriffsverbot für Dritte abgesichert“ sei, würde „sich unter freiheitstheoretischen Gesichtspunkten“ selber entwerten[897]. Das Verbot, in den Rechtskreis Dritter einzugreifen, wird so als logische Vorraussetzung der Möglichkeit von Organisationsfreiheit ausgewiesen[898]. Für Pawlik besteht folglich die Grundpflicht jedes Bürgers darin, die Rechtskreise anderer zu respektieren, d. h., „seine Rechtsgenossen in der Verwaltung der ihnen jeweils zustehenden Rechtskreise nicht zu stören“[899]. Das Gebot, die Rechtskreise der Umwelt zu respektieren, vermag auf die konkrete Belastungssituation des einzelnen Normadressaten wenig Rücksicht zu nehmen. Die Schwierigkeiten, die mit dem Versuch verbunden sind, die Zuweisung der Rechtskreise von der Bedürfnislage des jeweils vom Ausschlussgebot betroffenen Normadressaten abhängig zu machen, sind bereits ausführlich diskutiert worden[900]. Hinsichtlich der begrenzten Entschuldigungsmöglichkeiten kann insofern auf das Ergebnis des Kap. D verwiesen werden. Die Legitimationsprobleme verschärfen sich nochmals, wenn man nicht auf der Ebene der Schuld nur die rechtliche Garantie punktuell in Frage stellt, sondern dem Eingriffsopfer im Falle des rechtfertigenden Notstandes sogar eine Duldungspflicht auferlegt.

---

[895] Pawlik, Der rechtfertigende Notstand, S. 14.

[896] Pawlik, Der rechtfertigende Notstand, S. 14.

[897] Pawlik, Der rechtfertigende Notstand, S. 14.

[898] Pawlik, Der rechtfertigende Notstand, S. 14, spricht in diesem Zusammenhang anschaulich davon, dass „Organisationsfreiheit und Eingriffsverbot (...) gleichsam die beiden Seiten ein und derselben Medaille“ darstellen.

[899] Pawlik, Der rechtfertigende Notstand, S. 15. In welcher Weise hierfür Sorge getragen wird, bleibt grundsätzlich jedem selbst überlassen Das Recht interessiert sich insofern ausschließlich für das Ergebnis. Nur wenn sich aus der Erfahrung eine häufig angewendete Vermeidungsstrategie der Rechtspersonen als defizitär erwiesen hat, weil es immer wieder zu gleichartigen Verletzungen gekommen ist, wird regelmäßig ein bestimmtes gefahrvermeidendes Verhalten vorgeschrieben. Wenn sich beispielsweise zeigt, dass die Strategie der meisten Hundehalter, die von ihren Tieren ausgehende Gefahr allein durch eine gute Erziehung derselben einzudämmen, oft nicht zu dem gewünschten Erfolg führt, wird Maulkorb oder Leinenzwang eingeführt.

[900] Besonders treffend formuliert Köhler, AT, S. 282, zitiert bei Pawlik, Der rechtfertigende Notstand, S. 15: „Es liegt im Begriff der (äußeren) Freiheit selbst, dass jeder die selbst zu verantwortende oder zufällige Erweiterung seiner Handlungspflichten für sich tragen muss.“

Solche Pflichten, die sich darauf richten, die zugeordneten Güter an Dritte zu geben, tauchen im vorgestellten System der Rechtspflichten ob ihrer Besonderheit als eigene Gruppe (sogenannte quasiinstitutionelle Pflichten) auf. Sie werden mit ihren Grenzen weiter unten kurz angesprochen.

2. Positive Institutionen/Voraussetzungen von Organisationsfreiheit

Die erste Gruppe von Einstandspflichten ist nicht nur logisch zwingend. Das Gebot, die Rechtssphäre des anderen nicht zu beeinträchtigen, ist auch (intuitiv) verständlich. An einer vergleichbarer hohen Plausibilität fehlt es den Pflichten der zweiten Gruppe. Hier wird dem Normadressaten nämlich angetragen, eine bestimmte „Leistung" für die Gemeinschaft zu erbringen. In der Rechtswissenschaft hat man solche Pflichten, die über die bloße „negative Mitmenschlichkeit"[901] hinausgehen, lange Zeit ausschließlich der Religion oder Moral zugeordnet[902]. Auf diese Auseinandersetzung, die zuletzt samt ihrer ideengeschichtlichen Hintergründe von Sanchez-Vera[903] dargestellt worden ist, muss an dieser Stelle nicht weiter eingegangen werden, weil diese sich aus der hier unterstellten Aufgabe des Rechts deduzieren lässt. Wie Pawlik dargelegt hat, vermag eine Ordnung die Zuweisung von Organisationsfreiheit nicht voraussetzungslos zu leisten, sondern bedarf hierzu einer komplexen Infrastruktur, deren Erhaltung von vielfältigen Leistungen abhängt[904]. So ist ein staatliches Gemeinwesen beispielsweise von der ausreichenden finanziellen Ausstattung durch seine Bürger abhängig, die Justiz von der Bereitschaft der Bürger, als Zeugen vor Gericht wahrheitsgemäß auszusagen usw.

Soweit Rechtspflichten ausschließlich auf die Sicherung der Infrastruktur des Staates zielen, bedarf es insofern keiner Aufforderung zu „altruistischen" Handlungen, vielmehr werden nur Leistungen eingefordert, die zur Erhaltung des Rechtszustandes erforderlich sind[905]. Da den Bedingungen mindestens dieselbe Notwendigkeit zukommt wie dem durch sie Bedingten, kann Pawlik in

---

901 Kersting, Markt, S. 107, zitiert bei: Pawlik, Der rechtfertigende Notstand, S. 14.

902 Vgl. dazu: AK/Seelmann, § 13, Rn. 47 ff.; Sanchez-Vera, Pflichtdelikt und Beteiligung, S. 102 ff.; Hügli, Gibt es Grenzen des Rechts gegenüber der Moral?, in: Verrechtlichung und Verantwortung, S. 105 ff.

903 Sanchez-Vera, Pflichtdelikt und Beteiligung, S. 102 ff. Dieser weist zuteffenderweise darauf hin, dass die Pflichten, welche auf einen positiven Beitrag zielen, bereits für Thomas von Aquin, Summa Theologica, II-I, q, 79. a 4, als schwieriger zu erfüllen galten. Von diesem stammt der einprägsame Satz: „Leichter ist, sich vom Bösen abzuwenden, als das Gute zu tun." Wie Busche, Die drei Stufen des Naturrechts und die Ableitung materialer Gerechtigkeitsnormen beim frühen Leibniz, S. 105 ff., dargestellt hat, findet sich eine entsprechende differenzierte Konzeption auch bei Leibniz.

904 Vgl. Pawlik, ZStW 111 (1999), S. 349 f.; LPK/Kindhäuser, § 13, Rn. 52.

905 Vgl. Jakobs, AT, 29/76 ff.; Pawlik, ZStW 111 (1999), S. 350.

der Tat zutreffend feststellen: „Von den Anforderungen, in einem gewissen Umfang daran mitzuwirken, dass die betreffenden Funktionssysteme die ihnen obliegenden Leistungen zu erbringen vermögen, kann die zur Freiheit verurteilte Rechtsperson sich ebensowenig distanzieren, wie von der Pflicht, für die zurechenbaren Folgen ihrer Rechtskreisorganisation einzustehen.“[906]

Im Hinblick auf den hiesigen Untersuchungsgegenstand ist freilich von besonderem Interesse, inwieweit das persönliche Befinden des einzelnen Normadressaten im Rahmen der Rechtspflichten der zweiten Gruppe Berücksichtigung finden kann. Die entsprechende Antwort ist ausgehend von der Funktion der „institutionellen Rechtspflichten“[907] zu suchen. Diese besteht, wie dargestellt, darin, die Funktionsfähigkeit der Institutionen zu sichern, welche ihrerseits die Zuweisung von Organisationsfreiheit ermöglichen sollen. Vergleicht man die Rechtspflichten der ersten und der zweiten Gruppe, lässt sich ein wesentlicher Unterschied feststellen. Während die Verletzung der fremden Rechtskreise stets mit der Verletzung oder Gefährdung der fremden Rechtsgüter einhergeht, kommt es zu einer Gefährdung der Institutionen regelmäßig erst durch eine gewisse Häufigkeit von Pflichtverletzungen. Der einzelne Steuersünder bringt den Staatshaushalt ebenso nicht ins Wanken wie der einzelne nicht zur Aussage bereite Zeuge die Funktionstüchtigkeit der Institution Justiz zerstört. Die existenzbedrohende Gefahr liegt erkennbar erst in der Verallgemeinerung. Nun muss eine Ordnung, gemäß ihrem Wesen, stets auf Verallgemeinerbarkeit ihrer Inhalte achten, so dass der Hinweis des Täters, sein unterlassener Beitrag habe die entsprechende Institution nicht gefährdet, nicht zu überzeugen vermag. So kann beispielsweise nicht die Zahlung der Steuern mit dem Argument verweigert werden, die wenigen Euro seien aufs Ganze gesehen irrelevant. Damit ist freilich nicht abschließend darüber entschieden, inwieweit die Belastungssituation des einzelnen Adressaten berücksichtigt werden kann. Da diese für die Rechtsordnung nicht irrelevant ist[908], darf der Normadressat als Ausgangsgröße der Verallgemeinerung nämlich durchaus seine Belastungssituation zugrunde legen, d. h., er darf danach fragen, ob die jeweilige Institution auf Leistungen angewiesen ist, die unter seiner oder einer vergleichbaren Belastungssituation erbracht werden[909].

Ist die Institution gerade auf die für den Bürger kostenträchtigen Leistungen angewiesen, besteht keine Möglichkeit, den Einzelnen zu schonen. Wie bereits in Kap. E angedeutet, sind sogar die Möglichkeiten der Entschuldigung begrenzt. Der Soldat muss im Zweifel sein Leben riskieren, weil die Institution

---

[906] Pawlik, Der rechtfertigende Notstand, S. 25.

[907] So werden die Rechtspflichten von Pawlik (Der rechtfertigende Notstand, S. 25) auch bezeichnet.

[908] Siehe Kap. C.

[909] Entscheidend ist hier aus naheliegenden Gründen nicht die konkrete Form der Belastung, sondern allein deren Intensität.

einer funktionstüchtigen Armee ansonsten nicht aufrechtzuerhalten wäre. Gleiches gilt für die anderen Institutionen wie Feuerwehr oder Polizei. Kann die Institution auf den für die Normadressaten kostenintensiven Beitrag verzichten, stellt sich die Frage, ob hieraus ein Verbot abzuleiten ist, den entsprechenden Beitrag einzufordern. Dies wird man nach hiesiger Ansicht davon abhängig machen müssen, ob existenzielle Güter des Bürgers betroffen sind.

Wegen der auf der Menschenwürde fußenden Verbindung zwischen Individuum und Gemeinschaft kann die Rechtsordnung den Einsatz existenzieller Güter nur verlangen, wenn die Institution ihrerseits um ihren Bestand fürchten muss[910]. Daher sind solche Leistungen, die den Normadressaten existenziell belasten, nur einzufordern, wenn die Erhaltung der Institutionen gerade auf die Erbringung existenziell bedeutsamer Leistungen angewiesen ist. D. h., die Rechtsordnung ist gehalten, die Erhaltung der Institutionen, wenn möglich, so zu organisieren, dass es zu keiner existenziellen Belastung des einzelnen Normadressaten kommt. Unterhalb der existenziell bedeutsamen Güter sind die Grenzen der Belastung nach hiesiger Einschätzung dagegen allein der gesellschaftlichen Verständigung unterworfen. Die Belastungs- oder Zumutbarkeitsgrenzen der Pflichten der zweiten Gruppe lassen sich also nicht pauschal bestimmen, sondern richten sich nach dem jeweiligen Zweck und dem Bedarf der jeweiligen Institution.

3. Quasiinstitutionelle Pflichten

Mit der vorgenannten Einteilung scheint das Feld der Rechtspflichten vollständig beschrieben zu sein. Unsere Rechtsordnung sieht jedoch namentlich mit der allgemeinen Hilfeleistungspflicht (§ 323c StGB) und der Duldungspflicht nach § 34 StGB Pflichten vor, die sich weder als Abgrenzungsgebot noch als Sicherung infrastruktureller Voraussetzungen eines Rechtszustandes verstehen lassen. Die Einordnung auch dieser Pflichten hat zuletzt Pawlik in seiner Monografie „Der rechtfertigende Notstand" unternommen. Das Begründungsmuster entspricht – in seinen wesentlichen Zügen – der von Pawlik entwickelten Legitimation des entschuldigenden Notstandes, welche in Kap. E, 3, f dargestellt ist. Entsprechend wird hervorgehoben, dass auf der Basis der zugrunde gelegten „autonomieethischen Begründungsstruktur" die Forderung, unverdiente „tiefgreifende Verluste" nicht ausnahmslos bei dem vom Schicksal Ausgewählten zu belassen, sondern diese, soweit möglich, der Rechtsgemeinschaft als Ganzer

[910] Mit anderen Worten: Eine Ordnung, die dem Einzelnen einen absoluten Wert zumisst, darf dessen Existenz nur riskieren, wenn das Ganze auf dem Spiel steht. In diesem Fall können existenzielle Güter deswegen gefordert werden, weil der auf die Gemeinschaft bezogene Bürger von der Existenz derselben abhängig ist.

aufzulegen, nicht von vorneherein unplausibel ist[911]. Allerdings könne die Rechtsgemeinschaft, welche die Last in bestimmten Notsituationen zu tragen habe, in Form der sie repräsentierenden Institutionen nicht überall zur Stelle sein[912]. Daher sei es in den existenziell bedrohlichen Ausnahmesituationen geboten, den Bürger quasi als Verwaltungshelfer in die Pflicht zu nehmen. Darauf aufbauend versteht Pawlik die quasiinstitutionellen Pflichten als solche, die den Einzelnen nicht „in persona" treffen, „sondern nur als Repräsentant der Rechtsgemeinschaft"[913]. Auch die quasiinstitutionellen Pflichten sind damit freiheitsermöglichende Leistungen, die als solche dieselbe Verbindlichkeit einfordern können wie die institutionellen Pflichten. Wo die Grenzen der Duldungs- bzw. Hilfeleistungspflichten der §§ 34, 323c StGB genau zu verorten sind, soll hier allein des Umfangs wegen nicht beantwortet werden[914]. Im Rahmen einer (sehr) groben Einordnung lässt sich jedoch folgende Feststellung treffen: Weil das Eingriffsopfer gegenüber der Allgemeinheit dasselbe Schutzrecht geltend machen kann wie der in Not Geratene und daher den Kontrahenten seinerseits als Repräsentanten der Gemeinschaft in Anspruch nehmen darf, braucht es nicht für Güter einzustehen, die den in Not befindlichen entsprechen. Dieser Gedanke ist es, den die „Angemessenheitsklausel" des § 34 StGB und der „Zumutbarkeitsvorbehalt" des § 323c StGB zum Ausdruck bringen möchten[915]. Der Hinweis auf die Verwendung des Begriffs „zumuten" in § 323c StGB vermag, anders als manche Autoren meinen, eine allgemeine Zumutbarkeitsprüfung im Rahmen der sogenannten unechten Unterlassungsdelikte also nicht zu tragen. Vielmehr resultieren die Pflichten aus § 323c StGB als quasiinstitutionelle Pflicht aus einem Rechtsgrund, dessen Zumutbarkeitsgrenzen mit denen der übrigen Rechtsgründe nicht übereinstimmen.

---

[911] Pawlik, Der rechtfertigende Notstand, S. 122.

[912] In welchen Notsituationen die Gemeinschaft eintrittspflichtig ist, vermag an dieser Stelle nicht ausgeführt zu werden.

[913] Pawlik, Der rechtfertigende Notstand, S. 123. Man ist geneigt, diese Pflichten, deren Erfüllung phänomenologisch als Solidarität mit dem in Not Geratenen auftritt, als Verbindlichkeit gegenüber dem Einzelnen anzusehen. Auch Pawlik (Der rechtfertigende Notstand, S. 112) hebt hervor, dass die quasiinstitutionelle Pflicht „nicht (...) eigentlich dem Staat gegenüber bestehe". Diese Einordnung ist allerdings missverständlich. Gläubiger des Repräsentanten ist nämlich allein derjenige, der repräsentiert wird.

[914] Eine ausführliche Darstellung findet sich bei: Pawlik, Der rechtfertigende Notstand, S. 112.

[915] Siehe hierzu Pawlik, Der rechtfertigende Notstand, S. 236 ff.

II. Die Einstandspflichten im Einzelnen

Abschließend sollen die oben skizzierten Entstehungsvoraussetzungen von Garantenpflichten mit den herkömmlichen einstandsbegründenden Tatbeständen abgeglichen werden. Es kann nur wiederholt werden, dass es nicht vorrangig darum geht, einen Beitrag zur sogenannten Garantenlehre zu liefern. Dazu müsste man dem Thema weit mehr Raum geben, als es im Rahmen dieser Untersuchung zweckmäßig bzw. möglich erschien. Das hiesige Anliegen besteht allein darin aufzuzeigen, dass die auf der Grundlage des vorstellten Systems definierten Einstandspflichten zum Teil deutlich hinter dem Pflichtenbestand der herrschenden Ansicht zurückbleiben. Dies bedeutet wiederum, dass die hiesige, kritische Haltung zur Unzumutbarkeit mit einer restriktiven Definition der die Einstandspflicht begründenden Tatbestände einhergeht, so dass insgesamt betrachtet dem Normadressaten nach der hier vertretenen Auffassung trotz der vorsichtigen Verwendung des Zumutbarkeitsbegriffs im Ergebnis nicht mehr an strafrechtlich sanktionierten Rechtspflichten aufgebürdet werden als von der herrschenden Meinung.

Man kann die hiesige Position in Anlehnung an die eingangs erwähnte These Schünemanns[916] insofern wie folgt zusammenfassen: Das Bedürfnis nach einer auf den (Un-) Zumutbarkeitsbegriff gestützten Begrenzung der sanktionsbedrohten Rechtspflichten ist im Kontext zu weit gefasster Garantenpflichten zu sehen. Oder umgekehrt: Durch die Begrenzung der einstandsbegründenden Tatbestände auf einen nicht verzichtbaren Kernbestand wird die Korrektur der Rechtspflichten mittels des sogenannten Zumutbarkeitsgedankens überflüssig gemacht.

1. Vorausgegangenes Tun

Die sogenannten Garantenpflichten aus Ingerenz (gefährlichem Vorverhalten) lassen sich ohne Schwierigkeiten als Korrelate von Organisationsfreiheit einordnen. Der Täter haftet hier nicht wegen einer „besonderen“ Inanspruchnahme, sondern aus dem allgemeinen „Sygnallagma von Freiheit und Folgenverantwortung“[917]. Wie bereits im Rahmen der Diskussion um § 35 Abs. 1 S. 2 StGB dargestellt, ist jedoch umstritten, welche rechtliche Qualifikation das Vorverhalten aufweisen muss, um eine Zuständigkeit des Täters zu begründen. Die wohl herrschende Auffassung[918] fordert in diesem Zusammenhang bekanntlich ein

---

[916] ZStW 96 81984), S. 316.

[917] Sanchez-Vera, Pflichtdelikt und Beteiligung, S. 102.

[918] BGHSt 19, S. 154; BGH NJW 1987, S. 850; BGH StV 1999, S. 423; SK/Rudolphi, § 13, Rn. 38; ders. JR 1974, S. 160; LK/Jescheck, § 13, Rn. 33; S/S/Stree, § 13, Rn. 35; Tröndle/Fischer,

pflichtwidriges Vorverhalten im Sinne des Verstoßes gegen eine Vorschrift, die gerade dem Schutz des betroffenen Rechtsguts dient. Demgegenüber wird von einer ebenfalls beachtlichen Meinungsgruppe[919] vertreten, dass grundsätzlich auch rechtmäßiges oder verkehrsgerechtes Vorverhalten eine Einstandspflicht begründen könne. Dass mit dem rechtswidrigen Eindringen in einen fremden Organisationskreis eine Zuständigkeit für die dort vorgefundenen Güter begründet wird, ist, solange diese gerade durch den Ausschluss des Täters geschützt werden sollen, nachvollziehbar. Wer schuldhaft einen Unfall verursacht, hat (im Rahmen seiner Möglichkeiten) dafür zu sorgen, dass die Folgewirkungen für den Verletzten möglichst gering bleiben. Ob man an das Vorverhalten geringere Voraussetzungen knüpfen kann, hängt in erster Linie davon ab, inwieweit man auch durch ein erlaubtes Verhalten den Rechtskreis des Opfers verletzen kann. Nach hiesiger Ansicht ist die Möglichkeit der Verletzung der Rechtssphäre Dritter durch ein rechtlich erlaubtes Verhalten bereits semantisch schwer begründbar. Zwar kann durch ein erlaubtes Verhalten etwa eine im Eigentum des Dritten stehende Sache beschädigt werden, diese Beschädigung ist jedoch nach zutreffender Ansicht ebenso wenig als „Rechtsverletzung" aufzufassen, wie die Beschädigung der Sache durch eine Naturkatastrophe. Weil in die Definition des erlaubten Risikos die negativen Folgen für Dritte, anders als in der Erlaubnis zur Selbstgefährdung, bereits eingearbeitet sind [920], wird das Risiko der Gefahrverwirklichung gewissermaßen zum Thema der selbstverantwortlichen Lebensgestaltung der anderen. Ob sich jemand in den Straßenverkehr begibt, ist in diesem Sinne genauso seine Entscheidung wie die Frage, ob er bei windigem Wetter im Wald spazieren geht. In der Erlaubnis, sich riskant verhalten zu dürfen, liegt insoweit eine Entlastung von Verantwortung für die sich aus diesem Verhalten ergebenden Folgen[921]. In diesem Sinne ist etwa nach § 823

---

§ 13, Rn. 11; Jescheck/Weigend, AT, § 59 IV 4a ; Schmidhäuser, AT, 16/54 ; Blei, AT, S. 324 ff.; Baumann/Weber/Mitsch, AT, § 15, Rn. 67; Gropp, AT, § 11, Rn. 33; Wessels/Beulke, AT, Rn. 726; Ranft, JZ 1987, S. 865; Stree, FS Klug, S. 395.

[919] Maurach/Gössel/Zipf, AT/2 § 46, Rn. 99; Otto, Grundkurs Strafrecht, AT, § 9, Rn. 81; Rengier, JuS 1989, S. 807; Seelmann, GA 1989, S. 255; Arzt, JA 1980, S. 715 f.; Freund, JuS 1990, S. 216; Herzberg, JZ 1986, S. 986 ff.

[920] In diesem Sinne stellt etwa Rudolphi, (SK, § 13, Rn. 40) fest: „Denn ist das Vorverhalten nicht pflichtwidrig, so besagt dies, dass der Unterlassende mit ihm das von der Rechtsgemeinschaft in ihn gesetzte Vertrauen nicht enttäuscht hat. Daraus folgt aber zugleich, dass die Rechtsgemeinschaft und auch jeder einzelne Bürger mit diesem Verhalten rechnen und sich bei den eigenen Entschließungen darauf einstellen konnten und zur Wahrung der eigenen Interessen auch mussten, sie mithin in ihrer Unversehrtheit gerade nicht in der gleichen Weise von dem Unterlassenden abhängig sind wie bei einem rechtswidrigen Vorverhalten des Unterlassenden ."

[921] Wer sich beispielsweise in den gefahrträchtigen Straßenverkehr begibt, kann sich anhand von Statistiken ungefähr ausrechnen, mit welcher Unfallwahrscheinlichkeit faktisch zu rech-

BGB die Haftung auf ein schuldhaftes Verhalten begrenzt[922]. Für die Begründung der Garantenstellung genügt zudem nur jene Pflichtwidrigkeit, die in den Schutzbereich der Norm fällt[923].

Diese Haltung gegenüber dem Risiko eines Verhaltens zwingt freilich dazu, den Rahmen des Erlaubten restriktiv zu fassen. Alle das allgemeine Lebensrisiko übersteigenden Gefahren, die sich nicht vollständig beherrschen lassen, sind „heiße Kandidaten" für die Verbotsliste, denn hier bewahrt der Verweis, das Maximale zur Vermeidung des Erfolge zu tun, die Umwelt nicht vor der Gefahr. Ein wirksamer Schutz ist vielmehr nur durch ein Verbot erreichbar. Daher ist der Einwand von Jakobs, es sei zu überlegen, ob „das Opfer ein Recht haben mag, zwar nicht vor dem Verhalten selbst, wohl aber vor dessen Konsequenzen geschützt zu werden"[924], noch abzuhandeln. Mit Blick auf die möglicherweise drohende Eingrenzung des Erlaubten scheint die Trennung von Verschulden und Erfolg in der Tat keine unbillige Belastung des Täters zu sein, sondern vielmehr erst die Bedingung der Möglichkeit, gewisse Risiken zuzulassen. Im BGB findet dieser Gedanke etwa in der Gefährdungshaftung des § 833 BGB seinen Niederschlag. Diese Argumentation basiert allerdings auf der Möglichkeit, bestimmte Risiken in den Bereich des Unerlauben zu verbannen. An dieser fehlt es jedoch, soweit Risiken für das Funktionieren einer Gesellschaft bestimmter Gestalt unerlässlich sind. Die Risiken aus gesellschaftlich unverzichtbaren Verhaltensweisen sind also den natürlichen Gefahren gleichzustellen. In diesem Sinne macht etwa Roxin darauf aufmerksam, dass die (riskante) Fahrt mit dem Auto eine „heute unentbehrliche Art der Fortbewegung" darstellt und insoweit ein entsprechendes Verbot überhaupt nicht denkbar sei[925].

Zusammenfassend lässt sich also feststellen, dass nach der hier vertretenen Ansicht eine Verantwortlichkeit nach den strengen Regeln der ersten Haftung nur dann gerechtfertigt erscheint, wenn der Täter den eigenen Rechtskreis schuldhaft verlassen hat oder ein vermeidbares Sonderrisiko eingegangen ist. Dies lässt unter den sogenannten Zumutbarkeitsgesichtspunkten manche scheinbar notwendige Korrektur überflüssig erscheinen. Beispielsweise scheidet, soweit man anerkennt, dass das Internet heute ein unverzichtbares Kommunikationsmittel ist, eine Haftung des Providers bereits unabhängig von Zumutbar-

---

nen ist. Deswegen kann jeder die von einem erlaubten Verhalten anderer ausgehenden Gefahren einschätzen und in seine eigene Organisation einkalkulieren.

922 Damit ist allerdings nur ein Teil der erlaubten „Sonderrisiken" abgehandelt. Hinsichtlich der Übrigen bietet sich eine Haftung insoweit an, als die hiermit einhergehenden Differenzierungsmöglichkeiten die Einräumung von Freiheiten wesentlich erleichtern.

923 S/S/Stree, § 13, Rn. 53.

924 Jakobs, BGH-FG, 2000, Bd. IV, S. 47.

925 Roxin, AT/2, § 32, Rn. 167; demgegenüber ordnet Jakobs (AT, 29/42) den Betrieb eines KFZ mit Blick auf § 1 PflVG als „Sonderrisiko" ein.

keitserwägungen aus[926]. Auch haftet ein Verkehrsteilnehmer, der unverschuldet einen Unfall verursacht, dem Opfer strafrechtlich nur im Rahmen des § 323c StGB (d. h. in den Grenzen der quasiinstitutionellen Pflichten) und nicht nach der Garantenpflichten der ersten Gruppe.

2. Verantwortung für eigene im sächlichen Herrschaftsbereich liegende Gefahrenquellen

Die Ausführungen zu den aus einem Verhalten resultierenden Verantwortlichkeiten lassen sich auf die rechtliche Zuordnung von Sachen übertragen. Auch hier haftet der Täter allein wegen der ihm zugewiesenen Organisationskompetenz, verlaufen die Grenzen zwischen den jeweiligen Verantwortungsbereichen. Die Herrschaft über eine unerlaubte Sache (z.B. das nicht genehmigte Eigenheim) verpflichtet bei Realisierung der Gefahr (z.B. Einsturz der Decke) dazu, dem bei dem Rechtsgut eines Dritten entstandenen Schaden entgegenzuwirken. Wird die Herrschaft über einen Gegenstand im Rahmen des Erlaubten ausgeführt, so ist nach der obigen Differenzierung vorzugehen[927]. Deswegen ist etwa der Eigentümer eines vorschriftsmäßig errichteten, nicht erkennbar reparaturbedürftigen Hauses dem Passanten, dem eine Dachziegel auf den Kopf fällt nur nach § 323c StGB zur Hilfe verpflichtet[928]. Dagegen muss der etwa der „Eigentümer eines Hundes diesen zurückpfeifen, wenn der Hund droht, von selbst Passanten zu beißen“, [929] oder dem bereits Gebissenen helfend zur Seite stehen. Inwieweit die Sachherrschaft über eine Sache ein „Sonderrisiko“ darstellt, kann nur nach der Verkehrsanschauung beurteilt werden[930].

---

[926] Das gegenteilige Urteil des AG München (NJW-CoR 1998, S. 363), aufgehoben vom Landgericht München I (NJW 2000, S. 1051), ist in der Literatur fast ausnahmslos auf heftige Kritik gestoßen. Eingewandt wird vor allem, dass derjenige, der lediglich Telekommunikationseinrichtungen zur Verfügung stelle, nicht dafür verantwortlich sei, wenn diese missbraucht werden (so z. B.: Sieber MMR 1998,S. 429 ff. m. w. Nachw.). So bestimme denn auch § 5 Abs. 3 des Teledienstgesetzes, dass Dienstanbieter für fremde Inhalte, zu denen sie lediglich den Zugang zur Nutzung vermitteln, nicht verantwortlich sind (so vor allem Sieber JZ 1996, S. 494 ff. u. MMR 1998, S. 429 ff. m. w. Nachw.).

[927] Kap. F, II, 2.

[928] S/S/Stree, § 13, Rn. 46.

[929] Vgl. Sanchez-Vera, Pflichtdelikt und Beteiligung, S. 60.

[930] Während man dies hinsichtlich einer Gaststätte möglicherweise noch bejahen kann (so BGH NJW 1966, S. 1763), weil die Ansammlung alkoholisierter Personen ein erhöhtes Gefahrenpotential aufweist, wird man nach hiesiger Ansicht die mit der räumlichen Abgeschlossenheit einer „gewöhnlichen“ Wohnung einhergehenden Gefahren dem normalen Lebensrisiko zuordnen müssen (anders BGHSt 30, S. 391). Eine andere Frage ist, ob derjenige, der seine Wohnung für eine Vergewaltigung zur Verfügung stellt, nicht zumindest eine Beihilfehandlung vollzieht. Ein „Sonderrisiko“ liegt stets vor, wenn die Gefahren aus dem nicht

Auch die strafrechtliche Haftung wegen der Herrschaft über eine Sache ist hier also an vergleichsweise enge Voraussetzungen geknüpft, die Zumutbarkeiterwägungen bereits vielfach mangels Vorliegen einer Rechtspflicht als überflüssig erscheinen lassen.

Den Provider trifft, entsprechend den obigen Ausführungen, also nicht nur keine Einstandspflicht aus Ingerenz. Auch eine Haftung kraft Herrschaftsgewalt über eine Gefahrenquelle[931] ist abzulehnen, so dass man hier eine Strafbarkeit nicht erst unter Bemühung der „Unzumutbarkeit" verneinen muss [932].

Aus anderen Erwägungen hätte auch das OLG Bremen in NJW 1957, S. 72, die Bestrafung des Ehemannes nicht unter Bemühung von Zumutbarkeitserwägungen ablehnen müssen, sondern bereits dessen Garantenstellung verneinen können[933]. Dem OLG Bremen ist zwar insoweit zuzustimmen, dass der Halter eines gefährlichen Hundes grundsätzlich zur Gefahrenabwehr berufen ist. Das Gericht selbst hat sich jedoch zutreffender Weise auf die Feststellung berufen, dass der angeklagte Ehemann nicht der Eigentümer des Hundes gewesen sei und denselben deswegen auch nicht gegen den Willen seiner Frau hätte fortgeben können. Dafür, dass die bloß faktische Herrschaft über eine Sache eine Garantenpflicht begründet, besteht nach den obigen Ausführungen dagegen kein Anhalt. Im Gegenteil! Dem bloß faktischen Herrschaftsinhaber über eine Sache ist, wie das OLG Bremen zutreffend feststellt, zunächst einmal rechtlich gerade verwehrt, die Gefahr durch Einflussnahme auf die gefahrbefangene Sache zu beseitigen. Dem Inhaber der bloß faktischen Sachherrschaft wird man daher eine Verantwortung „nur" im Rahmen quasiinstitutioneller Rechtspflichten zuweisen können

3. Übernahme einer Gefahrabwendung

Unter faktischer Übernahme sind Fallkonstellationen zu verstehen, in denen der Garant gegenüber dem Opfer eine Gefahrabwendungsverpflichtung übernommen hat[934]. Hatte man früher den Haftungsgrund vorrangig in dem Versprechen selber gesehen, stellt man heute allgemein auf die der – angeblichen – Gefahrübernahme folgende Erhöhung der Gefahrenlage ab, so dass weder der Mangel eines wirksamen zivilrechtlichen Vertrages die Garantenstellung

---

ordnungsgemäßem Zustand einer Sache resultieren. Deswegen muss der Hauseigentümer die defekte Treppe reparieren usw. (vgl. Roxin, AT/2, § 32, Rn. 115).

[931] Anders Vassilaki, NStZ 1998, S. 521.

[932] So Vassilaki, CR 1999, S. 92.

[933] Vgl. Kap. B, III, 4, b.

[934] MüKo/Freund, § 13, Rn. 161; LPK/Kindhäuser, § 13, Rn. 59.

hindert, noch auf dem Vertrag allein eine solche zu gründen ist[935]. Die Einstandspflicht aus der Gefahrenübernahme setzt also zweierlei voraus. Einmal muss dem Opfer in zurechenbarer Weise eine Übernahme der Verantwortlichkeit für eine bestimmte Gefahrabwendung zugesagt worden sein. Zum Zweiten muss das Opfer im Hinblick auf diese Zusage ein riskantes Verhalten an den Tag gelegt haben[936]. Dass die Einstandspflicht der ersten Gruppe zuzuordnen ist, d. h., aus dem Grundsatz des „neminem laedere"[937] resultiert, dürfte damit ebenso erkennbar sein wie der Umstand, dass auch hier die Schwierigkeiten in der Abgrenzung zur Selbstverantwortung liegen[938]. Es ist allerdings hervorzuheben, dass zunächst einmal nur die Verantwortung für eine Gefahrerhöhung zugerechnet wird. Hat der vermeintliche Garant eine solche nicht verursacht, kommt eine Einstandspflicht grundsätzlich nicht in Betracht[939]. Eine Gefahrerhöhung muss allerdings die Situation des Opfers nicht unmittelbar verschlechtern, sondern kann auch daraus resultieren, dass das Opfer im Hinblick auf die Zusage des Täters seine Lage verbessernde Alternativen ausgelassen hat. Wer eine pflegebedürftige Person aufnimmt, haftet nicht allein wegen des Versprechens, sich um diese zu kümmern, sondern, weil jene ohne die Zusage eine andere Pflegeeinrichtung aufgesucht hätte. Hier liegen allerdings auch die Gren-

---

[935] OLG Celle NJW 1961, S. 139; MüKo/Freund, § 13, Rn. 161; S/S/Stree, § 13, Rn. 28; AK/Seelmann, § 13, Rn. 48 f.; SK/Rudolphi, § 13, Rn. 62; LK/Jescheck, § 13, Rn. 27; Jescheck/Weigend, AT, § 59, IV, 3, c; Stratenwerth, AT, § 13, Rn. 34; Baumann/Weber/Mitsch, AT, § 15, Rn. 57 ff.

[936] Vgl. AK/Seelmann, § 13, Rn. 48; die Situation erinnert in gewisser Weise an die des Betruges. Das Opfer gibt auch hier Vorteile im Hinblick auf ein Versprechen des Täters preis. Dies kann zunächst dadurch entstehen, dass das Opfer im Vertrauen auf die Bereitschaft des Täters, einen entsprechenden Schutz zu gewährleisten, seine ursprünglich vorhandene Gefahrenabwehrbereitschaft aufgibt (das Opfer lässt im Vertrauen auf die versprochene medizinische Versorgung an Bord eines Schiffes seine Reiseapotheke zu Hause).
Sie kann allerdings auch darin begründet sein, dass sich das Opfer, in der Gewissheit des vom Täter zugesagten Schutzes, erst in eine gefährliche Situation begibt (das ängstliche, vorsichtige, prominente Opfer traut sich nur unter dem Schutz seiner Leibwächter in die Öffentlichkeit).

[937] AK/Seelmann, § 13, Rn. 49.

[938] In dieser Hinsicht kommt die strukturelle Verwandtschaft zum Betrug zum Tragen. Eine Auflösung hat nach den dort entwickelten Grundsätzen zu erfolgen.

[939] Jakobs, AT, 29/47. Diese Position wird allerdings von der herrschenden Meinung nicht geteilt. Hiernach ist ohne Bedeutung, ob das Opfer sich vielleicht auch ohne das Hilfsversprechen des Garanten der gleichen Gefahr ausgesetzt hätte. Denn der Umstand, dass der Tourist notfalls die schwierige Klettertour auch allein gewagt hätte, ändere nicht daran, dass er sich in concreto tatsächlich in die Obhut des Bergführer begeben und sich nur im Vertrauen auf dessen Hilfszusage den Gefahren der Klettertour ausgesetzt hatte. An diesem garantenpflichtbegründeten Abhängigkeits- und Obhutsverhältnis fehlt es dagegen, wenn sich das Opfer ohne Kenntnis der Hilfsbereitschaft eines Dritten erhöhten Gefahren aussetzt, also z. B. jemand ohne Wissen von der Existenz eines Strandwächters sich in gefährliche Gewässer begibt. (S/S/ Stree, § 13, Rn 27 m.w.N.).

zen der strafrechtlich bewehrten Pflichten. Soweit es nur um die Verbesserung der Situation geht, ist das Strafrecht nicht gefordert, weil es an einer Verletzung fehlt[940] und institutionelle Pflichten in der Regel nicht einschlägig sind.

Im Vergleich zur herrschenden Auffassung finden sich damit auch die sogenannten Einstandspflichten aus Gefahrübernahme auf einen Kernbestand reduziert. Nach der hier vertretenen Ansicht ist daher beispielsweise der Bergführer, soweit der Tourist die gefährliche Bergtour auch ohne ihn gewagt hätte, diesem nur im Rahmen der allgemeinen Hilfeleistungspflicht zur Hilfe verpflichtet. Eine gefährliche Rettung des in Bergnot geratenen Touristen gehört daher, entgegen Teilen der Literatur[941], nicht zum strafbewehrten Pflichtenbestand des Beauftragten, so dass weitere Zumutbarkeitserwägungen nicht angestellt werden müssen[942].

Unter Anlegung der obigen Maßstäbe hätte das Reichsgericht in RGSt 69, S. 321 f., zumindest unter Zugrundelegung der heutigen gesellschaftlichen Verhältnisse, die nach hiesiger Ansicht eine Garantenpflicht der Nichte gegenüber ihrer Tante aus familiärer Verbundenheit ausschließt[943], im Rahmen der revisionsrechtlichen Grenzen die Frage thematisieren müssen, ob die Angeklagte die Pflege ihrer Tante übernommen hat und ob es die Tante im Vertrauen auf die Übernahme unterlassen hat, sich in anderweitige Pflege zu begeben.

4. Aufgaben gegenüber dem Staat

Ohne großen Begründungsaufwand kann der Staat als Träger und Garant der rechtlichen Ordnung, einschließlich seiner freiheitserhaltenden Institutionen, der zweiten Gruppe zugeordnet werden. Der Staat ist die einzig bekannte Institution, die ein geordnetes gesellschaftliches Miteinander garantieren kann. Aus der Pflicht des Bürgers, den Staat innerhalb dessen Vorgaben „am Leben zu halten", folgt etwa die Pflicht zur Entrichtung von Steuern und Abgaben, ohne die ein Gemeinwesen nicht zu unterhalten ist. Ebenso gehört zu den Pflichten der zweiten Gruppe etwa die positive Institution des Justizgewährungsanspruchs[944] einschließlich des Zeugniszwangs[945] usw.

---

[940] A. A. ist etwa Jakobs, AT, 29/67, der meint, eine Garantenpflicht könne sich auch bei „bloßer Verbesserung" aus besonderem Vertrauen ergeben (zu den speziellen Voraussetzungen siehe Jakobs, a. a. O.). Nach hiesiger Ansicht besteht hierfür kein Raum. Das Opfer muss sich in den Fällen einer ausbleibenden Verbesserung mit einem zivilrechtlichen Schadenersatzanspruch zufrieden geben.

[941] S/S/Stree, § 13, Rn. 156.

[942] A. A. S/S/Stree, § 13, Rn. 156.

[943] Siehe Kap, B, III, 4, j.

[944] Jakobs, Die strafrechtliche Zurechnung von Tun und Unterlassen, S. 33.

[945] Sanchez-Vera, Pflichtdelikt und Beteiligung, S. 119.

Zu den Grenzen der institutionellen Pflichten kann auf die obigen Ausführungen verwiesen werden. Dem Befinden des einzelnen Normadressaten wird durch zahlreiche Vorschriften, etwa durch § 52 stopp, Rechnung getragen.

5. Pflichten des Staates und seiner Organe

a. Garantenpflicht von Amtsträgern

Es herrscht Einigkeit darüber, dass die Amtswalter im Rahmen ihres Zuständigkeitsbereichs gegenüber dem Staat eine rechtliche Einstandspflicht trifft, so dass sich etwa ein Organ, welchem Vermögensangelegenheiten anvertraut sind, der Untreue (durch Unterlassen) strafbar machen kann[946]. Unstreitig ist auch, dass der Staat (und seine zuständigen Organe) eine Garantenstellung gegenüber den Personen einnimmt, die sich in seiner Gewalt befinden (etwa Strafgefangene in Heimen, untergebrachte Schüler usw.)[947]. Wenn die Frage, ob und inwieweit Amtspflichten strafrechtliche Garantenpflichten begründen, als „umstritten und noch weitgehend ungeklärt"[948] gilt, so betrifft dies im Wesentlichen das Verhältnis der Polizei zum verbrechensbedrohten Bürger[949]. Die herrschende Ansicht, Beamte der Schutzpolizei seien im Rahmen ihrer örtlichen und sachlichen Zuständigkeit als Garanten gegenüber dem Einzelnen und der Allgemeinheit anzusehen[950], stützt sich im Wesentlichen darauf, dass „die Aufgabe des Staates, den Bürger vor Straftaten zu schützen (...), nicht nur Reflex- oder Nebenwirkung einer Berufspflicht", sondern „wesentlicher Bestandteil der Berufspflicht des Polizeibeamten" ist[951]. Dagegen[952] macht eine beachtliche Meinungsgruppe das

---

[946] Roxin, AT/2, § 32, Rn. 77 ff.

[947] Roxin, AT/2, § 32, Rn. 85.

[948] Wessels/Beulke, AT, Rn. 721.

[949] Roxin, AT/2, § 32, Rn. 86.

[950] BGHSt 38, S. 388 ff.; LK/Jescheck, § 13, Rn. 29; NK/Seelmann, § 13, Rn. 139; Jakobs, AT, 29/76; Schmidhäuser, AT, 16/61; Stratenwerth, AT, § 13, Rn. 17; Otto, Grundkurs Strafrecht, AT, § 9, Rn. 68; Kühl, AT, § 18, Rn. 87 f.; Freund, AT, § 6, Rn. 93; Horn, NRW, 1981, S. 9 f.; Pawlik, ZStW 111 (1999), S. 351; Otto/Brammsen, Jura 1985, S. 597; Arzt, JA 1980, S. 651.

[951] BGHSt 38, S. 388. Der BGH und die herrschende Meinung ordnen die Polizei im Sinne der Funktionenlehre als Obhutsgaranten ein. Eine Überwachergarantenstellung komme nicht in Betracht, weil der Polizei nicht die Aufgabe zukomme, die Bürger als „Gefahrenquelle" zu überwachen (vgl. Roxin, AT/2, Rn. 87).

[952] Rudolphi, JR 1987, S. 336 f.; ders., FS Dünnebier, S. 578 ff.; Mitsch, NStZ 1993, S. 384 f.; Nestler, GA 1994, S. 524; Ranft, JZ 1987, S. 914 f.; Herzberg, Die Unterlassung im Strafrecht und das Garantenprinzip, S. 356; Schünemann, Grund und Grenzen der unechten Unterlassungsdelikte, S. 363; ders., ZStW 96 (1984), S. 311; ders., GA 1985, S. 380; Winkelbauer, JZ 1986, S. 1119 f.

Fehlen eines Abhängigkeitsverhältnisses zwischen Staat und Bürger geltend. Der Bürger besitze eine Reihe von Verteidigungsmöglichkeiten und -rechten (Notwehr, Notstand usw.) und sei deshalb für sich selbst zuständig. Für eine besondere Obhuts-Garantenstellung des Amtswalters fehle daher der Raum[953]. Eine vermittelnde Ansicht vertritt Kühl, der eine Garantenstellung des Polizisten nur annimmt, wenn der Bürger einen Anspruch auf polizeiliche Hilfe geltend macht und so eine personale Beziehung zum Amtsträger herstellt[954].

Nach hiesiger Ansicht muss man davon ausgehen, dass sich die Amtsträger gegenüber dem Bürger innerhalb ihrer Zuständigkeit in einer Garantenposition befinden. Die Leistungsfähigkeit der Institutionen hängt nämlich nicht nur von den allgemeinen Leistungen der Bürger, wie Steuerzahlungen, ab, sondern auch davon, dass die Aufgaben der Institution durch entsprechende Amtswalter wahrgenommen werden. Der Einwand, der Staat räume dem Bürger, insbesondere in § 32 StGB, weit gehende Verteidigungsmöglichkeiten ein, überzeugt insoweit nicht. Vielmehr muss die Ordnung wegen der ausgesprochenen normativen Erwartung davon ausgehen, dass der Bürger seine Ressourcen eben nicht in die Optimierung der Selbstverteidigung investiert. Beispielhaft: Wegen § 223 StGB muss man nach der Wertung des Gesetzes seine Freizeit nicht in einem Selbstverteidigungskurs verbringen. Mit dem Versprechen, dass der Bürger die im Gesetz festgeschriebene normative Erwartung zur Kalkulationsgrundlage seines Lebensentwurfs machen darf, verbindet sich die Verpflichtung des Staates, im Rahmen seiner Kräfte für die Kohärenz zwischen Norm und Wirklichkeit zu sorgen[955]. Daher sind die Träger der staatlichen Gewalt im Rahmen ihrer Dienstausübung als Garanten für die Rechtsgüter Dritter anzusehen[956].

Die Grenzen der Garantenpflichten bestimmen sich nach hiesiger Ansicht im Rahmen der oben dargestellten Grenzen[957] nach den einschlägigen Dienstvorschriften. Hier werden dem einzelnen Beamten regelmäßig erhöhte Gefahrtragungspflichten abverlangt. Die in der Literatur[958] häufig anzutreffende Forderung, im Rahmen der unechten Unterlassungsdelikte seien die Zumutbarkeitsgrenzen hinsichtlich der Amtsträger weiter zu fassen, ist nach hiesiger Ansicht, obwohl im Ergebnis zutreffend, präziser ohne ausdrückliche Bemühung des (Un-) Zumutbarkeitsbegriffs im Rahmen der Definition der rechtlichen Einstandspflichten zu lösen.

---

953 SK/Rudolphi, § 13, Rn. 54c.

954 Kühl, AT, § 18, Rn. 87 ff.

955 Siehe zum Ganzen: Pawlik, ZStW 111 (1999), S. 337. Dass die Amtsträger als Organe des Staates „nur" solange haften, wie sie in legitimer Weise als solche auftreten, ergibt sich dann von selbst.

956 Siehe BGHSt 38, S. 391 f.

957 Siehe Kap. F, I, 2.

958 So etwa Haft, AT, S. 182; Stree, FS Lenckner, S. 405.

b. Zur Garantenpflicht von (privaten) Trägern des staatlichen Elementarschutzes

Der Staat nimmt seine Aufgabe, den Elementarschutz der Bürger zu garantieren, nicht allein wahr[959]. Beispielsweise wird die medizinische Grundversorgung überwiegend durch private Ärzte wahrgenommen. Soweit z. B. Ärzte innerhalb dieser tätig werden, haften sie wie die Amtspersonen als Garanten der zweiten Gruppe[960].

Da die Gesundheitsfürsorge nur unter dem Risiko der Ansteckungsgefahr aufrechterhalten werden kann, müssen die im Rahmen der medizinischen Grundversorgung tätigen Ärzte das Ansteckungsrisiko hinnehmen[961]. Einer besonderen Thematisierung der (Un-) Zumutbarkeit bedarf es auch hier nicht.

6. Das Eltern-Kind-Verhältnis

Kinder sind bis zu einem bestimmten Entwicklungsstand aufgrund ihrer Hilflosigkeit von Natur aus auf die Sorge durch ihre Umwelt angewiesen. Die Gewährleistung eines Mindeststandards an Erziehung und materieller Zuwendung gehört daher unabhängig davon, ob man berechtigterweise eine natürliche oder sittliche Pflicht der Eltern annimmt[962], zu den Aufgaben des Rechts. Damit verbleibt nur die Frage, wie das Recht seine Aufgabe wahrnimmt. Eine Möglichkeit, die Versorgung und Erziehung der Kinder zu gewährleisten, besteht darin, jedes Kind in staatlichen Heimen großzuziehen. Unabhängig von der Frage, ob hierfür genügend Ressourcen vorhanden wären[963], erscheint dieser Weg mit dem hiesigen Strafrechtsverständnis inhaltlich nicht vereinbar. Die freiheitlich legitimierte Einflussnahme des Rechts beschränkt sich nämlich auf die Garantie der Ausübungsbedingungen von Freiheit. Darüber Hinausgehendes zählt zu den für das Recht nicht bedeutsamen Privatangelegenheiten. Das weite Feld der elterlichen Sorge, in dem nicht über den Mindeststandard der Zuwendung, sondern über die Bedingungen der konkreten geistigen und sittlichen Entwicklung des Kindes entschieden wird, gehört damit in den für das Recht unerreichbaren Frei-

---

[959] Vgl. Jakobs, AT, 29/72.

[960] Anderes gilt, wenn etwa eine Behandlung nicht medizinisch notwendig ist (etwa bei Schönheitsoperationen). Hier haftet der Arzt für eine fachgerechte Versorgung des Patienten allerdings aus Gefahrübernahme.

[961] S/S/Stree, § 13, Rn. 156.

[962] Roxin, AT/2, § 32, Rn. 39.

[963] So Pawlik, Das unerlaubte Verhalten beim Betrug, S. 137. Dieser praktische Aspekt ist nach hiesiger Ansicht jedoch eher von untergeordneter Natur, weil davon ausgegangen werden kann, dass genügend Heimplätze, sofern der Wille vorhanden ist, in einem überschaubaren Zeitraum geschaffen werden könnten.

heitsraum der Eltern[964]. Mit der Einweisung in Heime würde der Staat also – zu Lasten des Freiheitsraumes der Eltern – mehr erledigen als ihm zusteht. Daher übernimmt er die seinem Schutz unterstehende Mindestversorgung nicht selbst, sondern weist diese dem Verantwortungsbereich der Eltern zu[965]. Die Einstandspflicht der Eltern gegenüber den buchstäblich schutzbefohlenen Kindern ist so gesehen die Kehrseite ihres umfassenden, vom Staat zumindest partiell übertragenen Sorgerechts[966]. Weil nicht die sittliche oder natürliche Pflicht interessiert[967], sondern allein die Frage wer Adressat jener Überantwortung staatlicher Schutzpflichten ist, sind Geschwister (grundsätzlich) ebenso nicht einstandspflichtig[968] wie die Großeltern[969]. Die Einstandspflicht endet mit dem Ausscheiden der Kinder aus dem Schutzbereich der Eltern[970], denen gegenüber die Kinder keine Garantenpflicht trifft[971]. Auch die Grenzen der Einstandspflicht bemessen sich nach dem, wofür die Rechtsgemeinschaft einzustehen hat. Bildlich: Die Eltern haben in dem Maße für ihre Kinder einzustehen, wie dies der „Pfleger" im Heim müsste. Da die Pflichtenstellung aus der natürlichen Hilflosigkeit der Kinder resultiert, müssen auch nur entsprechende Gefahren abgewendet werden. Auch endet die Einstandspflicht, wenn die Sorgeberechtigten selbst in eine für sie (existenziell) hilflose Lage geraten. Die Preisgabe existenzieller Güter wird von den Eltern daher nicht gefordert[972]. Mit der Beschränkung der

---

[964] Im Ergebnis wie hier: Jakobs, AT, 29/59, der darauf hinweist, dass die optimale Zuwendung nicht bestimmbar ist. Ebenso: Pawlik, Das unerlaubte Verhalten beim Betrug, S. 197, Fn. 8.

[965] In diesem Sinne auch Grünewald, Zivilrechtlich begründete Garantenpflichten im Strafrecht?, S. 140; vgl. Seelmann, GA 1989, S. 255 f.

[966] MüKo/Freund, § 13, Rn. 164: Weil die Eltern eine Aufgabe übernehmen, die (auch) dem Staat obliegt, handelt es sich um eine institutionelle Pflicht (so auch Pawlik, Das unerlaubte Verhalten beim Betrug, S. 136).

[967] RGSt 66, S. 71; BGHSt 7, S. 271; Roxin, AT, § 32, Rn. 39; Wessels/Beulke, AT, Rn. 717.

[968] Jakobs, AT, 29/62; a. A. S/S/Stree, § 13, Rn. 18; LPK/Kindhäuser, § 13, Rn. 55.

[969] Ausdrücklich MüKo/Freund, § 13, Rn. 166: der meint: „Die natürliche Verbundenheit gibt keinen Legitimationsgrund ab". A. A. etwa Wessels/Beulke, AT, Rn. 729.

[970] MK/Freund, § 13, Rn. 165; Tröndle/Fischer, § 13, Rn. 6; Roxin, AT, § 32, Rn. 39; im Ergebnis auch Jakobs, AT, 29/62; Jescheck/Weigend, § 59, IV, 3, a; Köhler, AT, Rn. 217; a. A. Wessels/Beulke (AT, Rn. 718), nach denen die Garantenposition der Eltern auch gegenüber erwachsenen, prinzipiell selbstständigen Kindern zumindest in der Weise fortbesteht, dass „bei akuten Gefahren für Leben, Leib oder Freiheit weiterhin Schutz und Beistand" in strafrechtlich abgesicherter Weise geschuldet wird.

[971] Diese Haltung widerspricht der wohl herrschenden Auffassung, die zwischen Eltern und Kindern eine gegenseitige Beistandspflicht annimmt. So für alle: RGSt 69, S. 322; BGHSt 19, S. 167 ff.; Töndle/Fischer, § 13, Rn. 6; Geilen, FamRZ, 1964, S. 389; beschränkt auf erwachsene Kinder: LPK/Kindhäuser, § 13, Rn. 55; beschränkt auf Eltern, die in einem Abhängigkeitsverhältnis zu ihren Kindern stehen: SK/Rudolphi, § 13, Rn. 49.

[972] Jakobs, AT, 15/15; Pawlik, Der rechtfertigende Notstand, S. 282; Renzikowsi, Notstand und Notwehr, S. 266.

institutionellen „Elternpflichten“ ist nicht gesagt, dass weitergehende Einstandspflichten aus anderen Gründen, etwa aus „Gefahrenübernahme“, ausgeschlossen sind[973].

Die vorgenannte Haltung reduziert auch die sogenannten Einstandspflichten aus familiärer Verbundenheit auf einen Kernbestand, der die meisten in diesem Zusammenhang unter Zumutbarkeitsgesichtspunkten diskutierten Fallkonstellationen nicht umfasst. So muss etwa nicht erst mittels des „regulativen Prinzips der Zumutbarkeit“ die Hilfspflicht zwischen „verfeindeten Verwandten“ ausgeschlossen werden[974]. Auch der der Entscheidung BGH JR 1968, S. 6. f.[975] zugrunde liegende Sachverhalt ist nach hiesiger Ansicht ohne Rückgriff auf einen allgemeinen Entschuldigungsgrund der Unzumutbarkeit einer rechtlich zutreffenden Lösung zuführbar. Das fallrelevante Problem liegt nämlich entgegen der Vorgehensweise des BGH wohl eher darin, ob die Eltern überhaupt eine Erfolgsabwendungspflicht traf. Hierfür spricht, dass die Tochter sich sowohl zum Zeitpunkt der unterlassenen Rettungshandlung als auch zum Zeitpunkt des Selbsttötungsversuchs in einem Zustand befand, der eine freiverantwortliche Willensentscheidung ausschloss. Es ist jedoch zu bedenken, dass die Tochter in Kenntnis, dass sie wahrscheinlich in einen solchen Zustand geraten würde, zuvor im Zustande der Einwilligungsfähigkeit Anweisungen gegeben hatte, wie mit ihr im gegebenen Falle zu verfahren sei. Nach den Feststellungen des Tatgerichts hatten die Eltern erst im Hinblick auf diese Absprache die entsprechenden Rettungsversuche unterlassen.

7. Zur Pflichtenbegründung in der Ehe

Zu den umstrittensten Einstandsgründen gehört die Ehe. Die herrschende Meinung[976] ist sich darüber einig, dass Ehegatten einander grundsätzlich als Garanten zum Schutz verpflichtet sind. Streit besteht jedoch über Umfang und Voraussetzungen der Einstandspflicht. Die erste Überlegung besteht in der Frage: Ist die Ehe als rechtlich verfasste und abgesicherte Schicksalsgemeinschaft notwendig? Bis vor noch nicht allzu langer Zeit hätte man diese Frage spontan bejahen können. Die Ehe war bis dahin die einzig gesellschaftlich geachtete

[973] Vgl. MüKo/Freund, § 13, Rn. 166.
[974] So S/S/Stree, § 13, Rn. 21.
[975] Bei Dallinger, siehe hierzu Kap. B, III, 4. g.
[976] RGSt 64, 278; 71, 189; BGHSt 2, 153; BGH StV 1985, S. 229; BGH NJW 194, S. 1357; SK/Rudolphi, § 13, Rn. 50; S/S/Stree, § 13, Rn. 18; AK/Seelmann, § 13, Rn. 136; Lackner/Kühl, § 13, Rn. 8; Jakobs, AT, 29/63; Stratenwerth, AT, § 13, Rn. 39; Baumann/Weber/Mitsch, § 15, Rn. 52 ff.; Otto/Brammsen, Jura 1985, S. 539; Freund, Erfolgsdelikt und Unterlassen, S. 289; Kritisch: Pawlik, Das unerlaubte Verhalten beim Betrug, S. 196, Fn. 7; Timpe, Strafmilderungen des Allgemeinen Teils, S. 194.

Form des Zusammenlebens zwischen Mann und Frau[977]. Auch heute stellt die Ehe zwar die populärste und häufigste Form der partnerschaftlichen Lebensgemeinschaft dar, ihre Monopolstellung hat sie infolge geänderter gesellschaftlicher Vorstellungen eingebüßt[978]. Ob die Ehe dennoch als Institution unverzichtbar ist, ist umstritten, nach hiesiger Ansicht für die Lösung der anstehenden Problemstellung aber gleichfalls unwichtig. Hierzu müsste nämlich nachgewiesen werden, dass gerade die vermeintlich aus der Institution resultierenden Einstandspflichten zur Erhaltung der Institution unabdingbar sind. Mit anderen Worten: Wer die Ehe den Einstandspflichten der ersten Gruppe zuordnen möchte, darf sich nicht nur danach fragen, ob die Ehe eine gesellschaftlich notwendige Institution ist, sondern hat darzulegen, inwieweit eine strafrechtlich garantierte gegenseitige Einstandspflicht zur Erhaltung der Institution erforderlich ist. Dieser Beweis ist wohl noch nicht erbracht worden, und es ist von dieser Stelle aus auch nicht ersichtlich, wie er geführt werden könnte. Die Gesellschaft ist nach hiesiger Einschätzung nicht auf die gegenseitige Einstandspflicht angewiesen, wie sie möglicherweise einmal in Zeiten notwendig war, in denen die Familie die einzige soziale Absicherung darstellte. Weil die eheliche Beistandspflicht nach den bisherigen Ausführungen nicht allein aus § 1353 Abs. 1 BGB gefolgert werden kann[979], begründet die eheliche Gemeinschaft also keine institutionelle Beistandspflicht im Sinne der ersten Gruppe[980]. Aus der Ehe selbst resultiert nach hiesiger Ansicht damit keine Garantenpflicht[981]. Es bleibt nur die Verantwortlichkeit aus abwehrbereitschaftentziehendem Vorverhalten[982]. Weil die Garantenpflicht des Ehepartners nicht institutionell begründet ist, sondern nur einen Unterfall der Gefahrübernahme darstellt, steht nach hiesiger Ansicht fest, dass nach dem obigen Ergebnis, strafrechtlich gesehen, Ehen und eheähnliche Lebensgemeinschaften gleich zu behandeln sind[983]. Ebenso unerheblich ist die Frage, ob die Eheleute in ehelicher Gemeinschaft zusammenle-

---

[977] Dietlinde Albrecht, Begründung von Garantenstellungen in familiären und familienähnlichen Beziehungen, S. 62 m. w. N.

[978] Vgl. AK/GG-Richter, Art. 6, Rn. 11 a ff.

[979] BGHSt 2, S. 153; Tröndle/Fischer, § 13, Rn. 6; Lackner/Kühl, § 13, Rn. 8; Maurach/Gössel/Zipf, AT/2, § 46, Rn. 77; Geilen, FamRZ 1961, S. 147 f.

[980] A. A. LPK/Kindhäuser, § 13, Rn. 52, 56.

[981] Zwar hat der Gesetzgeber die Institution der Ehe mit einer vielschichtigen gegenseitigen Fürsorgepflicht ausgestattet. Zur Begründung einer strafrechtlich relevanten Einstandspflicht der Ehepartner bleibt im Ergebnis aber kein Raum, weil diese weder (im obigen Sinne) notwendig ist, noch ausdrücklich von Gesetzgeber vorgesehen worden ist.

[982] AK/Seelmann, § 13, Rn. 137; in diesem Sinne als Gefahrübernahme auch MüKo/Freund, § 13, Rn. 163.

[983] Mit anderer Begründung für eine Garantenstellung des Lebenspartners: SK/Rudolphi, § 13, Rn. 51; Maurach/Gössel, AT/2, 46/89; Jescheck/Weigend, § 59, IV, 3b; dagegen: Jakobs, AT, 29/66; S/S/Stree, § 13, Rn. 17; Timpe, Strafmilderungen, S. 191 ff.; Otto/Brammsen, Jura 1985, S. 540.

ben[984]. Auch bestehen grundsätzlich[985] keine Hinderungspflichten, weder im Hinblick auf Straftaten[986] noch auf Selbstschädigungen. Etwas anderes gilt wiederum nur, wenn eine Person, die zu Selbstschädigungen neigt, im Vertrauen auf die häusliche Pflege und Wachsamkeit des Partners einen Klinikaufenthalt verschmäht.

Da allein aus „ehelicher Gemeinschaft" nach hiesiger Ansicht keine Garantenpflicht erwächst, lässt sich in den entsprechenden, unter Zumutbarkeitsgesichtspunkten diskutierten Konstellationen bereits die Rechtspflicht verneinen.

Unter Berücksichtigung der vorstehenden Ausführungen hätte beispielsweise in dem Sachverhalt, der der Entscheidung BGH NStZ 1994, S. 29, zugrunde lag, die Garantenpflicht aus ehelichem Beistand abgelehnt werden müssen. Den Angeklagten hätte insoweit nur eine allgemeine Hilfeleistungspflicht im Sinne der quasi institutionellen Rechtspflichten getroffen, welche entsprechend begrenzt ist[987]. Auch der in OLG Karlsruhe MDR 1975, S. 771[988] zur Entscheidung anstehende Sachverhalt wäre nach hiesiger Ansicht ohne Zumutbarkeitserwägungen zutreffend lösbar gewesen. Weil die Ehefrau nach dem obigen Ergebnis im Einklang mit der herrschenden Meinung nicht zur Verhinderung der Straftaten ihres Mannes berufen war, fehlte es bereits an der Garantenpflicht gegenüber dem geschädigten Kreditinstitut.

---

[984] Dafür: Tröndle/Fischer, § 13, Rn. 6; SK/Rudolphi, § 13, Rn. 51; ohne Rücksicht auf das Bestehen einer tatsächlichen Lebensgemeinschaft: Jakobs, AT, 29/64; Welzel, Lb, 214; Geilen, FamRZ 1961, S. 148.

[985] Auch hier kommt wiederum nur eine Haftung aus Gefahrübernahme in Betracht.

[986] Anders noch: RGSt, 72, S. 19; BGHSt 6, S. 322; heute ganz herrschende Ansicht; siehe für alle: Lackner/Kühl, § 13, Rn. 14; Otto/Brammsen, Jura 1985, S. 540.

[987] Siehe hierzu Kap. F, I, 3.

[988] Die Darstellung der Entscheidung findet sich in Kap. B, III, 2.

G. Pflicht zur Anzeige Angehöriger zur Verhinderung von Straftaten bei bestehender Garantenstellung gegenüber dem Opfer

Im vorletzten Abschnitt soll die im Rahmen der sog. unechten Unterlassungsdelikte unter Zumutbarkeitsgesichtspunkten meistdiskutierte Problemstellung besprochen werden, die Fragestellung, ob die Garantenpflicht (als ultimo ratio) auch die Pflicht umfasst, nahe stehende Angehörige der Gefahr der Strafverfolgung auszusetzen. Diese Problemstellung wird gleichfalls nicht von allen Autoren unter dem Zumutbarkeitsbegriff abgehandelt. Ausgangspunkt der folgenden Zusammenfassung des Streitstandes soll die bereits vorgestellte Entscheidung des BGH (NStZ 1984, S. 73) sein, in der der BGH seine mit der herrschenden Auffassung übereinstimmende Haltung vergleichsweise ausführlich begründet. Der BGH behandelt die Frage nach den Grenzen der Zumutbarkeit der Anzeige Angehöriger in den Urteilsgründen in drei Argumentationsschritten. Auf einer ersten Stufe beschäftigt er sich mit der unmittelbaren Anwendung des § 139 Abs. 3 StGB, wobei die Anwendung dieser Norm bei Bestehen einer Garantenstellung deswegen abgelehnt wird, weil § 139 Abs. 3 StGB nur Konstellationen erfasse, in denen der Täter keine rechtliche Einstandspflicht zur Verhinderung des tatbestandlichen Erfolges treffe.

Auf der Grundlage der Feststellung, dass auf § 139 Abs. 3 StGB nicht zurückzugreifen sei, widmet sich der BGH sodann der Frage, ob das Interesse, Angehörige nicht der Strafverfolgung auszusetzen, überhaupt als rechtlich relevant einzuordnen sei[989]. Der Senat bejaht diese Frage dem Grundsatz nach, stellt jedoch ohne nähere Erörterung in einem dritten Schritt gleichfalls fest, dass das Interesse an der Vermeidung strafrechtlicher Selbst- oder Fremdbelastung Angehöriger in Relation zu den unter Garantenschutz stehenden Gütern gesetzt werden müsse. Im Ergebnis entscheidet nach der Rechtsprechung über die Frage, inwieweit die Erfolgsverhinderungspflicht auch die Pflicht einschließt, Angehörige der Strafverfolgung auszusetzen, also eine Güterabwägung[990]. Es fällt auf, dass der BGH sich weder zur Frage äußert, wie die rechtlich relevante Wertigkeit der „Schonung" des Angehörigen zu gewichten ist, noch weitere entsprechende Abwägungskriterien benennt[991]. Fasst man die Argumentation des BGH zusammen, lässt sich Folgendes feststellen: Die Anzeige wird zwar als eine zum Pflichtenbestand zählende Vermeidungsstrategie behandelt. Sie wird aber als „ultimo ratio" der Erfolgsabwendungspflicht anerkannt, deren Anwendung im Fall einer schwerwiegenden Rechtsgutverletzung einzufordern sein soll[992]. Die Entscheidung über die Pflicht zur Anzeige fällt so auf dem allge-

---

[989] BGH NStZ 1984, S. 164.

[990] BGH NStZ 1984, S. 164.

[991] Dieses Defizit wird später weiter thematisiert.

[992] So etwa: Roxin, AT/2, § 31, Rn. 223.

meinen Feld der Güterabwägung, wobei exakte Kriterien, welche über den Ausgang entscheiden könnten, nicht benannt werden.

Diese Rechtsprechung ist in der Literatur (gleichermaßen) auf Lob[993] wie Kritik[994] gestoßen. Zustimmung versagen naturgemäß die Stimmen, die eine Erweiterung der Unzumutbarkeit bei den unechten Unterlassungsdelikten ablehnen. Aber auch außerhalb dieser Meinungsgruppe stößt die Entscheidung auf Ablehnung. Dabei wird sowohl geltend gemacht, dass die nämliche Rechtsprechung des BGH die Interessen des potentiellen Opfers vernachlässige, als auch die umgekehrte Ansicht vertreten, dass die vom BGH vertretene Interessenabwägung dem rechtlich relevanten Interesse, den Angehörigen nicht belasten zu müssen, nicht ausreichend gerecht werde.

Diese zweite Auffassung wird namentlich von Otto und Brammsen vertreten[995]. Sie verweisen auf das nach § 52 StPO jedem Ehepartner von Anfang der Ermittlungen an zustehende „unbeschränkte" Recht zu schweigen. Angesichts dieses umfassenden Schweigerechts, über das vor jeder Vernehmung zu belehren sei, müsse die Pflicht zur Anzeige des Ehepartners als der gesetzlichen Wertung entgegenstehend (ab-) qualifiziert werden. Otto und Brammsen bezweifeln zudem den praktischen Nutzen des in Frage stehenden Gebotes, den Angehörigen zu belasten, weil dieses durch das sofortige Schweigerecht konterkariert werden könne. Man müsse einräumen, dass die rechtlich zulässige sofortige Berufung auf das Zeugnisverweigerungsrecht die Anzeigepflicht hintertreibe, so dass man direkt auf sie verzichten könne.

Diesem zweiten Argument ist zutreffendermaßen entgegengehalten worden, dass die Möglichkeit, im nachfolgenden Strafverfahren das Zeugnis zu verweigern, nicht automatisch zur Erfolglosigkeit des Verfahrens führen müsse, weil die Ehefrau in der Tat regelmäßig nicht das einzige Beweismittel ist[996]. Zudem wird, wohl ebenfalls zutreffend, darauf aufmerksam gemacht, dass die Anzeige bei der Polizei auch dann generell geeignet ist, zukünftige Straftaten zu verhindern, wenn die vergangenen Taten mangels einer verwertbaren Beweislage strafrechtlich nicht geahndet werden können[997].

Mit guten Erwägungen widersprochen wird letztlich auch der von Otto und Brammsen vorgetragenen Einschätzung, mit dem Zeugnisverweigerungsrecht bringe das Gesetz die grundsätzliche Wertung zum Ausdruck, dass das Interesse, sich der Überführung Angehöriger zu enthalten, höher einzustufen sei als das Interesse des Staates an dem umfassenden Schutz vor Straftaten. Otto und Brammsen wird zwar zugegeben, dass nach den §§ 52, 55 StPO, 138, 139, 258 StGB die Anzeige des Verwandten vom Gesetz grundsätzlich nicht verlangt

---

[993] SK/Rudolphi, § 47; Roxin, AT/2, § 32, Rn. 37; Ranft, JZ 1987, S. 908 f.
[994] Otto/Brammsen, Jura 1985, S. 541; Otto, Grundkurs Strafrecht, AT, § 9, Rn. 61.
[995] Otto/Brammsen, Jura 1985, S. 541.
[996] Ranft, JZ 1987, S. 909.
[997] Ranft, JZ 1987, S. 909.

werde[998]. Man weist jedoch darauf hin, dass die in §§ 138, 139 Abs. 3 StGB vorgesehene Privilegierung der Angehörigen im Rahmen der sogenannten echten Unterlassungsdelikte ausdrücklich nicht für die in § 139 Abs. 3 StGB genannten besonders schweren Katalogtaten gelte[999]. Daher sei jedenfalls eine durchgängige Entbindung des Angehörigen von seiner Einstandspflicht nicht begründbar.

Den von Otto und Brammsen geltend gemachten Einwendungen kann nach hiesiger Ansicht überdies entgegengehalten werden, dass sich die Schutzrichtung der prozessrechtlichen Normen, den §§ 52, 55 stopp, von der Erfolgsabwendungspflicht des Garanten fundamental unterscheidet. In dem einen Fall sollen die Grenzen der Mitwirkungspflicht an der Durchsetzung des Strafanspruchs des Staates bestimmt werden, in dem anderen Fall geht es um die Pflicht, einen bestimmten tatbestandlichen Erfolg zu verhindern. Die im Rahmen der Zumutbarkeit von Garantenpflichten zuweilen anzutreffende Überschrift „Anzeige von Straftaten Angehöriger" vermag insoweit zu irritieren. Die Garantenpflicht zielt eben nicht originär auf die Aufklärung vergangener Straftaten, sondern ausschließlich auf die Verhinderung zukünftiger Delikte. In diesem Sinne kann die Anzeigepflicht, anderes als Otto und Brammsen meinen, durch die §§ 52, 55 StPO auch nicht „hintertrieben" werden. Der Garant ist nämlich auch weiterhin nicht zur Mitwirkung an der Strafverfolgung verpflichtet, auch nicht zur Bereitstellung eines den Anfangsverdacht begründenden Hinweises. Er soll ausschließlich den drohenden tatbestandlichen Erfolg verhindern. Dieser Rechtspflicht wird der Garant zumindest in einigen Fällen nachkommen können, ohne dass der Angehörige der Gefahr der Strafverfolgung ausgesetzt wird. So hätte es in OLG Bremen NJW 1968, S. 72, zur Verhinderung weiterer Gefahren vermutlich ausgereicht, wenn der Ehemann der zuständigen Behörde unter Aussparung der strafrechtlich relevanten Vorgeschichte berichtet hätte, dass sich der Hund unerwartet zum aggressiven Tier gewandelt habe. Indes: Auch wenn nicht jede den Angehörigen betreffende Gefahrenabwehr eine strafrechtliche Belastung bedeutet, ist gleichfalls anzunehmen, dass in den wahrscheinlich häufigeren Fällen die Gefahrverhütung mit der Eröffnung eines strafrechtlichen Ermittlungsverfahrens einhergeht. So ist die vorstehende Erwägung letztlich nicht geeignet, die hiesige Skepsis gegenüber der herrschenden Auffassung zu stützen. Von entscheidender Bedeutung ist vielmehr, dass eine Abwägung zwischen den Interessen des Einstandspflichtigen und des Staates vorgenommen wird, ohne dass die jeweiligen Interessen zuvor eigens im Hinblick auf ihre rechtliche Relevanz bewertet worden wären. Hier muss jedoch eine Lösung ansetzen, die auf Interessenabwägung setzt. Entsprechend soll im Weiteren untersucht werden, ob und wenn inwieweit der rechtswidrig handelnde zurech-

---

[998] Roxin, AT/2, § 31, Rn. 226; Ranft, JZ 1987, S. 909.
[999] Ranft, JZ 1987, S. 909.

nungsfähige Täter über das allgemeine Interesse an Straffreiheit hinaus überhaupt ein rechtlich relevantes Interesse an der eigenen Straflosigkeit oder der naher Angehöriger geltend machen kann[1000]. Diese Frage soll im Kontext der allgemeineren Frage nach dem Grund der Straffreiheit von Fremd- und Selbstbegünstigung thematisiert werden.

[1000] Insoweit meint beispielsweise Rudolphi, (SK, vor § 13, Rn. 33) im Rahmen der von ihm vertretenen Lehre von der doppelten Schuldminderung: „Da der Täter die Strafverfolgung zu dulden verpflichtet ist, steht dem Unwert seiner Tat kein von ihm bewirkter Wert gegenüber.“

H. Unzumutbarkeit wegen Selbst- und Fremdbegünstigung

Obwohl der Gesetzgeber die Straffreiheit der Selbstbegünstigung als Tatbestandsausschluss konzipiert hat, sieht die herrschende Auffassung ihre Wurzeln im „Schuldbereich“[1001]. Auch die Selbst- und Fremdbegünstigung wird insoweit als Ausdruck des „Rechtsgedanken(s) der Nichtzumutbarkeit“ verstanden[1002]. Der größte Teil dieser Auffassung zieht Parallelen zum strafrechtlichen Notstand. Der Täter soll entschuldigt sein, weil er sich in einer „notstandsähnlichen Lage“[1003] befinde oder ein „natürliches Recht (...) auf Selbstverteidigung“[1004] habe. Beispielhaft hierfür stehen die Ausführungen Ulsenheimers, welcher meint, man könne „die Augen nicht vor der Tatsache verschließen, dass die Absicht sich der eigenen Strafverfolgung zu entziehen, ein ‚menschliches, allzu menschliches Motiv‘“ sei, dessen Berücksichtigung für ein humanes Strafrecht „geradezu geboten“ sei[1005]. In ähnlicher Richtung argumentiert das Bundesverfassungsgericht, das die Selbstbegünstigung als ein in Art. 1 GG gründendes Recht begreift. Das Menschenunwürdige, so das Bundesverfassungsgericht, läge in dem Zwang, „durch eigene Aussagen die Voraussetzungen für eine strafgerichtliche Verurteilung oder die Verhängung entsprechender Sanktionen liefern zu müssen“[1006]. Vertreten werden auch Begründungen, welche das Recht

---

1001 Seebode, JZ 1998, S. 782.

1002 Ausdrücklich: BGHSt 17, S. 236; vgl. Erdmann, Der Selbstbegünstigungsgedanke im Strafrecht, S. 13.

1003 S/S/Stree, § 258, Rn. 33; LK/Ruß, § 258, Rn. 30; Lackner/Kühl, § 258, Rn. 6; Lenckner, JuS 1962, S. 303; Fahrenholz, JuS 1987, S. 707; vgl. Ulsenheimer, GA 1972, S. 102.

1004 RGSt, 63, S. 236; Seebode, JZ 1998, S. 782.

1005 Ulsenheimer, GA 1972, S. 102, selbst hält den Vergleich mit § 35 StGB allerdings insofern für verfehlt, als es im Rahmen des § 258 StGB nicht auf Ausschlusstatbestände des § 35 Abs. 1 S. 2 StGB ankommt.

1006 In diesem Sinne formuliert das Bundesverfassungsgericht (BGH-Nack, BVerfG, Beschl. vom 16.11.1998 - 2 BvR 510/96, 2. Kammer des 2. Senats): „Die Auferlegung einer Auskunftspflicht, durch die die Auskunftsperson in die Konfliktsituation geraten kann, sich entweder selbst einer strafbaren Handlung zu bezichtigen oder durch eine Falschaussage gegebenenfalls ein neues Delikt zu begehen oder aber wegen ihres Schweigens Zwangsmitteln ausgesetzt zu werden, ist als Eingriff in die Handlungsfreiheit sowie als Beeinträchtigung des Persönlichkeitsrechts im Sinne des Art. 2 Abs. 1 GG zu beurteilen. Ein Zwang zur Selbstbezichtigung berührt zugleich die Würde des Menschen, dessen Aussage als Mittel gegen ihn selbst verwendet wird (vgl. BVerfGE 56, 37 <41 f.>). Unzumutbar und mit der Würde des Menschen unvereinbar ist ein Zwang, durch eigene Aussagen die Voraussetzungen für eine strafrechtliche Verurteilung oder die Verhängung entsprechender Sanktionen liefern zu müssen (vgl. BVerfG a. a. O., S. 49). Das Auskunftsverweigerungsrecht des § 55 Abs. 1 StPO ist Ausfluss dieses allgemein für den Beschuldigten in §§ 136, 163a, 243 StPO und entsprechenden Vorschriften als selbstverständlich vorausgesetzten rechtsstaatlichen Grundsatzes, dass niemand gezwungen werden kann, gegen sich selbst auszusagen (vgl. BVerfGE 38, 105 <113>).“ Diese Auffassung wird in der Literatur etwa geteilt von: SKauf Selbstbegünstigung aus dem Persönlichkeitsrecht des von der Informationspflicht Betroffenen zu erklären versuchen[1007] oder es als ein Justizgrundrecht auffassen, welches sich als Ausfluss des Rechtsstaatsprinzips verstehen lasse[1008]. Einen generalpräventiven Ansatz hat Seel ausgearbeitet. Er meint, es sei „vom geschützten Rechtsgut aus gesehen zwecklos, die strafvereitelnde Selbstbegünstigung sanktionieren zu wollen, da hierdurch die tatsächlichen Erfolgsaussichten, unbestraft zu bleiben, nicht geschmälert“ würden“[1009]. Deswegen begehe der strafvereitelnde Selbstbegünstiger kein Unrecht; sein Handeln sei „im Rahmen des § 258 StGB irrelevant.“[1010] Die Selbstbegünstigung wird zuweilen auch auf Art. 6 Ziff. 2 EMRK gestützt, wonach bis zum gesetzlichen Nachweis der Schuld die Unschuld des Angeklagten zu vermuten ist. Mit diesem „fundamentalen Rechtsgrundsatz“ soll die generelle Bestrafung der Selbstbegünstigung „in einem nicht zu lösenden Widerspruch“ stehen[1011]. Diese Vorschläge sind allesamt wenig überzeugend. Im Wesentlichen kann auf die vorherigen Ausführungen verwiesen werden. Der Rückgriff auf ein (buchstäblich) „natürliches Recht“ zur Selbstverteidigung muss zurückgewiesen werden. Man baut hier letztlich auf naturrechtliche Prämissen, die man nicht zu begründen vermag[1012].

Die Argumentation Seels, welche auf den mangelnden Erfolg abstellt, ist wenig zwingend, weil sie den Beweis schuldig bleibt, dass eine Strafandrohung nicht – zumindest nicht in wenigen Fällen – dazu motiviert, mit den Strafverfolgungsbehörden zu kooperieren. Letztendlich bleibt wiederum der Verweis auf eine notstandsähnliche Lage, welche nach dem bekannten Muster mit schuldpsychologischen Argumenten begründet wird. Die normative Relevanz der „psychische(n) Zwangslage“[1013] muss nicht nochmals ausführlich

---

StPO/Rogall, vor § 13, Rn. 138; Dietrich, § 142 und das Verbot zwangsweiser Selbstbelastung, S. 65.

[1007] Schneider, Grund und Grenzen des strafrechtlichen Selbstbegünstigungsprinzips, S. 47 ff.

[1008] So Paeffgen, Vorüberlegungen, S. 71, der seine Auffassung damit begründet, dass das Rechtsstaatsprinzip im Vergleich mit dem Persönlichkeitsschutz die sachnähere Norm darstelle und daher einer Herleitung des Verbots zwangsweiser Selbstinkriminierung aus Art. 2 Abs. 1 i.Vm. 1 Abs. 1 GG entgegenstehe. Vgl. Dietrich, § 142 und das Verbot zwangsweiser Selbstbelastung, S. 39.

[1009] Seel, Selbstbegünstigung, S. 39; in diesem Sinne bereits BGHSt 17, S. 237.

[1010] Seel, Selbstbegünstigung, S. 39

[1011] Würde, so wird geltend gemacht, der Straftäter auch wegen des Ableugnens der Tat bestraft, wäre die Unschuldsvermutung eines wesentlichen Bestandteiles beraubt: Der Angeklagte (bzw. der Beschuldigte) könnte ausnahmslos nur unter Strafandrohung versuchen, die Unschuldsvermutung zu seinen Gunsten aufrechtzuerhalten (Hauswirth, Die Selbstbegünstigung im schweizerischen Strafrecht, S. 31).

[1012] Auch möchte man den Rückgriff auf ein natürliches Recht nicht für übrige Rechtsfragen entfalten.

[1013] S/S/Stree, § 258, Rn. 35; Tröndle/Fischer, § 258, Rn. 13; Lackner/Kühl, § 258, Rn. 13; LK/Ruß, § 258, Rn. 33.

besprochen werden[1014]. Dass verfassungsrechtlich zugesichert sei, dass die Menschenwürde dem Zwang zur Selbstbelastung entgegenstehe, ist nach hiesiger Ansicht zumindest höchst fraglich[1015]. Es spricht sogar viel dafür, dass sich mit dem Würdeprinzip genau das Gegenteil verbindet, nämlich die Pflicht des Täters der eigenen Überführung und Bestrafung nicht entgegenzuwirken. Das Prinzip der Menschenwürde ist es schließlich, das dem Recht aufgibt, Zwangsmaßnahmen nur unter Beifügung einer überzeugenden Begründung auszuführen[1016]. Daher muss die Institution Strafe, will sie dem Prinzip der Menschenwürde gerecht werden, gerade für den von der Sanktion Betroffenen, trotz der für ihn negativen Folgen, als eine positive Einrichtung verstehbar sein. Aus dieser Prämisse folgt, dass der Versuch, den Delinquenten auf die Mitwirkung an seiner Überführung zu verpflichten, nicht ohne weiteres misslingen kann[1017]. Die Einschätzung, den Täter treffe eine Pflicht zur Mitwirkung an seiner Überführung, widerspricht freilich der ganz herrschenden Ansicht[1018]. Indes ist der Gedanke, dass der Täter sein Fehlverhalten einzugestehen und dessen Folgen zu tragen hat, weder dem Gesetz noch der Praxis fremd. Er findet insbesondere über § 46 Abs. 2 StGB Anwendung. Zwar wird, solange kein neues Unrecht geschaffen wird[1019], selbst bei „kaltblütiger" Spurenbeseitigung eine Strafverschärfung abgelehnt[1020]. Unbestritten stellt jedoch jeder willentliche Beitrag zur eigenen Überführung im Rahmen der Strafzumessung einen Milderungsgrund dar[1021]. Dogmatisch wird die geständige Einlassung des Angeklagten oder Beschuldigten, unabhängig von dem jeweils vertretenen Strafzweck und Schuldbegriff, überwiegend als eine teilweise Verarbeitung der

---

[1014] Siehe hierzu Kap. E.

[1015] Stalinski, Aussagefreiheit und Geständnisbonus, S. 23; vgl. zum Ganzen: Pawlik, GA 1998, S. 378.

[1016] Siehe Kap. C, I, II.

[1017] Nochmals: Wenn der Grund der Strafe darin zu sehen ist, dass der Täter durch seine Tat das „Koherenzgefüge" Recht irritiert hat, auf dessen Fortbestand er argumentativ verpflichtet werden kann, kann ihm, soweit die Strafe als notwendige Heilungsmaßnahme ausgewiesen werden kann, kaum das Recht eingeräumt werden, sich der eigenen Inanspruchnahme zu entziehen. Zur Klarstellung ist ausdrücklich zu erwähnen, dass es nicht darum geht, die Belastung des Adressaten zu leugnen. Das Ziel besteht vielmehr darin aufzuzeigen, dass die Kosten der Inanspruchnahme aufs Ganze gesehen positiv überformt werden können.

[1018] Siehe hierzu die ausführliche Darstellung von Stalinski, Aussagefreiheit und Geständnisbonus, 73 ff.

[1019] Siehe hierzu die Ausführungen am Ende des Abschnitts.

[1020] BGH StV 1990, S. 260.

[1021] LPK/Kindhäuser, § 46, Rn. 41; vgl. auch die ausführliche Darstellung von Torka, Nachtatverhalten und nemo tenetur. Es soll hier nicht näher über die Differenz zwischen ausbleibender Milderung und Strafverschärfung diskutiert werden. Für den hiesigen Kontext reicht die Feststellung, dass der willentlich an seiner Überführung mitwirkende Täter in der Regel eine geringere Strafe zu erwarten hat als der Täter, der sich auf sein (unbestrittenes) Recht zum Schweigen beruft.

verwirklichten Schuld verstanden[1022]. Das Geständnis steht, wie Streng zusammen gefasst hat, für „glaubwürdige Reue und Schuldeinsicht", für eine „nachträglich reduzierte Auflehnung gegen die Rechtsordnung", sowie für „die Erwartung einer eher geringeren Rückfallwahrscheinlichkeit"[1023]. Die Bedeutung des Geständnisses für die richterliche Praxis kann kaum überschätzt werden. Es soll in diesem Zusammenhang nicht unerwähnt bleiben, dass sich der Druck auf den Angeklagten, zu seiner Überführung mittels eines Geständnisses beizutragen, durch die im Zunehmen begriffene Praxis, das Prozessergebnis durch einen „Deal" herbeizuführen, in einem beachtenswerten Umfang erhöht hat. Nicht selten wird dem Angeklagten seitens des Gerichts ein Angebot gemacht, das der Angeklagte ganz unabhängig von der Frage seiner Schuld kaum ablehnen kann. Dies ist beispielsweise der Fall, wenn für den Fall eines Geständnisses eine milde Sanktion (zum Teil sogar die Einstellung nach § 153 a StPO) offeriert und für den Fall des Weigerns gleichzeitig Untersuchungshaft angedroht wird. Dass ein Geständnis in vergleichbaren Situationen von Reue und Schuldeinsicht getragen ist, dürfte fernliegend sein. Der BGH[1024] ist in diesem Punkt jedoch recht großzügig und verneint einen relevanten Geständnisdruck selbst dann, wenn dem Beschuldigten konkrete Nachteile, wie Untersuchungshaft, vor Augen geführt werden. Zwar hält die Rechtsprechung nach wie vor an dem Erfordernis fest, dass nur ein von Reue und Schuldeinsicht getragenes Geständnis geeignet sei, strafmildernd zu wirken. In den letzten Jahren, insbesondere seit der Grundsatzentscheidung des vierten Senats[1025] zur Zulässigkeit strafprozessualer Absprachen, wird die Bedeutung dieses Gesichtspunktes jedoch zunehmend reduziert. Schuldeinsicht und Reue, so der BGH, seien subjektive, objektiv nur schwer messbare Empfindungen; da auch im Bereich der Strafzumessung der Zweifelsgrundsatz gelte, müsse auch bei einem abgesprochenen Geständnis davon ausgegangen werden, dass es nicht nur auf prozesstaktischen Erwägungen, sondern auch auf Schuldeinsicht und Reue beruhe. Daraus schließt Stalinski[1026] zutreffend: „Hierdurch ist das Erfordernis [von Schuldeinsicht und Reue][1027] zwar formal beibehalten, in der Sache aber aufgegeben worden. Da bei keinem Geständnis ausgeschlossen werden kann, dass der Angeklagte – jedenfalls auch – seine Schuld einsieht und die Begehung

---

[1022] Dem geständigen Täter soll deswegen entgegengekommen werden, weil er seinerseits der Gesellschaft entgegenkommt (Streng, Strafrechtliche Sanktionen, Rn. 472).

[1023] Streng, Strafrechtliche Sanktionen, Rn. 456; siehe zum Ganzen die ausführliche Darstellung von Stalinski, Aussagefreiheit und Geständnisbonus.

[1024] MDR 1953, S. 723 (bei Dallinger). Ein Geständnis, das abgelegt wurde, nachdem dem Beschuldigten mit der Untersuchungshaft gedroht worden war, dürfe verwertet werden, weil die Untersuchungshaft keine grundsätzlich unzulässige Maßnahme im Sinne des § 136a StPO sei.

[1025] BGHSt 43, S. 195 .

[1026] Aussagefreiheit und Geständnisbonus, S. 136.

[1027] Einf. d. d. Verf.

der Tat bereut (warum auch immer), wirkt faktisch bereits die Tatsache des Geständnisses strafmildernd." Umgekehrt führt das Schweigen des Angeklagten faktisch stets zu einer höher bemessenen Sanktion[1028]. Auf diese bedenkliche Entwicklung soll nicht weiter eingegangen werden. Es galt im Hinblick auf den hiesigen Untersuchungsgegenstand nur aufzuzeigen, dass das Recht, sich nicht selbst zu belasten, nach einhelliger Ansicht und ständiger Praxis offensichtlich nicht verhindern soll, dass das Schweigen, per Saldo, zu einem höheren Strafmaß führt[1029]. Daraus folgt für die hiesige Argumentation freilich nichts Zwingendes. Die herrschende Praxis vermag jedoch zumindest die anscheinende Isolation des hier eingenommenen Standpunktes ein Stück weit zu relativieren[1030].

Damit soll zu der Ausgangsfrage zurückgekehrt werden, ob dem Interesse des Täters an der eigenen Straffreiheit, bzw. dem Interesse des Normadressaten an der Straffreiheit des Angehörigen normative Relevanz zukommt. Die Antwort hängt davon ab, inwieweit dem Täter die ihn treffende Strafe als zustimmungswürdige Maßnahme nahegebracht werden kann. Nun ist zunächst einmal naheliegend, dass der Täter die Strafe als Zufügung eines Übels begreift und dieselbe daher zu verhindern sucht. Es gilt indes nicht den Belastungscharakter der Sanktion zu leugnen. Entscheidend ist vielmehr die Frage, ob dem Täter die ihn treffende Belastung als eine notwendige Maßnahme erklärt werden kann, die er vernünftigerweise annehmen muss[1031]. Wie eine solche Begründung geführt werden kann, lässt sich an dieser Stelle kaum darstellen[1032]. Es mag nur auf den Allgemeinplatz hingewiesen werden, dass ohne die Sanktionierung tatbestandlicher Verhaltenweisen die entsprechenden Normen in der gesellschaftlichen

---

1028 Hamm, (NJW Editorial Heft 41/2004) meint mit Blick auf die herrschende Rechtsprechung zum Prozessdeal gar: „Wer die Praxis kennt, weiß, dass es in solchen Fällen nicht etwa um das Geständnis als Schuldverarbeitung geht, sondern um die Kooperation mit dem Gericht und die Unterwerfung unter einen Deal, der u. a. den Zweck hat, die revisionsgerichtliche Kontrolle von Strafurteilen zu vermeiden."

1029 Die vorstehenden Ausführungen berühren den Stellenwert des „nemo tenetur" Grundsatzes freilich nur, wenn man, mit der herrschenden Meinung, davon ausgeht, dass der „nemo tenetur" Grundsatz einem „natürlichen" oder sonstigen Recht des Angeklagten geschuldet ist. Nach hiesiger Ansicht spricht hingegen viel dafür, dass die eigentliche Bedeutung des „nemo tenetur" Grundsatzes in der Sorge gründet, dass das Schweigen des Angeklagten in tatsächlicher Hinsicht nicht den Rückschluss auf seine Schuld zulässt. Ansonsten kurz: Es erscheint eher wahrscheinlich, dass das Beweisverwertungsverbot aus dem Umstand resultiert, dass die Aussagepsychologie gezeigt hat, dass dem Totalschweigen kein Beweiswert zukommt.

1030 Solange man seitens großer Teile der herrschenden Ansicht offensichtlich nicht bereit ist, aus dem für zutreffend befundenen Verbot zwangsweiser Selbstbelastung die entsprechenden Konsequenzen zu ziehen, muss die Ernsthaftigkeit des Arguments ein Stück weit in Frage gestellt werden. Denn ein Recht, dessen Ausübung – wie auch immer – an Negative geknüpft ist, ist aus der Perspektive des Inhabers von zweifelhafter Qualität. Vgl. Kirsch, Freiheit und Selbstbegünstigung?, S. 236.

1031 Pawlik, Das unerlaubte Verhalten beim Betrug, S. 61 ff.

1032 Pawlik, Das unerlaubte Verhalten beim Betrug, S. 57 ff.

Wirklichkeit ihre Verbindlichkeit wohl alsbald verlieren würden[1033]. Daher kann gegenüber dem Täter, wenn er ein Interesse an der Norm hat[1034], grundsätzlich auch ein Interesse an Strafe begründet werden. Umgekehrt formuliert: Wenn man das Strafinteresse[1035], bzw. Erhaltungsinteresse bezüglich der Institution der Strafverfolgung dem Interesse des Täters an der eigenen Straffreiheit unterordnet, lässt sich Strafe überhaupt nicht mehr begründen[1036]. Dies bedeutet indes nicht, dass ein Verbot der Selbstbelastung, bzw. der Belastung Angehöriger unzulässig ist. Wie unter Kap. F ausgeführt, sind die meisten Institutionen durch einzelne Ereignisse in ihrem Bestand nicht zu gefährden, so dass die eine gesellschaftliche Verständigung über die Berücksichtigung bestimmter situativer Härten nicht problematisch erscheint[1037]. Wenn die Gesellschaft die Mitwirkung an der eigenen Strafverfolgung oder an der Angehöriger als eine heraushebenswerte Härte ansieht, so stehen einer entsprechenden Entbindung keine Bedenken entgegen, weil hierdurch die Institution der Strafverfolgung nicht gefährdet ist[1038]. Die Entlastung ist daher, wie Wessels/Hettinger[1039] zutreffend formulieren, „erträglich". Die vorstehenden Ausführungen gelten im Grundsatz auch für die Fremdbegünstigung. Auch hier wird der Angehörige gemäß der gesellschaftlichen Übereinkunft aus dem „Widerstreit zwischen Familienrolle und Denunziantenrolle"[1040] nur entlassen, weil die Institution aufs Ganze gesehen auf die Mithilfe Angehöriger bei der Strafverfolgung nicht angewiesen ist[1041].

Aus den bisherigen Ausführungen erschließt sich bereits, wie nach hiesiger Ansicht solche Straftaten einzuordnen sind, die begangen werden, um die Gefahr einer Strafverfolgung zu verringern oder auszuschließen. Die zum Teil vertretene Auffassung, bei gewichtigen Vortaten sei der Täter unter dem Aspekt der Selbstbegünstigung zu entschuldigen[1042], ist in Übereinstimmung mit der

---

1033 Kelsen, RR, S. 26 ff.

1034 Dieses Interesse wird freilich unterstellt; vgl. Kap. C, II.

1035 Die ungehinderte Strafrechtspflege wird von der herrschenden Meinung in zutreffender Weise als Normzweck des § 258 StGB angesehen. Für alle: BGHSt 30, S. 78; Lackner/Kühl, § 258, Rn. 1.

1036 Vgl BayObLG NJW 1978, S. 2564.

1037 Dass insofern eine andere Situation vorliegt als bei der Beeinträchtigung von Individualrechtsgütern, wurde in Kap. F weiter ausgeführt.

1038 So gesehen ist im hiesigen Zusammenhang die Schwierigkeit der normgemäßen Motivation zwar nicht der Legitimationsgrund der Straffreiheit, sondern gewissermaßen nur der Anlass.

1039 BT/1, Rn. 123.

1040 Diese Umschreibung des Konflikts stammt von Geilen, FamRZ 1964, S. 389.

1041 Siehe Kap. F, I, 2.

1042 So etwa: Welzel, JZ 1958, S. 495; Geilen, FamRZ 1964, S. 386 ff.; im Ergebnis auch: Kühne, Beweisverbote, S. 53 ff.; vgl. BGHSt 11, S. 460.

herrschenden Auffassung zurückzuweisen[1043]. Die hiesige Begründung dafür, dass die vorstehend angeführte Legitimation der Selbst- und Fremdbegünstigung nicht die weitere Verletzung von Individualrechtsgütern umfasst, erschöpft sich im Hinblick auf die obigen Ausführungen in Wiederholungen.

1. Das Recht auf Selbstbegünstigung wird allein getragen von dem – partiellen – Verzicht des Staates auf Durchsetzung seines Strafanspruches.

2. Es ist keine zustimmungswürdige Begründung dafür ersichtlich, dem Eingriffsopfer den umfassenden Rechtsschutz seiner Güter zu versagen, um dem Täter die Strafe zu ersparen.

Im Gegenteil! Der Verdeckungstäter vertieft den durch seine Ersttat verursachten Riss zwischen sich und der Allgemeinheit, anstatt zu seiner Ausbesserung beizutragen. Dass diese Wertung grundsätzlich vom Gesetz geteilt wird, zeigt sich etwa durch die in § 211 StGB angeordnete Strafverschärfung einer Tötung mit Verdeckungsabsicht. Es bleibt noch zu erwähnen, dass das Selbstbegünstigungsinteresse nicht nur hinsichtlich der Individualrechtsgüter hinter dem Erhaltungsinteresse zurückbleibt. Auch die Verletzung weiterer Kollektivgüter muss von der Rechtsordnung nicht hingenommen werden. Dies würde nicht nur die Gefahr bergen, dass mit einer Art Dominoeffekt die Lage weiter destabilisiert würde, weil es zu einer prinzipiell endlosen Verknüpfung von Unrecht mit weiterem Unrecht käme. Auch axiologisch würde eine solche Entlastung des Täters nicht überzeugen. Dieser kann nicht ein „natürliches" oder sonstiges Recht auf Selbst- oder Fremdbegünstigung geltend machen, um sich nicht belasten zu müssen, sondern muss die weitgehende Freistellung von der Mitwir-

---

[1043] BGHSt 17, S. 237; BGHSt 15, S. 54; BGHSt 5, S. 81; BGHSt 2, S. 378; BayObLG NJW 1978, S. 2564; OLG VRS 7, S. 194; OLG Hamm, JMBlNRW 1964, S. 164; S/S/Stree, § 258, Rn. 34; SK/Rudolphi, vor § 13, Rn. 33; Torka, Nachverhalten und Nemo tenetur S. 153 f.; Fahrenholz, JuS 1987, S. 708.
Der BGH (BGH-Nack, Beschl. vom 18.07.2001 - 3 StR 234/01) führt insoweit sinngemäß aus:
Zwar darf dem Täter nicht angelastet werden, dass er versucht, sich der Strafverfolgung zu entziehen (vgl. BGHR StGB § 46 II Nachtatverhalten 13, 17; BGH bei Detter NStZ 2000, 579). Anders verhält es sich indessen, wenn der Täter dadurch neues Unrecht schafft oder er mit seinem Verhalten weitere Ziele verfolgt, die ein ungünstiges Licht auf ihn werfen (BGH NStZ-RR 1997, 99, 100 m.w.N.). Dadurch, dass der Angeklagte dem erkennbar schwer kopfverletzten Kleinkind zwei Wochen lang bis zu dessen Tod jede ärztliche Hilfe und Schmerzlinderung verweigert hat, hat er neues Unrecht – der Sache nach Misshandlung einer Schutzbefohlenen in Form des böswilligen Vernachlässigens, jedenfalls aber eine weitere Körperverletzung durch Unterlassen – verwirklicht. Ein solches Verhalten würde, läge ein vorsätzliches Tötungsdelikt vor, die Prüfung eines Verdeckungsmordes nahelegen. BGHSt 17, S. 237; BGHSt 15, S. 54; BGHSt 5, S. 81; BGHSt 2, S. 378; BayObLG NJW 1978, S. 2564; OLG VRS 7, S. 194; OLG Hamm, JMBlNRW 1964, S. 164; S/S/Stree, § 258, Rn. 34; SK/Rudolphi, vor § 13, Rn. 33; Torka, Nachverhalten und Nemo tenetur S. 153 f.; Fahrenholz, JuS 1987, S. 708.

kung an seiner Überführung als „Entgegenkommen“ der Rechtsordnung verstehen. Ein solches Entgegenkommen darf nicht als „Einladung“ zur Begehung weiterer Straftaten missverstanden werden.

Es gibt nach hiesiger Ansicht also keinen Grund, weitere Normbrüche zu tolerieren. Wer der vorstehenden Argumentation nicht folgen mag, muss dennoch fragen, ob es – in welchem Umfang auch immer – gerechtfertigt sein kann, dass der Täter weitere Rechtsgüter beschädigt oder zerstört. Das Bundesverfassungsgericht selbst hat im sogenannten Gemeinschuldnerbeschluss einen anderen Weg aufgezeigt, wie das Interesse an der Erfüllung drittschützender Pflichten und dem „nemo tenetur“ Grundsatz in Einklang zu bringen ist, ohne dass weitere Pflichten verletzt werden müssen[1044]. Ausgangspunkt der Lösung des Bundesverfassungsgerichts ist die Auffassung, dass „nicht die Informationspflicht als solche den neuralgischen Punkt des nemo-tenetur Prinzips“ ausmacht, „sondern die Verwertung der erlangten Informationen im Rahmen der gegen den Auskunftspflichtigen gerichteten Strafverfolgung.“[1045] Entsprechend soll nach dem Bundesverfassungsgericht das „nemo tenetur Prinzip“ sicherstellen, dass nicht „durch eigene Aussagen die Voraussetzungen für eine strafgerichtliche Verurteilung oder die Verhängung entsprechender Sanktionen geliefert werden müssen“[1046], denn erst in der Verwertung sei ein Verstoß gegen die Menschenwürde des Betroffenen zu erblicken. Folgerichtig hat das Bundesverfassungsgericht die §75, 101 KO zwar als verfassungsgemäß bestätigt, jedoch ein strafrechtliches Verwertungsverbot hinsichtlich der so erlangten Informationen angeordnet[1047].

[1044] Vgl. Dietrich, § 142 StGB und das Verbot zwangsweiser Selbstbelastung, S. 66.
[1045] Dietrich, § 142 StGB und das Verbot zwangsweiser Selbstbelastung, S. 66.
[1046] BVerfGE 56, S. 44; ausdrücklich zustimmend: Dietrich, § 142 und das Verbot zwangsweiser Selbstbelastung, S. 65.
[1047] BVerfG NJW 1989, S. 1433.

Ob dieser Ansatz in der Lage ist, den von der herrschenden Meinung ausgemachten Konflikt zwischen den Interessen der Rechtsgemeinschaft und denen des Einstandspflichtigen zu entschärfen, muss hier aufgrund der eingenommenen Position nicht entschieden werden. Es mag jedoch darauf hingewiesen werden, dass mit der Vorgehensweise des Bundesverfassungsgerichts, will man sie über die Insolvenzstraftaten ausweiten, Konsequenzen einhergehen, die nicht zu unterschätzen sind[1048].

[1048] Immerhin gibt man dem Täter, zumindest ein Stück weit, die Möglichkeit, bestimmte Informationen zu sperren. Damit wird dem findigen Täter über das Recht, sich der Mitwirkung an der Strafverfolgung zu verweigern, hinaus faktisch die Möglichkeit eingeräumt, die eigene Verfolgung unmöglich zu machen. Dass sich, im Rahmen der Insolvenzstraftaten, auf der Basis dieser Rechtsprechung die anwaltliche Beratung des Mandanten grundlegend geändert hat, liegt auf der Hand. Galt es früher regelmäßig, möglichst wenig Informationen preiszugeben, ist der Mandant im Hinblick auf das Verwertungsverbot nunmehr gut beraten, ausführliche Informationen bereitzustellen. Die Gefahr, dass der Beschuldigte durch eine umfassende Einlassung die Verhinderung der eigenen strafrechtlichen Verfolgung quasi selbst herbeiführen kann, wird im Rahmen der Steuer- oder Insolvenzstraftaten noch dadurch eingegrenzt, dass man das Verwertungsverbot auf solche Informationen beschränkt, die der Beschuldigte nicht aufgrund handels- oder steuerrechtlicher Vorschriften bereithalten muss.

I. Zusammenfassung

1. Anderes als bei den vorsätzlichen Begehungsdelikten soll im Rahmen der unechten Unterlassungsdelikte gemäß der Rechtsprechung und herrschenden Literatur ein selbstständiger Strafvorbehalt der (Un-) Zumutbarkeit existieren, dessen strafrechtssystematische Einordnung und Konkretisierung jedoch streitig ist.

2. Dass eine Verhaltensanforderung zumutbar ist, bedeutet semantisch nur, dass dieselbe auch eingedenk der Belastungssituation des Betroffenen aufrechterhalten werden soll.

3. Ein gehaltvolles Rechtsprinzip der (Un-) Zumutbarkeit, welches als gemeinsamer Bezugspunkt der verschiedenen Zumutbarkeitsauffassungen ausgemacht werden kann und zugleich inhaltlich gehaltvoll genug ist, um gewisse bei den unechten Unterlassungsdelikten vertretene Verständnisweisen als zutreffend auszuweisen, ist nicht sichtbar zu machen.

4. Es ist davon auszugehen, dass die verschiedenen im Rahmen der unechten Unterlassungsdelikte vertreten (Un-) Zumutbarkeitsvorstellungen auf verschiedene, nebeneinander stehende, strafrechts-dogmatische Problemstellungen Bezug nehmen, etwa auf die Frage nach den Grenzen der Rechtfertigung oder auf die Frage nach den Grenzen der Entschuldigung.

5. Die Grundannahme der herrschenden Meinung, dass der Unterlassungstäter gegenüber dem Begehungstäter zu privilegieren ist, ist unzutreffend.

6. Die Grenzen der Strafbarkeit sind damit weder von der Begehungsform „Tun“ oder „Unterlassen“ abhängig noch von einem eigenständigen Zumutbarkeitsvorbehalt.

7. Ein allgemeiner Entschuldigungsgrund der Unzumutbarkeit ist nicht darstellbar.

8. Der nach der herrschenden Meinung, auf dem Gedanken der Unzumutbarkeit basierende entschuldigende Notstand ist kein zwingendes Rechtsinstitut, sondern gründet allein in der gesellschaftlichen Übereinkunft, dass dem Täter in bestimmten Situationen sein Verhalten „nachgesehen“ wird.

9. Eine Ausweitung des entschuldigenden Notstandes über das in § 35 StGB vorgesehene Maß ist abzulehnen.

10. Die rechtlichen Einstandspflichten sind so zu bestimmen, dass der Verpflichtete deren Legitimität nach den semantischen Vor-Festlegungen der betreffenden Gesellschaft vernünftigerweise nicht zurückweisen kann.

11. Die in der vorstehenden Weise bestimmten Einstandpflichten nehmen den einzelnen Normadressaten ohne das Korrektiv (Un-) Zumutbarkeit nicht stärker in Anspruch, als die auf der Grundlage der herrschenden Garantenlehre definierten, unter dem Zumutbarkeitsvorbehalt stehenden Pflichten.

12. Die Exkulpation wegen Selbst- oder Fremdbegünstigung folgt, ebenso wie der entschuldigende Notstand, nicht aus einem verfassungsrechtlich begründeten Recht des Bürgers auf Vermeidung der Selbstbelastung oder der Belastung seiner Angehörigen, sondern beruht allein auf gesellschaftlicher Verständigung.

13. Die Möglichkeit der straffreien Selbst- oder Fremdbegünstigung endet, sofern die Verletzung weiterer Rechtspflichten zu besorgen ist.

Zum Ende ist darauf hinzuweisen, dass der Versuch, die Verwendung des (Un-) Zumutbarkeitsbegriffs weit zu begrenzen, nicht sagt, dass der Begriff im Strafrecht grundsätzlich überflüssig oder gar schädlich wäre. Für die richterliche Praxis, die stets unter Zeitdruck arbeitet, ist der (Un-) Zumutbarkeitsbegriff nicht nur von großem Nutzen. Soweit die Strafrechtsdogmatik keine exakten Grenzen der Strafbarkeit auszuweisen vermag, ist die Rechtsprechung auf „Leerformeln“ wie den (Un-) Zumutbarkeitsbegriff geradezu angewiesen.

Insofern verwundert es wenig, dass der (Un-) Zumutbarkeitsbegriff gerade dort Anwendung findet, wo die Grenzen der Strafbarkeit noch weitgehend ungeklärt sind: im Bereich der unechten Unterlassungsdelikte.

J. Literaturverzeichnis

Achenbach, Hans Historische und dogmatische Grundlagen der strafrechtssystematischen Schuldlehre, Berlin 1974.

ders. Wiederbelebung der allgemeinen Nichtzumutbarkeitsklausel im Strafrecht? JR 1975, S. 492 ff.

ders. Fahrlässigkeit, Schuld und Unzumutbarkeit normgemäßen Verhaltens, Das Leinenfänger-Urteil (RGSt. 30, 25), Jura 1997, Heft 12, S. 631 ff.

Albrecht, Die Zumutbarkeit als Verfassungsmaßstab, Berlin 1995.

Alternativkommentar Kommentar zum Grundgesetz für die Bundesrepublik Deutschland, Hg. von Rudolf Wassermann, Bd. I, Art. 1-37, 2. Auflage, Neuwied 1989.

Alternativkommentar Kommentar zum Strafgesetzbuch, Hg. von Rudolf Wassermann, Bd. I. §§ 1 – 21 StGB, Neuwied 1990.

Androulakis, Nikolaos K. Studien zur Problematik der unechten Unterlassungsdelikte, München und Berlin 1963.

Arzt, Gunther Zur Garantenstellung beim unechten Unterlassungsdelikt (2. Teil, 2. Hälfte), JA 1980, S. 553 ff., 647 ff., 712 ff.

Bärwinkel, Richard Zur Struktur der Garantenverhältnisse bei den unechten Unterlassungsdelikten, Berlin 1968.

Baumann, Jürgen/Weber Ulrich/Mitsch, Wolfgang Strafrecht Allgemeiner Teil, 10. Auflage, Bielefeld 1995.

Baumann, Peter Erkenntnistheorie: Lehrbuch Philosophie, Stuttgart/ Weimar 2002.

Baumgarten, Arthur Notstand und Notwehr. Eine Studie im Hinblick auf das künftige Strafrecht. Tübingen 1911.

Berliner Kommentar zum Grundgesetz Hg. von Karl Heinrich Friauf, Bd.1, Loseblattsammlung, Berlin 2000.

Bertel, Christian Begehungs- oder Unterlassungsdelikt?, JZ 1965, S. 53 ff.

Bernsmann, Klaus „Entschuldigung" durch Notstand, Studien zu § 35 StGB, Köln 1989.

Binding, Karl Handbuch des Strafrechts, Bd. I, Leipzig 1885.

ders. Grundriss des deutschen Strafrechts, Allgemeiner Teil, Leipzig 1907.

ders. Die Normen und ihre Übertretung. - Eine Untersuchung über die rechtmäßige Handlung und die Arten des Delikts. Band I: Normen und Strafgesetze, Neudruck der 4. Auflage Leipzig 1922, Aalen 1965.

Birnbacher, Dieter Tun und Unterlassen, Stuttgart 1995.

Blei, Hermann Garantenpflichtbegründung beim unechten Unterlassen, in: Beiträge zur gesamten Strafrechtswissenschaft, Festschrift für Hellmuth Mayer zum 70. Geburtstag am 1. Mai 1965, Hg. von Friedrich Geerds und Wolfgang Naucke, Berlin 1966, S. 119 ff.

ders. Strafrecht Allgemeiner Teil, 17. Auflage, München 1977.

Bockelmann, Paul Strafrechtliche Untersuchungen, Göttingen 1957.

Böckenförde,Ernst-Wolfgang Das Grundrecht der Gewissensfreiheit, VVDStRL 28 (1970), S. 33 ff.

Bonner Kommentar *zum Grundgesetz* Hg. von Rudolf Dolzer, Loseblatt Ausgabe, Heidelberg.

Brammsen, Joerg Die Entstehungsvoraussetzungen der Garantenpflichten, Berlin 1986.

ders. Tun oder Unterlassen? Die Bestimmung der strafrechtlichen Verhaltensformen, GA 2002, S. 192 ff.

Brauneck Der strafrechtliche Schuldbegriff, GA 1959, S. 261 ff.

Bringewat, Peter Grundbegriffe des Strafrechts, 1.Auflage, Baden-Baden 2003.

v. Bubnoff, Eckhart Die Entwicklung des strafrechtlichen Handlungsbegriffes von Feuerbach bis Liszt unter besonderer Berücksichtigung der Hegelschule, Heidelberg 1966.

Camus, Albert Der Mensch in der Revolte, Reinbek bei Hamburg 1991.

Chrisholm, Roderick M. Analytische Handlungstheorie in Freiheit und Handeln, Frankfurt a. M, S. 354 ff.

Coenders, Albrecht Zum neuen Strafgesetz, in: Die Reichgerichtspraxis im deutschen Rechtsleben, Festgabe der juristischen Fakultäten zum 50 jährigem Bestehen des Reichsgerichts. Bd. 5, Leipzig u. a. 1929, S. 266 ff.

Dallinger, Wilhelm Unzumutbarkeit der Erfolgsabwendung bei unechten Unterlassungsdelikten, JR 1968, S. 6 ff.

Der große Brockhaus Siebter Band, sechzehnte Auflage, Wiesbaden 1955.

Dreher, Eduard Die Willensfreiheit, ZStW 95 (1983), S. 340 ff.

Ebert, Udo Strafrecht Allgemeiner Teil, 3. Auflage, Heidelberg 2001.

Eggert, Karl Heinz Die Unzumutbarkeit normgemäßen Verhaltens bei den Fahrlässigkeits- und unechten Unterlassungsdelikten im Strafrecht, Göttingen 1969.

Engisch, Karl Der rechtsfreie Raum, Zeitschrift für die gesamte Staatswissenschaft 108 (1952), S. ff., S. 385 ff., zit. nach Karl Engisch, Beiträge zur Rechtstheorie, Hg. von Paul Bockelmann u. a., Frankfurt a. M. 1984, S. 9 ff.

ders. Tun und Unterlassen, in: Festschrift für Wilhelm Gallas zum 70. Geburtstag. Hg. von Karl Lackner u. a., Berlin und New York 1973, S. 163 ff.

ders. Untersuchungen über Vorsatz und Fahrlässigkeit im Strafrecht, Berlin 1930, Neudruck Aalen 1964.

Fahrenhorst, Irene Grenzen strafloser Selbstbegünstigung, JuS 1987, S. 707 ff.

Frellesen, Peter Die Zumutbarkeit der Hilfeleistung, Frankfurt a.M. 1980.

Freund, Georg Erfolgsdelikt und Unterlassen: zu den Legitimationsbedingungen von Schuld und Strafe, Köln 1992.

ders. Strafrecht Allgemeiner Teil. Personale Straftatlehre, Berlin 1998.

ders. Strafrecht: Ein Kneipenbummel mit Folgen, JuS 1990, S. 213 ff.

Freudenthal, Berthold Schuld und Vorwurf im geltenden Strafrecht. Zugleich ein Beitrag zur Kritik des Entwurfes zu einem Deutschen Strafgesetzbuch 1919, Tübingen 1922.

Frisch, Wolfgang Tatbestandsmäßiges Verhalten und Zurechnung des Erfolgs, Heidelberg 1988.

ders. Vorsatz und Risiko, Köln 1983.

Frister, Helmut Die Struktur des „voluntativen Schuldelements", Berlin 1993.

ders. Anmerkung zu BGH JZ 2003, S. 1016, JZ 2003, S. 1019 ff.

Gallas, Wilhelm Zum gegenwärtigen Stand der Lehre vom Verbrechen, ZStW 67 (1955) S. 1 ff.

ders. Studien zum Unterlassungsdelikt, Heidelberg, 1989.

ders. Pflichtenkollision als Schuldausschließungsgrund. In Festschrift für Edmund Mezger, München und Berlin 1954, S. 311 ff.

Geilen, Gert Garantenpflicht aus ehelicher und eheähnlicher Gemeinschaft, FamRZ 1961, S. 147 ff.

ders. Stillschweigen des Angehörigen beim Mordkomplott, kritische Betrachtungen zu BGH 4, StR 390/63, FamRZ 1964, S. 385 ff.

ders. Neue juristisch-medizinische Grenzprobleme, JZ 1968, S. 145 ff.

ders. Probleme des § 323 c StGB, Repetitorium Strafrecht, Jura 1983, S. 78 ff.,138 ff.

Gerhard, Volker Selbstbestimmung. Das Prinzip der Individualität, Stuttgart 1999.

Gimbernat, Enrique Das unechte Unterlassungsdelikt, gewidmet Hans Joachim Hirsch zum 70. Geburtstag, in: ZStW 111 (1999), S. 307 ff.

ders. Handlung, Unterlassung und Verhalten, Gedächtnisschrift für Armin Kaufmann, Köln 1989, S. 159 ff.

ders. Der Notstand: ein Rechtswidrigkeitsproblem, Festschrift für Hans Welzel zum 70. Geburtstag, Hg. von Günter Stratenwerth, Berlin 1974, S. 485 ff.

Goldschmidt, James Der Notstand, ein Schuldproblem. Mit Rücksicht auf die Strafgesetzentwürfe Deutschlands, Österreichs und der Schweiz, Wien 1913. (Sonderdruck aus der „Österreichischen Zeitschrift für Strafrecht", Jahrgang 1913).

ders. Normativer Schuldbegriff, in Festgabe für Reinhard Frank, Band I, Tübingen 1930 (Neudruck Aalen 1969) S. 428 ff.

Gössel, Karl Heinz Zur Lehre vom Unterlassungsdelikt, ZStW 96 (1984), S 321 ff.

Griffel, Anton Freiheit und Schuld (Zum Artikel „Schuld ohne Freiheit?" von Professor Dr. Streng), MDR 1991, S. 109 ff.

Grimm, Jakob und Wilhelm Deutsches Wörterbuch, hg. von der Deutschen Akademie der Wissenschaften zu Berlin, Band 16, Leipzig 1954.

Gropp, Walter Die „Pflichtenkollision": weder eine Kollision von Pflichten, noch Pflichten in Kollision, Festschrift für Hans Joachim Hirsch zum 70. Geburtstag am 11. April 1999, Berlin/New York 1999, S. 216 ff.

ders. Strafrecht Allgemeiner Teil, 2. Auflage, Berlin 2001.

Grünbut, Max Grenzen des übergesetzlichen Notstandes, ZStW, Bd. 51 (1931), S.455 ff.

ders. Besprechung von Schumacher, Um das Wesen der Strafrechtsschuld, ZStW, Bd. 50

Grünewald, Anette Zivilrechtlich begründete Garantenpflichten im Strafrecht? Berlin 2001.

Grünwald, Gerald Zur gesetzlichen Regelung der unechten Unterlassungsdelikte, ZStW 70, 1958, S. 412 ff.

Güntge, Georg-Friedrich Begehen durch Unterlassen, Der gesetzliche Anwendungsbereich des § 13 StGB, Baden-Baden 1995.

Haas, Volker Kausalität und Rechtsverletzung: Ein Beitrag zu den Grundlagen strafrechtlicher Erfolgshaftung am Beispiel des Abbruchs rettender Kausalverläufe, Berlin 2002.

Haft, Fritjof Strafrecht, Allgemeiner Teil, 8. Auflage, München 1998.

ders. Die Unterlassungsdelikte – ein Schulprogramm, JA 1982, S. 473 ff.

Hamm, Rainer Große Dealereignisse werfen ihre Schatten voraus, NJW, Editorial Heft 41, 2004.

Handbuch des Staatsrechts der Bundesrepublik Deutschland, Hg. von Josef Isensee und Paul Kirchhoff, Band VI, Freiheitsrechte, Heidelberg 1989.

Hegel, Georg Wilhelm Friedrich Grundlinien der Philosophie des Rechts oder Naturrecht und Staatswissenschaft im Grundrisse, (Werke Bd. 7), Frankfurt 1986.

ders. Enzyklopädie der philosophischen Wissenschaften III (Werke Bd. 10), Frankfurt 1986.

ders. Die Philosophie des Rechts. Die Mitschriften Wannenmann (Heidelberg 1817/18) und Homeyer (Berlin 1818/19), Hg. von Karl-Heinz Ilting, Stuttgart 1983.

ders. Nürnberger und Heidelberger Schriften, 1808 – 1817, II. Auflage (Werke Bd. 4), Frankfurt a. M. 1993.

Heisenberg, Werner Schritte über Grenzen, München 1971.

Henkel, Heinrich Zumutbarkeit und Unzumutbarkeit als regulatives Rechtsprinzip, Festschrift für Edmund Mezger, München/Berlin 1954, S. 249 ff.

Herzberg, Rolf Dietrich Die Unterlassung im Strafrecht und das Garantenprinzip, Berlin/New York 1972.

ders. Zur Garantenstellung aus vorangegangenem Tun, JZ 1986, S. 986 ff.

Hirsch, Hans-Joachim Strafrecht und Überzeugungstäter, Berlin/New York 1996.

ders. Strafrecht und rechtsfreier Raum, Festschrift für Paul Bockelmann, München 1979, S. 89 ff.

Horn, Eckhard Strafbares Fehlverhalten von Genehmigungs- und Aufsichtsbehörden? NJW 1981, S. 1 ff.

Hoyer, Andreas Strafrechtsdogmatik nach Armin Kaufmann – Lebendiges und Totes in Armin Kaufmanns Normentheorie, Berlin 1992.

Hubig, Christoph Verantwortung oder Hochtechnologie. Prinzip oder Problem? Hg. von Kurt Bayertz, Darmstadt 1995.

Hurschka, Joachim Extrasystematische Rechtfertigungsgründe, Festschrift für Eduard Dreher, Berlin 1977, S. 189 ff.

ders. Strafrecht nach logisch-analytischer Methode, 2. Auflage, Berlin 1988.

ders. Rechtfertigungs- und Entschuldigungsgründe: Das Brett des Karneades bei Gentz und Kant, GA 1991, S. 1 ff.

Jäger, Christian Examens-Repetitorium, Strafrecht Allgemeiner Teil, Heidelberg 2003.

Jakobs, Günter Studien zum fahrlässigen Erfolgsdelikt, Berlin 1972. Kriminalisierung im Vorfeld einer Rechtsgutverletzung, ZStW 97 (1985), S. 751 ff.

ders. Strafrecht Allgemeiner Teil, Die Grundlagen und die Zurechnungslehre, 2. Auflage, 1991.

ders. Norm, Person, Gesellschaft. Vorüberlegungen zu einer Rechtsphilosophie, Berlin New York 1997.

ders. Das Schuldprinzip, Opladen 1993.

ders. Zum Unrecht der Selbsttötung und der Tötung auf Verlangen. – Zugleich zum Verhältnis von Rechtlichkeit und Sittlichkeit, in Strafgerechtigkeit. Festschrift für Arthur Kaufmann zum 70. Geburtstag, Hg. von Frithjof Haft u. a., Heidelberg 1993, S. 459 ff.

ders. Das Strafrecht zwischen Funktionalismus und „alteuropäischem" Prinzipiendenken. Oder Verabschiedung des „alteuropäischen" Strafrechts? , ZStW 107(1995), S. 843 ff.

ders. Die Strafrechtliche Zurechnung von Tun und Unterlassen, Opladen 1996.

Jaschinski, Joachim Die Entwicklung des Begriffs „Erfolg" in § 13 Abs. 1 StGB, - Ein Beitrag zur Geschichte des Unterlassungsdelikts, Frankfurt a. M. 1995.

J*escheck, Hans-Heinrich* Die Behandlung der unechten Unterlassungsdelikte im deutschen und ausländischen Strafrecht (unter Mitwirkung von Gerichtsreferendar Heinz Gerd Goldmann), ZStW 77 (1995), S. 109 ff.

ders./Weigend, Thomas Strafrecht, Allgemeiner Teil, 5. Auflage Berlin 1996.

Jobst, Heinz Der Streit um die Zumutbarkeit im Strafrecht, Würzburg 1934.

Joerden, Jan C. Strukturen des strafrechtlichen Verantwortlichkeitsbegriffs: Relationen und ihre Verkettungen, in: Schriften zum Strafrecht, Heft 78, Berlin 1988.

Kahlo, Michael Das Bewirken durch Verlassen bei drittvermitteltem Rettungsgeschehen – Zur notwendigen Modifiktion der Risikoerhöhung bei den Unechten Unterlassungsdelikten, GA 1987, S. 66 ff.

ders. Das Problem des Pflichtwidrigkeitszusammenhangs bei den unechten Unterlassungsdelikten. Eine strafrechtlich-rechtsphilosophische Untersuchung zur Kausalität menschlichen Handelns und deren strafrechtlichem Begriff, Berlin 1990.

Kant, Immanuel Die Metaphysik der Sitten, Werke in zehn Bänden, Hg. von Wilhelm Weischedel, Bd. 7, Darmstadt 1983.

Kargl, Walter Zur kognitiven Differenz zwischen Tun und Unterlassen, in: GA 1999, S. 559-481.

ders. Unterlassene Hilfeleistung (§ 323c StGB), - Zum Verhältnis von Recht und Moral,GA 1994, S. 247 ff.

Kaufmann, Armin Die Dogmatik der Unterlassungsdelikte, Göttingen, 1959.

ders Schuldfähigkeit und Verbotsirrtum. Zugleich ein Beitrag zur Kritik des Entwurfs 1960, Festschrift für Eberhard Schmidt, Göttingen 1961, S. 3 ff.

Kaufmann, Arthur Die ontologische Struktur der Handlung, Skizze einer personalen Handlungslehre, in: Festschrift für Hellmuth Mayer, 1966, S. 79 ff.

ders. Rechtsfreier Raum und eigenverantwortliche Entscheidung, Festschrift für Reinhart Maurach zum 70. Geburtstag, Karlsruhe 1972, S. 327 ff.

ders. Die Lehre vom negativen Utilitarismus, - Ein Programm, ARSP 80 (1994), S. 476 ff.

ders. Die Bedeutung hypothetischer Erfolgsversuche im Strafrecht, Festschrift für Eberhard Schmidt zum 70. Geburtstag, Hg. von Paul Bockelmann und Wilhelm Gallas, Göttingen 1961, S. 200 ff.

Kelsen, Hans Hauptprobleme der Staatsrechtslehre- Entwickelt aus der Lehre vom Rechtssatze, Tübingen 1911.

ders. Reine Rechtslehre, 2. Auflage, Wien 1960.

ders. Allgemeine Theorie der Normen, - Im Auftrag des Hans-Kelsen-Instituts aus dem Nachlass, Hg. von Kurt Ringhofer und Robert Walter, Wien 1979.

Kersting, Wolfgang Sittengesetz und Rechtsgesetz – Die Begründung des Rechts bei Kant und den frühen Kantianern, in: Reinhard Brandt (Hg.) Rechtsphilosophie der Aufklärung, Berlin 1982, S. 148 ff.

ders. Der Markt – das Ende der Geschichte? Zur sozialphilosophischen Kritik des liberalökonomistischen Gesellschaftsmodells, in Norbert Brieskorn/ Johannes Wallacher (Hg.) Homo oeconomicus: Der Mensch der Zukunft? Stuttgart 1998. S. 93 ff.

Kienzler, Klaus Glauben und Denken des Anselm von Canterbury, Basel u.a. 1981. Kindhäuser, Urs Strafgesetzbuch, Lehr- und Praxiskommentar, Baden-Baden 2002.

ders. Rechtstreue als Schuldkategorie, ZStW 107 (1995) S. 701 ff.

ders./ Wallau, Rochus Strafrecht Allgemeiner Teil, Baden-Baden 2000.

Kirsch, Stefan Freiheit vom Selbstbezichtigungszwang? in: Vom unmöglichen Zustand des Strafrechts, herausgegeben vom Institut für Kriminalwissenschaften Frankfurt a.M., Frankfurt a.M. 1995.

Kluge, Friedrich Etymologisches Wörterbuch der deutschen Sprache, 23., erw. Aufl.,unveränd. Nachdr., Berlin 1999.

Köhler, Michael Strafrecht Allgemeiner Teil, Berlin 1997.

Koriath, Heinz Das Brett des Karneades, JA 1998, S. 250 ff.

Krey, Volker Examensklausur Strafrecht, Jura 1979, S. 316 ff.

ders. Deutsches Strafrecht, Allgemeiner Teil, Band 2, Täterschaft und Teilnahme, Unterlassungsdelikte, Versuch und Rücktritt, Fahrlässigkeitsdelikte, Stuttgart 2002.

Kühl, Kristian Strafrecht, Allgemeiner Teil, 4. Auflage, München 2002.

Kühne, Hans Heiner Strafprozessuale Beweisverbote und Art. I Grundgesetz, Köln/Berlin 1970

Küper, Wilfried Noch einmal: Rechtfertigender Notstand, Pflichtenkollision und übergesetzliche Entschuldigung, JuS 1971, S.474 ff.

ders. Grund- und Grenzfragen der rechtfertigenden Pflichtenkollision im Strafrecht, Berlin 1979.

ders. Der entschuldigende Notstand – ein Rechtfertigungsgrund? JZ 1983, S. 88 ff.

ders. Immanuel Kant und das Brett des Karneades. Das zweideutige Notrecht in Kants Rechtslehre, Heidelberg 1999.

Küpper, Georg Grenzen der normativierenden Strafrechtsdogmatik, Berlin 1990.

Kutschera, Franz von Einführung in die Logik der Normen, Werte und Entscheidungen, Freiburg und München 1973.

Lackner, Karl/Kühl, Kristian Strafgesetzbuch mit Erläuterungen, Hg. von Karl Lackner und Kristian Kühl, 24. Auflage, München 2001.

Leipziger Kommentar Großkommentar zum Strafgesetzbuch, Hg. von Hans-Heinrich, Jescheck, Wolfgang Ruß und Günter Willms, 10. Auflage 1985 ff.: soweit erschienen. nach der II. Auflage, Hg. von Burghard Jähnke, Heinrich W. Laufhütte und Walter Odersky, 1992.

Lesch, Heiko. Der Verbrechensbegriff: Grundlinien einer funktionalen Revision, Köln 1999.

Lexikon für Theologie und Kirche Band 9, Basel. u.a. 2000.

Liepmann, Moritz Literaturbericht Strafrecht Allgemeiner Teil. Besprechung von Berthold Freudenthal, Schuld und Vorwurf im geltenden Strafrecht, ZStW Bd. 13, (1922), S. 710 ff.

Linnenbrink, Dominik Der Wegfall der strafrechtlichen Verantwortlichkeit des Garanten, Aachen 1995.

v. Liszt, Franz Lehrbuch des Deutschen Strafrechts, 1. Auflage, Berlin 1881.

ders./Schmidt, Eberhard Lehrbuch des Deutschen Strafrechts, 25. Auflage Berlin u.a. 1927.

ders. Lehrbuch des Deutschen Strafrechts, 26. Auflage, Berlin u.a. 1932.

Lücke, Jörg Der allgemeine Schuldausschließungsgrund der Unzumutbarkeit als methodisches und verfassungsrechtliches Problem, JR 1975, S. 55 ff.

Maiwald, Manfred Grundlagenprobleme der Unterlassungsdelikte, JuS 1981, S. 473-483.

ders. Die Unzumutbarkeit – Strafbegrenzendes Prinzip bei den Fahrlässigkeitsdelikten?, Festschrift für Schüler-Springorum, hrsg. Von Albrecht, Ehlers, Lamott, u.a., Köln 1993.

Mangakis, Georgios Die Pflichtenkollision als Grenzsituation des Strafrechts, ZStW 84, (1972), S. 449 ff.

Mann, Thomas Lotte in Weimar, Stockholm 1939,Ungekürzte Ausgabe, Veröffentlicht im Fischer Taschenbuch Verlag, Frankfurt a. M. 1990.

Marcetus, Karl Der Gedanke der Zumutbarkeit und seine Verwendung in den amtlichen Entwürfen eines Allgemeinen Deutschen Strafgesetzbuches von 1925-1927, Breslau 1928.

Matt, Holger Kausalität aus Freiheit – Eine rechtsphilosophische Grundlegung zum Bewirken durch Tun und Unterlassen im (Straf-) Recht, Baden-Baden 1994.

Maurach, Reinhart Kritik der Notstandslehre, Berlin 1935.

ders./Gössel, Hein/Zipf, Heinz Strafrecht, Allgemeiner Teil, Teilband I: Grundlehren des Strafrechts und Aufbau der Straftat, 8. Auflage Heidelberg 1992; Teilband 2: Erscheinungsformen des Verbrechens und Rechtsbeugung der Tat, 7. Auflage, Heidelberg 1989.

Maunz-Dürig-Herzog Grundgesetz, Kommentar von Theodor Maunz, Günter Dürig, Roman Herzog und Ruppert Scholz, München 1978. .

Mitsch, Wolfgang Außerdienstliche Kenntnis von Prostitution, NStZ 1993, S. 383 ff.

Moos, Reinhard Der allgemeine Entschuldigungsgrund der Unzumutbarkeit in Deutschland und Österreich, ZStW 116 (2004), S. 891 ff.

Münchener Kommentar zum StGB Hg. v. Wolfgang Joerks, Klaus Mielbach, Bernd von Heintschel-Heinegg, Bd. 1, §§ 1-51, München 2003.

Nagel, Thomas Die Grenzen der Objektivität, Stuttgart 1991.

Naucke, Wolfgang Strafrecht- Eine Einführung, 10. Auflage, Neuwied 2002.

ders. Über Generalklauseln und Rechtsanwendung im Strafrecht, Tübingen 1973 (Recht und Staat, Heft 417).

Nestler, Cornelius Die strafrechtliche Verantwortlichkeit eines Bürgermeisters für Gewässerverunreinigungen der Bürger, GA 1994, S. 514 ff.

Noll, Peter Tatbestand und Rechtswidrigkeit: Die Wertabwägung als Prinzip der Rechtfertigung, ZStW 77 (1965), S. 1 ff.

Nomos-Kommentar zum Strafgesetzbuch Gesamtred: Ulfried Neumann, Loseblatt-Ausgabe, Baden-Baden.

Oeing-Hanfoff, Ludger Das Reich als Endzweck der Welt. Tübinger und weitere Perspektiven, aus: Josef Simon (Hg.), Freiheit. Theoretische und praktische Aspekte des Problems, Freiburg/München 1977, S. 55.

Oetker, Friedrich Notwehr und Notstand, in: Festgabe für Reinhard Frank, Band I, Tübingen 1930 (Neudruck Aalen 1969), S. 359.

Otto, Harro/ Brammsen, Joerg Die Grundlagen der strafrechtlichen Haftung des Garanten wegen Unterlassens (I) Jura 1985, S. 530 ff.

ders. Täterschaft, Mittäterschaft, Jura 1987, S. 246 ff.

Otto, Harro Kausaldiagnose und Erfolgszurechnung im Strafrecht, Maurach-FS, 1972, S. 91 ff.

ders. Grenzen der Fahrlässigkeitshaftung im Strafrecht, OLG Hamm, JuS 1974, S. 702 ff.

ders. Grundkurs Strafrecht. Allgemeine Strafrechtslehre, 6. Auflage, Berlin 2000.

Pawlowski, Hans-Martin Einführung in die juristische Methodenlehre, Heidelberg *1986.*

Pawlik, Michael Unterlassene Hilfeleistung: Zuständigkeitsbegründung und systematische Struktur, GA 1995, S. 360 ff.

ders. Das unerlaubte Verhalten beim Betrug, Köln 1999.

ders. Der Polizeibeamte als Garant zur Verhinderung von Straftaten, ZStW 1112 (1999), S. 335 ff.

ders. Der rechtfertigende Notstand, zugleich ein Beitrag zum Problem strafrechtlicher Solidaritätspflichten, Berlin, New York 2002.

ders. Eine Theorie des entschuldigenden Notstandes: Rechtsphilosophische Grundlagen und dogmatische Ausgestaltung, aus: Jahrbuch für Recht und Ethik, Bd. 11, 2003, S. 289 ff.

ders. Verdeckte Ermittlungen und das Schweigerecht des Beschuldigten, GA 1998, S 378 ff.

Perperoni, Sigismund Der Unterschied zwischen Gebot und Verbot, München 1957.

Perron, Walter Rechtfertigung und Entschuldigung bei Befreiung aus besonderen Notlage (Notwehr, Notstand, Pflichtenkollision) im deutschen Strafrecht, in: Albin Eser/Walter Perron (Hg.), Rechtfertigung und Entschuldigung III, Freiburg 1991, S. 79 ff.

Peters, Karl Bemerkungen zur Rechtssprechung der Oberlandesgerichte zur Wehrdienstverweigerung aus Gewissensgründen. Besprechung des Urteils des OLG Hamm vom 15.10.1965, JZ 1966, S. 457 ff.

ders. Anmerkung zu BVerfG. Beschluß v. 19.10. 1971 – 1, BvR 387/65, JZ 1972, S. 83 ff.

Pius IX Das Problem staatlichen Strafens, in: Recht und Moral, Texte zur Rechtsphilosophie, S. 214 ff.

Plate, Jürgen Psyche, Unrecht und Schuld. Die Bedeutung der psychischen Verfassung des Täters für die allgemeinen Voraussetzungen der Strafbarkeit, München 2002.

Puppe,Ingeborg Der Erfolg und seine kausale Erklärung im Strafrecht, ZStW 92 (1980), S. 863 ff.

dies. Die logische Tragweite des sog. Umkehrschlusses, in: Festschrift für Karl Lackner zum 70. Geburtstag am 18. Februar 1987, Hg. von Wilfried Küper i. V. m. Ingeborg Puppe und Jörg Tenckhoff, Berlin/New York 1987, S. 199 ff.

dies. „Naturgesetze“ vor Gericht, - Die so genannte generelle Kausalität und ihr Beweis. Dargestellt an Fällen strafrechtlicher Produkthaftung. JZ 1994, S. 1147 ff.

Radbruch, Gustav Der Handlungsbegriff in seiner Bedeutung für das Strafrechtssystem, 1903.

ders. Rechtsphilosophie, Studienausgabe, Heidelberg 1999 (Leipzig 1932).

Ranft, Otfried Zur Unterscheidung von Tun und Unterlassen im Strafrecht, JuS 1963, S. 340 ff.

ders. Rechtsprechungsbericht zu den Unterlassungsdelikten – Teil 1, in: JZ 1987, S. 859, (S. 862), (zitiert als Ranft, Rechtsprechungsübersicht).

Rengier, Rudolf Kündigungs-Betrug des Vermieters durch Tun und Unterlasses bei vorgetäuschten Eigenbedarf - BayObLG, NJW 1987, 1654, JuS 1989, S. 802 ff.

Renzikowski, Joachim Notstand und Notwehr, Berlin 1994.

Rödig, Jürgen Die Denkform der Alternative in der Jurisprudenz, Berlin 1969.

Roellecke, Gerd Vom Sein zum Sollen und zurück, Rechtstheorie 1996, S. 1 ff.

Röhl, Klaus F. Praktische Rechtstheorie: Die deontischen Modalitäten, JA 1999, S. 600 ff.

Roxin, Claus Pflichtwürdigkeit und Erfolg bei fahrlässigen Delikten, ZStW 74 (1962),S. 411. ff

ders. An der Grenze zwischen Begehung und Unterlassung, in: Festschrift für Karl Engisch zum 70 Geburtstag, Frankfurt a. M. 1969, S. 380 ff.

ders. Grundfragen der gesamten Strafrechtswissenschaft, in: Festschrift für Heinrich Henkel zum 70. Geburtstag, Jura 1974, S. 171-197 ff.

ders. Strafrecht Allgemeiner Teil, Band I: Grundlagen, Aufbau der Verbrechenslehre,3. Auflage, München 1997.

ders. Strafrecht Allgemeiner Teil, Band II: Besondere Erscheinungsformen der Straftat, 1.Auflage, München 2003.

ders. Praktische Rechtstheorie: Die Abgrenzung von Tun und Unterlassen und das fahrlässige Unterlassungsdelikt, JA 1999, S. 895 ff.

ders. Der entschuldigende Notstand nach § 35 StGB, JA 1990, 97 ff., 137 ff.

Rudolphi, Hans-Joachim Die Strafbarkeit des versuchten unechten Unterlassungsdeliktes, MDR 1967, S. 1 ff.

ders. Probleme der strafrechtlichen Verantwortlichkeit von Amtsträgern für Gewässerverunreinigungen. Festschrift für Hans Dünnebier, Berlin/New York 1982, S. 561 ff.

ders. Anmerkung zu einer Entscheidung des BGH vom 15.7.1986, JR 1987, S. 336 ff.

Saint-Exupéry, Antoine de Der kleine Prinz, Düsseldorf 1952.

Samson, Erich Begehung und Unterlassung, Festschrift für Hans Welzel zum 70. Geburtstag, Hg. von Günter Stratenwerth u. a., Berlin/New York 1974, S. 79 ff.

Sanchez-Vera, Javier Pflichtdelikt und Beteiligung, Zugleich ein Beitrag zur Einheitlichung der Zurechnung bei Tun und Unterlassen, Berlin 1999.

Sanchez, Jesus-Maria Silvia Zur Dreiteilung der Unterlassungsdelikte, Festschrift für Theodor Lenckner zum 70. Geburtstag, Hg. von Albin Eser/Urike Schittenhelm/Heribert Schumann, München 1998.

Sangenstedt, Christof Garantenstellung und Garantenpflicht von Amtsträgern, Frankfurt a. M.1989.

Sauerlandt, Max Zur Wandlung des Zumutbarkeitsbegriffs im Strafrecht, Leipzig 1936.

Schaffstein, Friedrich Die Nichtzumutbarkeit als allgemeiner übergesetzlicher Schuldausschließungsgrund, Leipzig 1933.

ders. Die entschuldigte Vatertötung. Jugendpsychiatrie und Recht, Festschrift für Hermann Stutte, Köln/Berlin 1979, S. 253 ff.

Scheid, Georg Maria Grund- und Grenzfragen der Pflichtenkollision beim strafrechtlichen Unterlassungsdelikt, (unter besonderer Berücksichtigung der Abwägung Leben gegen Leben), Aachen 2000.

Schmidhäuser, Eberhard Strafrecht, Allgemeiner Teil, 2. Auflage, Tübingen 1975.

ders. Strafrecht, Allgemeiner Teil, Studienbuch, 2. Auflage, Tübingen 1984.

Schmidt, Eberhard Anmerkung zu OGHSt 1- 321, SJZ 1949, S. 568.

Schneider, Hartmut Grund und Grenzen des strafrechtlichen Selbstbegünstigungsprinzips auf der Basis eines generalpräventiven – funktionalen Schuldmodells, Berlin 1991.

Schönke, Adolf/ Schröder, Horst Strafgesetzbuch, 26. Auflage, München 2001

Schünemann, Bernd Grund und Grenzen der unechten Unterlassungsdelikte, Zugleich ein Beitrag zur strafrechtlichen Methodenlehre, Göttingen 1971.

ders. Die Unterlassungsdelikte und die strafrechtliche Verantwortlichkeit für Unterlassungen ZStW 96 (1984), S. 287 ff.

ders. Die deutschsprachige Strafrechtswissenschaft nach der Strafrechtsreform im Spiegel des Leipziger Kommentars und des Wiener Kommentars, 1. Teil, Tatbestands-Unrechtslehre, GA 1985, S. 341 ff.

ders. Anmerkung zum Urteil es BGH v. 3. 5. 1984 (4 StR 266/84), in: StrV 1085, S. 229 – 233 ff.

Schumacher, Oskar Um das Wesen der Strafrechtsschuld, Mannheim 1927.

Schröder, Horst Anmerkung zu BGH, JR 1958, S. 106 ff.

Seebolde, Manfred Wortlautgrenze und Strafbedürfnis, JZ 1998, S. 781 ff.

Seel, Stefan Begünstigung und Strafvereitelung durch Vortäter und Vortatteilnehmer,Berlin 1999.

Seelmann, Kurt Probleme der Unterscheidung von Handeln und Unterlassen, JuS 1987, Lernbogen 5 L, S. 33 ff.

ders. Opferinteressen und Handlungsverantwortung in der Garantenpflichtdogmatik, *GA 1989, S. 241 ff.*

Sieber, Ulrich Die Abgrenzung von Tun und Unterlassen bei der „passiven" Gesprächsteilnahme – Zugleich eine Besprechung der Entscheidung BGH 3 StR 398/81 vom 10.2.1982 – in: JZ 1983, S. 431 ff.

ders. Anmerkung zum Urteil des AG München vom 28.5.1998 – 8340 Ds 465 Js 173158/95, MMR 1998, S. 429 - 448.

ders. Strafrechtliche Verantwortlichkeit für den Datenverkehr in internationalen Computernetzen, JZ 1996, S. 429 ff., S. 494 ff.

Singer, Peter Praktische Ethik, Stuttgart 1984.

Sloterdijk, Peter Regeln für den Menschenpark, Frankfurt a. M. 1999.

Spendel, Günter Zur Unterscheidung von Tun und Unterlassen, Festschrift für Eberhard Schmidt zum 70. Geburtstag, Hg. von Paul Bockelmann und Wilhelm Gallas, Göttingen 1961, S. 183 ff.

Stalinski, Dirk Aussagefreiheit und Geständnisbonus, Düsseldorf 2000.

Stoffers, Kristian Die Abgrenzung von Tun und Unterlassen in der neueren Rechtssprechung - eine Anmerkung zu BGHSt. 40, 257 -, Jura 1998, S. 580 ff.

ders. Die Formel „Schwerpunkt der Vorwerfbarkeit" bei der Abgrenzung von Tun und Unterlassen? Berlin 1992.

ders. Die vorrechtlich-ontologische Unterscheidung der Verhaltensformen positives Tun und Unterlassen, GA 1993, S. 262 ff.

Stratenwerth, Günter Strafrecht Allgemeiner Teil I, 4. Auflage, Köln 2000.

Stree, Walter Rechtswidrigkeit und Schuld im neuen Strafgesetzbuch, JuS 1973, S. 461 ff.

ders. Ingerenzprobleme. Festschrift für Ulrich Klug, Köln 1983, S. 395 ff.

ders. Zumutbarkeitsprobleme bei Unterlassungstaten, in Festschrift für Theodor Lenckner zum 70. Geburtstag, Hg. von Albin Eser, Ulrike Schittenheim und Heribert Schumann, München 1998.

Systematischer Kommentar zur Strafprozessordnung und zum Gerichtsverfassungsgesetz Rudolphi, Hans-Joachim, Frisch, Wolfgang/Paeffgen, Hans-Ullrich/Schüchter, Ellen, Weßlau, Edda/ Degener, Wilhelm/ Frister, Helmut/ Rogall, Klaus/ Velten, Petra/Wohlers, Wolfgang/Wolter, Jürgen, bis 40. Aufbaulieferung, Neuwied (Juli) 2004.

Systematischer Kommentar zum Strafgesetzbuch Rudolphi, Hans-Joachim /Horn, Eckhard/Günter, Hans-Ludwig/Hoyer, Andreas/Samson, Erich, Neuwied, 7. Auflage, seit 1999.

Tarnowski, Hans Die systematische Bedeutung der adäquaten Kausalitätstheorie für den Aufbau des Verbrechensbegriffs, Berlin 1927.

Tenkhoff, Jörg Strafrecht und abweichende Gewissensentscheidungen, in: Die personale Struktur des gesellschaftlichen Lebens, Festschrift für Anton Rauscher, Hg. von Norbert Glatzel, Berlin 1993.

Thomas von Aquin Summa Theologica (ca. 1265), vollständige, ungekürzte deutsch-lateinische Ausgabe, Hg. von Albertus-Magnus-Akademie, Salzburg und Leipzig 1934 ff.

Timpe,Gerhard Strafmilderungen des Allgemeinen Teils des StGB und das Doppelverwertungsverbot, Regensburg 1983.

ders. Grundfälle zum entschuldigten Notstand (§ 35 I StGB) und zum Notwehrexzess (§ 33 StGB), JuS 1984, S. 859 ff. 1985, S. 35 ff., 117 ff.

Torka, Ronald Nachtatverhalten und Nemo tenetur, Passau 2000.

Tröndle,Herbert Fischer,Thomas Strafgesetzbuch, 50. Auflage, München 2001.

Ulsenheimer, Klaus Zumutbarkeit normgemäßen Verhaltens bei Gefahr eigener Strafverfolgung, GA 1972, S. 1 ff.

Vassilaki, Irini E. Strafrechtliche Verantwortlichkeit durch Einrichten und Aufrechterhalten von elektronischen Verweisen (Hyperlinks). Die Anwendbarkeit der allgemeinen Strafrechtsdogmatik auf neue Verhaltensformen; in CR 1999. S. 85 ff.

dies. Anmerkung zu AG München, NStZ 1998, S. 518 f.

Vogel, Jochachim Norm und Pflicht bei den unechten Unterlassungsdelikten, Berlin 1993.

Vogler, Theo Der Irrtum über Entschuldigungsgründe im Strafrecht, GA 1969, S. 103 ff.

Volk, Klaus Zur Abgrenzung von Tun und Unterlassen, Dogmatische Aspekte und kriminalpolitische Probleme. Festschrift für Herbert Tröndle zum 70. Geburtstag am 24. August 1989, Hg. von Hans-Heinrich Jescheck und Theo Vogler, Berlin/New York 1989, S. 265 ff.

Wachinger, Michael Der übergesetzliche Notstand nach der neuesten Rechtsprechung des Reichsgerichts, Festgabe für Reinhard von Frank, Bd. I, Tübingen 1930, S. 469 ff.

Weber, Wilhelm Zumutbarkeit und Nichtzumutbarkeit als rechtliche Maßstäbe, in: Juristen-Jahrbuch, Bd. 3 (1962/63), S. 212 ff.

Welp, Jürgen Vorausgegangenes Tun als Grundlage einer Handlungsäquivalenz der Unterlassung, Berlin 1968.

Welzel, Hans Studien zum System des Strafrechts, ZStW 58 (1939), S. 491 ff.

ders. Zum Notstandsproblem, ZStW 63, 1951, S. 47 ff.

ders. Das Deutsche Strafrecht, 11. Auflage, Berlin 1969.

Wessels/Hettinger Strafrecht, Besonderer Teil/1, Straftaten gegen Persönlichkeits- und Gemeinschaftswerte, Heidelberg 2000.

Wessels, Johannes/Beulke, Werner Strafrecht Allgemeiner Teil, 30. Auflage, Heidelberg 2000.

Willascheck, Marcus Praktische Vernunft: Handlungstheorie und Moralbegründung bei Kant, Stuttgart/Weimar 1991.

Winkelbauer, Wolfgang Zur Garantenstellung des Leiters eines Ordnungsamtes im Hinblick auf den durch § 180 a, Abs. 1 StGB geschützten Personenkreis, JZ 1986, S.1119 ff.

Wittig, Peter Der übergesetzliche Schuldausschließungsgrund der Unzumutbarkeit in verfassungsrechtlicher Sicht, JZ 1969, S. 546 ff.

Wolf, Ernst Amadeus Kausalität von Tun und Unterlassen, - Eine strafrechtliche Untersuchung, Heidelberg 1965.

ders. Handlung, Norm und Intention, - Untersuchungen zur deontischen Logik, Hg. von Hans Poser, Berlin und New York 1977.

Wright, Georg Hendrick Normenlogik, Grundprobleme der deontischen Logik,Hg. von Hans Lenk, München 1974, S. 25 ff.

Zenker, E. V. Der Anarchismus, Kritische Geschichte der anarchistischen Theorie, Berlin 1895.

Abkürzungsverzeichnis

a	ariculus (Artikel)
a. A.	andere Ansicht
a. a. O.	am angegebenen Ort
Abs.	Absatz
a. F.	alte Fassung
AK	Alternativkommentar
Alt.	Alternative
Anm.	Anmerkung
ARSP	Archiv für Rechts- und Sozialphilosophie
Art.	Artikel
AT	Allgemeiner Teil
Aufl.	Auflage
BGB	Bürgerliches Gesetzbuch
BGBl.	Bundesgesetzblatt
BGH	Bundesgerichtshof in Strafsachen. Entscheidungen des Bundes gerichtshofes in Strafsachen, hg. von den Mitgliedern des Bundesgerichtshofes und der Bundesanwaltschaft
Bsp.	Beispiel
BT	Besonderer Teil
Bt-DrS.	Bundesdrucksache
BverfGE	Entscheidungen des Bundesverfassungsgerichts
bzw.	beziehungsweise
ca.	zirka
ders.	derselbe
d. h.	das heißt
dies.	dieselbe
DÖV	Die öffentliche Verwaltung
DStR	Deutsches Strafrecht [=GA]
dt.	deutsch
ebd.	ebenda
Fn.	Fußnote
FS	Festschrift
etc.	et cetera
f.(ff.)	folgende Seiten(n)
FamRZ	Ehe und Familie im privaten und öffentlichen Recht. Zeitschrift für das gesamte Familienrecht
GA	Archiv für Strafrecht und Strafprozess, begründet v. Th. Goltdammer, 1880 – 1933; Goltdammer's Archiv für Strafrecht, 1953 ff.

GG	Grundgesetz für die Bundesrepublik Deutschland v. 23. 5. 1949, BGBl, 1949, S. I
ggf.	gegebenenfalls
GS	Der Gerichtssaal/Gedächtnisschrift
h. L.	herrschende Lehre
hg.	herausgegeben
i. d. F. v.	in der Fassung von
i. d. S.	in dem Sinne/in diesem Sinne
i. E.	im Ergebnis
i. e. S.	im engeren Sinne
insb.	insbesondere
i. S.	im Sinne
i. S. d.	im Sinne des
i. S v.	im Sinne von
i. V. m.	in Verbindung mit
i. w. S.	im weiteren Sinne
JA	Juristische Arbeitsblätter
JR	Juristische Rundschau
Jura	Juristische Ausbildung
JuS	Juristische Schulung
JW	Juristische Wochenschrift
JZ	Juristenzeitung
Kap.	Kapitel
LG	Landgericht
LK	Leipziger Kommentar zum Strafgesetzbuch
MDR	Monatsschrift für Deutsches Recht
m.E.	Meines Erachtens
MschrtKrim	Monatsschrift für Kriminalpsychologie und Strafrechtsreform (1904 -1944), Monatsschrift für Kriminologie und Strafrechtsreform
m. w. N	mit weiteren Nachweisen
n. F.	neuen Fassung
NJW	Neue Juristische Wochenschrift
NK	Nomos Kommentar zum Strafgesetzbuch
NStZ	Neue Zeitschrift für Strafrecht
ÖstGB	Österreichisches Strafgesetzbuch
OLG	Oberlandesgericht
OwiG	Gesetz über Ordnungswidrigkeiten v. 24. 5. 1968, BGBl. I S. 481
Rn.	Randnummer
resp.	respektive

RG	Reichgericht in Strafsachen; Entscheidungen des Reichsgerichts in Strafsachen, hg. von den Mitgliedern des Gerichtshofes und der Reichsanwaltschaft
s.	siehe
S.	Seite
scil.	scilicet
SchwZStr	Schweizerische Zeitschrift für Strafrecht
SK	Systematischer Kommentar zur Strafprozessordnung und zum Gerichtsverfassungsgesetz
sogn.	sogenannter
str.	streitig
StVO	Straßenverkehrs-Ordnung
ZStW	Zeitschrift für die gesamte Strafrechtswissenschaft
z. T.	zum Teil

Sebastian Klausch

Unmöglichkeit und Unzumutbarkeit im System des allgemeinen Leistungsstörungsrechts nach der Schuldrechtsmodernisierung 2002

Frankfurt am Main, Berlin, Bern, Bruxelles, New York, Oxford, Wien, 2004.
300 S.
Zivilrechtliche Schriften. Herausgegeben von Peter Kreutz und Dieter Reuter. Bd. 40
ISBN 978-3-631-52589-0 · br. € 51.50*

Das Gesetz zur Modernisierung des Schuldrechts, das am 01. Januar 2002 in Kraft trat, führte zu Veränderungen insbesondere in den Bereichen des Verjährungsrechts, des allgemeinen Schuldrechts, des besonderen Gewährleistungsrechts des Kauf- und Werkvertrags sowie des Verbraucherschutzrechts. Diese Arbeit beschäftigt sich mit dem Recht der Unmöglichkeit, das seit der Schaffung des Bürgerlichen Gesetzbuchs kontroverse Diskussionen in der Wissenschaft, aber auch vielfältige Probleme in der Praxis hervorgerufen hat. Die engen Zusammenhänge zwischen den einzelnen Instituten des allgemeinen Leistungsstörungsrechts macht es dabei erforderlich, insbesondere auch auf die positive Vertragsverletzung, die culpa in contrahendo und die Störung der Geschäftsgrundlage in ihren Beziehungen zum Unmöglichkeitsrecht einzugehen.

Aus dem Inhalt: Stellung der Unmöglichkeit und der Unzumutbarkeit im System der Leistungsstörungen · Voraussetzungen von Unmöglichkeit und Unzumutbarkeit · Rechtsfolgen von Unmöglichkeit und Unzumutbarkeit auf Primär- und Sekundärebene · Funktionen von Unmöglichkeit und Unzumutbarkeit